国家社科基金
后期资助项目
GUOJIA SHEKE JIJIN HOUQI ZIZHU XIANGMU

中国音乐考古论纲

（上编·上册）

Outline of Chinese Musical Archaeology
(Volume I: Part I)

王子初　著

科学出版社

北　京

内 容 简 介

本书可定位为中国音乐考古学学科的基础理论专著,为该学科研究的大纲或总纲。本书对构建中国音乐考古学基本学科理论体系进行了深入探讨,并研究了中国重要音乐考古的发现和发掘成果,以认识中国各历史时期社会音乐生活的真实面貌,总结得失,探索中国音乐艺术发展的基本规律。同时,本书以音乐考古学研究成果为史料基础,系统地构建了中国音乐断代史和中国各历史时期社会音乐的主流表现形态谱系。本书可为中国人文社会科学,特别是中国历史科学的发展,提供其他学科所不能替代的独特视角和研究方法,并可为今日社会音乐艺术实践提供有益的指导和借鉴。

本书以出土乐器为实证,对传统史料进行了解读、甄别和探讨,研究体系完整,可用作中国音乐考古学及中国音乐史学专业的硕士、博士研究生教材。

图书在版编目(CIP)数据

中国音乐考古论纲. 上编. 上册 / 王子初著. —北京:科学出版社,2022.3

ISBN 978-7-03-071307-0

Ⅰ. ①中⋯　Ⅱ. ①王⋯　Ⅲ. ①音乐–考古–研究–中国

Ⅳ. ①K875.54

中国版本图书馆 CIP 数据核字(2022)第 006572 号

责任编辑:杜长清　张　文 / 责任校对:王晓茜
责任印制:李　彤 / 封面设计:润一文化

科 学 出 版 社 出版
北京东黄城根北街 16 号
邮政编码:100717
http://www.sciencep.com

北京建宏印刷有限公司 印刷

科学出版社发行　各地新华书店经销
*

2022 年 3 月第 一 版　开本:720×1000　1/16
2023 年 6 月第三次印刷　印张:30 1/4
字数:540 000
定价:298.00 元
(如有印装质量问题,我社负责调换)

国家社科基金后期资助项目
出版说明

    后期资助项目是国家社科基金设立的一类重要项目，旨在鼓励广大社科研究者潜心治学，支持基础研究多出优秀成果。它是经过严格评审，从接近完成的科研成果中遴选立项的。为扩大后期资助项目的影响，更好地推动学术发展，促进成果转化，全国哲学社会科学工作办公室按照"统一设计、统一标识、统一版式、形成系列"的总体要求，组织出版国家社科基金后期资助项目成果。

全国哲学社会科学工作办公室

自　序

　　本书的写作，基于笔者多年来潜心编撰《中国音乐文物大系》所积累的丰富资料；也是笔者在中国音乐考古学研究和教学工作方面多年心得的集中体现，可定位为该学科的一部基础理论专著。书名《中国音乐考古论纲》（下简称《论纲》），即论述中国音乐考古学研究的大纲或总纲。2003年，笔者出版了该学科首部基础理论专著——《中国音乐考古学》，较为系统地研究了中国音乐考古学的基本理论问题，并论述了中国各个历史时期的音乐考古发掘、发现的研究成果。19年来，中国重大音乐考古发现接踵而至，相关研究成果层出不穷，学科的专家团队不断壮大，已构建了进一步撰写本书——中国音乐考古学学科的研究大纲的坚实基础。

　　《论纲》的主要内容包括：

　　1）对中国音乐考古学学科基本理论问题的深入探讨；对构建该学科领域的基础理论体系提出系统认识。

　　2）对中国古代重要音乐考古发现和发掘的研究。

　　3）以音乐考古学研究为主要手段，认识中国各个历史时期社会音乐生活的真实面貌，并由此总结得失，探索中国音乐艺术发展的基本规律。可为中国人文社会科学，特别是中国历史科学的研究和发展，提供其他学科所不能替代的独特的方法和视角，并可为今日社会音乐艺术实践提供有益的指导和借鉴。

　　4）通过音乐考古史料的分析，构建中国各个历史时期社会音乐的主流表现形态谱系。

　　5）以音乐考古学研究方法与成果为史料基础，在系统构建以考古学史料为支撑的中国音乐断代史基础上，为重建中国古代音乐史乃至音乐通史做好史料及研究方法论的准备；待条件成熟时撰写新的"中国古代音乐史"。

　　6）以出土的古代音乐文物为实证，研究中国各个历史时期与社会音乐生活的诸多相关问题。

7）以出土的古代乐器为实证，系统构建中国古代乐器学和乐器发展史。

8）以出土的古代音乐遗物和遗迹为研究对象，逐步构建中国历史上音乐的区域史、民族史、地方史，认识和解决传统的"中原史"（中国传统排斥除中原之外的各地区、各民族贡献的历史）和"文献史"（中国传统以文献为史料基础、以引经据典为治史的基本方法的历史）问题。

9）本书在介绍相关中国音乐考古学基本知识的同时，通过音乐考古学方法，展开中国古代具有重要历史影响的各种专题研究；对已有的传统史料和相关认识进行解读、甄别和探讨。

音乐考古学是一门仅有几十年历史的新兴学科，但它无论在国内，还是在国外，已经成为学界关注的热门学科。1977 年，在美国加利福尼亚大学伯克利分校举办的国际音乐学会会议上，伯克利的亚述专家契尔莫（Anne D. Kilmer）因对一首用胡里安语演唱的青铜时代晚期的赞美诗进行了音乐解读，并转译成西方通用的注释系统而受到关注。在伯克利音乐学家克罗克（Richard L. Crocker）和乐器制作家布朗（Robert Brown）复制出苏美尔人七弦竖琴的同时，契尔莫提出的胡里安语赞美诗的演唱版本也被记录下来。受此启发，那次会议的圆桌会议提出了"音乐与考古"的议题，邀请各国专家讨论古代文化中的音乐遗存问题。这一事件，被看作国际音乐考古学会（International Study Group on Music Archaeology，ISGMA）建立的缘起。1981 年，在汉城（今韩国首尔）举办的国际传统音乐学会（International Council for Traditional Music，ICTM）的会议期间，ISGMA 正式成立。

从严格意义上讲，契尔莫对古代诗歌的音乐解读，并非欧亚传统意义上的"音乐考古学"研究。由于历史的缘故，现代学科意义上的"考古学"，可分为欧亚系统与美国系统。前者可以如下四位较有国际影响的考古学家为代表：英国学者 D. G. 赫果斯（D. G. Hogarth）、法国学者 S. 列纳克（S. Reinach）、苏联学者 A. B. 阿尔茨霍夫斯基（A. B. Apцxoбcкuй）及日本学者滨田耕作。[①]他们在考古学"研究人类过去的物质遗存"这一点上，有着明显的一致性；其从属于历史科学的含义也明白无误。而契尔莫对古代诗歌的音乐解读，带有浓重的"美国式考古学"的理解：其并非属于人类物质遗存的研究。在美洲，成文的历史只能从哥伦布发现新大陆算起，实难望具有悠久历史的中国和欧洲之项背。其"考古学"可以著名的人类学家摩尔根（Lewis H. Morgan，1818～1881 年）对印第安人的研究为标志，属

---

① 参见蔡凤书、宋百川主编：《考古学通论》，济南，山东大学出版社，1988 年，第 13 页。

"人类学"（实即"民族学"）范畴。我们迄今还没有见到属于"文化人类学"的音乐考古学相关论著。

中国的考古学科源自欧亚的历史学传统，其虽不悖于作为人类学分支的"美国式考古学"的并存；但作为历史科学的一个部门，《中国大百科全书·考古学卷》对考古学下了这样的定义："考古学是根据古代人类通过各种活动遗留下来的实物以研究人类古代社会历史的一门科学。"[①]《辞海》的定义更为明确："（考古学是）根据古代人类活动遗留下来的实物史料研究人类古代情况的一门科学。历史科学的一个部门。"[②]笔者由此推演中国音乐考古学的定义，应为"根据与古代音乐艺术有关的实物史料研究音乐历史的科学。音乐史学的一个部门"[③]。

在中国，真正意义上的音乐考古学研究的出现，比 ISGMA 的成立早得多。它的前身，更可上溯到北宋以来的"金石学"，如薛尚功的《历代钟鼎彝器款识法帖》[④]和王厚之的《钟鼎款识》[⑤]，都注意到了当时出土于湖北安陆的两件曾侯之钟（又作楚王酓章钟）。其中薛氏不仅著录最早，还正确地指出两件编钟上的铭文是用来标示"所中之声律"[⑥]的。而 1930～1931 年，学者刘复（半农）发起并主持了对北京故宫和天坛所藏 500 余件清宫古乐器的测音研究；并著成《天坛所藏编钟编磬音律之鉴定》[⑦]，成为中国音乐考古学史上的标志性事件。这应是中国音乐考古学脱胎于旧学而逐步成形的起端和界碑。

中国的音乐考古学在世界上引起广泛关注，源于中国音乐考古史上的两个划时代重大发现，即曾侯乙墓的发掘及贾湖七音孔骨笛的出土。

1978 年湖北随县曾侯乙墓的发掘，是中国音乐考古史上的一次空前大发现。墓中所出乐器达 9 种 125 件。**气势宏伟的曾侯乙编钟（图 0-1），是人类创造的最伟大的青铜艺术作品之一**，被国际学者誉为"世界第八大奇迹"。人们难以想象，先秦曾经出现过如曾侯乙编钟这样奇伟的青铜乐器。

① 夏鼐、王仲殊：《考古学》，载《中国大百科全书·考古学卷》，北京，中国大百科全书出版社，1986 年，第 2 页。

② 夏征农主编：《辞海》（1999 年版）缩印本，上海，上海辞书出版社，2000 年，第 1495 页。

③ 王子初：《中国音乐考古学》，福州，福建教育出版社，2003 年，第 3 页。

④ （宋）薛尚功：《历代钟鼎彝器款识法帖》，民国二十四年（1935 年）海城于氏景印明崇祯朱氏刻本，第 27 页。

⑤ （宋）王厚之辑：《钟鼎款识》，北京，中华书局，1985 年，第 64～65 页。

⑥ （宋）薛尚功：《历代钟鼎彝器款识法帖》，民国二十四年（1935 年）海城于氏景印明崇祯朱氏刻本，第 27 页。

⑦ 刘复：《天坛所藏编钟编磬音律之鉴定》，载《国立北京大学国学季刊》三卷二号，出版于"中华民国二十一年（1932 年）六月"。本文所据为中国艺术研究院音乐研究所藏抽印本。

仅从其冶铸、工艺、结构设计等方面看，其已不失为一项空前巨大的科学成果。全套编钟由 65 件单体青铜乐钟组成；加上钟架和挂钟构件，总用铜量达 4421.48 千克。在地下历时 2400 年之久而伫立如故，其结构设计的合理性和科学性，令人叹为观止。

图 0-1　曾侯乙编钟

这套编钟以其铭文的确切记载及其自身的音响，毫无悬念地证实了中国青铜"双音钟"的铸造和调律技术的存在！这是中国古代音乐科技的一项伟大发明：由于钟体采用了合瓦形的结构，一件钟上能够同时存在两种不同的"基频"，两种振动模式相互交叉叠置，当激发任意一个振动模式时，另一个振动模式恰好被抑制；反之亦然。因此，分别敲击钟的正鼓部和侧鼓部，就可以发出两个不同的乐音。曾侯乙编钟的铭文，记载了"一钟二音"各自的律名与调名，印证了这一技术的理论与实践的真实性。

1984 年，中国考古工作者在河南舞阳贾湖新石器时代遗址首次发现了多支开有 7 个音孔的骨笛。至今，陆续出土的骨笛已近 50 支，其中大多数均为七音孔笛。这表明，早在距今约 9000～8000 年，中华民族的先祖已经发明并广泛使用着可以吹奏七声音阶的乐器。这是人类文明史上一个惊人的大发现，它颠覆了人们对华夏民族乃至整个人类音乐文明起源的传统认识！

中国两大音乐考古发现及其研究热潮，直接带动了中国音乐考古学学科的飞跃发展。

在贾湖骨笛出土的次年，作为中国音乐考古学的第一项浩大的基础工程，由先师黄翔鹏先生与笔者先后担任总主编的《中国音乐文物大系》，作为国家社科基金重点项目立项。经历了 32 年的艰辛与曲折，该书已完成（以成书先后为序）湖北、北京、陕西、天津、江苏、上海、四川、河南（含"续"河南）、甘肃、新疆、山西、山东、湖南、内蒙古、河北、江西、广东、福建共 18 个省份的 19 卷，收录了文字及数据资料 350 余万言，图片 1 万余幅。《中国音乐文物大系》不仅是中国音乐考古学方面的第一部重典，也是该学科有史以来规格最高、规模最大的一套专业音乐考古学书籍，为世界各大博物馆、高等院校及科研院所争相收藏。

同在中国两大音乐考古发现的强力推动下，笔者所供职的中国艺术研究院音乐研究所首先建立了音乐考古学专业。多年来，笔者分别在这里及中央音乐学院、郑州大学、中国音乐学院，培养了中国音乐考古学专业的博士、硕士等高端理论人才数十人，初步形成了该学科的专业团队。2008年，在笔者和韩国著名音乐学家权五圣先生的倡导下，"东亚音乐考古学会"成立了。学会本部先后设在中国人民大学苏州校区和郑州大学，学会由中、韩轮流主持，已连续举办了十余届年会，大大促进了学科的发展。2016年，由笔者主持，在郑州大学创建了"郑州大学音乐考古研究院"，这是该学科目前唯一的专门学术机构。笔者计划通过郑州大学音乐考古研究院，逐步形成一个该学科的国际研究中心和教学基地，并已筹建了中国音乐考古陈列馆，以大力推动学科的建设和发展。郑州大学音乐考古研究院已于 2018年起，正式招收音乐考古学科的博士、硕士研究生，培养高端专业人才，壮大学科的专家团队。郑州大学音乐考古研究院已多次举办各种国际、国内的学术研讨和交流活动，以弘扬中华民族的优秀音乐文化，同时也为社会提供相关咨询服务，提供音乐文物的定级、鉴定、修复和复制、复原服务。在郑州大学的"双一流"建设中，作为学校新建的"优势""特色"学术机构，音乐考古研究院将起到有益的推动作用。

1981年，在汉城（今韩国首尔）举办的 ICTM 上成立的 ISGMA，由联邦德国柏林的考古研究所东方部（orient department of the German Archaeological Institute Berlin，DAI）和柏林民族博物馆民族音乐学部创立；并在它们的主持下多次举办了国际学术会议。至 1996 年的塞浦路斯利马索尔会议上，ISGMA 决定脱离 ICTM，而与音乐考古学家结成更紧密的学术团体。在第一届会议以后，ISGMA 与 DAI 合作出版了"音乐考古学研究"（*Studien zur Musikarchäologie*）系列丛书，发表了 ISGMA 的会议报告。自 2010 年起，局面有所改观，中国学者开始以主持者的身份，参与国际音乐考古学会的学术活动。中国的音乐考古学家方建军等，在天津音乐学院成功举办了"第七届国际音乐考古学会会议"。继而在 2012 年秋，由笔者主持，由东亚音乐考古学会的所在地——中国人民大学苏州校区，联合中国音乐学院等共同举办了首届"世界音乐考古大会——第八届国际音乐考古学会研讨会暨第四届东亚音乐考古学会年会"，会议在苏州和北京两地召开。国际上致力于音乐考古学研究的与会学者近 70 人，来自 36 个国家和地区；他们与中国学者共襄盛举，参加了这一次规模空前的盛会。笔者专为这次大会组织撰写了《中国音乐考古 80 年》[①]一书，向世界展示了中国音乐考古的巨大资源优势和 80 年来所取得的丰硕成果。

中国音乐考古学者连续主持召开了第七届、第八届 ISGMA 年会，标志着中国音乐考古界开始大规模地参与该学科的国际事务。中国音乐考古学学科已在国际上确立了举足轻重的地位，中国的音乐考古学家在这个学科领域内所取得的辉煌成就，获得了国际同行的认可和仰慕。

近年，中国音乐考古学上的大事层出不穷，西汉海昏侯墓、江都王刘非墓、陕西韩城芮国墓地、山西侯马晋侯墓地等所含的重大音乐考古发现接踵而来。有鉴于此，郑州大学音乐考古研究院原定于 2020 年秋，即中国音乐考古陈列馆的开馆之际，召开"第二届世界音乐考古大会暨第十一、十二届东亚音乐考古学会年会"，把音乐考古学学科的发展和建设，推向一个新的高度。中国古代音乐的深刻历史渊源、丰硕的学术成就和对世界的贡献，有力地促使了中国音乐考古学成为一门生机勃勃、前景广阔的学科！

一门成熟的学科应该具备如下条件：明确的研究目的和特有的研究方法、系统的基础理论、一定数量和质量的专家队伍、较为丰富的研究成果积累等。显然，以这些标准来衡量，中国音乐考古学这门学科还有待于进一步的建设和提高。本书"总论"部分阐述了中国音乐考古学学科形成的短暂历程，正说明了它仍处在自身不断完善的过程之中。如作为考古学在音乐艺术领域内的一个专门分支，音乐考古学进入考古学的发掘领域是必不可少的；但是，根据目前国家对考古事业的管理制度，中国的音乐考古学家在身份和职业上，似乎均未被真正纳入"考古界"的行列，更难以进入考古学的发掘领域。所以，在当前中国音乐考古学的研究中，音乐文物的研究有着突出的实际意义。音乐考古学家的研究，更多地还是停留在根据考古界发表的发掘报告和出土文物作案头研究的阶段。对于中国寥寥可数的专业音乐考古学工作者来说，通过研究考古界发表的出土音乐文物和相关资料来探讨中国音乐史的发展规律的基本工作模式，可能会持续很长

---

① 参见王子初等：《中国音乐考古 80 年》，上海，上海音乐学院出版社，2012 年。

一段时间。当然，一些有眼光的音乐考古工作者，已经充分认识到音乐考古发掘的重要性，他们尽可能地与拥有考古发掘权的单位加强联系和合作，尽可能地深入到音乐文物的考古发掘工地，参与遗址的清理工作及文物的修复和研究工作。相信他们运用自己在音乐考古学方面的方法和手段，将从出土的音乐文物上发掘出更多、更丰富的历史内涵。

　　本书的写作，与笔者主持的国家社会科学基金艺术学重点科研项目——"中国音乐文物大系"密切相关。本书所见各个历史时期的音乐文物资料，多来自这个项目的阶段性成果——《中国音乐文物大系》的前 19 卷。这一成果既是笔者经历了长达 32 年的曲折历程后取得的，更是先师黄翔鹏先生及全国音乐界、考古文博界数百位参与这项工作的学者及工作人员共同创造的，于此谨向他们致以诚挚的敬意和谢意！

王子初

目　　录

插 图 目 录

列 表 目 录

第一章 总 论

公元前 4 世纪，古希腊先哲柏拉图曾用 αρχαίολογία 泛指古代的学问，成为今日"考古学"一词的来源。到了罗马时代，该词表示"古代的事"或"古代历史"，这一概念在欧洲一直沿用到 17 世纪。18 世纪的欧洲人把考古学看成是对古代美术作品的搜集与研究。至 19 世纪，欧洲人对考古学有两种理解，广义的理解是指对古代社会的综合研究；狭义的理解单指对古希腊和古罗马美术作品遗存的研究。这在中国也有类似的情形。早在东汉时期，就已出现"古学"的名称，如《后汉书》中有马融"传古学"、贾逵"为古学"、桓谭"好古学"、郑兴"长于古学"的记载。"考古"一词，最早见于北宋学者吕大临于 1092 年写成的《考古图》一书；但这里的"古学"或"考古"，泛指对古代学问的探究；与今日作为现代学科的"考古学"，在概念上有较大的区别。

目前在世界范围内，考古学的定义并不完全统一。英国学者 D. G. 赫果斯（D. G. Hogarth）认为考古学是"研究人类过去物质遗存的科学"。法国学者 S. 列纳克（S. Reinach）认为考古学是"根据造型或加工的遗物来解明过去的科学"。苏联学者 A. B. 阿尔茨霍夫斯基（A. B. Арцховский）对考古学的定义为"根据地下的实物史料来研究人类历史上的过去的科学"。日本学者滨田耕作说考古学是"研究过去人类物质遗物的科学"。[①]这四人是国际上较有影响的考古学家，他们对考古学所下的定义具有一定的代表性。他们的理论有着明显的共同点，即"研究人类过去的物质遗存"。但从完整地表达一门学科的研究目的、研究对象和研究手段的角度考察，四人的定义都有所不足。根据《中国大百科全书·考古学卷》，考古学的完整定义应该是："考古学是根据古代人类通过各种活动遗留下来的实物

---

① 参见蔡风书、宋百川主编：《考古学通论》，济南，山东大学出版社，1988 年，第 2 页。

以研究人类古代社会历史的一门科学。"①考古学应该是历史科学的一个分支。在目前中国的一些权威性的辞书中，有关考古学的定义略有不同，但没有根本的区别，如在《辞海》中，考古学的定义是："根据古代人类活动遗留下来的实物史料研究人类古代情况的一门科学。历史科学的一个部门。"②

第一节　音乐考古学概述

这是一个来自音乐理论界的疑惑：研究古代音乐的学问都属于"音乐考古学"吗？

一些研究古谱学、乐律学史，甚至音乐通史的学者，认为自己的工作是考究中国古代的音乐状况，探讨其发展的规律，是否也应该归入"音乐考古学的范畴"？甚至还会产生一些有关音乐考古学基础理论的疑惑。在武汉音乐学院成立"中国音乐考古中心"的仪式和学术讨论会上，有人提到，尽管讲了多年音乐考古专业的课，但对音乐考古学的学科定义，总觉得"难以讲得清楚"。显然，这是一个带有一定普遍性的问题。"现代学科意义上的"考古学，有着严谨的学科概念，有着自身特有的基本理论和方法，有着一个大家辈出的专家队伍，有着丰富的学术成果，特别是中国考古学近 80 年来的发展和研究成果，已在国际上享有盛誉。中国的音乐考古学虽然尚在发展之中，但它的学科定位已十分清晰。音乐考古学完整的定义应该是"根据古代人类音乐活动遗留下来的实物史料以研究人类古代音乐历史的一门科学。音乐历史科学的一个部门"。那些研究古谱学、乐律学史，或是研究音乐通史、断代史、乐器史的学者，虽是考究中国古代的音乐历史，探讨其发展的规律，但不一定属于"音乐考古学"研究；除非他的成果主要是通过研究"古代人类音乐活动遗留下来的实物史料"而获得的。在学术领域中，当两门学科相结合而产生另一门新的"边缘学科"时，常常会出现这样一些概念上的纷争。曾几何时，中国的音乐学界曾为英文ethnomusicology 一词的翻译，到底应该译作"民族音乐学"，还是译作"音乐民族学"的问题而争论不休，最终的结果自然是不了了之，大多数人仍旧

① 夏鼐、王仲殊：《考古学》，载《中国大百科全书·考古学卷》，北京，中国大百科全书出版社，1986 年，第 1 页。

② 辞海编辑委员会编：《辞海》（1979 年版）缩印本，上海，上海辞书出版社，1980 年，第1393 页。

以英文 ethnomusicology 的组词顺序，翻译为"民族音乐学"且沿用至今。因为无论是称"民族音乐学"，还是称"音乐民族学"，在实际的研究工作中似乎并无多大的区别。

中国天文考古学界也曾为"天文考古学"，还是"考古天文学"的名称而大费周章。因为英文中确实已经存在两个词：archaeoastronomy 和 astro-archaeology。有些学者认为二者有着明显的区别："考古天文学"是通过考古方法和手段研究历史上的天文学；"天文考古学"正好与前者相反，它是把天文学作为研究方法与手段研究考古学。显然，这种说法在逻辑上十分模糊。因为无论是"通过考古方法和手段研究历史上的天文学"，还是"把天文学作为研究方法与手段研究考古学"，其实质都是把天文学和考古学的基本理论及方法作为本学科的基本理论和方法。所以这些学者马上就发现："在某些情况下，考古天文学与天文考古学的界线也并不十分明显，有时很难区分。"①最终的结果，他们与上述音乐学界沿用"民族音乐学"的情况正好相同，仍把特殊专业"天文"放在了后面，把"考古"放在了前面，采用了"考古天文学"一名。

音乐考古学的概念曾经存在同样的问题。"音乐考古学"与"考古音乐学"究竟有多大区别？我们应该采用哪一个名称较为合理呢？

首先，一门学科之所以能独立于学科之林，在于其不同于其他学科的基本理论与方法。无论是音乐考古学，还是考古音乐学，作为音乐学与考古学这两门学科相结合的边缘学科，它们并无本质的区别。音乐学与考古学这两门学科的基本理论与基本方法的结合，是"音乐考古学"不同于其他学科主要理论与方法的基石。

其次，一门学科所培养和拥有的专家队伍，是这门学科成立的重要标志。在音乐考古学的实际研究工作中，其专家队伍的构成，较为常见的是这样一种情况，即音乐（史）学家借用考古学的基本理论与方法，进入了考古学的研究领域，从而在音乐学学科中分化出"考古学"的分支边缘学科，如黄翔鹏的《新石器和青铜时代的已知音响资料与我国音阶发展史问题》②、王子初的《中国青铜乐钟的音乐学断代——钟磬的音乐考古学断代

① 陆思贤、李迪：《天文考古通论》，上海，上海古籍出版社，2006 年，第 1~2 页。
② 黄翔鹏：《新石器和青铜时代的已知音响资料与我国音阶发展史问题（上）》，载人民音乐出版社编辑部：《音乐论丛》第一辑，北京，人民音乐出版社，1978 年；黄翔鹏：《新石器和青铜时代的已知音响资料与我国音阶发展史问题（下）》，载人民音乐出版社编辑部：《音乐论丛》第三辑，北京，人民音乐出版社，1980 年。

之二》①、冯光生的《周代编钟的双音技术及应用》②等，均是这方面典型的例证。因为是"音乐学"中的"考古学"分支，习惯上称"音乐考古学"。

实际上也有一些考古学家、古文字学家、古代史学家、铸造工程专家、物理学等自然科学（史）家及其他文化学者，在他们的研究中涉猎到许多音乐学方面的问题，从而也进入了"音乐××学"研究的领域，如在湖北出土的曾侯乙编钟的研究中，谭维四、冯光生的《关于曾侯乙墓编钟钮钟音乐性能的浅见——兼与王湘同志商榷》③、马承源的《商周青铜双音钟》④，使考古学家进入了音乐学的研究领域；裘锡圭、李家浩的《曾侯乙墓钟、磬铭文释文与考释》⑤，饶宗颐、曾宪通的《随县曾侯乙墓钟磬铭辞研究》⑥，是古文字学家和文化史学者的研究涉及乐律学的内容；陈通、郑大瑞的《古编钟的声学特性》⑦、叶学贤等的《化学成份、组织、热处理对编钟声学特性的影响》⑧、关洪野、罗定元的《采用传统失蜡法复制曾侯乙大型甬钟的研究》⑨等，是铸造工程专家或自然科学（史）家相关古乐器的音乐性能和青铜乐器铸造学方面的研究。他们的研究是否应该称为"××（如考古、古文字、金属工艺等）音乐学"？与上述"考古天文学"不同，现实的情况是，他们并没有刻意地提出"音乐××学"或"××音乐学"的概念。专家的注意力集中在研究问题和解决问题本身，对概念上的问题不太在意；无论是把音乐考古学看作立足于音乐学学科中的××学分支，还是立足于××学学科中的音乐学分支，"音乐××学"和"××音乐学"这两个概念没有什么本质的区别。

中国音乐考古学与有着近百年发展历史的中国考古学相比，无论在专家队伍的建设、基础理论的架构、系列成果的积累，还是在较为系统的研究方法等方面，都显露出一定程度的不成熟。本书作为中国上古时期音乐考古

---

① 王子初：《中国青铜乐钟的音乐学断代——钟磬的音乐考古学断代之二》，《中国音乐学（季刊）》2007年第1期，第5～36页。

② 冯光生：《周代编钟的双音技术及应用》，《中国音乐学（季刊）》2002年第1期，第40～54页。

③ 谭维四、冯光生：《关于曾侯乙墓编钟钮钟音乐性能的浅见——兼与王湘同志商榷》，《音乐研究》1981年第1期，第79～88页。

④ 马承源：《商周青铜双音钟》，《考古学报》1981年第1期，第131～146、167～172页。

⑤ 裘锡圭、李家浩：《曾侯乙墓钟、磬铭文释文与考释》，载王子初主编：《中国音乐文物大系·湖北卷》，郑州，大象出版社，1996年，第331页。

⑥ 饶宗颐、曾宪通：《随县曾侯乙墓钟磬铭辞研究》，香港，香港中文大学出版社，1985年。

⑦ 陈通、郑大瑞：《古编钟的声学特性》，《声学学报》1980年第3期，第161～171页。

⑧ 叶学贤、贾云福、周孙录，等：《化学成份、组织、热处理对编钟声学特性的影响》，《江汉考古》1981年第S1期，第26～36页。

⑨ 关洪野、罗定元：《采用传统失蜡法复制曾侯乙大型甬钟的研究》，《江汉考古》1983年第2期，第84～89页。

学专论的基本理论著作，主要定位于音乐学界对考古学领域的借鉴和"渗透"，定位于"音乐学中的考古学分支"理念，故主张沿用国际、国内习惯上已用多年的"音乐考古学"之名，而不再另创"考古音乐学"的名称。

一、音乐考古学概念析疑①

音乐能"考古"吗？

这是一个客观存在的大问题，原因来自音乐艺术自身的"非物质"特性。艺术是人类发挥想象表现思想和情感、反映社会生活的一种意识形态，属人类社会的上层建筑。但各门艺术塑造的艺术形象有所不同，如美术塑造的是视觉形象，音乐塑造的则是听觉形象。视觉形象借助的是"形"和"色"所附着的物质，即所谓的"作品"。"作品"可见可触，以"实物"形式出现，而音乐形象则是借助由空气振动形成的声波变化，不可见、不可触，以"非实物"形式出现。所以，美术考古研究的对象，可以是人类创造的美术作品本身，如绘画、雕塑作品等；但音乐艺术是音响的艺术，其以声波为传播媒介，表演停止，声波即刻平息，音乐也不复存在；音乐又是时间的艺术，真正的音乐只能存在于表演的瞬间，古代的音乐作品只能存在于表演的当时。于是作为音乐考古学家永远无法以音乐——一种看不见、摸不着的特定的声波为研究对象，也无法以早已逝去的历史上的音响为直接研究对象。显然，音乐考古学的研究对象不可能是音乐作品本身。也许有人会把一些古代的乐谱看作"实物性"的音乐作品，因而可以用作音乐考古学的研究对象。其实这是一个误区，乐谱并不能等同于音乐作品。乐谱也许记载了一些音乐作品，然而这种以某种符号系统来记录作为音响的音乐作品的手段是苍白无力的。五线谱、工尺谱、古代琵琶的音位谱、古琴的减字谱等人类曾使用过的一切记谱法，无论它们如何"完善"、如何"科学"，只能在非常有限的程度上反映音乐作品的部分特性。从根本上来说，乐谱只是画有与音乐相关的特定符号的纸或别的什么材料，它与音乐作品有着本质的区别。

一些十分关心中国音乐考古学学科发展的学者，由此对音乐考古学算不算考古学的分支产生了疑虑。认为音乐本身既是看不见、摸不着的"某种特定的声波"，根本不属于考古学研究对象"实物史料"的范畴，如何"考古"？因此推而广之，甚至提出了"这与所谓的农业考古学、植物考古学、动物考古学、冶金考古学之不能被归入考古学的道理是一样的"

---

① 参见王子初：《"音乐考古学"辨疑》，《音乐研究》2003年第2期，第24～33页。

论点。①著名音乐学家黄翔鹏曾把《中国音乐文物大系》评价为"是当前中国音乐考古学学科建设中最为宏大的工程"，并指出音乐考古学"在人类文化史研究中，有其显而易见的不可替代的学术意义"。②不难看出，他对音乐考古学学科的成立是确信不疑的。不过，他在论述音乐考古学的研究对象的特殊性这一问题时，也十分谨慎："古代的陶瓷、丝绸织物、绘画和雕塑作品等，本身就是考古研究的对象。陶瓷考古、丝绸考古、美术考古的文物依据直接就是有关器物或艺术品本身，其考古学的描述和具象物体本相一致。但绝不可能'取出'任何一件'音乐作品'，对它直接进行考古学的研究。从考古学现有严格定义说来，'音乐考古'一词，似乎难予认证，充其量只可说是'乐器考古'或'音乐文物遗存的考古'而已。"③黄先生提出的问题，值得认真思考。

也有考古界的学者曾提出如下疑问：田野发掘，是考古学的主要手段；类型学和地层学是考古学两大方法论的支柱，所谓"音乐考古学"与它们均有较大距离。缺乏考古学的主要手段和两大理论支柱的"音乐考古学"能算是"考古学"吗？此问题提得十分犀利。

1. 音乐考古学的研究对象

作为一门现代学科的音乐考古学，可以独立于人类学术之林吗？

音乐考古学学科的成立与否，只需解决两个问题即可。第一个问题是，音乐考古学必须以音乐或音乐作品自身为研究对象吗？第二个问题是，田野考古手段的类型学和地层学研究方法，是考古学成立的必备要素吗？问题不难解答。

对于第一个问题，答案是否定的。

《中国大百科全书·考古学卷》载："考古学是根据古代人类通过各种活动遗留下来的实物以研究人类古代社会历史的一门科学。"④本书由此提出的音乐考古学的定义：**音乐考古学是根据古代人类音乐活动遗留下来的实物史料以研究人类古代音乐历史的一门科学。**音乐考古学作为考古学在

---

① 王洪军：《对音乐考古若干问题的思考》，《中国音乐》2001 年第 4 期，第 5～6、12 页。

② 黄翔鹏："前言"，载王子初主编：《中国音乐文物大系·湖北卷》，郑州，大象出版社，1996 年。

③ 黄翔鹏："前言"，载王子初主编：《中国音乐文物大系·湖北卷》，郑州，大象出版社，1996 年。

④ 夏鼐、王仲殊：《考古学》，载《中国大百科全书·考古学卷》，北京，中国大百科全书出版社，1986 年，第 1 页。

音乐学中的一个分支学科，同样是以古人音乐活动遗留下来的**实物史料**来研究人类古代情况的一门科学。音乐本身虽然并非"实物"，但需要强调的是，音乐考古学的研究对象是"古代人类音乐活动遗留下来的实物史料"，而并没有说要把"非实物"的音乐本身来作为该门学科的研究对象。显然，音乐考古学和一般考古学比起来，有鲜明的特殊性。这一特殊性主要体现在其研究对象——古人音乐活动遗留下来的实物史料上。由于音乐考古学既无法也不以音乐作品为其研究的直接对象，故有些学者认为对音乐考古学的学科性质难以认真探究，充其量只能称其为"乐器考古"，或"音乐文物的遗存考古"的忧虑，是完全不必要的。这种观点，主要是出于对音乐考古学这一概念理解上的偏颇。音乐考古学作为以古人音乐活动的遗物和遗迹为研究对象，并以此为据了解古人的音乐生活，从而阐明人类音乐艺术发展的历史和规律的一门科学，是完全可以堂堂正正地被纳入专业考古学学科行列的。艺术考古是否一定要以本门艺术的作品为其研究对象，恐怕没有必要作如此机械的界定。否则，不仅是音乐考古，诸如舞蹈、戏曲等艺术门类，乃至古代的天文、气象、农业等"非物质的"门类，均无"考古"可言了。而当今引入考古学的研究门类众多，其自身往往是"非实物"性质的。它们都是人类的"非物质文化遗产"，都有着几乎和人类社会一样悠久的历史。在古代人类的社会生活中，都会有大量相关的实物史料留存下来。和音乐考古学中的情况一样，这些实物史料才是本门学科的历史研究中借助考古学手段的研究对象。

2. 音乐考古学的研究方法

同样，根据《中国大百科全书·考古学卷》有关考古学的定义，可以圆满地解答第二个问题：田野发掘的手段，类型学和地层学研究方法，在考古学的概念中，不是考古学学科成立的必备要素。所以它们同样也不是音乐考古学学科的成立的必备要素。就是说，没有它们，并不影响音乐考古学学科的成立。

不过还是有些具体的问题需要论及。

作为考古学在音乐艺术领域内的一个专门分支，音乐考古学进入考古学的发掘领域，应该是一种极为重要的研究手段，但根据目前中国考古事业的管理制度，只有国家设立的部分文博单位和高等院校的历史考古专业才有考古发掘权，而且具体发掘项目的审批权在国家最高文博行政机构——国家文物局。也就是说，每一项考古发掘必须得到国家文物局的批准才能实施。中国的音乐考古学家在身份和职业上，均未被纳入"考古界"的行列，故不拥有考古发掘权。另外，"音乐考古发现"本身，在实践中带有极大的偶然性，人们很难预知什么地方会有与音乐有关的遗存埋藏于地下，然后组织音乐考古工作者来进行有目的的"音乐考古发掘"。所以在中国，当前音乐考古学家主要还是停留在根据考古界发表的发掘报告和出土文物资料作案头研究。但是，自曾侯乙墓的发掘以来，一些有眼光的考古文博工作者，已经充分认识到音乐考古学研究在考古发掘中的重要性，他们尽可能地创造条件，使音乐考古工作者与拥有考古发掘权的单位，如一些大学的考古专业和历史专业院系、国家或各省市文化管理部门的考古研究机构和各地的博物馆等，加强联系和合作，尽可能地共同深入到古代音乐遗存的考古发掘工地，让音乐考古学家参与遗址的清理工作及文物的修复和研究工作；运用他们在音乐考古学方面的方法和手段等优势，从遗址中，从出土的音乐文物上，发掘出诸如与音乐活动有关的社会现象、出土音乐文物的性质和性能、古代乐器的音乐与音响性能及使用手法等方面的更多、更丰富的历史内涵。

湖北随县曾侯乙墓的发掘，是这方面突出的例证。当时发掘工作的主持人谭维四先生独具慧眼，在他的坚持下，曾侯乙墓的发掘和研究，集合了全国各学科专家协同作战。专家进入现场检测，尽可能多地取得了可靠的一手资料，及时解决了各种难题。这在当时的考古界是十分罕见的，也无疑给当时的音乐考古工作者提供了一个千载难逢的良机，让他们参加到田野考古发掘的第一线。这在以往，是可望而不可即的事。在曾侯乙墓出土文物的清理与研究过程中，中国艺术研究院音乐研究所的音乐学家黄翔鹏、王湘等长驻考古发掘工地，从对各类出土乐器的音乐学研究中获得了大量古代音乐艺术活动的历史信息，包括当时一度流行的、高深的音律理论。他们还对编钟做了音高频率的测定，并编配乐曲进行舞台试验演奏，使曾侯乙墓这一划时代的考古发现，在中国古代音乐方面所达到的光辉成就，得到了最大限度的阐述和发扬，使墓葬及遗址中有关当时音乐文化的考古学资料也得到了最大限度的收集和保护。在中国学术史上，第一次集中出现了大批有关中国音乐考古学的理论成果。

自 2009 年 9 月起，南京博物院考古研究所发掘了西汉江都易王刘非墓，墓中完整的礼仪乐悬，尤其是巨幅仿玉玻璃编磬刚一露头，主持发掘工作的南京博物院考古研究所李则斌副所长就敏锐地察觉到这次考古发现的重大学术意义，即时专门邀请笔者牵头，组织各方面专家，进入考古发掘现场考察，建立了音乐考古项目课题组，并拨出巨款，支持了其后长达 5 年的音乐考古学的研究工作。课题组不仅成功地复制、复原了全部出土礼仪乐器（图 1-1），更完成了一部 50 余万字的研究报告，取得了丰硕的音乐考古学的研究成果。

图 1-1　复原的西汉江都王墓仿玉玻璃编磬

那么，音乐考古学界是否运用了考古学的"两大支柱"——地层学和类型学的研究方法？答案也是十分肯定的。1996 年 8 月，文物出版社出版了著名中国音乐考古学家李纯一的《中国上古出土乐器综论》。李纯一先生在这部集毕生心血完成的中国音乐考古学学科巨著中，将考古学传统的类型学和地层学研究方法发挥到极致。事实上，大多数的音乐考古工作者在他们的研究工作中，大量地吸收和借鉴了考古学界有关地层学和类型学方面的研究成果，包括他们相应的思维模式，结合音乐学的理论和方法专长，使许多考古资料和古乐器文物得到令人耳目一新的阐发。音乐考古学作为一门独立的学科，尽管其存在并不依赖于田野发掘手段和地层学、类型学研究方法的运用，但是田野发掘手段和类型学、地层学研究方法的运用，的确是中国音乐考古学学科需要借重的基本方法和研究手段，也是学科建设中重要的努力和拓展方向。

3. 音乐考古学的"音乐史学"属性[①]

2001 年 10 月，《中国文物报》与中国社会科学院考古研究所共同发起

---

① 王子初：《"音乐考古学"辨疑》，《音乐研究》2003 年第 2 期，第 24～33 页。

了一场专题讨论，即"考古学的定位"。争论纷纷扬扬，十分热烈，焦点集中在考古学、历史学和人类学三者的关系上。讨论的宗旨，"似乎是要把由'新考古学'提倡的'考古学就是人类学'以及早已存在的'考古学是历史学的一部分'这种主张，回归到'考古学就是考古学'的通俗认识中来"①。但却出乎人意料，这场讨论倒把考古学、历史学和人类学三者形成的历史，以及上述问题的来龙去脉搞清楚了。这场讨论的真正意义，体现在对这一问题产生根源的分析。

考古学的研究目标是历史，无疑是"历史科学的一个部门"。中国现代考古学学科的发展历程表明，20 世纪 20 年代初，以傅斯年、李济为代表的学术先驱，一开始就坚定地选择考古学必须在大历史学的框架内讨论问题的研究取向。这一方面是因为中国有着深厚的历史学传统为其土壤；另一方面则是五四运动伴随着新文化运动的兴起，使中国传统的历史学受到前所未有的怀疑和责难，因而中国社会关心自身过去的情绪空前高涨。而一门全新的学科——中国考古学随着傅斯年创建国立中央研究院历史语言研究所应运而生。其后长达 10 年的河南安阳殷墟的发掘，证实了传统史籍所载商代王公谱系并非子虚乌有，从而使中华民族在自己的传统历史问题上找回了自信。中国的考古学学科的成长，自始至终与验证和解决历史学问题的目标紧密相依。这于中国音乐考古学的发展历程之中，也是同样：当年刘复在天坛、故宫所做的古乐器测音研究的目的是如此，20 世纪 70年代吕骥等在西北四省音乐文物考察研究的目的是如此，曾侯乙编钟及贾湖骨笛的研究热潮还是如此！

考古学探究的是人类的社会和历史，它当然是人类学中专门借助古代人类的物质遗存来研究人类的社会和历史的一个分支学科。传统的人类学，是一门介于自然科学和社会科学之间的边缘学科。它包括三个方面的研究内容，即人体体质形态学、人类起源学和人种学。现代人类学作为人类了解自身的科学，越来越受到重视，近年来得到了迅速的发展，它几乎渗透到与人类有关的所有学科，成为一门包罗万象的综合性学科，其中也包括实质上就是民族学的"文化人类学"。

在美洲，成文的历史只能从哥伦布发现新大陆算起，时间极短，实在难望中国和欧洲国家之项背。但是 19 世纪的美国，调查印第安土著族群的人类学研究却十分发达，这是当时社会现实的需要。著名的人类学家摩尔根曾长期居住在北美印第安人的易洛魁人中，研究了他们的社会制度和生

---

① 俞伟超：《为更多学科服务是考古学的宗旨吗？》，《中国文物报》2002 年 6 月 21 日，第 7 版。

活习俗。研究过程中，摩尔根发展了考古学研究的理论和方法，写成了《古代社会》一书。这部书成为人类学方面的经典著作，到今天也是考古学家的重要参考书。何以在美国，考古学会从属于人类学，其缘由已经一清二楚。很遗憾，迄今为止我们还没有见到属于文化人类学的音乐考古学研究和相关论著，无从进一步加以评述。但是在中国，考古学与传统历史学（以文献为主要史料系统的狭义历史学）并列，同为大历史学学科的一个部门。这一观念，并不妨碍作为人类学的分支——考古人类学学科的存在。

作为人类社会上层建筑的一门重要艺术，音乐同样是人类借助想象、运用形象表现思想和情感、反映社会生活的一种意识形态。它的存在，同样有着起源、发展和成熟的历史过程。事实上，世界上一些国家就把一般考古学视为艺术史的一个分支，这主要是受18世纪的欧洲人对"考古学"的传统概念（专指美术考古）的影响。就音乐考古学本身来说，其作为艺术史的一个部门，归入音乐史学科并无问题。也有些国家的学者把考古学看作文化人类学的一个部分。文化人类学当为人类学的分支，在许多国家和地区实指民族学。音乐考古学自然与其密切相关。中国也有学者认为考古学已成为综合性的科学，由此理解，音乐考古学当然离不开社会科学和自然科学的众多学科的方法和手段。但不管怎么说，音乐考古学研究的目标是人类的音乐艺术史，跳不出历史科学的大范围，所以将音乐考古学归入社会科学更为合理。

4. 学科概念的内涵和外延

除了上述有关音乐考古学的基本定义之外，这门学科的概念中，究竟还应该包含哪些相关内容？这里只就如下最重要的几个方面作概述。

其一，音乐考古学的理论内核是什么？

音乐考古学是考古学和音乐学相结合的产物，是一门跨学科的边缘科学，所以其研究必然离不开考古学和音乐学这两个学科的基本理论，这自然成为音乐考古学的理论内核。音乐考古学是考古学的一个分支。所以，音乐考古学的基本理论必须包含考古学的基本理论，如其时空框架必须借助一般考古学的地层学和类型学，以及考古学利用的其他手段才能建立起来。同时，音乐考古学也是音乐学的一个分支学科。音乐学的基本理论同样应该是音乐考古学研究的重要理论指导。中国音乐考古学是以中国考古学为背景发展起来的，是一门年轻的科学。自20世纪30年代刘复对清宫古乐器的测音研究肇始，其后长时间停留在利用考古界发表的发掘资料和传世文物作案头研究的阶段。这个局面在1972～1974年长沙马王堆汉墓被发掘时才被打破①。近年来，本门学科系统的理论和方法正在逐步建立。

其二，音乐考古学研究方法的特殊性。

音乐学研究中使用的方法和手段，是音乐考古学研究区别于其他考古学的特殊的方法和手段。音乐考古学研究，是通过解决古代音乐学问题来达到解决音乐史问题、最终达到解决人类一般历史问题的目的的。所以，利用考古资料的音乐学研究永远是本门学科研究的最基本的内容。这要求音乐考古学家必须兼有音乐学和考古学两个领域的知识，掌握两门学科的基础理论和方法。此外，音乐考古学工作者还应具备较好的历史学素养和音乐声学等自然科学方面的基础。

音乐考古学同考古学一样重视古代遗物遗迹的年代、文化属性和文化特征等人文因素和历史因素，而不能脱离这些因素进行单纯的音乐学研究，这是上述音乐考古学的研究目的所决定的。但是，音乐考古学在研究方法上有其自身的特点。一些具有特殊意义的、与古代音乐艺术相关遗物和遗迹往往难为一般考古工作者所注意，如出土乐器上相关音律、音阶的遗痕，与当时使用方式和演奏手法相关的残迹，体现某种礼仪内涵的乐器配置、布局和方位，以及能借以推导出当时的乐律、音阶和其他音乐学、音响学内涵的一切有形遗存。这些，对于音乐考古学研究来说往往是至关重要的，也是音乐考古学的特殊价值所在。

其三，音乐考古学研究目的的相关问题。

音乐考古学的研究，主要是通过古代遗留下来的实物资料来实现的。但是它不能等同于利用考古资料的一切音乐学研究，即不能以解决古代音乐学问题作为本门学科研究的唯一目标，而必须通过对古代人类各种音乐艺术活动的相关物质遗存，以探讨和解决音乐艺术的发展历史问题，进而达到把握人类社会历史发展的进程和一般规律的目的。由此出发，古谱学、乐律学史学、古乐器学、音乐文献学（包括史料学、版本学、目录学、校雠学、训诂学）乃至音乐史学本身，均不能等同于音乐考古学。因此，音乐考古学不仅关心音乐学本身的问题（尽管这是这一学科研究的主要内容），更注意研究古代音乐学问题背后的社会背景（生产力的发展、生产关系的变更等）、社会心理和思想认识，注意探究古代音乐艺术的产生和发展

---

① 1972～1974 年，湖南长沙马王堆汉墓被发掘。墓中除了出土了无比珍贵的辛追遗体外，还发现了汉瑟等重要乐器。对马王堆汉墓的考古学研究成了当时重大的"政治任务"。著名音乐史学家杨荫浏等因"革命形势的需要"，提前从"牛棚"里解放出来，被指派去湖南研究马王堆一号汉墓中出土的瑟。

动因，研究音乐艺术与上层建筑和其他艺术门类的相互关系。实际上，音乐考古学是要通过对古代音乐学的研究这一独特的途径，从一个特定的角度揭示人类社会的艺术史、思想史乃至整个社会发展的历史进程。显然，音乐考古学研究不仅对于古代乃至现代的音乐艺术有意义，对于一般考古学、历史学和人类学同样具有意义。音乐考古学把古代音乐艺术视为人类早期文明的重要组成部分。在古代人类的原始宗教祭祀、巫术形式和娱乐活动中，音乐艺术活动是其不可分割的组成部分。音乐艺术的起源与古代人类文明的产生有着密切的关系，这使得音乐考古学研究并非仅为解决古代音乐艺术本体的问题，更重要的是在于探索文明起源与音乐艺术起源之间的关系。

其四，中国音乐考古学的历史时段分支。

文字的发明，是人类由蒙昧进入文明时代的分水岭。以此为界，中国音乐考古学可以划分为史前音乐考古学和历史音乐考古学两个分支。

史前音乐考古学的重要任务之一，是探索音乐艺术的起源问题。这意味着史前音乐考古学研究的时代上限，取决于考古学所能提供相关资料的时代。具体来说，其源头目前可以推溯到旧石器时代的末期，如迄今所发现的一些石哨、骨笛类原始音乐文物。根据近年重庆奉节的考古新发现，史前音乐考古学还有可能推进至大约 14 万年之前。进入新石器时代的初期，这些文物，尤其如河南贾湖骨笛的出土，可能标志着一种有着七声音阶这种高文化内涵的音乐文化存在已久。

历史音乐考古学研究的时代范围，由于音乐艺术的特殊性（如以声波为媒介，看不见、摸不着，文字难以确切描摹），其下限可以滞后于一般考古学所定的元或明，而定到清末。虽然史前音乐考古学和历史音乐考古学都以古代物质遗存为主要研究对象，但历史考古学必须参诸出土或传世的铭刻文献资料。由于古代物质遗存是探讨文字发明以前人类音乐活动唯一的依据，所以音乐考古学更多地关注史前音乐时期。另外，由于文字发明的前期，特别是早期，原始史料缺乏，考古发掘获得的有关音乐艺术的文字资料和非文字资料，同样为音乐考古学所重视。最典型的例证，是曾侯乙编钟及其 3700 多字的乐律学铭文。这些，决定了史前音乐考古学（本书拟定为远古至夏代）和早期历史音乐考古学（本书拟定为商、周二代），其研究价值是其以后的音乐考古学研究难以比拟的。历史年代越早，留存至今的文字资料越少，音乐考古学就越显重要。在一定的程度上，晚期历史音乐考古学研究，主要是为文献资料的不足提供必要的补充，由于上述音乐艺术的特殊性，这种补充并非无足轻重，如刘复的清宫古乐器测音研究所得音律混乱的结果，表明其全然不是清宫档案和文献所记载的情形。在解决音乐史学的众多特定题目上，晚期历史音乐考古学研究的作用仍是不可替代的。

历史音乐考古学在探索古代音乐艺术本体方面，如乐谱、乐调、乐律和乐器技术理论等，显得关系更为密切，晚期历史音乐考古学尤其如此。而史前音乐考古学侧重于人类发明文字之前的音乐艺术的研究，它要求我们去探索中国音乐艺术的一切源流演变，这样一来，任务要艰巨得多，这里隐含着中国音乐艺术与文明起源的深刻关系。黄翔鹏先生曾精辟地指出："音乐考古学在人类文化史研究中，有其显而易见的不可替代的学术意义。诸如贾湖骨笛提供的有组织而能自成体系的乐音结构，便是一种即便是远古崖书中亦无从得知的人类高级思维活动的历史信息。它忠实反映了新石器时代某种人类文明的曙光。"①音乐文明及一切有关人类文明起源的理论探索，显然是历史学和人类学共同想要解决的根本问题。

5. 学科研究的时空范围

从理论上说，考古学研究的时间范围是从人类及其社会的产生起直到现代，音乐考古学研究的时间范围也应与之相当。不过，这是一个难以确定的概念。因为这里有两个问题：首先，人类及其社会究竟何时出现在地球上，目前这个问题没有最后明确，从类人猿到人，本身就是一个漫长的过程。其次，什么时间可以被称为"现代"，学者也各有各的理解。这个概念的上下限有些模糊，但从这门学科的研究目的来看，应该是正确的：考古学研究的是人类及其社会产生、发展的全过程。人类对自己的历史认识得越深入，考古学的时间范围也就越明确。

在考古学的研究实践中，世界各国对其起止的时间范围有不同的看法。欧美有人提出考古学研究的时间下限以"产业考古学"的研究范围为终结。所谓产业考古学主要是对 18、19 世纪的工厂和机械设备的调查研究，即欧美学术界一部分人主张考古学的时代范围以 19 世纪为其下限。日本的考古学研究的时间下限则是 1868 年，也就是明治维新那一年。中国考古学研究的时间范围起于人类及其社会的诞生，止于元代末年。中国学者之所以把元代以后的几百年排除在考古学研究的时间范围之外，是因为与中国悠久的历史相比，这一历史阶段不仅比较短暂，而且由于印刷术的广泛应用，大量的文献典籍被保存下来，所以考古发掘所获得的实物资料在历史研究中已不占

---

① 黄翔鹏："前言"，载王子初主编：《中国音乐文物大系·湖北卷》，郑州，大象出版社，1996 年。

主要地位。其实作为一个严密的学科概念来说，这个范围的划分不尽合理。因为尽管在明、清和近现代这几百年中，实物资料的研究对历史学来说已不占主要地位，但并不是说没有地位，故不能将其排除在外。实际上，有关元代以后的考古活动和文物研究，学者时有涉及。如果他们的研究不属于考古学范围，那么又将如何归属？在中国音乐考古学的研究中，历史上留存下来的实物资料对音乐史学的研究来说，更有实际意义。重道轻器的传统使我们今天很难从文献典籍中了解到当时社会音乐生活的许多方面。例如，不通过包括刘复在内的许多学者所进行的大量文物测音研究，怎么能知道有清一代礼仪乐器音律的混乱？从而也就无法结合文献等各种资料，进一步推知清代宫廷礼仪音乐和各地文庙的祭孔音乐在音乐本体应用方面的荒诞情形。所以，无论在中国，还是在世界，音乐考古学研究的目的既然是研究人类音乐活动的历史，其研究的时间范围就应该是人类历史的全过程。具体来说，至少可以从人类的诞生一直延续到清代之末。当然这期间，音乐考古学在音乐史学研究中的地位是有所不同的。在文字发明以前，音乐考古学是音乐史学研究的主要手段；文字发明以后，音乐考古学和文献记载并驾齐驱，对音乐史学研究继续发挥着不可或缺的作用。

音乐考古学研究的空间范围，原则上应包括全世界各个地方。在实际的研究中，还主要限于人们所知道的人类长期集中生活的地区。那些有着悠久历史的国家和地区，如古代中国、西亚两河流域广大地区、印度、克里特岛和爱琴海等地的考古研究，特别受到世界学者的关注。中国音乐考古学研究的空间范围也是如此，其重点应该关注古代人类长期集中生活的地区。不过需要提及的是，一些人迹罕至的高山大漠、极地海洋，往往是考古学上的空白地带，但这些地方在古代未必和今天一样，随着考古学的发展，在这些地方发现人类遗物和遗迹的报道时有所见。《中国音乐文物大系·新疆卷》中，就有出土于塔克拉玛干大沙漠的尼雅遗址的音乐文物。尼雅遗址即汉代西域城郭诸国之一的精绝国故址，一度有过繁华的历史。到唐朝僧人玄奘西行取经路过时，此地已经荒芜。这些地方的考古工作也可能给人类了解自己的历史，提供一些史书失载的重要音乐文物资料。

6. 学科研究的音乐史学意义

人类进入文明时代以来，祖先给我们留下的浩如烟海的文字资料，真伪杂处，鲁鱼亥豕，今日的音乐史学家无论花费多大的精力去考释，去校雠、辨伪，难免有检点不周之处。再者，曾被当时文人记载下来的史实能有多少？其中能经历千百年人世沧桑、兵戎战火流传到今天的文献又能有多少？不难设想，许多史实成了永远的不解之谜。如果没有曾侯乙编钟的出土，我们又怎能知道一部如此辉煌的先秦乐律学史在汉代以后基本失传？汉儒告诉我们的先秦乐律理论与其相比，几乎是十不及一。由此而论，单靠文献来了解人类音乐艺术的发展历史，是非常危险的，也是很困难的。要了解人类尚未发明文字时代音乐艺术活动，后人追记的神话传说不足为据。音乐考古就成了研究这一时期音乐历史的最主要的手段。考古工作者从地下发掘出土大量音乐文物表明，音乐活动始终伴随着人类的成长，而并非如古代神话中所说的那样，是某年某月某日一个什么超人突然发明的，或是从天帝那里偷来的。比如，透过贾湖骨笛，才知道我们的祖先在八九千年前已经制作出可以吹奏七声音阶的乐器，若据文献记载，则要到6000多年以后的战国时代，才有人用到五正声以外的"变声"，突破了五声音阶的局限。

英国考古学家 V. G. 柴尔德（V. G. Childe，1892～1957 年）说过："考古学如同望远镜扩大了天文学家的视野一样，扩大了历史的空间范围；也像显微镜为生物学家发现巨大的有机体外表隐藏着最微小的细胞生命一样，改变了历史科学的范围和内容。"[①]音乐考古学和以文献为基本史料的传统音乐史学，二者犹如车之双轮，鸟之两翼，缺一不可。由于音乐本身的不可驻留性，与一般考古学相比，音乐考古学对于音乐史学有着更为突出的作用。

二、音乐考古学研究对象的分类

根据上述音乐考古学的基本定义，音乐考古学的研究对象已经十分清楚，即古代人类音乐活动遗留下来的实物史料。

音乐考古学所研究的直接对象，可包括古人音乐活动的各种遗物和遗迹，如各类乐器、乐俑、与音乐艺术活动有关的器物铭文，各种器皿饰绘、堆塑、雕砖石刻、洞窟壁画及涉及音乐内容的图书、乐谱等。它们从不同侧面保存了大量古代音乐艺术活动的信息，这些遗物和遗迹多数埋藏在地下，考古工作者通过发掘发现它们并加以研究，据以阐明古人音乐实践的原貌，进而探讨音乐艺术的发展规律。音乐考古学所依据的实物史料与古代的文字记载相比，更为直接和可靠，对于认识缺乏文字资料的远古社会的音乐艺术面貌，音乐考古学有着不可替代的作用。

音乐考古学所研究的对象可分为乐器和图像两大类。乐器类也包括乐器的附属构配件、使用乐器时的演奏工具，以及一些古人在音乐活动时使

---

① 引自蔡凤书、宋百川主编：《考古学通论》，济南，山东大学出版社，1988 年，第 13 页。

用的乐舞道具。图像类主要包括反映古人社会音乐生活内容的雕砖石刻、洞窟或墓葬壁画、乐舞百戏俑人、绘画和编织。图书和乐谱是一种间接反映音乐内容的图像，所以也可被归入图像类。至于各种器皿上反映音乐内容的装饰性绘画和雕塑，则统称为器皿饰绘。器皿本身似乎应该被归入器物类，但作为音乐考古的对象，主要是指器皿上的绘画和雕塑等图像类信息，而非器皿自身，所以将其归入图像类更为合适。

1. 乐器

人类的幼年时期就表现出对生活中产生的某些特定音响的注意和爱好，并逐渐利用手边的器具去模仿类似的、令人愉悦的音响。随着人类社会的进步，久而久之，人们学会了制造能产生这些音响的器具。这些器具，无论制作上如何粗糙、音响性能如何低劣，都应该算作人类最早的乐器了。**人类为音乐艺术创制的专用发声器具，称为乐器**。这是今天乐器的定义。从音乐考古学学科的角度来说，应采用广义的乐器定义：**人类为通过听觉得到情绪的愉悦或激励而创制的发声器具**。琴瑟箫笛自然是乐器，錞于、铜鼓是军乐器，那么，骨哨、猎角，乃至车马铃、狗铃是不是乐器？也是乐器。

《吕氏春秋·古乐》说古人"以麋𩮰（luò）冒缶而鼓之"①。麋𩮰即麋鹿的皮，缶是瓦罐。用生湿的鹿皮蒙在瓦罐的口上，等皮膜晾干绷紧，就成了一面很好的鼓。瓦罐是用泥土烧制而成的，所以这种鼓又可以直接称作土鼓。《礼记正义·明堂位》载："土鼓、蒉桴、苇龠，伊耆氏之乐也。"②远古的伊耆氏部落所用的土鼓，应该就是用这种方法制作的鼓。山东泰安大汶口文化晚期 10 号大型墓葬坑内东端的两角，各出土了一件陶壶和一堆鳄鱼骨板。音乐考古学家认为，这两件陶壶很可能就是远古传说中提到的土鼓，这两堆鳄鱼骨板应为蒙在壶口上的鳄鱼皮朽腐后遗留下来的残存物。鳄鱼在古代被称作鼍，古书中有关鼍鼓的记载很多。《吕氏春秋·古乐》说，帝颛顼令鳝（即鼍，鳄鱼）创造音乐，于是鳝就躺下身来，把自己的肚子当作鼓，用尾巴作鼓槌，鼓腹而歌，就此发明了音乐。这种带有浓重神话色彩的传说由来极古。《诗经·大雅》中就有"鼍鼓逢逢"之句，其后秦相李斯的《谏逐客书》和西汉司马相如的《子虚赋》中，还都提到这种"灵鼍之鼓"。可见其历史之久，应用之广。目前考古发现的鼍鼓非止一例。

---

① 《吕氏春秋·古乐》，载修海林编著：《中国古代音乐史料集》，西安，世界图书出版西安公司，2000 年，第 131 页。

② 《礼记正义·明堂位》，载（清）阮元校刻：《十三经注疏》，北京，中华书局，1980 年，第 1491 页。

1978～1980 年出土于山西襄汾陶寺遗址 3015 号早期大墓的木鼍鼓，时属龙山文化，是古传鼍鼓的物证。其鼓框用树干挖空制成，竖置于地上，再绷以鳄皮。出土时，鼓框已朽，其外漆皮尚存，并在土内保存了较完整的器形，鳄鱼皮残留的骨板散落在鼓框内外。据研究，在中国新石器时代，华北黄淮平原确有扬子鳄广为分布，这些地方在远古时期具备了生产鼍鼓的物质条件。①

可以这样设想，利用手边的自然物品、生活用具或生产工具发出人们需要的声响，是人类学会制造乐器的第一阶段。这方面我们今天难以直接通过考古发现加以论证，但借助一些乐器与某些生产生活工具在外形和构造上明显的亲缘关系，可以得到这样的推论。例如，流行极为广泛的乐器石磬，就和一些石犁、石刀在许多地方有着一脉相承的特点。通过改造生活用具、生产工具去获得人们所需要的音响，是人类制造乐器的第二阶段。《吕氏春秋·古乐》所说的麛鞈冒缶而鼓，以及属山东泰安大汶口文化晚期的邹城野店遗址 22 号大型墓葬坑出土的土鼓（图 1-2），应是这第二阶段的写照。当人们有目的地去制造专用的发音器具的时候，应是人类学会制造乐器的第三阶段：真正的乐器制造业诞生了。山西襄汾陶寺遗址 3015 号墓出土的木鼍鼓（图 1-3），可说已踏入了"专门"乐器的行列。

图 1-2　山东邹城野店遗址 22 号墓土鼓　图 1-3　山西襄汾陶寺遗址 3015 号墓
　　　　　　　　　　　　　　　　　　　　　　　　　　　　木鼍鼓

真正的乐器诞生之后，应该有一个由简单到复杂、由低级到高级、由不定音到定音的发展过程。定音乐器的出现，应该是乐器发展到高级阶段的标志。气势恢宏的曾侯乙编钟（图 1-4）所体现出来的高文化、高艺术、

① 周本雄：《山东兖州王因新石器时代遗址中的扬子鳄遗骸》，《考古学报》1982 年第 2 期，第 251～260、283～284 页。

高技术表明,不平均律音乐时期的乐器制造业已在 2400 年前达到了当时人类技艺的顶峰。

图 1-4　气势恢宏的曾侯乙编钟

2. 图像

从严格意义上说,音乐图像本身不能说都是"文物"。图像类音乐文物可包括绘画、画像砖、雕砖、编织图、乐舞俑、洞窟壁画、器皿饰绘、墓葬壁画、画像石、石刻、乐书、乐谱等。其中除了乐俑本身似乎可算是"物"之外,其余图像大多是依靠其附着物而成为"物"的,如绘画之所以可以成为"物",实质上是一卷纸或是别的什么绘画材料。画像砖、雕砖是砖,使编织图成为物的是编织材料的组合。至于像墓葬壁画、洞窟壁画、岩画等,其附着的是墙或山体,它们可以说是物体,却与人们日常所说的"器物"(一般是指"可移动文物")的概念距离较远了。所以在考古学研究的对象中,除了有"遗物"之外,还要有"遗迹"。那些墓葬壁画、洞窟壁画、岩画等,可以归之于属于遗迹的范围。不过,目前"音乐文物"概念,把反映古人音乐活动的遗迹也包容其中(所谓"不可移动文物")。

无论属于遗物,还是属于遗迹,音乐图像作为音乐考古学研究的重要对象是没有问题的。何谓"音乐图像"?音乐图像是指直接或间接反映人类音乐艺术生活的图像类作品或遗存。绘画、画像砖、雕砖、编织图、乐舞俑、洞窟壁画、器皿饰绘、墓葬壁画、画像石、石刻等作品或遗迹可以直接表现古人音乐生活的情貌;乐书、乐谱则用特殊的符号系统,如文字、谱字,间接记录古人音乐生活的内容。文字、谱字是人类为了表达特定的概念创造出来的一系列图形,属"第二信号系统"的产物。

音乐图像类文物中,内容较古老的可能要算岩画(图 1-5)。一些岩画反映的是人类十分原始的群体乐舞场景。我们所能看到的往往只是人体的舞姿和舞人队列构图的表象，其音乐的含意是从对这种舞姿和舞队表象所体现的某种律动，并辅之以对先民乐、舞不分的普遍现象的认识中感受到的。迄今为止，人们还没有从岩画中发现确切的、可以称之为乐器的形象。所以一般说来，岩画可以直接描绘古人乐舞活动的场面，但并没有直接表现"音乐"。

图 1-5　新疆呼图壁康家石门子乐舞岩画

　　一些古代的乐器或其他器皿上常常有表现音乐内容的铭文、绘画和雕塑装饰。曾侯乙编钟上 3700 多字的铭文，就是一部先秦乐律学史，它已失传了 2400 年。铭文是图像，但它直接附着于乐器本身，并与乐器的音响相对应，所以我们将这类性质的图像放到乐器类中去讨论。图像类中要讨论的是乐器以外的各种器皿上的铭文和饰绘，如 1965 年出土于四川成都百花潭中学 10 号战国墓的铜壶上的宴乐武舞纹饰（图 1-6）。它具体地描绘了当时贵族宫廷中表演钟磬之乐的实况。其场面不仅有乐悬重器，还有笙竽、排箫等乐器的伴奏和队列乐人的轻歌曼舞。

　　铭文铜器流行于先秦，并有铸纹和刻纹之分。之后有汉魏陶塑、隋唐釉绘、两宋魂瓶堆塑、明清瓷器的粉彩画等。各个历史时期有其各自的特色，各个地区有其地方的风格。

　　画像砖、雕砖、画像石（图 1-7）、石刻主要盛行于两汉时期。画像砖、雕砖刻绘细腻，手法稚拙；画像石、石刻风格粗犷，气派宏大。其多用浮雕、减地薄肉雕或阴线刻等手法刻成，有时也采用绘塑结合和圆雕技法。刻绘的内容十分具体，多为表现贵族生活起居，宴乐和乐舞百戏的场面屡见不鲜，较真实地描绘了汉代的社会音乐生活。

图 1-6 成都百花潭中学 10 号战国墓
宴乐武舞纹铜壶

图 1-7 江苏徐州铜山汉王乐舞画像石

两汉以后雕砖和石刻仍有流行，宋元的戏曲雕砖别具一格。

所谓绘画，这里实际上单指绘画作品。著名的《唐人宫乐图》（图 1-8）、《韩熙载夜宴图》、《清明上河图》（图 1-9）等作品，均从一个侧面反映了当时人们的音乐生活。前两者撷取的是盛行于隋唐间的歌舞伎音乐生活的瞬间，这种王公贵族红地毯上的音乐表演至五代仍经久不衰；后者描绘了 800 多年前街头说唱艺人精彩表演实况，是当时市民音乐活动繁荣的写照。

图 1-8 《唐人宫乐图》

图 1-9 《清明上河图》街头说唱一景

明清的绘画作品留存至今的就更多了。它们无疑是研究古代人音乐生活的直接资料。

墓葬壁画、洞窟壁画已从绘画作品中分离出来，成为图像类文物中单独的门类。墓葬壁画常反映当时社会所推崇的、理想的生活方式，或是墓主人生前的重要事迹，如 1959 年发现于江苏淮安杨公佐墓乐人壁画（图 1-10）的内容，应该就是墓主人杨公佐生前喜好，或者说，至少也反映了北宋绍圣年间社会的一种时尚。

图 1-10 江苏淮安杨公佐墓乐人壁画

至于洞窟壁画作为专门的佛教艺术而独树一帜。山西大同云冈石窟、甘肃敦煌莫高窟、河南洛阳龙门石窟、新疆拜域克孜尔石窟（图 1-11），是佛教洞窟中保存音乐，壁画最为集中的地方。石窟艺术发端于南北朝或更早，兴盛于隋唐。所绘的那些虚无缥缈的天宫伎乐、漫天飞舞而不鼓自鸣的乐器，表现出菩萨在净土仙界享受的音乐生活，实际上仍是人间现实的折射。从音乐角度考察，那些人间的乐器形制未加任何改变，便一股脑地进入了天宫仙界，去为菩萨服务。四大石窟是横贯亚欧大陆的"丝绸之路"上的重要历史遗存，是古代东乐西渐、西乐东渐的见证。

图 1-11 新疆拜域克孜尔第 8 窟伎乐天人图

乐俑是图像类文物中的另一个大类。从其制作材料上来说，有木俑、石俑、铜俑，但最多的是陶俑（图 1-12）。从种类上说，乐俑的概念似乎涵盖了伎乐俑、舞蹈俑、说唱俑、杂技俑、戏弄俑等，它们都与音乐有关。

图 1-12 湖北武昌何家垅 188 号墓乐俑

俑人进入墓葬的本义，是先秦奴隶制社会曾广为流行的人殉替代物，一定程度上反映了墓主人曾拥有过的社会现实生活。乐俑用立塑的手法制作而成，并常常采用塑绘结合的技法，使其更显得栩栩如生，再现了当时丰富多彩的社会音乐生活。乐俑类所反映出来的乐器形制、乐器组合、演奏手法、舞形舞姿、表演场面和服饰发式等，使其在音乐考古领域的价值不容忽视。

书谱是指乐书和乐谱，是一种间接反映音乐内容的图像。它主要通过文字或其他特定的符号来记录和表达音乐和与音乐有关的事物。音乐本身是一种以空气为媒介的即时性的物理现象，具有不可留驻性。古代遗留下来的文物不会说话，人们通过文献记载来更深入地了解文物所隐含的音乐内涵。乐书，就是记载音乐内容的文献，是人类对音乐艺术利用特定符号进行的间接记录和描摹，是人类对音乐艺术发展演变的历史的认识和经验积累。古人留下的乐书内容，几乎涉及有关音乐的一切方面。例如，宋代陈旸的《乐书》记载了大量乐器的信息。音乐本身不可留驻，但人们可以通过文字记录下对音乐的理解、感受和音乐的意境等，这也是研究古代音乐的重要依据。乐谱记录的对象是音乐本身。从本质上讲，音波作为一种物理现象，是难以用符号记录下来的，但人们通过乐谱，已经做到了使音乐的一些主要特性在一定程度上得到再现，因此乐谱在古代得到了广泛的流传和应用。如果说，古琴中所谓"文字谱"的《碣石调•幽兰》还不能算作真正意义上的乐谱的话，那么敦煌藏经洞出土的乐谱拓本（图 1-13），是我们今天所能见到的最早的乐谱。

图 1-13　敦煌藏经洞出土的乐谱拓本

乐器类遗存所反映的音乐本体的信息较多；图像类遗存则在全方位反映古代社会的音乐生活方面，信息量要远远大于乐器类。

三、音乐考古学的相关学科

就学科来说,音乐考古学作为一门独立的学科,有着本门学科独特的研究方法——音乐学方法,但它同所有的学科一样,在研究工作中并不排斥对其他学科的理论和方法的借用。不仅如此,在实际的音乐考古学研究中,尽最大可能,借助相关学科的理论和方法,才有可能最大限度地取得研究成果,如曾侯乙编钟乐律铭文的研究,正是音乐考古学借助古文字学和乐律学史理论和方法的典范。在这里,编钟铭文的古文字学和乐律学的研究,无疑已经成为曾侯乙编钟的音乐考古学研究的有机组成部分。

作为考古学的一个专门分支,音乐考古学的基本研究方法,自然包含了考古学的一般方法。事实上,考古学本身也是在全面借助其相关学科的理论和方法的过程中发展和成熟起来的,音乐考古学同样如此。考古学既是历史学的一个部门,音乐考古学自然与音乐史学紧密相关。音乐考古学的研究,特别是出土音乐文物的研究,必须借助人类以往积累的经验和知识,因此文献就成为音乐考古学研究的重要基础。音乐考古学是研究人类音乐发展史上的过去,它必然要与文化人类学之间产生千丝万缕的联系。当然,在音乐考古学的研究中,也离不开一些具体的方法和手段。比如,借助物理和化学的方法,做音乐文物的断代研究,对乐器的音乐与音响性能进行测定与分析,进行音乐文物的材质成分的分析,对出土的古代乐器进行复制、复原和保护研究,至于摄影、测量、绘图、统计等方法和手段的应用更是屡见不鲜。下面,笔者将对一些与音乐考古学关系较为密切的学科进行阐述。

1. 考古学

所谓"考古学",可以理解为从一切角度和运用多种方法来宏观地研究有关人类历史的物质遗存的各门专业考古学的总和。这些专业考古学,可以从社会科学的角度,也可以从自然科学的角度进行研究;可以运用物理的、天文的、数学的手段,也可以借助文献的、艺术的甚至逻辑的、思辨的方法。从学科的总体概念来看,考古学之中也包容了音乐考古学,而音乐考古学只是考古学的一个专门的分支。音乐考古学并不排斥上述研究角度、方法和手段,但它主要是从音乐艺术的角度出发,依靠音乐学的方法和手段来研究人类音乐文化的历史遗存。将其与考古学的研究对象比较,两者之间是一种普遍的、全面的和特殊的、专业的关系:考古学研究的是与人类历史直接相关或间接相关的一切遗存。它们可以是形体较大或不可移动的遗迹，如古代的房屋、城堡、墓葬、村落、矿坑、道路、沟渠、窑址、岩画、洞穴等；也可以是形体较小或可以移动的遗物，如用石头、金属、泥土、竹木、骨头、贝壳、皮革、布帛或羽毛所制作的各种工具、武器、家具、葬具、日常生活用具、装饰品、艺术品等；甚至动物遗骨、植物种子、花粉孢子也都算是遗物的组成部分。而音乐考古学研究的是与人类音乐生活有关的物质遗存，即古代遗留下来的各种乐器、舞具和有关的配件、附件，以及反映古人音乐生活的绘画、雕塑、书谱等遗物和遗迹。

从历史的角度考察，音乐考古学脱胎于考古学，两者之间是一种母与子的关系。有关这一点，中国音乐考古学的形成和发展是十分典型的例证，但它们之间又是一种不可替代的互补关系。中国音乐考古学形成的初期，曾勉附于一般考古学界之骥尾。长期以来它从那里吸取了大量的养分，不断地丰满着自己的羽翼。与此同时，它的形成和发展，扩大了一般考古学概念的领域，并以其自身的一技之长，回哺于一般考古学，如对中国夏商周三代的历史研究有着重大意义的晋侯苏墓编钟，它在音乐考古学家的眼里，多出了许多一般考古学家所看不到的信息。晋侯苏墓编钟的音响性能、音律结构、与音乐演奏有关的形制设计等，清楚地告诉人们有关甬钟这种极其重要的礼乐器从西周早期到中后期的发展历程。同时为西周时晋国早期历史的研究，提供了不可多得的资料，一定程度上影响到夏商周三代历史研究的进展。

一首古老的民歌可以代代相传数千年，其基本的曲调，以及属于更高层次的音律结构、内在的调式调性、旋法和风格等几乎可以一成不变。人类高级思维活动所创造出来的音乐艺术的这种惊人的稳定性，使其他有形有体的艺术品相形见绌。可以这样说，在历史学这座人类宏伟的学术殿堂的建设中，音乐考古学正在和其他各门专业考古学一样，做出自己独有的贡献。

2. 文献学

地下出土的音乐文物不会说话。要通过这些文物了解古代音乐生活的面貌，除了要仔细考察文物自身带有的历史信息之外，还必须借助人们以往有关的经验和知识，尤其对同类事物的认识，来判断文物自身带有的物质信息所蕴含的历史意义。这些经验与知识，是人们在长期认知实践中逐步积累起来并得到不断检验后形成的，文献便是它们的最重要的体现者。

文献，是人类文化发展到一定阶段的产物，是人类文化遗产的重要组成部分。中国数千年的文明史，留下了浩如烟海的文献。文献伴随着人类文明的进步而不断发展，它记录着人类从事社会实践的史实和经验，并为后世获得知识、发展科学文化提供条件。音乐考古学研究离不开文献学的帮助，是不言而喻的。1980 年发现湖北鄂州卧箜篌乐俑（图 1-14）便是典型的例证。音乐考古工作者根据当地文博人员提供的信息，在鄂州博物馆的仓库里找到了被称为"弹琴俑"的东西。令人惊讶的是，琴是不设柱码的乐器，而这个乐俑所弹奏的琴面上置有 6 条通柱，显然它不是普通的琴。古乐器中设柱码的箱式弹弦乐器有瑟和筝，但大量的文献和出土文物均可证明，瑟和筝所使用的都是一弦一柱，而不用通柱通品。至于其他设有品柱的如琵琶、阮咸等乐器，与其长方形的琴体形制相去甚远，无须类比。显然，它应该就是自汉魏六朝直至隋唐间十分流行、历史文献中时时提到的"卧箜篌"。

图 1-14　湖北鄂州卧箜篌乐俑

　　人类在社会生活实践中创造出灿烂的文化，文献是人类文化遗产的重要组成部分。中国的古典文献更是不计其数，在人类文化史上占有重要的地位。它卷帙浩繁，政治、经济、文学、民族、语言、史学、哲学、法学、外事、科技、农学、医药、方志、民俗、谱牒、宗教经典，以及包括音乐在内的各个艺术门类，内容十分丰富。不难设想，没有前人的文献记载，我们今天无法判断鄂州的那个乐俑弹奏的究竟是什么乐器。

　　作为音乐考古工作者，首先必须掌握本门学科的专门文献。目前音乐考古学还是一门正在逐步完善中的学科。可以算得上是音乐考古学专门文献的寥寥无几。由笔者主持并正在陆续出版的《中国音乐文物大系》是中国音乐考古学学科最丰富的基础性文献，笔者的《中国音乐考古学》是本门学科的一部基础性理论专著。李纯一的《中国出土上古乐器综论》是第一部系统研究中国古乐器的音乐考古学专著。这些著作是本门学科中的知识和经验的结晶，它们将为研究者提供大量的研究素材，也是学科向前发展的重要基础。鉴于音乐考古学专门著作的缺乏，音乐考古工作者除了必须掌握本门学科的专门文献外，熟练地运用一般考古学文献、史学文献和音乐文献无疑具有特别重要的意义。

运用文献要注意如下几点。

1）文献不仅仅是指印刷的和手抄的书籍，也包括文书、卷册、碑铭、拓本等。曾侯乙钟磬上 3700 多字的铭文，就是一部失传了的先秦"乐律学史"，一部无比珍贵的音乐历史文献。于甘肃敦煌藏经洞中发现的唐代乐谱，则是研究唐代音乐及古代记谱法的重要资料。

2）文献是由人记录下来的。所以任何文献不可避免地受到文献记录者的立场、观点、方法和知识面的制约，使文献带有一定的主观性和片面性。陈旸的《乐书》200 卷中，保存了许多宋代或宋代以前的重要资料，记述了大量古代和当时的乐器，还绘制了图谱，但他对于先秦乐器的描述，则有许多不准确，甚至错误的说法。陈旸将此书进献给皇帝，编撰时必然站在儒家提倡复古的正统立场，竭力美化三代音乐的所谓"尽善尽美"。当时对古器物的研究，也不如今天的考古学研究这样科学和发达，所以他对先秦乐器的记述不免掺杂了许多臆想的成分。我们在运用这部文献的时候，不能不加以小心。可以这样说，任何一部文献都可能有其时代的局限性，我们必须用历史的眼光来看待前人的研究成果。

3）人类的知识和历史的信息被人们用文字的形式记录下来的只是极少的一部分，而书籍能经历漫长的历史进程留存至今的，又是其中更少的一部分。很难说历史上秦始皇"焚书坑儒"时究竟焚毁了多少书，单从曾侯乙编钟上的铭文内容来看，我们今天对先秦乐律理论的了解只是经汉儒之手保留下来的少得可怜的东西。公元前 5 年，刘向父子把天禄阁、石渠阁等汉朝国家藏书进行了一次大清理，共得书 13 269 卷。这是最早见到的中国古典文献的积聚数字。至西晋（265～316 年）荀勖对秘阁藏书做了一次整理，共得书 29 945 卷，比西汉时的国家藏书增加了一倍以上。可是在经历了西晋末年的战乱以后，东晋的李充再次整理国家藏书时，仅残存 3014 卷！在中国历史上，文献的积聚和传承经历了不止一次的浩劫。所以在运用历史文献的时候不可迷信，说有容易说无难：书上见到的东西一般可以说有；书上没说的事，就未必一定没有。中国不仅历史悠久，更是地域广大、民族众多。一件乐器，在不同的历史时期、不同的地方、不同的民族语言中，往往会有不同的名称，如唐人小说中说的"胡琴"，泛指来自西域的少数民族乐器，主要是指五弦琵琶一类弹拨乐器，若按今天的概念把它理解成京胡、二胡等乐器，就要犯大错了。因此，运用文献必须要有分析，切不可盲从。

3. 古文字学

"曾侯乙编钟乐律铭文的研究，是否属于音乐考古学的范围？"这是一位德高望重的考古学家的疑问。如果仅用是或否来回答这个问题，可能难以令人满意。对曾侯乙编钟铭文这类先秦青铜器上铭刻的古文字本身的研究，如文字字形、字义的辨识等，无疑应属于古文字学研究的范畴。所以当年参与曾侯乙编钟铭文研究的裘锡圭、李家浩，均称古文字学家。而黄翔鹏在裘锡圭等对钟铭字形字义辨识的基础上，侧重研究这些铭文的乐律学内涵，提出了钟律音系网的著名论断，则应属乐律学（史）的范围。在学科严格分类的意义上，应该是如此。实际上这些学科常常都是音乐考古学的相关学科。当相关学科的理论与方法为音乐考古学所用时，就成了音乐考古学研究的组成部分。

在研究曾侯乙编钟乐律铭文的过程中，裘锡圭从古文字学的角度入手，阐明这些铭文所蕴含的乐律学意义；黄翔鹏则主要从编钟的音乐、音响方面入手，去了解编钟铭文的乐律学内涵。裘锡圭提出的对铭文的解释，得到了黄翔鹏的乐律学依据验证；黄翔鹏的钟律音系网理论，也得到了裘锡圭对编钟铭文释文的支撑。他们合作默契，相得益彰。例如，黄翔鹏认为宫音上方的纯四度音应被称为"和"，恰与裘锡圭对编钟的中层三组 4 号钟铭文"龢"的释文完全一致。黄翔鹏曾感叹道："我要是能在古文字学方面再下些功夫就好了。"裘锡圭风趣地说："这恐怕来不及了！你赶不上我。就像我现在再学乐律学一样，只能跟在你后面跑。当今之计，唯有你我的合作。"每一个人的学识、精力和时间都是有限的。与其他学科专家的良好合作，无异于用望远镜、显微镜拓展个人的视野，看到了原来所看不到的天体或细菌，在本门学科中将取得更多的成就。不过，这种良好合作的基础，恰恰是对这门学科要有一定的了解。对望远镜、显微镜性能的了解程度，决定了望远镜、显微镜能为人所用的程度。如果还不知道有望远镜、显微镜的存在，那就只能用肉眼去发现那些天体或细菌，这自然是困难的。

4. 文化人类学

传统的人类学，是一门介于自然科学和社会科学之间的边缘学科。它包括人体体质形态学、人类起源学和人种学等三方面的内容。所谓人体体质形态学，主要研究体质类型在个体和年龄上的变异，对由于各种生活条件和劳动影响而引起的体质结构特点的分析，探究各种体质类型形成的原因、规律和意义；人类起源学，着重研究人类在动物界所占的地位、劳动对于人类起源的作用、人类进化过程中各个阶段的划分；至于人种学，主要研究人种或种族的区分、地理分布，以及形成的历史原因、种型变化的规律等。显然，从音乐考古学的情况看，与人类学的关系不太密切，但是人类学作为人类了解自身的科学，受到越来越多的重视。近年来它几乎渗透到与人类有关的所有学科之中而成为一门包罗万象的综合性学科，其中也包括了作为人类学的一个分支的"文化人类学"。文化人类学并不新鲜，它的实质，就是世界上许多国家和地区所说的"民族学"。位于世界各地、处于不同的自然条件下的各个民族，往往在同一个历史时期处在不同的社会发展阶段。文化人类学在研究一些后进民族的社会制度、生产方式、生活习俗时，不可能不涉及这些民族所固有的艺术形态，包括音乐艺术。而音乐考古学研究对象只是古代遗留下来的无声的物质形态的个体或痕迹。要探知古人是如何制作、使用这些遗物，当时出现了怎样的乐舞活动形式才造成了这些遗物和遗迹，并借此力求达到音乐考古学研究的根本目的：阐明人类音乐艺术发展的历史面貌和规律，单纯依靠文物和遗迹自身带有的信息是远远不够的。文化人类学的研究成果成了音乐考古学参照的"活化石"。人类社会的发展有其特定的规律，不同民族在相同或相近的历史发展阶段也会有其必然的共性存在。前述 19 世纪著名的人类学家摩尔根曾长期与北美印第安人的易洛魁人居住在一起，研究了他们的社会制度和生活习俗，写成了《古代社会》一书，成为人类学方面的经典著作。这部书到今天仍是考古学家的重要参考书。中国 56 个民族中，不同民族处在不同的社会发展阶段。自 20 世纪 50 年代初期起，中国的音乐工作者进行了大量的调查研究工作，积累了原始社会、奴隶制社会、封建制社会的丰富的音乐舞蹈资料。这是中国音乐考古工作者研究中国古代社会音乐生活的一面镜子，通过这面镜子，可以使那些不会说话的音乐遗存向人们提供更多的音乐史信息。

曾有一位澳大利亚民族音乐学者来到中国艺术研究院音乐研究所讲学，所讲内容是介绍澳大利亚土著居民的音乐。他出示了一个用龟壳内装一些玉米粒做成的摇响器，龟首和颈被拉直并插入木棍，用树皮缠紧成把。执把摇晃，哗啷作响。据说这是澳大利亚土著居民中的巫师作法乐舞所用的法器。有意思的是，在河南舞阳贾湖遗址中，正有不少与骨笛同时出土、内装小石子的龟甲（图 1-15），而考古工作者不明所以。澳大利亚土著巫师的法器为贾湖龟甲提供了一个绝妙的、恰如其分的注解。可见，民族民俗方面的社会学资料（社会结构、意识形态和生活习俗等），也应该被纳入音乐考古学者视野。只是，相对文献的、考古的（文物和遗迹）史料来说，这一类史料往往更具有间接性。在很大的程度上，今日对处在不同社会发展阶段的民族所做的调查获得的文化人类学资料，对于作为一门实证性学科的历史学来说，其更大的意义在于，其作为一种"活化石"式的标本，在我们认识古代社会音乐生活方面，可以用作逆向推论和参考。

图 1-15 河南舞阳贾湖遗址出土龟甲摇响器

不难看出，除了文献学之外，另一门与音乐考古学关系十分紧密的相邻学科就是文化人类学。

5. 音乐文物学

音乐考古学与音乐文物学的关系，可以参考一般考古学与文物学的关系。

文物，是指人类历史上遗留下来的文化遗物。文物学，应该是专门研究文物的学问。可见，文物学所研究的对象，已经包含在考古学研究的对象之中。只是，考古学研究的对象更为宽泛，它还包含了遗物之外的"遗迹"。在研究的内容方面，无论考古学还是文物学，它们都要涉及文物的外部和内在的种种特性，如文物的保存情况（品相）、色泽、材质、尺寸、质量、来源（出土资料、历史学资料）等。在研究方法方面，考古学和文物学几乎是完全一致的，它们都会借助一些相同的方法，如历史的，甚至是化学的、物理的方法。

考古学和文物学的根本区别，主要在于它们研究文物的目的不同。考古学研究文物，是通过文物来探知历史，所以它的学科性质是历史科学的一个分支。文物学研究文物，是借了解文物自身的种种特质来探知文物的价值。同时，考古学研究的文物主要来自调查发掘，研究中较注重文物在时代上的古远，尤其关注人类发明文字之前或早期的文物，在文物的价值取向上较注重文物的历史价值。文物学研究文物，则较多注意流传有序的传世品，较注重文物的品相、材质的贵重、工艺的精细等艺术价值和经济价值。

由于文物学是专门研究文物的学问，考古学在通过历史文化遗物来研究历史的过程中，常常会借助文物学的研究成果。而文物学的研究对象，则大量来自考古学发掘的结果，有关文物的研究资料，也大量来自考古发掘资料。在实际的学术活动中，这两门学科不仅在研究对象、研究方法方面，甚至在有关专家及他们的职业等方面，都有大量的重合和交织，特别是现代对"文物"的概念有显著扩大的倾向，几乎可以包括一切带有历史信息的物质的遗存遗迹。故事实上，一些最著名的史学家、考古学家，就是最好的文物专家。可以说，考古学和文物学是一对难分难解的孪生婴儿。

或曰"所谓的音乐考古学实际上是音乐文物学"。此论虽非公允，却是事出有因。这与当前音乐考古学家的研究现状有关：在中国当今的文博管理制度下，通过研究考古界发表的出土音乐文物和相关考古学资料来探讨中国音乐史及其发展规律，是中国音乐考古学当前重要的工作模式。

6. 其他应用学科

现代科学的发展，使越来越多的学科之间打破界限，相互渗透，相互为用。音乐考古学也不例外。可以说，凡是一般考古学涉及的学科领域，音乐考古学基本上也要涉及。例如，碳十四年代测定法已是今天常用的考古学的断代方法，它所借助的是化学、物理学的手段。与碳十四年代测定法对照使用的树木年轮断代法，则借助了生物学、气象学的原理。其他如利用陶器热释光（thermo luminescence，TL）法、黑曜岩水合法测定年代等手段均是来自物理、化学等自然科学学科。考古学运用这些手段以及所获得的研究成果，对音乐考古学来说同样有着重要的学术意义。

又如，利用冶金学和与之密切相关的金相学，可以分析古代金属乐器的设计制造方法和过程，这不仅对于研究当时人们制造金属乐器的工艺水平有显著的意义，而且也是了解人们如何运用这些乐器，以及这些乐器在人们音乐生活中的地位的有效手段。金属工艺学也是修复、复制或复原古代青铜乐器的主要方法，高分子化学对于如何长期保存发掘出土的古代音乐文物有重大的意义。目前，文物保护已受到了国内外学者越来越多的重视，正在逐渐发展为专门的学科。它实际上应是一门包括物理、化学、测量、测绘、生物、气象等多种学科在内的综合性学科。

考古学的研究工作也与大量的应用学科紧密相关。除了上述提到的金属工艺学以外，考古摄影（照相和录像）、绘图、拓印等也在研究工作中起着重要的作用。录音和测音技术在音乐考古学研究中有着特别的意义，这是了解古代音乐本体，即当时的音律、音阶结构，以及乐器的音乐与音响性能和旋律特点的重要技术手段。

2010～2015年，笔者受南京博物院的委托，主持了江苏省盱眙大云山一号汉墓（即西汉江都王刘非墓）的音乐考古学研究，直接设计并主持了墓中出土的编钟复制及巨幅仿玉玻璃编磬的修复与复原工程。编钟的复制，就涉及出土原件的硅胶翻模、蜡模的设计制作、合金的配比熔炼、编钟的翻砂和浇铸，以及最后的清砂和调音等工艺流程，而巨幅仿玉玻璃编磬的修复与复原工程，则更为繁复。编磬的修复，除了文物清洗、用胶及胶合工艺之外，还涉及一系列的文物保护的"红线"。它首先要通过化学分析，掌握出土原件材质的化学成分，从中通过大量的烧制实验，寻找其可能的材质配方。应用三维扫描获得出土编磬的形制数据，借助电脑软件建成三维立体模型，运用3D打印（或电脑雕刻）制作塑料工程模型，由之翻制耐高温石膏阴模；再用烧制成功的玻璃玉料在阴模中浇注磬坯，其后的磬坯，还有切割、打磨、抛光、调音等一系列的加工流程。光为了制成这种高铅、钡成分的玻璃玉料，就进行了108炉烧制试验。其中大多数的工艺和流程，涉及的种种科技和应用学科，多为音乐考古工作者所不熟悉的。但是，这样实践的意义不仅限于对古代乐器制作技术的认识，还极大地深化了人们对于当时社会音乐生活的认识，拓展了人们的历史视野，更新了音乐考古学者的研究工作理念。考古学研究的对象是人类社会的物质遗存，人类的历史文化内涵正是深深地隐藏在这些物质遗存之中，而这些物质遗存作为物质的产品，时时、处处与其"技术"的内涵息息相关。特别是目前得到快速发展的"实验考古学"，如果不能深入到其"物质的""技术的"领域中去，就难以真正领悟其历史文化的深厚底蕴。

这是当前考古学研究的一种重大趋势。1993～1995年，由北京大学考古系、江西省文物考古研究所和美国安德沃考古基金会组成联合考古队，对江西省万年县大源乡仙人洞和吊桶环两处距今 2 万～1 万年的遗址进行发掘，发现了大量栽培稻的植硅石。同时湖南省文物考古所对零陵地区道县寿雁镇玉蟾岩的发掘，发现了兼具野生稻、籼稻、粳稻的栽培稻炭化稻粒，经国家文物局专家组鉴定，已有 1.8 万～2.2 万年。①两地稻作文化遗址，形成了年代先后的序列。以此可以得出这样的结论：中国是世界上最早发明水稻人工栽培技术的国家。其作为人类进入新石器时代重要标志之一的更深层的意义，可能涉及亚洲东部人类社会分期的问题。在出土大批七音孔骨笛的河南舞阳贾湖遗址，同样获得了栽培稻的植硅石证据。这些成果，都是运用了对古稻田中泥土的悬浮筛选、炭化稻壳中的植硅石分析辨别等技术手段得到的。贾湖栽培稻的植硅石与具有人类高度文明意义的大批七音孔骨笛并存，显示出一个较为进步的、具有相当高度的人类文化积聚的社会，这是中华早期文明的一个真实的缩影。

一名音乐考古工作者当然不可能样样精通。严格地说，各门学科的工作自有专家负责。比如碳十四的测定，当然由负责实验室的专家进行；文物的修复和保护，也未必一定要音乐考古研究人员参与。但是，作为一名音乐考古工作者，必须了解有关学科的基本知识，学会使用这些学科所提供的资料，尽量和各门学科的专家密切合作，争取他们的帮助。这对于音乐考古研究工作来说，其价值是不言而喻的。

第二节　中国音乐考古学的形成

音乐考古学无论在国际还是国内，都是一门较新的学科。

在国际上，第一次将音乐学与考古学两个不同学科合而为一的，是1977 年在美国加州大学伯克利分校举办的国际音乐学会会议。伯克利的亚述专家契尔莫提出了将一首用胡里安语演唱的青铜时期晚期的赞美诗解读，并转译成西方通用的注释系统。在伯克利分校的音乐学家克罗克和乐器制作家布朗的帮助下，苏美尔人七弦竖琴的复制品问世；同时，契尔莫提出的胡里安人赞美诗的演唱版本也被记录下来。会议受此启发，在一次圆桌会议上提出了"音乐与考古"的议题，邀请各国专家讨论古代文化中的音乐遗存问题。契尔莫在会上解释了她重建音乐的方法，受到了与会学

---

① 梁庭望：《水稻人工栽培的发明与稻作文化》，《广西民族研究》2004 年第 4 期，第 58～63 页。

者的关注。这是音乐考古学会建立的起始点。1981 年，在韩国汉城（今首尔）举办的 ICTM 期间，成立了 ISGMA。

ISGMA 由联邦德国柏林的 DAI 和柏林民族博物馆民族音乐学部创立。其后参加了较多国际学术会议，主要有 1984 年斯德哥尔摩会议、1986 年汉诺威会议、1990 年圣日耳曼-昂莱会议、1992 年列日会议、1993 年伊斯坦布尔会议、1994 年耶路撒冷会议（同 ICTM 共同举办的有关图像学会议）、1996 年塞浦路斯利马索尔会议等。其中，在塞浦路斯利马索尔举行的会议，是 ISGMA 历程上的一个转折点，在这次会议上，ISGMA 决定脱离 ICTM 的组织。

1998～2004 年，ISGMA 在德国萨克森·安哈尔特州音乐学院每两年举办一次会议，为学会的第二届至第四届会议。这所音乐学院由德国基金研究会资助建立。2006 年的第五届和 2008 年的第六届 ISGMA 在德国柏林由柏林民族博物馆举办。2010 年，在中国天津音乐学院举办了第七届会议。

2012 年，由当时担任中国音乐史学会会长的笔者主持，在苏州、北京两地召开了首届"世界音乐考古大会——第八届国际音乐考古学会暨第四届东亚音乐考古学会年会"。

一、中国音乐考古学的滥觞

在中国，真正意义上的音乐考古学研究的出现，比 ISGMA 的成立更早，它可以追溯到 20 世纪 30 年代。它的出现，有赖于中国极其深厚和肥沃的历史文化土壤。

1. 北宋以来的"金石学"

中国音乐考古学，可以看作中国考古学的一个专门分支。中国以发掘工作为基础的现代考古学，始于 20 世纪 20 年代初期，但它的前身，至少可上溯到北宋以来的"金石学"。在宋人的研究中，已涉及一些出土的古乐器，主要是钟磬之属，其研究大致局限于乐器的形制、铭文和年代等方面。如薛尚功的《历代钟鼎彝器款识法帖》（图 1-16）[①]、王俅的《啸堂集古录》[②]和王厚之的《钟鼎款识》（图 1-17、图 1-18）[③]，都注意到了当

---

① （宋）薛尚功：《历代钟鼎彝器款识法帖》，民国二十四年（1935 年）海城于氏景印明崇祯朱氏刻本，第 27 页。

② （宋）王俅：《啸堂集古录》，1922 年涵芬楼影印于《续古逸丛书》第 90 页。

③ （宋）王厚之辑：《钟鼎款识》，北京，中华书局，1985 年，第 64—65 页。

时出土于湖北安陆的2件楚王熊章钟（又作曾侯之钟）。其中薛氏不仅著录最早，他对两件编钟上的乐律标铭也做了研究，正确地指出其是用来标示"所中之声律"的。他的研究已经涉及了音乐理论问题。在当时，薛氏对这两件编钟上铭文的确切含意，还一时说不清楚。这个千古之谜直到 1978 年湖北随县曾侯乙编钟出土后，才逐步被揭开谜底。其大钟侧鼓部的铭文为"穆"，应为"穆钟（或穆音）之徵"的省文，音高相当于现代国际音名体系的 F；其正鼓部的铭文为"商商"，应为曾侯乙编钟用作标准音阶的姑洗音阶之第二级音"商"，音高相当于现代国际音名体系的 D。正、侧鼓音之间，为中国先秦双音青铜乐钟最典型的小三度音程。[1]另一件小钟上的铭文音律标铭中的"少羽反 宫反"的音程关系，为"羽—宫"小三度关系。其"少"或"反"等高八度前、后缀，都是仅有相对意义的衍文。这两件编钟与曾侯乙墓的楚王熊章镈，均为楚王熊章为曾侯乙所做之宗彝。联系安陆、随县两个出土地点，对于了解古曾国地望及其与楚文化的关系，乃至进一步探索曾、楚音乐文化的交往与融合及其乐律体系的渊源，均不无显而易见的参考意义。

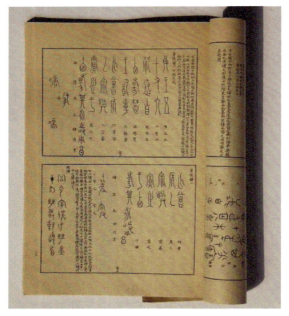

图 1-16　薛尚功《历代钟鼎彝器款识法帖》所载两件"曾侯钟"铭文摹本

---

[1]　王子初：《论宋代安陆出土"曾侯钟"之乐律标铭》，《音乐研究》2015 年第 3 期，第 12～20 页。

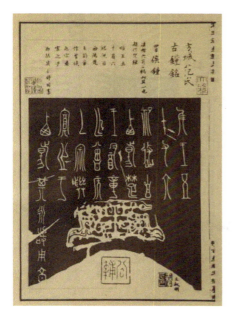 

图 1-17　王厚之《钟鼎款识》曾侯之钟的　图 1-18　王厚之《钟鼎款识》曾侯之钟的
　　　　　记事铭文　　　　　　　　　　　　　　　标音铭文

北宋以后的青铜器著录和研究，仍以铭文和文字训诂为重点。首先打破这一局面的是近代学者王国维。他的金文研究，没有停留在单字的训诂上，更多地注意把青铜器铭文和历史学密切地结合起来，对商周历史加以综合研究。《观堂集林》中有一些钟类乐器的研究，如《夜雨楚公钟跋》（图 1-19），不仅确认了孙诒让对楚公逆镈"逆"字的考释，并由此进一步对楚之中叶的历史做了较精辟的阐发。[①]无论是薛尚功，还是王国维，他们的研究对象中虽然都包括了"古代人类音乐活动遗留下来的实物史料"——古乐器，但这种研究的目的并不在于探究"人类古代音乐情况"，或"人类古代社会音乐历史"，未曾从根本上摆脱北宋以来把音乐文物仅仅作为一般"古玩"加以著录、研究的传统，故都不能算是学科意义上的"音乐考古学"研究。

2. 刘复的开创之功

近代以来，西方大量的新思想、新知识传入中国，令人们耳目一新。

---

① 王国维：《夜雨楚公钟跋》，载《观堂集林（外二种）》，石家庄，河北教育出版社，2003年，第 441 页。

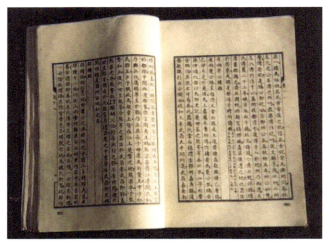

图 1-19 王国维《夜雨楚公钟跋》书影

一些思想先进的知识分子提出了"以现代科学方法整理国故"的口号。新文化运动直接推动了已在金石学卵翼下经历了 800 余年漫长岁月的中国音乐考古学的形成。其不朽的开创之功，当归于 20 世纪 30 年代初的刘复。

当时中国音乐史家对于音乐考古研究的注意，是在文史界的启发和带动下逐渐展开的。作为考古学前身的"金石学"研究中，已有相当数量的先秦青铜乐钟。之后，王光祈的有关某些传世音乐文物的研究，还只能算个别事例。作为中国新文化运动的先锋人物，刘复在介绍西洋科学技术，并用之于研究国学，尤其是在研究中国古代乐律方面，做出了重大贡献。他的《十二等律的发明者朱载堉》[①]、《从五音六律说到三百六十律》[②]、《吕氏春秋古乐篇昔黄节解》[③]等著名文论，是他在这方面研究的重要结晶，特别是他于 1930～1931 年，发起并主持了对故宫和天坛所藏清宫古乐器的测音研究，后著成《天坛所藏编钟编磬音律之鉴定》[④]（图 1-20），这在中国

---

① 刘复：《十二等律的发明者朱载堉》，载国立中央研究院历史语言研究所集刊外编：《蔡元培先生六十五岁庆祝论文集》抽印本，民国二十一年北平版。

② 刘复：《从五音六律说到三百六十律》，北京大学研究所民国十九年单行本，印行于民国十九年（1930 年）五月。

③ 刘复：《吕氏春秋古乐篇昔黄节解》，载《文学》二卷六号。完稿日期为（中华民国）廿三年四月廿七日。

④ 刘复：《天坛所藏编钟编磬音律之鉴定》，载《国立北京大学国学季刊》三卷二号，出版于中华民国二十一年（1932 年）六月。本书作者所据为中国艺术研究院音乐研究所藏抽印本，封面有刘复手书"颖兄惠存 弟复廿二年三月一日"，墨迹甚草，很有特点。据手迹及该书出版日期，可订正正文末尾落款"（二十一年十一月十九日北平）"。其中"二十一年"应为"二十年"之误。出版日期及赠书日期无疑应在测音工作本身及刘复著文之后。

音乐考古学史上是值得一书的大事。

图 1-20　刘复《天坛所藏编钟编磬音律之鉴定》书影

刘复在故宫的古乐器测音研究历时一年有余。所测的乐器种类较多，单是编钟、编磬两项，达 500 多件。他原来打算将这些测音研究结果写成专书，分本陆续出版，不幸英年病逝，未能如愿。这些资料，今天仍存中国社会科学院语言研究所。所幸他的《天坛所藏编钟编磬音律之鉴定》得以面世，从而得知当年测音研究的详情。他以音叉为定律的标准器，以 3 张"审音小准"为测音工具，测定了康熙、乾隆间所造编钟、编磬各一套。他的手法是，先取其各音音高的弦长值，换算成频率数；再算出 3 张弦准上数据的平均数，进而换算成音分数，并将这些数据列表与国际通行的十二平均律、中国传统的三分损益律做了比较；最后又将测音结果与上述两种律制绘成图像，从而理清清宫乐悬的音律混乱情况，让人一目了然。

刘复的研究，已经完全摆脱了旧学的种种陋习，系统地引进了现代物理学的原理和计算方法，引进了诸如英国比较音乐学家埃里斯所创的音分数计算法，介绍了西方自公元前 6 世纪希腊学者毕达哥拉斯以来的许多重要的乐律学理论；首次在现代科学的意义上阐述了中国明代朱载堉划时代的伟大发明，即今天通行全世界的十二平均律的数理原理——新法密率。他考察这些古乐器的目的，已不再局限于它们的外观、重量、年代及铭文训诂，而是转向了它们的音乐性能，即他的研究目标转向了音乐艺术本身，这应是中国音乐考古学脱胎于旧学，并逐步成形的起端和界碑。当然，刘复此时的研究对象还比较单一（局限于清宫乐器），研究目的不够完整（限于音律），研究手段比较原始（用音准测音），没有一定数量和质量的专业同盟军（仅有为数不多的几个知音），更没有进入作为考古学的主体的发掘领域，但这些都还不足以构成充分的理由，来否定他在中国音乐考古学上的先驱和奠基人的地位。

事实上，继对故宫和天坛清宫古乐器的测音研究之后，刘复又于1933年暑期赴河南等地进行音乐考古研究。在开封，他去河南博物馆测试了新郑出土的古编钟的音律，又去至公会主教怀履光处，考察、测试了其所藏古代编磬和金太和无射钟。在巩县（今巩义市）游石窟寺，他发现了北魏时期的乐舞造像，连夜进行了测量、照相和记录。在洛阳，他登伊阙龙门，在宾阳洞及万五千佛洞顶上，又意外地发现了唐代乐舞造像，并做了照相和考察。在南京，他测试了烈士祠所藏旧时文庙编钟编磬。在上海，他测试了卢江刘善江所藏曶氏编钟的音律。他的这一系列活动，足以说明他的研究对象正从单一的古乐器向其他方面（如乐舞造像）扩展，其研究目的与手段也随之完善与丰富，视野更为开阔，并开始更加注重田野工作。遗憾的是，正当他于音乐考古上宏图大展之际，病魔于次年夺去了他的生命。刘复的丰功不朽！

二、音乐考古与中国音乐史

号称礼仪之邦的古代中国，并无系统的音乐史著作，只有所谓正史中的《乐志》《律志》及若干史料杂集或"类书"中的相关研究。在现代意义的考古学诞生以前，人类对自己历史的了解只能根据文献史料。这些史料最早可能来自人们一代又一代的口耳相传，后来用文字记载下来就成了"历史"。在口耳相传或传抄转载的漫长岁月中，这样的"历史"被不断地加工和更改，成为具有永久魅力的神话传说。显然，它不过是历史的影子。

1. 传统文献中的"音乐史"

在19世纪以前，中国人始终把这样的神话传说看成是人类自己的信史。音乐是怎样产生的？是谁发明了十二律？那些琳琅满目的乐器又是从哪里来的？对于这些音乐史上的重大问题，我们的祖先早有深刻的思考，并都有"完满"的解答。《山海经》上说，大禹的儿子、夏代的一个君主夏侯启曾三次去天上做客，并把天帝的音乐《九辩》《九歌》偷下来自己享用，从此人间就有了音乐。《吕氏春秋》说，黄帝派他的乐官，一个叫伶伦的人，从大夏之西，一直走到昆仑山的北边去创造乐律。伶伦以雌雄凤凰的鸣叫声为标准，用嶰溪山谷里生长的圆直均匀的竹管制成律管，分别确定了六吕、六律，成了乐律的创始人。至于那些琳琅满目的乐器，我们的祖先几乎都给它们找到了发明者：笙是女娲发明的，埙是庖牺氏用土烧成的，鼙鼓是有垂创造的，磬是无句最先制作使用的……不一而足。这些都是后人追记的人类还没有文字时候的"历史"，如此而已。

首先，进入文明时代以后，人们可以用文字直接记载当时的历史了，特别在造纸术和活字印刷术的发明以后，文献典籍发挥了重要的作用。然而，文献的局限性是显而易见的。文人撰史首先要受到社会政治的制约。因为人是社会性的动物，人类中的任何一个个体，包括古代的史官，不能不受到社会的种种制约。在当时的历史条件下，乐官的意志往往被当政者所左右，这种情形在所谓的正史中不乏其例，如隋代初年，隋文帝采用了何妥的荒唐主张，确立只用黄钟一宫的制度。我们不能凭《隋书·音乐志》的记载，判定隋代的音乐只有黄钟一宫。因为即使是在隋文帝颁布了只用黄钟一宫制度的当时，也曾有乐工在正式的宫廷雅乐中有意改奏蕤宾之宫的事例，更不用说在真正的音乐艺术活动中，只用黄钟一宫的制度是不可能实现的。

其次，撰史的文人中，那些既懂得乐律理论，又有音乐实践的，凤毛麟角。他们对音乐往往是一知半解，假充知乐的人居多。靠这些文人记录下来的正史中，片面的、被歪曲了的内容比比皆是。而且，正史所记载的内容主要着眼于宫廷中的音乐活动，对于更为广泛的社会中、下层的音乐生活极少涉及。翻开《二十四史》中的任何一篇，如《音乐志》《礼乐志》，满眼都是帝王和达官显贵的音乐事迹，即可证明这一点。

最后，中国古代的所谓正史，数千年来受着一种强大的传统力量的束缚，这就是重"道"轻"器"的观念。这种来自儒家的道器观，使撰史的文人一讲到音乐，便是大谈天道、人道，多有"声音之道，与政通矣"之类的感叹，否则似乎不足以体现文人们的经纬之才。于是就有了师旷听音乐就可定凶吉祸福、就可知道国家的兴亡这一类美丽的传说。师旷的音乐甚至能影响战争的胜负：《左传·襄公十八年》载，楚国出兵攻打晋国，远处在晋国的师旷只需借助吹律听声，就可判定"楚必无功"。这种不着边际的论道作风，亦见于编撰《汉书》的班固。他在《汉书·律历志》中写道："太极元气，函三为一。极，中也。元，始也。行于十二辰，始动于子，参之于丑，得三。又参之于寅，得九……又参之于亥，得十七万七千一百四十七。此阴阳合德，气钟于子，化生万物者也。"① "十七万七千一百四十七"数字虽大，并无奥秘。当以黄钟为始发律，运用三分损益法算全十二律，又欲使各律律数避免出现分数，始数必然要取 3 的 11 次方，即 177 147。班固又是"太极元气"，又是"阴阳合德"，还要"化生万物"，古代文人论道之风可见一斑。中国一部《二十四史》，其篇幅浩繁，有多少是记载音乐技术理论问题的？有多少是研究乐器制作、乐队编配的？又有多少是谈论真正属于音乐艺术本身的课题的？按照儒家的道器观，这些不是"道"而是"器"，是士大夫不屑一顾的匠人贱工之学。

2. 音乐史学家对考古学的关注

中国现代田野考古事业的繁荣，尤其是大量考古发掘和研究成果，使一些音乐史学家越来越清楚地认识到，单纯依靠正史和古代其他文献记载来研究中国音乐史，存在很大的局限性。考古发掘的实物依据在研究中的价值是不可替代的。他们注意考古界的发现和动态，并把他们所取得的新成就不断地吸收到音乐史学研究领域里来。其中较有代表性的为杨荫浏和李纯一两人。

刘复之后不久，音乐史学家杨荫浏在这方面有了新的进展。1941 年前后，他为了测音研究更为方便，设计了一张带有定音尺的音准，操作者可以从上面直接得到所测音高的音分值的读数。这是对刘复"审音小准"的改良。另外，杨荫浏还设计了"乐律比较表四种"，给研究者带来很大的方便。20 世纪 50 年代初，杨荫浏出版了重要著作《中国音乐史纲》②。该书引用了当时的许多考古发掘资料和研究成果，如唐兰的《古乐器小记》、国立中央研究院历史语言研究所关于河南汲县山彪镇出土的编钟的考证及殷墟的大量发掘资料等，《中国音乐史纲》给在陈腐气氛笼罩下的中国音乐史学研究带来了一阵清新的空气。

音乐史学家李纯一搜集了大量考古发掘中出土的古代乐器和古人的音乐活动遗迹，并站在史学的角度，以考古材料的研究成果与文献记载相互印证，于 1957 年出版了《中国古代音乐史稿》第一分册一书③。该书一反中国音乐史研究从"文献到文献"的旧有传统，经科学发掘所得的考古学材料被放到了首要位置。尽管这一时期的音乐史学家尚无条件直接参加到

---

① （汉）班固：《汉书·律历志》，载中华书局编辑部编：《历代天文律历等志汇编》（五），北京，中华书局，1976 年，第 1390 页。

② 杨荫浏：《中国音乐史纲》，上海，万叶书店，1952 年。

③ 李纯一：《中国古代音乐史稿》第一分册，北京，音乐出版社，1958 年。

田野考古的发掘工作中去，但中国音乐考古学作为中国音乐史学的一个部门，作为中国音乐史学的一种研究方法和手段，一门自成体系的独立学科，其研究目的越来越明确，研究领域也得到了开拓，受到了学术界的进一步重视。

另外，1977 年 3～5 月，以吕骥为首的音乐学家一行四人，去甘肃、陕西、山西、河南四省进行了专门的音乐考古调查，他们的工作得到了国家文物事业管理局和上述四省文博部门的支持和协助，取得了重大收获。他们的研究对探索中国新石器时代的音阶发展，起到了重要的推进作用，尤其是黄翔鹏作为音乐考古小组的成员，在调查中发现了中国先秦的青铜编钟上存在"一钟二音"的现象，并正式撰文，提出了中国古代曾有过"双音钟"这一音乐科技上伟大发明的观点。[①]因这一发明早湮灭于历史长河 2000 余年，黄翔鹏的发现招来了一片质疑之声，其中不乏来自中国著名的音乐史学家和青铜器专家。有意思的是，就在黄翔鹏发现"双音钟"奥秘的第二年，曾侯乙编钟出土了！在其 65 件编钟上，每件钟的正、侧鼓部两个不同音高的音，均以律名和阶名两种形式，用错金铭文刻写在每个钟相应的发音部位上。幸运不仅降临于翔鹏先生，更是降临于中国音乐考古学这门学科的发展，预示着这门学科即将迎来千载难逢的契机。

3. 学科发展的飞跃

湖北曾侯乙墓的发现，是促使中国音乐考古学出现戏剧性飞跃的原动力。

1977 年 9 月，中国人民解放军武汉空军后勤部在随县城郊擂鼓墩附近的东团坡兴建厂房时，发现了曾侯乙墓（图 1-21、图 1-22）。次年 4 月着手发掘，至 5 月 22 日早晨，举世闻名的曾侯乙编钟随着墓坑积水的排除，终于显露出了它的雄姿秀貌。考古学家依照考古发掘的科学规程，收集了丰富的第一手原始资料，并将编钟安全地拆开取出，进行了仔细的观察和现场测绘。6 月 15 日，全套编钟埋藏在地下 2400 年之后，完好无损地重见天日。它一时被誉为世界第八大奇迹。与编钟同出的乐器，有编磬一套及架、槌、匣等附件，有建鼓、有柄鼓、扁鼓、悬鼓等鼓类，有琴（十弦琴）、瑟等弹弦乐器，有均钟（五弦琴）这样的调律仪器，有篪、排箫、笙等吹奏乐器，还有饰绘了钟鼓乐舞图的彩漆鸳鸯盒。不算乐器附件，墓中

---

① 黄翔鹏：《新石器和青铜时代的已知音响资料与我国音阶发展史问题（上）》，载人民音乐出版社编辑部：《音乐论丛》第一辑，北京，人民音乐出版社，1978 年；黄翔鹏：《新石器和青铜时代的已知音响资料与我国音阶发展史问题（下）》，载人民音乐出版社编辑部：《音乐论丛》第三辑，北京，人民音乐出版社，1980 年。

出土的音乐文物总计达 126 件，构成了完整的先秦宫廷乐队编制，曾侯乙墓俨然是一座 2400 年前的地下音乐厅。曾侯乙墓的发掘，是中国，也是世界音乐考古史上的一次空前大发现。

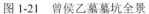

图 1-21　曾侯乙墓墓坑全景　　　　图 1-22　曾侯乙墓椁室全貌

　　总数达 65 件的全套曾侯乙编钟，有着构造为三层八组的宏大规模（图 1-23）。编钟的重量超过 2500 千克，加上钟架和挂钟构件，总用铜量达 4421.48 千克。编钟制作精美，花纹繁缛，每钟的正、侧鼓部分别可击发出相距大三度或小三度的二音。尤为可贵的是，钟体及钟架和挂钟构件上刻有错金铭文 3700 多字，用来标明各钟的发音属于何律（调）的阶名，

图 1-23　曾侯乙编钟在墓室中的原貌

以及这种阶名与楚、周、晋、齐、申等国各律（调）的对应关系。曾侯乙编钟铭文实为一部不朽的先秦乐律学典籍。其与保存完好的编钟音响相互印证，堪称世界上最早的"有声读物"。编钟铭文与同时出土的带有 708字的编磬铭文意思相通，又可相互补充，更给这部不朽的典籍增添了光辉。编钟发音相当准确，音域为 C_1—d^3，达五个八度之广，基本为七声音阶，中部音区十二律齐备，可以旋宫转调，可以演奏较复杂的中外乐曲。[1]

曾侯乙墓乐器的发现，震撼了世界。它吸引了国内外几乎所有中国音乐史学研究者的注意。编钟的铭文，这部失传了的先秦乐律学典籍，不仅促使先秦音乐史的彻底改写，还使人们深深地感觉到，数十年来逐步完善起来的整部中国音乐史，有了被重新认识和估价的必要。有关曾侯乙墓的乐器，尤其是编钟的研究，涉及音律音响、乐悬制度、历史背景、文化地域、冶金制造、工艺美术等多方面。它带给音乐史家的震动是难以形容的。它的出现，推倒了很多专家以毕生心血换来的结论。随着研究的深入，音乐考古学在史学研究中的独特意义为人们所认识，一批音乐学家开始转向考古学领域。一些考古学家和历史学家，也因曾侯乙墓的研究，看到了音乐艺术与古代社会各个侧面千丝万缕的联系。他们也与音乐工作者携起手来，共同探索一些历史上的疑难悬案。曾侯乙墓的发现与发掘，促使中国新一代的音乐考古专家队伍开始形成，并在研究工作的实践中逐渐成熟起来。

曾侯乙墓的发掘和研究，集合了全国各学科专家协同作战，及时解决其反映的各种难题。这无疑是一个千载难逢的良机，音乐考古工作者终于参加到田野考古发掘的第一线。这在以往，是他们可望而不可即的事。中国艺术研究院音乐研究所作为国家的专业音乐研究机构，接受了湖北省博物馆的盛情邀请，在第一时间派出了著名音乐学家黄翔鹏、王湘等。他们长驻发掘工地，悉心投入到对所出各类乐器的音乐学研究中，并从中获得了极其重要的古人音乐艺术活动的信息。他们还对编钟做了音响和音乐性能的测定，并编配乐曲，进行舞台试验演奏。

借着曾侯乙墓的东风，中国艺术研究院研究生部设立了中国第一个音乐考古专业，且正式招生开课，为中国音乐考古事业培养高级人才；武汉音乐学院也相继设立了音乐考古专业。

正当曾侯乙墓研究的热潮方兴未艾之时，中国的音乐考古又爆出特大新闻：河南舞阳贾湖遗址发现了一批新石器时代的七音孔骨笛（图1-24），

---

① 参见王子初主编：《中国音乐文物大系·湖北卷》，郑州，大象出版社，1996年，第201页。

其年代距今 9000～8000 年。

图 1-24　河南舞阳贾湖骨笛之一部

　　舞阳县位于河南省中部伏牛山以东的冲积平原上，贾湖遗址位于舞阳县城北 22 千米的贾湖村东。该遗址发现于 20 世纪 60 年代初，1983 年 5 月到 1987 年 6 月为了配合村民建房等工程，同时也为了进一步探讨裴李岗文化的分布与发展，当时的河南省博物馆文物工作队（河南省文物考古研究所前身）先后在此进行了 6 次发掘。1986 年 5 月初，发掘者首先在 M78 中清理出 2 支基本完整的七孔骨笛，继而在 M73 和 M121 中也各发现了 1 支残碎的笛子。1986 年秋，又在 M253、M263、M233、M270 等墓中发现多支骨笛。1987 年 5 月 14 日，在 M282 中再次发现了完整的七孔骨笛。同年，还在 M343、M411 等墓中发现多支骨笛，出土骨笛总计近 50 件，其中保存基本完整的有近 20 件。

　　这批骨笛一般长 20 多厘米，直径 1.1 厘米左右。一侧有规整的圆形钻孔。出土时均呈土黄色，系鹤类肢骨截去两端骨关节形成中间稍细两端稍粗的骨管，再钻音孔而成。这些骨笛形制固定，制作规范。大多为七孔，个别笛子在主孔旁还钻有调音用的小孔；显然，制作者已有着十分明确的音律观念，因为在笛子开孔后，初试时觉得音不够准确时，才有必要进行调整。此外，多数笛子开孔处还刻有等分记号，显然是划分在前，开孔在后。这说明在制作这些笛子时，人们经过了比较细致的度量和计算。1987 年 11 月上旬，以黄翔鹏为首的中国艺术研究院音乐研究所专家赶赴河南，对其中保存较为完好的一支骨笛（图 1-25）做了测音研究。结果表明，该笛能吹奏以 G 为宫的下徵调七声音阶或是以 D 为宫的六声（或七声）清商音阶。此外，该研究所专家对同时出土的其余部分骨笛也进行了系统的鉴定，得出了明确的结论：舞阳贾湖骨笛已经具有了七声音阶结构，而且发音相当准确，音质较好，至今仍能用它吹奏旋律。他们当场用骨笛演奏了河北民歌《小白菜》。该笛的吹奏方法，应和至今流传在河南民间的竹筹、塔吉克族的鹰骨笛、哈萨克族的斯布斯额相似。由于骨笛不设吹口，因此吹奏时要将笛斜持，才能成声。①

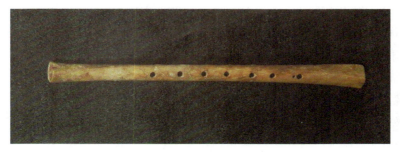

图 1-25　河南舞阳贾湖骨笛之一（M282∶20）

考古学家对舞阳贾湖遗址的木炭、泥炭做了碳十四年代测定，又经树轮校正，得出七音孔骨笛的年代为距今 8600～8200 年的结论。中国发现八九千年前人类制作出的、可以吹奏七声音阶的乐器这一结论，犹如一个晴天响雷震惊了音乐史学界。因为不久前人们还在讨论，中国 2000 多年以前的先秦有无七声音阶？战国时期燕国的荆轲在唱"风萧萧兮易水寒"时所用的"变徵之声"是否由两河流域东传而来？这些中外学者聚讼多年的严肃的学术论题，在贾湖骨笛的面前变得如同儿戏。它的出土，无疑向世界宣称了在迄今为止发现的一切史前音乐文化的物证中，贾湖骨笛无论在年代方面、可靠性方面，还是在艺术成就方面，都是无与伦比的。中华民族的音乐文化在史前时期已远远走在世界前端。

贾湖骨笛再一次显示了中国音乐考古学的成就和力量。②

在贾湖骨笛出土的次年，作为中国音乐考古学的第一项浩大的基础工程，《中国音乐文物大系》（图 1-26）先后被批准为国家"七五""九五"哲学社会科学重点项目。这一工程前后经历了 32 年的艰辛与曲折。该书的第一、第二期工程包括（以成书先后为序）湖北（图 1-27）、北京、陕西、天津、江苏、上海、四川、河南、甘肃、新疆、山西、山东、湖南、内蒙

① 黄翔鹏：《舞阳贾湖骨笛的测音研究》，《文物》1989 年第 1 期，第 15～17 页。

② 参见王子初：《说有容易说无难——对舞阳出土骨笛的再认识》，《音乐研究》2014 年第 2 期，第 22～32 页。

古、河北、江西、续河南、广东、福建共 19 卷，分 16 册装订。共收录了文字及数据资料 350 余万言，彩色、黑白照片及各类拓片、线描图 10 000 余幅。所收录的文物包括大量考古发现的和传世的各种古代乐器舞具，反映音乐内容的器皿饰绘、雕砖石刻、纸帛绘画、俑人泥塑、洞窟壁画、书谱经卷等，内容十分丰富。所收录的文物中，不乏历见著录的传世名器，也不乏闻名于史的重大考古发现；但更多的是，以往鲜为人知的文物在本书中第一次集中面世，其学术上的意义非同寻常。这些文物的年代，从约 1 万年前的新石器时代直到清代末期，充分体现了中华文明古国的悠久历史，体现了中国音乐文化的源远流长和丰富多彩。《中国音乐文物大系》总编辑部及大象出版社投入巨资，共同编辑出版了这套巨型图书。《中国音乐文物大系》采用大八开本，全彩印刷，并以豪华的装帧，以尽可能博大的气派，再现了中国优秀的民族音乐文化遗产。《中国音乐文物大系》不仅是中国音乐考古学方面的第一部重典，也是中国有史以来规格最高、规模最大的一套专业音乐书籍。值得注意的是，在多年实地调查和编撰这部巨著的过程中，还积累了极为丰富的音乐文物考古资料，造就了一大批音乐考古学方面的专业人才，其对中国音乐考古事业的推动是不言而喻的。①

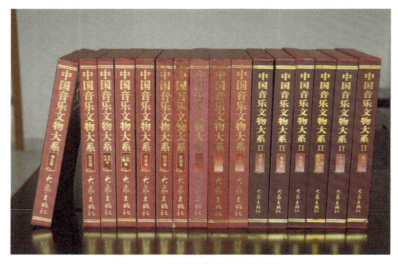

图 1-26 《中国音乐文物大系》

不久，山东章丘洛庄汉墓乐器坑 149 件乐器的发掘出土、武汉音乐学院"中国音乐考古中心"的建立等中国音乐考古学学科发展史上的大事层

---

① 参见王子初："前言"，载高至喜、熊传薪主编：《中国音乐文物大系Ⅱ·湖南卷》，郑州，大象出版社，2006 年，第 1 页。

出不穷。中国音乐考古学，已成为一门生机勃勃、前景广阔的学科。

图 1-27 　《中国音乐文物大系·湖北卷》

第二章　史前考古的重大发现

有人称史前时期为"传说时代"。其音乐考古学上的意义，是指从人类起源，直到有比较确切的资料可以证明的信史形成以前这一漫长的历史时期。商代是中国确知存在的最早朝代，其时的甲骨文是目前人所共知的、最早的、较为成熟的中国文字。比其更早的夏代，在考古学上尚有争议，一般都将其作为传说时代看待。在考古学上，公认的夏文化还没有。河南龙山文化中晚期和河南偃师二里头文化都具备了属于夏文化的时间和地域的基本条件，但它们是否是真正的夏文化，是否是先商文化或商代中期文化，学术界仍有争议。近年来通过"夏商周断代工程"各方专家的共同努力，在对夏文化的认识方面取得了较大的进展。多数学者承认古文献中关于夏代的记载并非虚构，承认河南偃师二里头文化一至四期为夏文化，但这种多数专家的意见，主要是通过"协商"取得，考古学上尚有一些关键性的问题并没有得到彻底的解决，如有关文献中的夏代和考古学夏文化在积年问题上的矛盾，作为夏文化的二里头遗址至今尚未发现文字（刻划符号还不能确认为文字）、刻绘龙纹礼器，等等。故这里还是把夏代归入史前时期。按一般考古学的概念，史前时期应该跨越了旧石器时代晚期直到新石器时代晚期。

旧石器时代从 300 万年前起至 1.2 万年前左右，是人类历史上最早的，也是经历最长的时代。那时人类使用比较粗糙的打制石器，过着采集和渔猎的生活，在人类历史发展阶段上相当于前氏族新石器社会到母系氏族社会时期。旧石器时代与地质学上的第四纪更新世相当，是早期人类逐步发展到现代人的时代。有关这一时期人类音乐活动的情况，无论从考古学，还是从文献学角度看，我们几乎一无所知。以往实际的音乐考古学研究是以新石器时代为起点的。

广义的新石器时代包括中石器时代、新石器时代和铜石并用时代。其中，中石器时代和铜石并用时代二词，是 20 世纪初随着考古学研究的深入而被提出来的。中石器时代遗址分布远不如新石器时代和旧石器时代广泛，存续的时间较短，并都带有过渡的性质，所以人们一般把它归入广义的新石器时代中。狭义的新石器时代是指自公元前 8000 年前后至前 2000 多年的这一时期。由于世界各地社会发展不平衡，新石器时代的时间范围有较大的差别。从目前的资料来看，中国的新石器时代在公元前 7000～前 2000年（也即距今 9000～4000 年）。新石器时代的人们过着定居生活，使用的工具以磨制石器为主，从事以农业和畜牧业为主的生产经济活动。陶器的制作和广泛使用也是这一时期的重要特征。新石器时代的人已是现代智人，地质年代上处于全新世。

关于史前时期的音乐事迹，先秦古籍中有一些记载。不过，这些记载都是当时流行的有关远古音乐的传说，如《吕氏春秋·仲夏纪·古乐》中载："帝喾乃令人抃，或鼓鼙，击钟磬，吹苓，展管篪；因令凤鸟天翟舞之。帝喾大喜，乃以康帝德。"[①]书中提到的乐器有鼙鼓、钟磬、苓、管、篪等。"苓"是什么乐器，古书语焉不详。又如《尚书正义·益稷》有云："夔曰：戛击鸣球，搏拊琴瑟以咏。祖考来格，虞宾在位，群后德让。下管鼗鼓，合止柷敔，笙镛以间，鸟兽跄跄；《箫韶》九成，凤皇来仪。夔曰：于！予击石拊石，百兽率舞。"[②]这里提到的乐器更多，计有：鸣球（据说为一种玉磬）、搏拊（可能是一种用皮革制成的节奏乐器）、琴、瑟、下管、鼗鼓、柷、敔、笙、镛、箫、石（石磬）等。从目前考古发现的资料来看，其中有些乐器还没有找到实物标本，但仔细分析起来，这些乐器存在于史前末期是有可能的。考古资料也表明，这一时期人类遗留下来的音乐文物主要是乐器，有些还只是带有某些音响性能的生活用具或生产工具，图像类的音乐文物很少。史前时期可能与音乐有关的考古出土物，大致有如下一些种类：石哨、骨笛、骨哨、陶埙、陶铃、陶钟、摇响器、鼓、石磬、号角等，与音乐有关的图像主要有岩画和陶器饰绘。

在世界各地，迄今可以称得上史前时期音乐考古发现的，主要是一些原始骨管乐器。其中年代较早的，首推 1995 年考古学家伊凡·特克（Ivan Turk）在斯洛文尼亚的采尔克诺（Cerkno）附近的一个名为戴吉·贝贝（Divje Babe）遗址发现的穴熊骨笛，通过电子自旋共振技术测出它的年代数据为

---

① 　（秦）吕不韦：《吕氏春秋·仲夏纪·古乐》，载《诸子集成 6》，上海，上海书店，1986
年，第 52 页。

② 　《尚书正义·益稷》，载（清）阮元校刻：《十三经注疏》，北京，中华书局，1980 年，第
144 页。

43 000[①]。骨笛已残缺，用熊骨钻孔制成，尚可辨三个圆孔，是目前最早的乐器（图2-1）。从发现的地层来看，骨笛是尼安德特人创造的奇迹。尼安德特人是一种智人，比今天的人类矮壮很多，额头扁，脑容积与人类相当，鼻腔很大，10万年前在欧洲出现，消失于3.5万年前左右。当然，从该骨笛简陋的乐器形制上已可判别，其在音乐上尚具有明显的原始性。

2008年在德国南部阿赫谷中的"霍勒·费尔"山洞里，蒂宾根大学尼古拉·科纳尔（Nicolas Konar）领导的考古团队发掘出土一件大约3.5万年前的骨笛（图2-2）。这支骨笛由秃鹫翅骨制成，长约22厘米，直径2.2厘米，上面有V形吹孔和多个音孔。[②]

   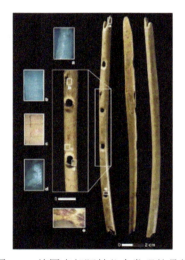

图2-1 斯洛文尼亚4.3万年前的穴熊骨笛图   图2-2 德国南部阿赫谷中发现的骨笛

在法国，曾出土过3万年前的鹿骨笛（图2-3）；苏联时期，也曾在摩尔达维亚出土过距今1.5万～1.2万年的骨笛（图2-4）。这些骨笛除了摩尔达维亚骨笛比较完整外，其余两件均已严重残缺，特别是它们均为孤证，缺乏系统的考古资料，并且制作粗糙，形制不规范，其造型所体现出来的进步程度，均难与中国贾湖的七音孔骨笛相比。不过，贾湖骨笛已是人类进入新石器时代的产物。而在遥远的旧石器时代，这些骨笛标本一直是世界学者最为关注的音乐考古发现。

---

① 斯洛文尼亚骨笛及以下的法国和苏联时期出土的骨笛资料、图片均引自中国科学技术大学科学技术史专业夏季的博士学位论文：《中国古代早期管乐器及黄钟管律研究》，指导教师徐飞、王昌燧教授。

② 引自王天燕：《音乐起源之谜（二）——音乐的"文化起源"VS"生物起源"》，科学网博客。

图 2-3　法国 3 万年前的鹿骨笛　　　　图 2-4　苏联时期摩尔达维亚出土的距今
　　　　　　　　　　　　　　　　　　　　　　　　1.5 万～1.2 万年的骨笛

　　中国重庆奉节兴隆洞出土的史前石哨，有可能改变这一现状。奉节石哨成为音乐考古学上年代最早的音乐文物，它是约 14 万年前旧石器时代人类有目的地加工而成的一件发声器械。

　　中国内蒙古兴隆洼遗址发掘出土了一支约 8000 年前的红山文化骨笛（图 2-5～图 2-7）。2009 年内蒙古赤峰学院有关部门召开发布会，宣布兴隆洼骨笛能演奏完整乐曲。报道又称，这一研究成果"把中国乐器史向前推进了约三千年"，"可吹奏 7 个音阶"及"七音阶"云云。①兴隆洼骨笛是重要的音乐考古发现之一，是红山文化考古的一项重大成果，但相关报道用语明显不专业，欠客观。从目前公布的资料看，兴隆洼骨笛既为孤证，又为残件，时代上也并不是最早，有待音乐考古学家的进一步研究。

图 2-5　兴隆洼 F166 出土的骨笛　　　　图 2-6　兴隆洼 F166 出土骨笛线图

图 2-7　修复后的兴隆洼骨笛（新华社记者汪永基摄）

---

① 新华网内蒙古赤峰 4 月 14 日电（记者汪永基），报道称这一研究成果"把中国乐器史向前推进了约三千年"。明显不确。又说"可吹奏 7 个音阶"及"七音阶"云云，文理不通，疑为"七声音阶"之讹。

距今 9000~4000 年，中国处于新石器时代。这一时期，音乐考古学上最伟大的成就，莫过于中国河南舞阳贾湖遗址史前骨笛的出土。这是音乐考古学上的一次空前大发现，其在中国音乐史乃至人类文明史上，均有不言而喻的重大意义。贾湖骨笛学术价值如下。

（1）乐器性质的可靠性

贾湖骨笛为一根两头洞通、开有一系列侧孔的骨管，乐器的开孔部位还留存有计算定位时的刻划遗痕，完全可以排除骨笛在制作和使用方面的偶然性，认定其为按孔吹管乐器没有疑议。测音和实际的吹奏研究也已表明，它确实可以作为乐器使用。在贾湖遗址中出土的骨笛目前已近 50 件。可以确认，这些骨笛都是贾湖先民有意识、有目的地制作出来的乐器。乐器所呈现出来的规范性，一定程度上说明了它在制作技术和使用技术方面的成熟性。

（2）时代的可靠性

舞阳县贾湖新石器时代遗址，是国家考古工作队发现并在此发掘多年的遗址。贾湖骨笛是经科学考古发掘的出土物，它所拥有的大量考古资料，具有无可辩驳的可靠性。遗址中同时出土的数十个含碳物质标本，经碳十四年代测定后确认，骨笛的年代为距今约 9000~8000 年。

（3）乐器性能的进步性

这批骨笛形制基本一致，大多开有 7 个音孔。可以说明，这些骨笛即便单纯地用平吹，至少也能够吹出 8 个音（7 个按音，1 个筒音）。实际的演奏试验表明，这些音已包括了六声音阶或七声音阶，并且可以吹奏出较为复杂的曲调。音乐艺术是人类创造的社会上层建筑，音阶的出现，是音乐艺术发展到较高水平时的产物，也是具有相当高度文明的社会的象征。人类从不规则、不固定的无数自然音响中，把几个具有相对固定音高的乐音抽象出来，赋予其一定的内在逻辑，构成了一个名为"音阶"的乐音系统，这应当经历过何止千万年的漫长岁月。联系骨笛的时代为距今八九千年的事实，其重大的进步意义不言而喻。学术界在以往中国音乐发展史，尤其是中国音阶发展史的认识方面，需要从根本上重新调整。从 2000 多年前的战国末期有无五声音阶以外的偏音"变徵之声"[①]，到中国八九千年以前就出现了可以吹奏七声音阶骨笛的结论，无疑是天壤之别。它不单促

[①] 参见（西汉）刘向集录《战国策》（下）："太子及宾客知其事者，皆白衣冠以送之。至易水上，既祖，取道。高渐离击筑，荆轲和而歌，为变徵之声，士皆垂泪涕泣。又前而为歌曰：'风萧萧兮易水寒，壮士一去兮不复还！'复为慷慨羽声，士皆瞋目，发尽上指冠。于是荆轲遂就车而去，终已不顾。"上海，上海古籍出版社，1985 年，第 237 页。

使中国先秦音乐史的彻底改写，以往世界音乐史上对人类乐音艺术的发展水平，以及中华"**五千年**"文明史的说法均有可能被重新评估。通观世界上人类最古老的文明之源，无论是古代的欧洲，还是美索不达米亚，迄今发现的一切音乐文物所体现出来的可靠性和进步性，均难与贾湖骨笛相比。

史前时期，中国音乐考古学上还有一些较为重要的发现，如浙江余姚河姆渡、江苏吴江梅堰和河南长葛石固等地的骨哨，河南、甘肃和陕西等地出土的大量陶埙、各类摇响器和铃铛，陕西长安斗门镇陶钟，山西襄汾陶寺遗址、河南偃师二里头、山东泰安大汶口遗址及甘肃永登乐山坪、青海民和阳山等地出土的鼍鼓或陶鼓，山西襄汾陶寺遗址、河南禹州阎寨遗址和内蒙古等地的石磬，陕西华县井家堡、山东莒县陵阳河和河南禹州谷水河等地的陶号角，等等。

史前时期也发现了一些图像类音乐文物，如新疆呼图壁康家石门子和甘肃嘉峪关北黑山等地的岩画、艺术史上著名的青海大通上孙家寨和甘肃酒泉干骨崖的舞蹈纹陶器饰绘，等等。这些有价值的考古发现，对于我们认识尚无文字记载的史前时期人们的音乐舞蹈生活，具有特定的意义。

第一节　重庆奉节石哨

奉节兴隆洞石哨的出土，是史前时期音乐考古的重大发现之一。

2001～2002 年，由中国科学院古脊椎动物与古人类研究所、龙骨坡巫山古人类研究所和重庆市奉节县文物管理所组建的洞穴考察队，对长江三峡奉节县云雾乡兴隆洞进行了考察和试掘。在六层堆积剖面的第二层（自下而上）棕色黏土中发现了智人的牙齿化石、石制品、骨制品、牙制品，以及剑齿虎、剑齿象、大熊猫等 50 余种哺乳动物的化石。在这些遗物中，最令人关注的是与智人化石一起出土的石哨、石鸮和剑齿象牙刻。其中的石哨，距今约有 14 万年之遥，是迄今所发现的最为古远的旧石器时代音乐文物。它的发现，不仅是中华民族，也是整个人类音乐文明源头中最为耀眼的亮点。①

---

① 2003 年 4 月 1 日的《北京晚报》头版载记者孙海东文章，"奉节发现 14 万年前石哨"，"这一发现可能改写人类音乐史"。报道称，据中国艺术研究院音乐研究所研究员王子初介绍，"三峡奉节石哨的发现，可能会把人类原始音乐活动的历史向前推至 14 万年以前"。同年 5 月 23 日《北京晨报》第九版相继报道："14 万年前石哨依然清晰——三峡发现最早乐器。"

一、石哨的出土

重庆奉节天坑地缝地区的云雾乡兴隆村兴隆洞，是古人类"奉节人"的一个遗址。溶洞的形成，约于第三纪末到第四纪初。兴隆洞一带的石灰岩层，随着青藏高原东部山体的抬升岩层发生倾斜，节理发育，在岩溶地质的作用下，灰岩中水动力作用增强，促使层面间裂隙朝着廊道型洞穴发展，逐渐由西南向东北扩大，形成了洞室窄而洞身长的廊道型洞穴。兴隆洞形成后，早期湿热化作用较强，洞底形成了化学沉积。这个时期的植物孢粉反映，洞穴周围分布大片针叶林，气候较凉。

1. 兴隆洞考古

约在 14 万年前，奉节人来到了兴隆洞，以此作为躲避猛兽、风雨的栖息地。从出土的石哨与大量的石器、骨器及大批哺乳动物化石来看，奉节人在兴隆洞中的生活，延续了相当长久的年代。他们留下了大量的生活垃圾，其经过几万年的尘土掩埋，上面结成了钙化层。当时的植物孢粉谱系表明，常绿阔叶落叶树曾存在，即奉节人在兴隆洞中生活期间，气候应该较为温暖湿润。兴隆洞后期，洞内泥土增厚，人类活动停止。兴隆洞一共形成了 2 个含有化石的堆积层，由 1 个不含化石的钙化层垫底，2 个不含化石的钙化层分隔。加上洞底现代形成的表面扰乱层，总共可分为 6 个堆积层，除了表层之外，各层都没有打破，地层关系清楚（图 2-8）。[①] 由于遗址发掘的范围有限，其完整的文化面貌还有待于进一步揭示。

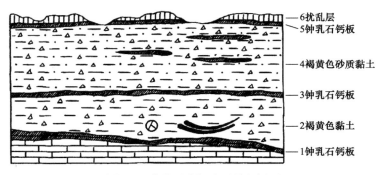

图 2-8　奉节兴隆洞地层堆积剖面

---

① 黄万波、郑绍华、高星，等：《14 万年前"奉节人"——天坑地缝地区发现古人类遗址》，北京，中华书局，2002 年，第 11～14 页。

2. 石哨的形制

奉节兴隆洞出土的石哨（图 2-9、图 2-10），用一个不规则圆柱形的石核制成，中心带管腔。下部稍敛成平底，管腔封底。石核上部管腔开口，经用比较精密的仪器进行检测，管腔内未发现人类钻孔加工的遗痕，应为自然形成。石核上部管腔开口处的两侧，都打成一个坡面。管口的一侧，有一个小豁口。如果用上下唇贴着管口向管腔里吹气，由于管腔底部不通，气流进入后产生回流，从侧面小豁口溢出，产生一个边棱效应，可以发出很清亮的哨音。

图 2-9　重庆奉节石哨　　　　图 2-10　重庆奉节石哨的管腔开口处

奉节兴隆洞遗址及石哨的发掘者，为中国科学院古脊椎动物与古人类研究所的黄万波先生（图 2-11）。他最初怀疑石哨为远古的一种乐器埙。后送至中国艺术研究院音乐研究所，经笔者鉴定，认为埙应该是人类用陶土烧制的一种按孔吹奏乐器，而这件器物为石质，上面也没按音孔，故称埙不妥，故称其为"哨"。因其为石质，出土于奉节，可以暂命名为"奉节石哨"。

不过，无论其是埙还是哨，都有一个前提，即是人类加工或制作的器物。因为一个石核，即使它出土于兴隆洞的人类遗留下来的文化层内，还有着较为丰富的共存物，也难以就此说它一定就是人类加工的产物。最初，发掘者借助北京协和医院的内窥镜及北京大学物理系的电子显微镜等仪器，进行了反复观察和研究，未能找到有人类加工的遗痕。在这件石核的管腔内，也未发现人为钻孔的旋痕。面对这样的一件发掘出土物，研究者一时难以获得有说服力的结论。它能称为"石哨"吗？

图 2-11　黄万波先生吹奉节石哨

二、石哨的研究

　　2003 年，困扰学者的难题出现了转机。中国科学院地质研究所专门研究石灰岩溶洞的专家谭明先生（图 2-12）经过研究认为，这件出土的石核是天然石钟乳上的一截。常见石灰岩溶洞里面，富含碳酸钙的水滴下来，水中的碳酸钙不断积聚，形成自上而下倒悬生长的石钟乳（图 2-13）和自下而上生长的石笋。

图 2-12　谭明先生在奉节石哨的新闻发布会上发言　　图 2-13　石灰岩溶洞中的石钟乳

　　根据谭明先生的研究，石钟乳长到一定长度，便会因某种原因——自重太大而掉落下来；或由于风、地震，或由于动物触碰，掉下来，摔断了。这件石核就是这样的一截石钟乳。这截石钟乳正好带有一个管腔，管腔的一端是封闭的。这个管腔，地质学术语叫作"鹅管"，鹅管是天然的。石钟乳在滴水生长的漫长岁月中，水是转绕着圈滴下来的，在石钟乳中部会形成一个空的管腔，即"鹅管"。

1. 石哨成因

奉节兴隆洞出土的"石哨"，正为一小段淡水碳酸钙沉积物。它的下部（从石钟乳倒悬角度而言，下同）中央为一内壁光洁的鹅管。鹅管上部已被碳酸钙堵塞，周围为成层的碳酸钙包裹。从石核的形态组合、纹理和材质分析，其无疑就是上述洞顶沉积滴石类型的石钟乳（图 2-14）。该石钟乳鹅管开口端两边，有斜切石钟乳沉积纹层的截面，这样的截面，不同于自然撞击面，更不同于自然风化面。另外，鹅管开口端周缘的磨蚀痕迹，特别是开口一侧的微凹豁口，很难用自然侵蚀的方式来解释。石核根部接近浑圆开口端扁圆等现象，是由部分沉积物被损耗掉造成的。但这种损耗，同样难以用自然差异风化或差异溶蚀作用来解释。

图 2-14　带鹅管的石钟乳标本

地质学家所说的"差异风化"的理论，是指自然力在对某一个物体产生腐蚀、侵蚀、风化作用中，因其所处环境的不同影响，这种作用也是有差异的。比如裸露在外的塑料水管，其上部受日晒雨淋的程度较深，比起埋在土中的下半部来，无疑老化得快。溪流中的石灰岩，经过流水的一面肯定有较多的溶蚀，与未经水流的部分就会形成"差异"。根据"差异风化"理论，可以判断奉节兴隆洞出土的这件石核，如果不是人类加工，那么它成不了现在这个样子，即奉节这件石核从一截不规则圆柱形石钟乳，演变为目前的这种形态，只有两个途径，或说只有两种可能：一是人为加工而成，二是自然形成。石哨所在的地层环境中可能接触到的所有"自然力"形成的"差异风化"，都不能使石哨成为现在这个样子。显然，谭明先生把"自然形成"这个可能性给排除掉了。那么只剩下一种可能：这件石核是人为加工而成的。这是一个巧妙的逻辑推理，现在可以堂堂正正地称其为"奉节石哨"了。这一结论，加上石哨本身为考古发掘所得，出土于古代人类生活形成的文化层内的这一有力旁证，以及石哨本身易于吹奏发声的内证，可以确认：**奉节石哨是当时人们利用一截带有鹅管的天然石钟乳进行加工后制成的发声器械，是目前所发现的人类最早的原始吹奏乐器。**用石哨对口吹奏，吹出的气流会从孔中回旋后从吹口的一侧出去，因而可以轻而易举地获得一个清晰而稳定的音频。我们可以猜测这也许只是一种发声的玩具，也可能是一种狩猎用诱捕的工具，不过不可忽略这样一个事实：在人类如此早的幼年时期，生活在亚洲东部的奉节人已经懂得如何利用有管孔的石钟乳去创制能够发声的器具，而且是能够发出一种人们所预想的声响的器具，这不能不说是人类历史上的一个重要进步、伟大创举。

2. 年代的测定

奉节石哨的年代，是考古学上的一个重大问题，也是判定其在历史学上的意义的决定性因素之一。解决这个问题的途径有二，一是根据与石哨同出的动物化石，获得当时哺乳动物的组合比例。这种组合比例，在判断它们存在的时代具有重要参考意义，如兴隆洞与石哨并出的动物遗骨及化石，涵盖了 51 种动物。其中的似剑齿虎在三峡地区生存的年代，可以确定在早更新世和中更新世；似广西巨羊在三峡地区生存的时间，有可能从早更新世到中更新世中期、晚期。兴隆洞遗址中的化石动物种类，占组合成员的 31.5%，但组合中现生动物种类比例较大，占 68.5%。加之与同一层位出土的智人牙齿、剑齿象牙刻等多方面因素考虑，兴隆洞遗址的地质时代，可定位在中更新世晚期。[①]

二是运用同位素年代学方法，即通过与石哨共存的化石中比较短的半衰期核素，测定其地质年龄绝对值。发掘者邀请了中国科学院地质与地球物理研究所马志邦研究员和南京师范大学海洋与第四纪研究所的沈冠军教

---

① 黄万波、徐自强，等：《14 万年前"奉节人"——天坑地缝地区发现古人类遗址》"第六章 年代研究"，北京，中华书局，2002 年，第 64 页。

授，采用同一种方法——"铀系法"①、采用同一种分析材料——东方剑齿象臼齿的第 2、3 齿脊，分别进行了测试。前者得到的结果为距今 13 万年，后者得到的结果为距今 15.4 万年。从这些年龄的数字来看，是相当接近的，它们均处于中更新世晚期。这个结果，与上面与考古发现的动物群组合分析的时代也是吻合的。发掘者主张采用二者中间的一个约值，即 14 万年，作为奉节人的生存年代②，这也应该就是奉节石哨产生的年代。

3. 人类旧石器时代的"乐器"

2003 年 3 月 31 日，在中国科学院古脊椎动物与古人类研究所举行的奉节石哨新闻发布会上，中国科学院地质研究所谭明先生跟笔者分别做了核心发言。谭明先生公布了他的研究结论：从他的地质学角度，根据"差异风化"的原理和奉节石哨在地层中所处的环境中可能接触到的任何自然力，都不能使它由一截天然石钟乳改变成为现在的造型。笔者的发言接着谭明先生的话，认为既然任何自然力不行，那一定是人力使然，即把它看成是人类加工而成的一件石哨。从奉节石哨自身的特点及造型、结构、发声的性能来看，它应该是 14 万年前生活在亚洲东部旧石器时代的人类借用一截天然的石钟乳，经过简单的加工，制成的一个发声器械。虽然还不能说它就是现代意义上的"乐器"，但如果从音乐考古学的角度来考虑的话，它完全可以是人类创制的一种原始乐器。

什么是乐器？"人类为了音乐艺术活动的需要创制并使用的发声器械"，这是现代乐器的定义。所谓"音乐艺术"，是现代人类对艺术的分类。在遥远的古代，甚至在那 14 万年前的旧石器时代，"音乐"仅是人类在社会生活中，包含在生产劳动、宗教祭祀、战争及喜庆娱乐活动中的一个因

---

①　参见脚注①。铀系法是用自然界中比较短的半衰期核素，测定地质年龄的一种同位素年代学方法。最适用测年范围为距今 35～10 千年以内。部分地填补了碳十四年代测定法和 K-Ar 法测年范围之间的空白。应用不同半衰期核素，234U（245×10³ 年）、230Th（75.4×10³ 年）、231Pa（34.3×10³ 年）、226Ra（1600 年）和 210Pb（22.3 年）组成了铀系年代学的各种测年方法。目前，铀系法应用最广泛的是封闭模式，已在建立中期、晚期更新世以来地质年表、古气候回旋年表，冰川性海平面变化年表，古人类进化和旧石器年表，为气候、环境变化的历史研究提供了准确可靠的时标。近年热电离质谱仪（thermal ionization mass spectrometry，TIMS）技术的发展，把铀系核素引入热电离质谱和同位素稀释法分析，以低一个数量级的样品量获取高一个数量级的测年精度，把测年上限扩展到 500 千年。由于应用了高质谱技术，可测量极其微量的 230Th，故其测年精度提高到几十年，误差仅为几年。如此高的精度是其他第四纪测年方法所不及的。

②　黄万波、徐自强，等：《14 万年前"奉节人"——天坑地缝地区发现古人类遗址》，北京，中华书局，2002 年，第 67 页。

素，有着极强的功利意义，与今日所谓的"艺术"有着本质的区别。今日的乐器，跟古代原始的"发声器械"之间，也很难划出一道明确的界线，如古代牛角、海螺号，到了青铜时代，就发展成了自然铜号，铜号到了今天，又变成了管弦乐队里的铜管组中的各种铜管乐器。5000年前，最初的巴比伦、两河流域、古埃及的壁画里都有很长的铜号，它的音乐性能与牛角号（猎角）、海螺号并无本质的差别，但是人类发明了金属，就可以用金属做成更精巧的自然号，吹奏方便，发声更洪亮。到后来，自然号被加上活塞的时候，就被造就成为各种美丽的现代旋律乐器。它什么时候算乐器，什么时候还不能算乐器？难以机械地划定，因为这是一个发展的过程。

另外，最初人类制造的发声器械，并不一定是用于"音乐艺术"。为了巫术，为了战争，为了娱乐的需要，不管是完全创制的，还是利用自然物品简单加工而成的，甚至是随手拿来的自然物品，生活、生产用具，凡是用来击节，用来发声，用来发出使人的情绪得到愉悦、警示、振奋和激励的声响的器械，都可以作为一种原始意义上的"乐器"。《史记·廉颇蔺相如列传》有"击缶"的故事。这个"缶"就是盆或碗。吃饭的碗随便拿过来敲奏击节，就成了乐器的代用品。水泊梁山中有个笑面虎朱富，他的职责是看到有人来了，就往水泊梁山里射一根能发声的箭，叫"响箭""鸣镝"。其军事上的信号作用，与古代打仗时所谓"一鼓作气"的那个军鼓，"鸣金收军"的那个"金"——钲、铙之类，没本质的区别。

故从音乐考古学的角度看，广义的乐器可以定义为：**乐器是人类为了得到情绪的愉悦、警示和激励而创制、使用的发声器械**。牛角号、海螺号、金属自然号、今日的圆号与小号等都是乐器，生活中作为容器的"缶"，可以是乐器的临时代用品。专门为发声而制作的缶，就是堂堂正正的乐器了。"响箭""鸣镝"是信号乐器，古代的鼓或铎、铙、铜钲、錞于，乃至今日的冲锋号，都是所谓的"军乐器"。奉节石哨是什么？它可以是小孩的玩具，也可能是当时人们狩猎的工具，但它也应该是一种原始乐器。

当然，奉节石哨是极为简陋的，它只能发出一个单音，不存在什么"旋律"性能。其与已经开设了七个按音孔、可以吹奏出七声音阶的舞阳贾湖骨笛，不能同日而语。同时，目前的音乐考古学，还不能提供约14万年前的奉节人与八九千年前的贾湖人之间有无关系的物证，也难以描述从奉节石哨到贾湖骨笛之间十余万年漫长的发展历程，更不能解释从奉节石哨音高的无序，到贾湖骨笛"七声音阶"有序观念建立的艰难曲折的思维过程。但是人类对于自然和人类自身的认识是无止境的，学术研究也在不断地向前推进。人类从最初随意的叫喊声中，从不规则、不固定的无数自然音响中，把几个具有相对固定高度的乐音抽象出来，并赋予一定的内在联系，构成一个人们称为"音阶"的乐音系统，其间的经历何止千年万年。奉节石哨的出现，毕竟给这千年万年前遥远的另一头，确立了一个逐步走向辉煌的贾湖骨笛的起点。

迄今为止，奉节兴隆洞石哨是中华音乐文明史上最早、最原始的物证，也是音乐考古学上目前所见人类历史上最早、最原始的乐器。其重大的学术价值自不待言。

第二节　河南舞阳贾湖七音孔骨笛[①]

河南舞阳贾湖新石器时代遗址出土的大批七音孔骨笛，是史前时期音乐考古学上另一项重大发现。

贾湖新石器时代遗址发现于 20 世纪 60 年代。1983～1987 年，河南省文物考古研究所（今河南省文物考古研究院）先后派人进行了 6 次发掘，其中 1986 年 3～6 月的第四次发掘中，首次出土了 4 支骨笛。[②]发掘者先从 M78 中清理出 2 支保存基本完整的七音孔骨笛，继而又在 M73 和 M121 中，各发现了 1 支残碎的骨笛。1986 年 9～12 月和 1987 年 3～6 月分别进行了第五、第六次发掘。发掘者又在 M253、M263、M233、M270 等墓葬中，发现了多支骨笛。1987 年 5 月 14 日，M282 中出土了完整的七音孔骨笛，另外还在 M344、M411 等墓葬中，发现了多支骨笛。此时，出土骨笛的总数已达 25 支。[③]目前，贾湖遗址的考古发掘工作仍在进行，出土的骨笛数不断增加。据悉，目前骨笛的数量已近 50 支。

一、骨笛的发现与发掘

在黄河与长江之间的淮河流域，有一处规模较大、保存完整、文化积淀极为丰厚的新石器时代早期遗存，这就是著名的贾湖遗址。该遗址位于

---

① 本节所引用的相关资料，主要引自王子初：《说有容易说无难——对舞阳出土骨笛的再认识》，《音乐研究》2014 年第 2 期，第 22～32 页。

② 河南省文物考古研究所编著：《舞阳贾湖》上卷，该书第 11 页称"这个季度最重要的分析是确认了 3 支七孔骨笛"。

③ 河南省文物考古研究所编著：《舞阳贾湖》上卷，北京，科学出版社，1999 年，第 447 页；河南省文物研究所：《河南舞阳贾湖新石器时代遗址第二至六次发掘简报》，《文物》1989 年第 1 期，第 1～14、47、97～100 页。

河南省漯河市舞阳县北舞渡镇西南 1.5 千米的贾湖村。它再现了淮河上游八九千年前人类音乐文明的辉煌，堪与西亚两河流域的远古文化相映生辉。从考古学的角度而论，它的发掘，为黄河中游至淮河中下游之间新石器文化的关系，确立了一个重要的连接点。

贾湖遗址属于裴李岗文化，自被发现至今已逾 30 年。在这片总面积达 5.5 万平方米、文化层的厚度为 1～1.5 米的遗址上，考古工作人员先后进行了 8 次考古发掘，发现的重要遗迹数以千计。除了出土了大量动植物遗骸之外，更有总数达 5500 余件的文物被发现，包括契刻原始文字的龟甲及大量陶、石、骨质的生产工具、生活用具、装饰品和宗教用品等。由之可证，其文化面貌在当时处于领先地位。2001 年 6 月，国务院确定其为第五批全国重点文物保护单位，20 世纪全国 100 项重大考古发现之一，并被镌刻在北京"中华世纪坛"青铜甬道的显要位置，垂青史册。

贾湖留存的遗迹，主要有古墓葬、房址、陶窑、灰坑等，墓葬多呈长方形土坑竖穴。75%的墓葬都有随葬品，少则 1 件，多达 66 件。随葬品以生活实用品为主，除了陶器与石器，更多的是骨器。有 20 多座墓葬规模较大，随葬品相对丰富，还有成组的随葬品出现，如骨笛、龟甲、叉形器等。在男性的墓葬中，出土的文物多为石铲、石斧、骨镖、骨镞等；而女性墓葬发现的随葬品，则以骨针、纺轮、磨盘居多。值得注意的是，在贾湖遗址的墓葬中，出现了明显的社会男女分工以及贫富分化的现象。遗址最重要的发现，莫过于大批七音孔骨笛的出土。可以说，这些世界上年代极早、保存较为完整的史前乐器，体现了当时人类音乐文明的最高水平。遗址中还发现了世界上最早的酿酒作坊，大量的栽培粳稻，养殖的家猪、狗及鱼类，具有原始文字性质的契刻符号，发达的原始宗教和巫术文化的迹象等。贾湖遗址毕竟是科学发掘的一项重大考古学成果。根据遗址中出土的泥炭和木炭标本进行的碳十四年代测定，贾湖遗址获得了较为可信的年代数据，即在距今 9000～7800 年之间。

从贾湖遗址的发掘所揭示的文化面貌看，当时贾湖地区的动植物资源丰富，并有发达的稻作农业，为人们的生活提供了丰富的食物来源，也为巫师阶层的形成和精神文化的创造，提供了物质的支撑。贾湖遗址中发现的原始文字也是在此基础上应运而生，它为汉字走向其后 8000 多年的辉煌，树起了一座重要的界碑。而大批七音孔骨笛的出现，更是中国音乐文化长达万年的悠久历史并雄踞世界前列的可靠物证。显然，雄厚的物质基础已成为贾湖人取得这些非凡成就的重要保证。

1. 骨笛考古[①]

根据发掘报告《舞阳贾湖》记载，贾湖遗址当时出土的骨笛为 25 支。截至目前，出土的骨笛几乎多了一倍。因后续资料尚未公布，今就报告所载的 25 支骨笛加以分析研究。

骨笛一般被随葬于大型墓葬之中。除去资料不全的墓葬和二次墓葬之外，有 10 座墓葬保存完整。这些墓葬均出土了比较丰富的随葬品。如 282 号墓中出土的随葬器物多达 60 件。在这些墓葬中，均随葬有骨器和陶器，大部分墓葬还有石器。部分墓葬出土有龟甲或一种特殊的叉形骨器。其中，骨笛与龟甲同出的有 6 例，与叉形骨器同出的有 2 例，与龟甲与叉形骨器同出的有 3 例，其余各例与普通生产和生活用具同出。

随葬有骨笛的墓葬，其墓主多为成年男子。由此推测，这些墓主人在生前可能都有着一定的特殊社会地位。他们既可能是部落或氏族中的首领，也可能是部落或氏族中能沟通天地、人神的巫师；他们既是骨笛的主人，应当也是骨笛的制作者与使用者。报告所载 25 支骨笛的具体保存情况如下。

因这些标本在地下埋藏的条件不同，有 17 支为完整器（指基本完整或虽有破碎而无多缺失者），有 6 件为残器，还有 2 件为半成品。在 17 件基本完整器中，有 6 支骨笛在发掘中因过于破碎而难以复原，完好的及基本完好、且可以大部复原的有 11 支。在 25 支骨笛中，有 22 支是作为随葬品发现于墓葬之中，有 1 支半成品出土于窖穴之中，另外的 2 支残器被弃置于土层之中。出土于墓葬中的 22 支骨笛，分布于 15 座墓葬之中。这 15 座墓葬中，单人一次葬的有 10 座，单人二次葬的有 2 座，一次葬和二次葬的合葬墓有 3 座。除了有 3 座单人一次葬的墓葬有扰乱现象外，其余墓葬均保存完好。在这些墓葬中，一墓中发现葬有 2 支骨笛者有 7 座，其余的 8 座墓葬中各出土 1 支。至于骨笛在墓葬中的位置，大多放置于墓主人股骨或胫骨两侧。计被置于死者右股骨两侧的有 6 座。其中，骨笛被置于股骨内、外各一支者 2 座，置于股骨外侧者 2 座，置于股骨外、上各一者 1 座，股骨下压者 1 座，置于右胫骨外侧者 2 座，置于右胫骨内侧者 1 座，

---

① 本节所引用的数据及图片资料均以河南省文物考古研究所编正式发掘报告《舞阳贾湖》（北京，科学出版社，1999 年）为准。报告中有少量龃龉之处参考该书"第九章 骨笛研究"（肖兴华执笔）。

置于左股骨外侧者 2 座，置于左臂内侧者 1 座，置于右肱骨外侧者 1 座，置于合葬墓内与二次葬者骨骼一起堆放者 1 座，置于二次葬墓人骨堆中者 2 座。

2. 骨笛的类型与时代

在《舞阳贾湖》所载的 25 支中，除去 2 件半成品骨笛外，其余 23 支骨笛，可根据骨笛的形制分为早、中、晚期三种类型，它们与贾湖文化遗存的三大发展阶段基本吻合。骨笛的三个类型和分期如下。

早期 共 2 支，分别为五音孔、六音孔笛，开有五个或六个按音孔，能奏出四声音阶和完备的五声音阶。其年代在公元前 7000～前 6600 年左右。骨笛编号为：

1）M341：1（五孔）；

2）M341：2（六孔）。

中期 共 14 支，均为七音孔笛，笛上开有七个按音孔，可奏出六声或七声音阶。其年代在公元前 6600～前 6200 年左右。骨笛编号为：

1）M344：4（七孔）；

2）M344：5（七孔）；

3）M387：13（残）；

4）M282：20（七孔）；

5）M282：21（七孔）；

6）M233：3 （七孔）；

7）M233：4 （七孔）；

8）M270：2（七孔）；

9）M270：3（七孔）；

10）M411：14（七孔）；

11）M121：8（七孔）；

12）M78：1（七孔）；

13）M78：2（七孔）；

14）M73：6（残存四孔）。

晚期 共 7 支，除其中 1 支为八音孔笛以外，余笛上均开有七个按音孔，可奏出六声或完整的七声音阶以及七声音阶以外的一些变化音，当也都为七音孔笛。其年代在公元前 6200～前 5800 年左右。骨笛编号为：

1）M263：14（七孔）；

2）M253：4（八孔）；

3）M253：9（七孔）；

4）T18③：16（残）；

5）T61④：1（残）；

6）M90：4（残）；

7）M91：1（残）。

可以看出，以上中期和晚期类型中的大多数，都是开有七个按音孔的七音孔笛。显然，在贾湖遗址的中晚期，骨笛的七音孔制式已经成为这种乐器的主流。用它们不但能吹奏出完备的五声音阶，而且已经可以吹奏出六声音阶和七声音阶。与这种乐器在初期的五音孔、六音孔制式相比较，中期的骨笛已经实现了规范化，进入了其成熟期。其中 M282：20 号和 M282：21 号的 2 支骨笛最具代表性，它们也是贾湖骨笛中的精品，代表着音乐文化的最高水平。M282：20 号骨笛制作精细，保存完好。全长 22.2 厘米、口径 1.1～1.7 厘米。七孔制式，按音孔径 0.4 厘米、孔距 1.5～1.9 厘米。在一面钻有 7 个音孔，在第六孔到第七孔之间靠近第七孔处加钻一调音小孔，孔径约为大孔的 1/3。M282：21 号骨笛保存基本完整，同为七孔制式。全长 23.6 厘米、口径 1.1～2.1 厘米。孔距 1.7～2.1 厘米、孔径 0.4 厘米。出土时断为 3 节，经黏合成为一体。在两个接口处发现各有 3 组共 6 个缀合小孔，笛身有线状缠绕痕迹，说明当时曾已断裂，后又经缀合使用过。

仔细考察贾湖出土的这批骨笛，有的在按音孔处尚留有一些细细的刻划线痕，应该是当时的制作者为确定按音孔的位置所做的记号。显然，在当时按音孔开设时，贾湖人是经过认真筹划的。而按音孔开设的位置，直接决定了笛子音阶的准确，这是乐器制作的关键所在。在有的笛子上，音孔周围的刻痕还出现多道，或钻有调音的小孔，应该是当时的制作者在制作过程中反复修改的迹象。这反映了贾湖先民在给这些骨笛开设音孔时，并非随意而作，而是经过仔细推敲，最后才确定下来的。另外，考古学家对舞阳贾湖遗址的木炭、泥炭做了碳十四测定，又经树轮校正，得出骨笛距今约 9000～7800 年（前 7000～前 5800 年）的结论。由此而论，中华民族的祖先在距今八九千年前即已制作出了可以吹奏七声音阶的乐器这一结论，已是毫无疑问。这无疑给中国史前音乐史的研究者，带来了强烈的震撼！

二、骨笛研究的回顾

自 1986 年贾湖七音孔骨笛出土以来，虽有较多的研究成果发表，但国际学术界的反应似乎并不如人们所预想的那样：被"震惊"、被"深深打动"而随之掀起研究的热潮。这与 1978 年曾侯乙编钟出土时的举世轰动、国际研究者趋之若鹜的情景，不可同日而语。是因为小小的贾湖骨笛貌不惊人吗？是因为这类考古发现在世界上并不稀罕吗？还是因为贾湖骨笛的学术价值不够分量吗？值得深思。世界上关注中国文化并精通汉学的专家大有人在，国际学人也不至于如此浅薄。究其缘由，也许我们的研究报告、新闻报道，给国际学术界开出来的像是一贴没有标签的药方，让人难以服用。国际学术界的冷静以对、不置可否，不失为一种谨慎的态度。有关贾湖骨笛研究的尴尬现状，值得我们加以回顾和深思。

在有关贾湖骨笛的诸多研究中，黄翔鹏等人对 M282∶20 号骨笛的测音研究、肖兴华对出土骨笛的系统研究及著者有关"贾湖竹笛"使用的推论，是迄今所见引用较广、受到学界关注的成果。分别陈述如下。

1. 黄翔鹏等人的研究

1987 年 11 月 3 日，中国艺术研究院音乐研究所的肖兴华约请了该所的著名音乐考古学家黄翔鹏研究员等一行 5 人，与武汉音乐学院组成了贾湖骨笛测音小组，携带 Stroboconn 闪光频谱测音仪，对舞阳县贾湖新石器时代遗址出土的一批远古骨笛进行了实地考察。他们来到河南省文物考古研究所，选取了保存最为完整的 M282∶20 号骨笛为检测对象，进行了测音研究工作。[①]黄翔鹏作为实验的主持者，与武汉音乐学院童忠良院长担任监测，由中国艺术研究院音乐研究所音响实验室的顾伯宝工程师担任仪表的操作工作，同所的徐桃英工程师和肖兴华两人为骨笛的吹奏者。

测音小组对骨笛形制结构进行反复研究，经多次尝试，并参考了新疆塔吉克人所用的鹰骨笛，最终确认这种乐器用管端与嘴唇斜出 45°角的方法进行吹奏，最为合理。又为避免吹奏者主观倾向的口风控制，力求发音自然，由徐、肖二人分两次各自做上行、下行吹奏。经吹奏实践得知，这种骨笛的 1、2 两孔和筒音发音较难掌握，因而试奏时出现的差异较大，但

---

① 黄翔鹏：《舞阳贾湖骨笛的测音研究》，《文物》1989 年第 1 期，第 15～17 页；童忠良：
《舞阳贾湖骨笛的音孔设计与宫调特点》，《中国音乐学》1992 年第 3 期，第 43～51 页。

各孔间的相对音程关系是基本一致的。另外，这支骨笛的尾端上方另有一小孔，不明所用，经试验，开闭此孔对所发音高有所影响，猜测其可能为调校音高所开。

黄翔鹏在测音的研究报告中称："我们的最后结论认为，这支骨笛的音阶结构至少是六声音阶，也有可能是七声齐备的、古老的下徵调音阶。"[1]此外，他们还认为，这支骨笛还存在着多宫演奏的可能性，可以吹奏较为复杂的旋律。他们的测音结果可见表 2-1。

表 2-1　河南舞阳贾湖 M282：20 号骨笛测音数据　　单位：音分

序号	顺序	1孔	2孔	3孔	4孔	5孔	6孔	7孔		筒音
								小7孔	大7孔	
1	上行	$\sharp a^3-42$	g^3-40	e^3+16	d^3+16	c^3+24	b^2-25	a^2+8		$\sharp f^2+44$
	下行	$\sharp a^3-42$	g^3-40	e^3+21	d^3+14	c^3+22	b^2-39	a^2+13		$\sharp f^2+52$
2	上行	$\sharp a^3-15$	g^3-36	e^3+22	d^3-1	c^3+15	$\sharp a^2+49$	a^2-20		$\sharp f^2-30$
	下行	$\sharp a^3-63$	g^3-63	e^3+0	d^3-1	c^3+0	$\sharp a^2+43$	a^2-10		$\sharp f^2+29$
3	上行	a^3+36	g^3-45	e^3-4	c^3+1	c^3-12	b^2-49	a^2+9		g^2+28
	下行	a^3+14	g^3-74	e^3-15	d^3-8	c^3+5	b^2-40	a^2+0		$\sharp f^2+32$
4	上行	a^3-36	$\sharp f^3+3$	e^3-44	d^3-51	c^3-37	b^2-60	a^2-11	$\sharp g^2+16$	$\sharp f^2+16$
	下行	a^3-47	$\sharp f^3+36$	e^3-20	d^3-20	c^3+0	b^2-47	a^2-12	$\sharp g^2-18$	$\sharp f^2+18$

注：7 孔表示该孔的大小同时开放；以上为同一支骨笛由两人吹奏的测音结果

应该说，报告中的结论是很严谨的。报告只称这支骨笛可以吹奏"七声音阶"，而没有称"当时贾湖人已经具备了七声音阶的观念"。显然，后者在人类音乐文明史上的意义，远非前者所能比拟。的确，当时黄翔鹏他们只做了骨笛中的 M282：20 号一支的测音研究，自然不能贸然下这样的结论。骨笛存在可以吹奏七声音阶的可能性，与贾湖人已经具备了七声音阶的观念，是两个完全不能等同的概念。今天我们对贾湖七音孔骨笛和七声音阶的认识，主要是来自黄翔鹏等人的这个研究报告。但是长久以来，不少人没有注意到黄先生报告的措辞，而是想当然地把两者直接等同起来了。而"贾湖人已经具备了七声音阶的观念"，这不仅是音乐史上的重大问题，也是有关人类文明起源的重大课题，它是一个未经

① 黄翔鹏：《舞阳贾湖骨笛的测音研究》，《文物》1989 年第 1 期，第 15～17 页。

充分论证的命题。

　　有关这个命题，的确还有一些不可回避的具体问题。比如，骨笛筒音发音的设计问题、骨笛的七孔与七声音阶的对应问题、骨笛的七孔发声超越于八度之外的问题等，都是一笔笔的"糊涂账"。黄翔鹏等人的研究报告仅是关于一支骨笛的测音实验分析，均未及涉及这些问题。

　　贾湖骨笛的七孔孔制，加上笛管的筒音（筒音也起到一个音孔的作用），按中国传统竹笛的常理说，应该是"八孔"应"八声"，为什么现在我们认定是"七孔""七声"？贾湖人对笛管的筒音究竟是怎样设计的？对于这个问题的解决，有必要对贾湖迄今出土的全部七音孔骨笛进行研究。单从黄先生的测音报告中看， M282∶20 号骨笛"七孔"的设计，并不直接对应于"七声音阶"。

　　M282∶20 号骨笛只是贾湖目前出土近 50 支骨笛中的一支。有关"贾湖骨笛的七音孔设计是否蕴含了七声音阶的意义"的问题，需要得到贾湖全部七音孔骨笛的验证，包括尽可能对全部七音孔骨笛的筒音进行验证，检验它们是否只是一个可以弃之不用的重复音，或者说其在全笛的音阶设计中，人们没有给予其完全独立的音阶音级意义。这一工作势在必行，它将带来我们迫切期待的结果。而这个结果有可能告诉我们这样一个重大的历史事实：至晚在距今 8000 年前后，生活在亚洲东部淮河流域的贾湖人，已经具有了音乐上的七声音阶观念，并受这一观念的驱使，制造出了一批可以演奏七声音阶曲调的骨笛，这应该是目前所知人类最进步的古音乐文明。当然，这一验证结果，也有可能给我们带来相反的结果，呈示出一个需要我们付出更大努力去探索的纷繁局面。

　　黄翔鹏等人的测音研究，还留下了一个很大的遗憾。即在完成了对M282∶20 号骨笛的研究之后，准备对第二支骨笛进行测音，这时在吹奏中隐约听到了骨笛有开裂的声音，研究工作不得不立即终止了。显然，当文物保护与科学研究之间产生难以调和的矛盾时，这些无比珍贵的文物的安全，永远是第一位的。不过，黄翔鹏等人对贾湖 M282∶20 号骨笛的试奏和测音研究，尽管存在着上述局限，但时至今日，它仍是关于贾湖骨笛的唯一一次严谨的科学实验。他们发表的数据和报告，也仍是关于贾湖骨笛研究的最权威、引用最为广泛的学术成果。

　　2. 肖兴华的研究

　　在贾湖骨笛被发现以后，肖兴华先生曾为贾湖遗址的发掘者、河南省文物考古研究所贾湖遗址发掘项目主持人张居中先生与中国艺术研究院音乐研究所学者黄翔鹏之间的沟通，建起了一座沟通的桥梁，并且最终直接投身于贾湖骨笛的研究，为这一人类历史上重大音乐考古发现的研究做出了重要贡献。1992 年 6 月，张居中因撰写《舞阳贾湖》发掘报告的需要，在黄翔鹏等人的测音研究之后，他又委托肖兴华与顾伯宝第二次赴郑州，对 M341：1、M341：2、M282：20、M282：21、M253：4 五支保存较好的骨笛，进行了测音分析①，工作地点仍在河南省文物考古研究所。

　　因贾湖出土的七音孔骨笛具有的重大历史价值，M78：1 号骨笛被调至中国历史博物馆（今中国国家博物馆）展陈并收藏。1994 年 5 月，对这支骨笛的测音研究在中国历史博物馆进行，测音研究仍由中国艺术研究院音乐研究所的专家主持。崔宪研究员担任监测，韩宝强研究员、刘一青工程师操机并记录，又特邀著名笛子演奏家王铁锤吹奏骨笛。相关的测音数据，均可参见河南文物考古研究所编著的《舞阳贾湖》下卷·第九章的《表一五三　骨笛测音对照表》。②

　　根据上述二次对 6 支骨笛的测音分析所获得的数据，肖兴华完成了发掘报告《舞阳贾湖》下卷第九章中的专论。在文中，他对全部骨笛进行细致、全面的测量与绘图，详细地公布了骨笛的形制数据资料。他对 6 支较为完好的骨笛做了测音，根据所得数据，进行了各支骨笛的音列音阶的初步分析。他根据贾湖遗址的考古发掘资料，将出土的骨笛划分为早、中、晚三个阶段；研究结果表明，出土骨笛的分期与贾湖文化遗存的分期完全一致。他还研究了骨笛的音律特点，对骨笛制作工艺及过程做了有益的探讨。肖兴华在贾湖骨笛的考古发现和研究中，起到了不可忽视的作用。不过，他将对骨笛音列音阶所做的判断与现代流行于河南一带的民歌、戏曲音调直接联系的做法，值得推敲。贾湖骨笛与现代流行于河南的民歌二者之间，至少相隔了 8000 年，其间存在着太多的变数。而且考古学研究已表明，贾湖文化本身也才延续了 1200 年。在距今 7800 年前后，贾湖文化戛然而止了。

---

① 河南文物考古研究所编著：《舞阳贾湖》下卷"第九章　骨笛研究"（肖兴华执笔），北京，科学出版社，1999 年，第 999～1002 页。

② 河南文物考古研究所编著：《舞阳贾湖》下卷"第九章　骨笛研究"（肖兴华执笔），北京，科学出版社，1999 年，第 1011 页。

3. 有关"贾湖竹笛"的推论[①]

关于"贾湖竹笛"之说，只是一个有趣的推论，但的确有着很大的可能性。在贾湖骨笛的研究中可备一说。

2013 年 11 月 1 日，在河南省漯河市召开的"纪念贾湖遗址发掘 30 周年暨贾湖文化国际研讨会"上，笔者发表了题为《说有容易说无难——贾湖骨笛的再认识》的演讲，并提出了如下问题：

"贾湖人在使用骨笛的同时是否在使用着竹笛？"或可再进一步。

"贾湖人在使用骨笛的同时或更早，是否在更广泛地使用着竹笛？"

笔者从以下 4 个方面进行了论述。

（1）竹笛的悠久传统

在中国历史上，用竹制作笛类乐器的传统，数千年来几乎一成不变。这一点，也被数千年中国箫笛类乐器的历史实践清楚地证明了。1978 年出土的所谓曾侯乙墓箎，实际上就是用竹子制成的竹笛，这是迄今考古发现的最早的竹笛实物标本。曾侯乙墓距今约 2400 年，而竹笛的使用当远在此之前。只是竹木器因其天然的耐久性，难以在自然条件下长久保存罢了。事实是，作为至少两三千年来在中国十分普及的民族乐器，人们更青睐于竹质的箫笛，竹子成为中国历史上箫笛类乐器不变的用材主流。究其原因，这无疑是其在材质及音乐、音响性能方面的优越性使然。从竹质箫笛类乐器的音响性能分析，其材料硬度适中，纹理通直，管壁质地均匀，产生共振的性能好。尤其是竹管的声音传导通畅，声速高，与贾湖骨笛所用的大型鸟类动物的尺骨相比，用其所做成的笛子声音清脆明亮，音响性能要优越得多。历史上，人们曾经做过瓷质、木质的笛箫，也尝试过铜箫、铁笛，

---

① 本部分为 2013 年 11 月 1 日在河南漯河召开的 "纪念贾湖遗址发掘 30 周年暨贾湖文化国际研讨会"上的发言。严文明先生在会议闭幕式总结发言的结尾指出："……二是我们这次会议的组织者注意到多学科的研究，不像有些地方，考古挖出来了，把器物排一排，写出个报告就完事了。不是，我们是开展了第一项深入的多学科研究。有的研究，如王子初先生对古笛的研究。我说得不好听一点，他并没有在骨笛本身的研究说什么话，他是说'说有容易说无难'，从考古的角度，想到做一个骨笛应该比作一个竹子的笛子难得多。贾湖总会有竹子，所以理所当然应该有竹笛，竹子本身的笛吹起来音响的效果比骨笛的要好，所以能做骨笛，怎么不能做竹笛呢，这完全是一个逻辑的推理，我觉得推理得有道理。这起两个效果，一个效果是说，不要什么事情就就事论事，要有些想法，考古学本身发现的东西，我们都不知道的，都是在地下，你完全没有想法就去挖，你挖坏了也不知道怎么回事，那么既然想着有竹笛，那个竹子是容易腐烂的，它跟骨头不一样，所以你在发掘的时候是不是要注意一下这个事，还有没有可能发现一些有机的东西，比如竹子做的笛子，所以这是种畅想，但是这种畅想对考古工作者还是很重要的。总之这次会上提供的很多报告论文我觉得水平很高。"

现代的一些演奏家也不乏使用过塑料、玻璃等材料，但是这些竹子以外的材料，始终没有成为笛类乐器的用材主流。试想，能制作出大批骨笛的贾湖人，会看不到竹笛优良的性能，反而选择音响性能要差得多的鸟类骨管吗？

当然，贾湖的考古发掘的确只见到了骨笛。这是为什么？

如果当时的贾湖人在日常的音乐场合中更多使用的是竹笛，由于竹质材料的耐久性，我们也不可能在 8000 多年后的今天再见到它们。骨笛材料的耐久性较好，所以能在地下埋藏了八九千年而保存到了今天。这一点已为考古发掘本身所证明。

贾湖人为什么要用鸟骨制笛？这个问题更耐人寻味。

对此较为合理的解释是，选择使用骨笛，很可能只是贾湖人中部分特殊人群的需要。发掘者张居中的报告资料表明，贾湖遗址中使用骨笛的，确实只是贾湖人中部分特殊人群。在贾湖遗址的 300 座墓葬中，仅有少数规模较大、规格较高的墓葬出土有骨笛，而且常见骨笛和龟甲摇响器同出一墓。[1]可见这些墓葬的主人不是一般人物，他们有着较高的社会地位，很可能是社会中巫师之类的神职人员，同出的骨笛和龟甲摇响器应该为他们所使用的法器。[2]在遥远的古代，音乐艺术并非为单纯审美的意义而存在。贾湖人对骨笛的使用，仅为少数特殊人群，应是当时某种未知的习俗和信仰使然，而在更广泛的日常音乐生活中，他们很可能使用的是竹笛。而大自然法则，只让我们见到了这些骨笛。

（2）竹材遍地

竹子，是多年生的禾本科植物，喜温喜湿，生长迅速。古往今来，始终是人们生活中普遍使用的材料。[3]人们在与竹子的长期接触中，不难发现竹材的优良性能。今天的淮河流域的气候，并不适合竹子一类植物的生长，但在距今 8000 年前后的贾湖时期，气候并非如此。其时的黄、淮平原温暖多雨，土壤湿润，完全适合各类竹子的繁衍生长。考古发掘多次出土鳄鱼这种动物的骨骼和骨板（骨质鳞甲），可为旁证。贾湖的农业考古资料也表明，当时的黄淮平原的确遍地生长着竹子。日常生活中，贾湖人用竹

---

[1] 参见河南文物考古研究所编著：《舞阳贾湖》下卷，北京，科学出版社，1999 年，第 966～976 页。

[2] 吴钊：《贾湖龟铃骨笛与中国音乐文明之源》，《文物》1991 年第 3 期，第 50～55 页。

[3] 2013 年 11 月 1 日在河南漯河召开的"纪念贾湖遗址发掘 30 周年暨贾湖文化国际研讨会"上，适遇中国科学院植物研究所孔昭宸先生，承蒙其见告贾湖遗址发现大量竹子孢子花粉事，受益殊深。

子作建筑、编篱笆，甚至作燃料，与竹子的关系远比大型鸟类的骨头密切。

既然音乐音响性能更好的竹材俯拾皆是，若无特殊的原因，贾湖人一定会选取竹子来制作心仪的乐器。据研究，贾湖人所用的骨笛材料，来源于丹顶鹤等近水鸟类。可以设想，当竹子与骨管同时摆在贾湖骨笛的制作者面前，他们完全不必从天上去抓大鸟，取它的骨头制作笛子。贾湖出土的骨笛，与同出的龟甲摇响器相得益彰，很可能都有其信仰方面的特殊原因，蕴含着古代巫术的某种社会学意义。骨笛，应该是当时的一种"特殊"乐器。如同龟甲摇响器一样，其"法器"的功能，当超越于"乐器"。

（3）加工制作的便易

人类社会进入新石器时代，有三个基本标志：一是学会了种植和饲养家畜，二是发明了制陶和纺织，三是石器的制作由打制过渡到了磨制。后者当与笛类乐器的生产制作有相当的关系。处于新石器时代初期的贾湖文化，人类还远没有发明金属工具，制作笛子所采用的工具，只有石器。在各种动物的骨骼中，鸟类的骨质是比较坚硬的。相比遍地可见的竹子，较难以获得的鹤骨也要珍贵一些。在当时的生产力条件下，比较骨、竹器的加工制作，如用与后世锋利的金属工具难以比拟的石刀裁切笛管，用粗陋的石钻钻孔，显然竹笛的加工要容易得多，成功率也要高得多。既然竹笛的音乐性能远比骨笛好，材料遍地都是，制作加工又比较便易，并与人们日常生活的关系更为密切；那么，贾湖人有何理由不更普遍地使用竹笛呢？

（4）音孔定位的规范性

骨笛是一种旋律乐器。既然是旋律乐器，其在制作上就难以回避音律问题。要在笛上吹奏出比较准确的音阶，最重要的是在笛上找到准确的开孔位置。贾湖人给我们今天留下了当年为笛子开孔时的直接信息——留在笛子管壁上的、位于按音孔周围的横向刻痕。这既是古人制作乐器最珍贵的资料，也是贾湖人更有可能广泛使用竹笛的重要理由。

田野号为 T23M78：1 的一支七音孔骨笛，今收藏于中国国家博物馆。从这支笛子音孔周围的横向刻道分析，骨笛的制作者至少经过了先后三次开设音孔的筹划。骨笛按孔面那些从按音孔中间分割音孔的刻道，应该就是最后确定开孔位置的刻划标记，也就是第三次的刻划标记。这是可以确定的，因为笛上的音孔确实坐落在这些横向刻道之上。如自上而下的第 1 孔、第 3 孔、第 4 孔、第 5 孔、第 6 孔上，都可以看到清晰的横向刻道，齐齐整整从中间把音孔一破为二（图 2-15）。第 2 孔也隐约可见刻道的残痕，推测其开孔前也已划有刻道，但刻道太短，开孔时把它钻没了。第 7 孔未见刻道或残痕，可能也如第 2 孔一样，因刻道短，开孔中没能留存。

在按孔的第 1 孔上方及七孔的每两孔之间，均有为开孔而设的横向刻道。标记了刻道而未开孔，说明在第三次的刻道上实施开孔之前，曾有过第一或第二次开孔的规划。之所以说有两次未实施的开孔规划，是因为在第 2 孔、第 3 孔之间出现了明显的两道刻痕，并在其他音孔之间，也隐约有一些细而短浅的刻划痕迹。可见，要在管形不规则的鸟骨上开出符合准确音阶音律关系的按音孔，确定音孔位置至关重要，而且确实是较为困难的工作。一旦开孔不准，必会导致音律不准，笛子也就报废了。上文已述，大型鸟骨可不像竹子那样随处可见，所以这些刻划痕迹表明，制作这支骨笛的贾湖某人，确实经过了几番踌躇，反复度量计算，最后才完成了骨笛的开孔制作。当然，所谓的"计算"，应是基于长期实践的经验性筹划、度量，而非数理意义的精确计算。同作为一个管状体，竹管相比鸟骨来，均匀圆正，通直规则，在竹管上寻找七个音孔的正确位置，显然要容易得多。

图 2-15 贾湖骨笛 M78：1

综上所述，竹笛的音乐音响性能好，材料容易采集，不但加工方便，也容易得到准确的音律关系。在竹笛诸多的有利条件面前，贾湖人更早、更普遍使用的是竹笛，这一推论是可以成立的。

三、骨笛研究的思考

一件器物可以有某种功能，但这不一定意味着它的制造者是有意识地赋予了它这种功能。所以黄翔鹏等人关于 M282：20 号骨笛的研究报告，只说了这支骨笛存在可以吹奏"七声音阶"，而没有说"当时贾湖人已经具备了七声音阶的观念"。贾湖人是否已经具备了七声音阶的观念，这不仅是音乐史上的重大问题，也是有关人类文明起源的重大课题。这个命题将是今后整个贾湖骨笛研究的核心问题。以下就一些与此密切相关、且难以回避的具体问题，一一加以讨论。

1. 筒音的作用问题

有关贾湖骨笛筒音的发音，是一个不应被疏忽的问题。贾湖人对笛管的筒音究竟是怎样设计的？

从黄翔鹏的测音报告中看，他们研究的贾湖 M282：20 号骨笛，其筒音音高为#F，它正好与第 2 孔的发音为一个纯八度关系。即这支骨笛的筒音只是第 2 孔音高的低八度，二者处在同一音级。即是说，M282：20 号骨笛的筒音，在全笛的音阶设计中，没有给予完全的独立音级意义。可以确认，M282：20 号骨笛的"七孔"孔制的设计，并不对应于"七声音阶"。

从黄翔鹏关于贾湖 M282：20 号骨笛的测音研究数据的列表（表 2-2）中，我们可以清楚地看到这支骨笛的每一音孔所对应的音级。其筒音上出现了两个音：工角或合宫。其含义应该是这样：笛类乐器每一个音孔（或说每一种指法）的发音，其音高可以随着口风的缓急与角度的细微变化而改变。一般来说，将其音高变化几十个音分并不困难。而这支骨笛的筒音，很可能正好游移在#F5 或 G5 两音之间。表中，从 D 宫清商音阶看，其为"工角"（工尺谱中的第三音级"工"，古传第三音级阶名为"角"）；从 G 宫下徵音阶看，其为 "合宫"（工尺谱中的第一音级 "合"，古传第一音级阶名为"宫"）。

表 2-2　河南舞阳贾湖 M282：20 号骨笛音阶

筒音#F 5 或 G5	7 孔 A5	6 孔 B5	5 孔 C6	4 孔 D6	3 孔 E6	2 孔#F 6	1 孔 A6	结论
工角	—	六徵	五羽	下乙闰	上宫	尺商	工角	六徵	清商音阶六声
—	合宫	四商	乙角	上和	尺徵	工羽凡	变宫	五商	下徵调音阶七声

资料来源：黄翔鹏：《舞阳贾湖骨笛的测音研究》，《文物》1989 年第 1 期，第 15~17 页

M282：20 号骨笛的筒音并不具有独立的音阶意义。那么其他骨笛的筒音情况如何呢？从肖兴华所做《舞阳贾湖》下卷•第九章《表一五三　骨笛测音对照表》（表 2-3），可对贾湖骨笛筒音设计做进一步分析。

从表 2-3 中看，骨笛 M341：1 的筒音音高为 G5，正好对应其第 2 孔音高 G6，为一个纯八度关系的音。同样的情况还有：骨笛 M282：21 的筒音为#F5，对应其第 2 孔#F6；骨笛 M341：2 的筒音为#A5，对应其第 2 孔#A6，都是纯八度关系。这与黄翔鹏等人所测 M282：20 号骨笛的情况完全相同。特别是骨笛 M282：21，其发音与骨笛 M282：20 的绝对音高也基本一致。二者还出土于同一座墓葬，为同一墓主人所用。

表 2-3　《舞阳贾湖》下卷·第九章《表一五三　骨笛测音对照表》

名称 编号	音高／孔别／音分差	#F5	G5	#G5	A5	#A5	B5	C6	#C6	D6	#D6	E6	F6	#F6	G6	#G6	A6	#A6	B6	C7	#C7	D7
M341：1（五孔）	孔号		筒音			5孔		4孔			3孔			2孔	2孔					1孔		
M341：1（五孔）	音分差		-27			+20		+35			+15				+5					-7		
M341：2（六孔）	孔号					筒音		6孔		5孔			4孔		3孔			2孔				1孔
M341：2（六孔）	音分差					+5		+8		-5			+9		+10			+5				+10
M282：20（七孔）	孔号	筒音			7孔		6孔	5孔		4孔		3孔		2孔			1孔					
M282：20（七孔）	音分差	-10			-60		-82	-30		-30		-30		-30			-30					
M282：21（七孔）	孔号	筒音			7孔		6孔	5孔		4孔		3孔		2孔				1孔				
M282：21（七孔）	音分差	+5			-31		-9	+12		-32		+15		+50				-30				
M78：1（七孔）	孔号			筒音		7孔		6孔	5孔		4孔		3孔		2孔					1孔		
M78：1（七孔）	音分差			+43		+35		-50	-40		-48		-36		-21			+13		+13		
M253：4（八孔）	孔号	筒音			8孔	7孔		6孔	5孔		4孔		3孔		2孔			1孔				
M253：4（八孔）	音分差	+5			-20	+35		-50	-32		-8		+38		+15			+15		+13		

资料来源：河南文物考古研究所所编著：《舞阳贾湖》下卷"第九章 骨笛研究"（肖兴华执笔），北京，科学出版社，1999年，第1011页

骨笛 M253∶4 与骨笛 M78∶1 二笛的筒音，与其第 2 孔及其他各音孔所发之音并不重合：骨笛 M253∶4 的筒音音高为#F5，对应其第 2 孔音高为 F6，比筒音下一律，为大七度关系，筒音似乎具有了独立的音级意义。骨笛 M78∶1，其筒音音高为#G5，对应其第 2 孔音高#A6，成大九度关系，似乎也可看作其筒音具有了相对独立的音级意义。不过，考虑到上文提及笛类乐器的发音，其音高可以随着口风的缓急与角度的细微变化而改变。如果将 M253∶4 与 M78∶1 二笛的筒音，认作为骨笛制作或测音的误差，即把骨笛 M253∶4 的第 2 孔音 F6+15 音分看作被稍稍吹高了一些，或把骨笛 M78∶1 筒音的#G5+43 音分是吹低了一些的同时，其对应的第 2 孔音#A6+13 又是被吹高了一些，那么这两支骨笛的筒音与第 2 孔之间为八度关系，仍存在着较大的可能性。即是说，对此二笛的筒音，仍难确定其具有独立的音阶意义。

根据以上分析是否可以说明：

在这 6 支骨笛中，筒音的音高对应骨笛第 2 孔的发音这种音孔的设计布局。至少，占到了 2/3，而且其余两支骨笛也存在着这种音位布局的可能性；那么，是否可以确定，这是贾湖骨笛音孔设计中有关筒音的一种基本模式？如果确认 M253∶4 与 M78∶1 二笛的筒音不对应于第 2 孔的发音，那么从以上 6 支骨笛的测音结果看，贾湖骨笛的筒音音高并不与骨笛第 2 孔的发音完全对应，骨笛筒音的设计在制作中并不严格，这是否也证明了这些贾湖骨笛在音列布局上还存在着一定的随意性？

中国传统竹笛所谓的七孔，实际为六个侧孔加筒音，七孔对应七声，音孔设计较为合理，明显与上述多数骨笛七孔七声中，衍筒音一声或重复、或不用的现象并不吻合，这是摆在我们面前的事实。至少从现有的 6 支已经测音的骨笛来看，骨笛的筒音在骨笛音阶的设计中，并没有被赋予独立的音阶意义。显然，要证实或证伪这一结论，仅凭黄翔鹏等的 1 支或肖兴华加上的 5 支骨笛标本的数据，是不够的，也是不严谨的。

2. 笛上七孔与音阶七声

假若贾湖骨笛的筒音并不具有独立的音阶意义，那么骨笛的七音孔设计，是否蕴含七声音阶的意义？这值得进一步分析。

今日考古发掘出土的竹笛类乐器标本，年代最早的当属 1978 年湖北曾侯乙墓出土的两件（被人们称为"篪"，实应为"笛"[①]），距今约 2400

[①] 笔者以为，"篪"应为"笛"之古字，就读为"笛"。根据中国文字的造字规则，"竹"为意符，表明"笛"为竹制；而去竹字头为"虒"，则为 di 之声符，"篪"应读为 di。如邮递员的"递"："辶"为意符，意谓投递走路；去"辶"的"虒"即为声符，正读若 di，可证古确有此声。今"篪"读为 chi（音"池"）而 di 声不传，窃意或为古字书失传所致。

年。虽在时代上难与贾湖骨笛直接相比，但至少它证明了至晚自曾侯乙的时代至今日，我们所见所有七声音阶的笛类乐器，习惯采用六孔的六声再加筒音一声来构成七声音阶。这些笛类乐器的音列设计均为一孔一音，以"平吹"（即缓风吹奏）六孔加筒音，吹出八度以内连续的音阶七声；若用"超吹"（即急风吹奏），即可获得音阶七声之上方的高八度。

从黄翔鹏等人对 M282：20 号骨笛测音分析的结果来看，其第 1 孔音与第 7 孔音具有重复的音级意义。以六声清商音阶来看都是徵音，以七声下徵调音阶来看都是商音。显然，该笛上所开的七孔，并不对应于七声音阶。进一步分析以上肖兴华《表一五三　骨笛测音对照表》中的 6 支贾湖骨笛（其中包含 M282：20 号骨笛），各笛的音孔开凿及音列设计之间的关系并不相同。

骨笛 M341：1（图 2-16），是一支五音孔笛。它的第 1 孔为 C7，到第 4 孔 C6 已达一个八度。其经过第 5 孔♯A5 到达筒音 G5，在八度之外继续向下拓展了一个纯四度音程。骨笛 M341：1 的 5 个音孔对应的自然音列为 1（宫）=♯D　 3 5 6 1 3 6 。整理成音阶为：1 3 5 6（1=♯D 四声音阶）。

图 2-16　贾湖骨笛 M341：1

骨笛 M341：2（图 2-17），是一支六音孔笛。它的第 1 孔为 D7，到第 5 孔 D6 已达一个八度。其经过第 6 孔 C6 到达筒音♯A5，在八度之外继续向下拓展了一个大三度音程。骨笛 M341：2 的 6 个音孔对应的自然音列为 1（宫）=♯A　 1 2 3 5 6 1 3 。整理成音阶为：1 2 3 5 6（1=♯A 五声音阶）。

图 2-17　贾湖骨笛 M341：2

骨笛 M282：20，即黄翔鹏等研究的那一支骨笛，为七音孔笛。它的第 1 孔为 A6，到第 7 孔 A5 已达一个八度。其到达筒音♯F5，在八度之外继续向下拓展了一个小三度音程。骨笛 M282：20 的 7 个音孔对应的自然音列为 1（宫）=D   3 5 6 ♭7 1 2 3 5 。整理成音阶为：1 2 3 5 6 ♭7 （1=D 六声音阶）。

骨笛 M282：21（图 2-18），是七音孔笛。它的第 1 孔为 ♯A6，到第 6 孔 ♯A5 已达一个八度。其经过第 7 孔 A5 到达筒音 ♯F5，在八度之外继续向下拓展了一个大三度音程。骨笛 M282：21 的 7 个音孔对应的自然音列为 1（宫）=D   3 5 ♭6 ♭7 1 2 3 ♭6 。整理成音阶可为：1 2 3 5 ♭6 ♭7 （1=D 六声音阶）。

图 2-18　贾湖骨笛 M282：21

骨笛 M78：1（参见图 2-15），是一支七音孔笛。它的第 1 孔为 C7，到第 6 孔 ♯C6 已达一个大七度。其经过第 7 孔 B5 到达筒音 ♯G5，继续向下拓展了一个纯四度音程。骨笛 M78：1 的 7 个音孔对应的自然音列为 1（宫）= C   ♯4（♯5）6 7 1 2 3 ♯4↑ 6 。整理成音阶为：1 2 3 ♯4 ♯5 6 7 （1=G 七声音阶）。

骨笛 M253：4（图 2-19）。它是一支八音孔笛。这支骨笛的第 1 孔为 G6，到第 8 孔 A5 已达一个小七度。继续向下达筒音 ♯F5，拓展了一个小三度音程。骨笛 M253：4 的 8 个音孔对应的自然音列为 1（宫）= ♯D   ♯2 ♯4 5 6 ♯6 7 1 2 3。整理成音阶为：1 2 ♯2 3 ♯4 5 6 7 （1= ♯D 八声音阶）[1]。

图 2-19　贾湖骨笛 M253：4

根据以上 6 支骨笛测音结果的音列分析，可以发现：

---

[1]　以上除了骨笛 M78：1 的音列音阶资料源自黄翔鹏等人的测音研究之外，其余五笛的音列音阶资料均源自河南文物考古研究所编著：《舞阳贾湖》下卷"第九章　骨笛研究"（肖兴华执笔），北京，科学出版社，1999 年，第 1002 页。

6 支骨笛的音孔发音，均不对应八度以内的音阶各音。无论是五孔、六孔还是七孔、八孔制式的骨笛，其各音孔所对应的各声，均构成了超越于 1 个八度的音列。这一现象，大大有违于人们的习惯性思维，有违于自古流传的中国竹笛的传统。贾湖骨笛的音孔开凿，与骨笛的音阶设计似乎并没有直接的关联。于是以下一些问题油然而生。

第一，贾湖先民所用骨笛，它的音孔的开设与骨笛所发的音阶，并不直接对应。中国竹笛的七孔（包括筒音）对应七声音阶的传统，不适用于贾湖骨笛。明确的结论是，既然贾湖七孔骨笛的七孔，不能对应其可能发出的七声音阶，那么仅凭骨笛的七音孔，不能等同于贾湖人一定有了七声音阶的观念。

第二，上述 6 支骨笛实际发出的音列，其中没有两支骨笛是完全一致的，能否就此做出"贾湖人制作骨笛完全没有音律规范"的结论？

第三，从贾湖骨笛音孔的开设与骨笛音阶并不直接对应的情况，是否可以推断当时的贾湖先民所用骨笛的音阶，主要限于用平吹所得的音列，不用或少用超吹的方法？否则其一笛各音孔所发出的音列就无须超越于八度之外。因为若用超吹，贾湖人可以很容易发现那些超越于八度之外的重复音所对应的音孔，没有开设的必要。

第四，肖兴华的研究报告指出，贾湖骨笛的发展可能经历了一个由五（六）音孔到七（八）音孔的演变过程。[①]从事物发展的一般规律看，这是应该有道理的；从考古发现的现象看，五音孔、六音孔笛出现于贾湖遗址早期，八音孔笛出现于晚期，而七音孔骨笛均发现于贾湖遗址的中、晚期，符合这一发展的认识。不过，其中，五音孔、六音孔与八音孔笛均仅发现一支，资料太少，尤其是八音孔笛，可以看作七音孔笛的一个变体或某种尝试。占绝大多数的七音孔笛的出现，显然是贾湖人对骨笛形制探索所获得的最终阶段性成果，具有特别的规范性含义。

第五，单凭上述对贾湖骨笛筒音的音级意义的验证，以及对七音孔骨笛的七孔是否对应于音阶七声的验证，显然难以证明：距今 9000 年乃至万年前后，生活在亚洲东部淮河流域的贾湖人，已经具有了音乐上的七声音阶观念，并在这一观念的驱使下，制造出了一批可以成功演奏七声音阶曲调的骨笛。

这正是目前我们迫切需要寻求的答案，也是我们最终想要解决的问题。

---

① 河南文物考古研究所编著：《舞阳贾湖》下卷"第九章 骨笛研究"（肖兴华执笔），北京，科学出版社，1999 年，第 1020 页。

3. 贾湖人确立七声音阶观念的可能性

"贾湖人已经确立七声音阶观念"的可能性究竟有多大？这个问题与人类的物质文明的进步并不在同一个层次上。它是人类社会上层建筑——音乐文明史上伟大创造，是人类长期抽象思维获得的重大成就。要进一步地探讨这个问题，如下一些相关问题是值得思考的。

第一，上文对贾湖骨笛的测音研究，是建立在黄翔鹏和肖兴华等人所做测音实验所得数据的基础上的。而这些实验操作规程的科学性与其研究结果的可信度息息相关。它们的可信度如何？

分析上述测音实验的操作，的确存在值得推敲的地方。上文已论及，笛类吹奏乐器，往往因吹奏人运用口风的角度和力度的不同，可以在同一音孔上（即同一种指法）吹奏出不同高低的音来。同一指法相差几十个音分是并不困难的事。即是说其所发音高，具有较大的游移性。所以，若不设定严密的测音操作规程，尽可能地将这种笛子发音的游移性置于某种可控范围，这种测音研究的科学性将被大打折扣。他们测音研究的直接对象，是现代人吹奏出来的笛声，而现代人的吹奏是不能等同于贾湖人的。在以上 6 支骨笛的测音结果中，黄翔鹏等人对骨笛 M282：20 的研究有较为详细的操作描述，所以其研究结果较为可信，广泛为学界引用。不过这次测音也存在明显的瑕疵，即测音时吹奏骨笛的是音乐研究所人员肖兴华和工程师徐桃英，两人均毕业于中央音乐学院。中国的音乐院校从其在近代诞生之日起，即采用了欧洲大小调调试体系的音阶和十二平均律音高观念实施视唱练耳教学，这是不容置疑的事实。而从黄翔鹏等人当时测音的方法来看，是根据骨笛音孔的顺序吹奏音阶的上行和下行。既然，笛子的发音有那么大的游移性，两人吹奏骨笛 M282：20 的音阶，难免受其固有西方式训练获得的音阶和音高观念的影响。而今人的音律观念，绝不能为八九千年前的贾湖人所有。这一操作上的瑕疵可以在吹奏时做一些合理改进，以在一定程度上减轻现代人音律观念的影响。比如，把骨笛音阶中的各音拆开、打乱，以一种无序的状态分别吹奏每一个单独的音，再将测音结果依序排列进行音阶的分析研究。提高骨笛测音研究的客观性和科学性的前提，是设定较为严密、合理的操作规程。

第二，上述黄、肖所提供的测音数据，仅来自 3 支七音孔骨笛的实验（还有 3 支分别是五孔、六孔和八孔笛）。这对出土的众多贾湖七音孔骨笛来说，只是极少的一部分，存在着明显的局限性，由此得出任何的结论都是不谨慎的。

（1）贾湖人有可能已确立了七声音阶的观念

从上述 3 支七音孔笛的测音结果可以发现，骨笛的七音孔制式本身并不对应于骨笛的七声音阶，这对贾湖人有可能已确立了七声音阶的观念是一个反证。那么，"贾湖人已经确立了七声音阶的观念"这一命题还有可能成立吗？目前所掌握的资料表明，这种可能性还是存在的，甚至还是很大的。至少有两点理由可以支持这一推测。

第一，贾湖骨笛的"七音孔"虽然没有直接对应于七声音阶，但在笛子这种单管按孔乐器上开设音孔，其唯一的目的是获得一组不同音高的乐音，即获得"音阶"。在贾湖出土的大量骨笛中，七音孔骨笛占多数，这一事实本身已经含有深刻的学术内涵：音乐音阶中"七"的观念，在制作骨笛的贾湖人的心目中，已经确立了核心地位。大量贾湖骨笛的"七孔"的设计，很可能已经蕴含了"七声"的意义。只是在距今 9000 年前后的时代，贾湖人在一支不规则的骨管上确定开孔音位，是十分复杂而困难的事。当时拥有这些七音孔骨笛的贾湖人，在实践上还没有做到七个音孔与音阶的七声之间对应。还有，这些骨笛的主人是拥有特殊身份（巫师）的人，他们在乎的是骨笛的法器功能而非乐器性能，而"七孔"只是当时社会笛类乐器制作的一种无意识的流露。

第二，在黄翔鹏等人对 M282：20 号骨笛的测音研究中，在这支骨笛上吹奏出了七声音阶，这毕竟是一个重要的事实。很可能，这一事实可以在贾湖出土的其他七孔骨笛上不断地得到再现。

这两点当然不是"贾湖人已确立了七声音阶观念"的直接证据。至多只是说"贾湖人已确立了七声音阶观念"存在很大的可能性。无论这个命题的确立与否定，都需要大量的研究来加以论证。

（2）现代科技与骨笛研究

现代科技的突飞猛进，终于带来了骨笛研究的曙光：黄翔鹏时代难以克服的文物保护与科学研究之间的矛盾，在科技发展的今天，已经得到了较好的解决。多年以来，学术界对贾湖骨笛的研究却并没有达到应有的深度。最主要的原因在于，为了防止骨笛意外受损，文物管理部门及博物馆已禁止直接对骨笛进行吹奏测音研究。此举对贾湖骨笛的保护固然非常必要，但同时也使研究者失去了深入考察、研究骨笛的机会。中国科学院大学以方晓阳为首的骨笛复制研究团队，在 2012 年《中国音乐学》发表了论文《贾湖骨笛的精确复原研究》[1]。文章介绍了中国科学院研究生院（今中国科学院大学）与人文学院科技史与科技考古系、河南省文物考古研究所、武警河南总队医院放射科合作科研项目所取得的重要成果[2]。他们首先利用电子计算机断层扫描（computed tomography，CT）技术对贾湖骨笛进行扫描，然后将 CT 扫描得到的二维图像进行三维重建，最后采用紫外激光固化快速成型技术，首次制作出了迄今为止精度最高的贾湖骨笛复制品。经过三维测量与测音实验，用该方法复制出的贾湖骨笛模型与实物，在物理尺寸与音准上存在的误差几乎可以忽略不计。

贾湖骨笛所用为大型鸟类的尺骨，无论其管体的外形还是内腔，都是一种不规则的造型。以往许多人进行了贾湖骨笛的复制，只是停留在对骨笛外观的简单模仿，不能深入到笛管的不规则形内腔，至于骨笛发音效果的逼真再现，就更难虑及了。CT 是电子计算机 X 射线断层扫描技术的简称，已广泛运用于医疗诊断。利用 CT 技术，可以对无比珍贵的贾湖骨笛标本进行无损的 X 射线扫描。在 CT 扫描仪中，X 射线光束围绕着骨笛运动，从数百个角度进行扫描。计算机负责收集所有信息，并将这些信息整合成为骨笛的三维图像。今天 CT 扫描和 3D 打印技术已经成熟。人们可以在完全无损出土骨笛原件的情况之下，对全部出土骨笛进行扫描，将取得的数据在电脑上建立与骨笛原件高度逼真的三维立体模型；再借助 3D 打印技术，使用与骨笛材质尽可能接近的材料，将骨笛原形从外到内惟妙惟肖地再现出来。有了这些高度逼真的骨笛复制件，我们就可以放心大胆地展开各种测音、测量等研究工作了。若是损坏了，再打印一套就是。从理论上讲，这些高度仿真的骨笛复制件与出土原件之间，误差肯定是存在的。不过这种误差对于笛类这种单管吹奏乐器来说，完全可以忽略不计。因为这类吹奏乐器在实际的操作中，吹口的口风（如气流的巨细、吹口角度等）稍作变化，造成其发音产生数十音分的偏移，甚至更大的音律波动是很常见的事。相比原件与复制件之间因细微的形制与材质差异带来发音上的偏差，已是微乎其微。

贾湖骨笛毕竟在地下保存了 8000 多年的漫长岁月，文物残损是再正常不过的事情。今天利用 CT 扫描、电脑建模技术，可以比以往任何时代都

---

① 方晓阳、邵锜、夏季，等：《贾湖骨笛的精确复原研究》，《中国音乐学》2012 年第 2 期，第 100～105 页。

② 国家自然科学基金资助项目（项目编号：10520403）。其后邵锜先生以此完成了他的硕士学位论文，著者有幸主持了他的答辩，并给予了较高的评价。

要方便地将它们修复起来。在将 CT 扫描所得到的数据直接在电脑上建立骨笛的三维立体模型的同时，可以运用相关软件对出土原件的残缺部分加以修补复原，继而可以借助 3D 打印机，最大限度地打印出接近于完好如初的复制件来。针对那些因残损而无法进行试奏和测音的出土原件，有关这些标本的较为准确的基本数据，都可以轻而易举地获得。这一优势，使人们对贾湖骨笛音律的认识、对贾湖人在乐律进步方面建树的认识、对人类对音乐艺术起源的认识，有可能都会获得更为充分的深化。相较黄翔鹏等人对 1 支或 6 支骨笛的研究，可以预期：当我们对近 50 支贾湖骨笛进行全面研究成为可能时，将取得贾湖骨笛更丰富、更全面、更可靠的历史信息。

四、骨笛研究的再思考

通过对以上研究现状的回顾与思考，有关贾湖骨笛的研究，尚有众多关键性问题未曾涉及。一些根本性的问题，诸如对贾湖人在乐律进步方面的建树、对人类音乐艺术起源的认识，特别是对贾湖人是否已经有了"七声音阶的观念"这一既具体而又意义重大的问题，有待于更加深入的研究。显然，对贾湖骨笛做出全面的学术评价，还为时尚早。

1. 音阶的发生

音乐艺术，是人类对某些特定音响从最初无意识的关注，而后进行专门的分析、归纳，最后以一种特别的形式加以利用的结果。人们将一些具有特定音高的乐音连结为一个能够有序运动的系统，当这个系统中的乐音先后或同时出现，并让人获得审美愉悦时，"音乐"便产生了。寻找和归纳这些特定音响的过程，就是人类创造音乐艺术的过程。毋庸置疑，贾湖人制作出具有七声音阶性能的骨笛，甚至可能具备了七声音阶的观念，是人类在发展进化中获得的一项重大艺术成果，是人类经历了千年万年抽象思维的精神成果。艺术，作为人类社会的上层建筑之一，它建立在人类的物质文明之上。

声音是音乐艺术诞生的物质基础。人类始终生活在一个有声世界里，不同的声音对于人类的生存至关重要。可以这样设想：人类最初感知周围的声音，也许是杂乱无章的。但是对于那些虎啸狼嚎之类代表着对其生命可能产生威胁的声响，母亲的呼唤和进食时同伴的嬉戏带来愉悦喧闹声，恐怕在人类最初进化时，就已经能够清楚地区分开来了。对他们来说，周围一切声响，无外乎"因危险而产生恐惧的"与"因安全而产生愉悦的"

两大类。人类的进化，包括了听觉的发展。当人类学会了用火驱赶野兽，发明了穴居或建筑树巢的时候，躲避危险因素的能力不断加强。随着人类生存能力的提高，人类由此展开了音乐艺术的尝试：人类在维持生存之余有了较多的闲暇，逐渐能从周围无序的、看似杂乱无章的声响中，辨别出少数特定的、能给其带来愉悦的音响来，继而对其中一些特定音响之间的频率（音高）和音程关系发生了兴趣，产生了记忆并逐步掌握了其中的相对关系。

可否这样设想：无数个漆黑的寒夜，已归宿的人们聆听着呼啸的北风吹过住所周围的竹篱笆时，一些开口的竹管会不时地发出类似笛子的哨声来。竹管因其下部有竹节封闭，所以自然形成有"底"之管。北风或紧或缓地吹过这些管口，会产生类似于笛子平吹与超吹的效果，其最容易产生的音程就是一个纯五度的关系，这一自然音响应该是最早引起人类关注的音程。也许还有八度音程，但由于"八度相似性"的存在，人们对八度音程可能会有所忽略，而更容易抓住差异较大的五度音程。从简单到复杂，人们一般是这样来认识音律的发展规律的。当已经具备了强大抽象思维能力的现代人类，意识到这些乐音可以与以最原始的五度音程为基础建立起来的"五度相生法"维系在一起的时候，"音阶"的萌芽就破土而出了。风吹竹管产生的寒夜天籁之声，是把人类引入瑰丽音乐殿堂的第一缕灯火。由此人们不断扩大成果，逐渐掌握了八度，大、小三度和大、小二度。"五度链"不断延伸，音阶则从"三声""四声""五声"，发展至更为复杂的"七声"。当"五度链"向前延伸（也可能是向两端同时延伸，最终的结果是近似的）至第 11 个五度时，人们惊奇地发现，"五度链"的继续延伸已经失去了实际意义——"五度链"上起始的那个音又回来了，它完成了一个循环。人类终于通过长期艰巨的思维，将所得的全部 12 个乐音归纳为"十二律"，完成了对音乐"十二音体系"的探求，使作为艺术的音乐完成了质的飞跃。

世界各民族的音乐绚丽多姿，形式上却是千差万别。不过，无论各个族群从何处来，往何处去，他们在音乐艺术上的进化几乎是殊途同归：最终都抵达了音体系的"十二律"及音阶上的"七声"的高级形式，这是音乐艺术背后的自然法则使然。其中物理学声学中所谓"泛音列"规则，起着重要的制约作用（"泛音列"在弦振动的方式中体现得最为规范）。对"贾湖人是否已经有了七声音阶的观念"这一重大问题的探求，不能回避人类对于"音阶"这一音乐艺术中最基本概念诞生的认知，以及对这一认知历程的探求。

贾湖骨笛的出土，有可能向世界展示中华民族的祖先在新石器时代早期已经使用了七声音阶的高度发达的音乐文明。至少，人们从贾湖骨笛的"七孔"制式上，已经"看"到了贾湖人对其所制乐器音律中"七"的观念的强调，这无疑是贾湖人在长期艰苦探索中获得的非凡成就。

2. 贾湖骨笛的年代讨论

近蒙张居中先生告知，通过贾湖遗址中大量碳十四标本，人们可以确定保存得最为完好的那几支七音孔骨笛，最早年代数据为距今 8300 年。如果说贾湖人"已经有了七声音阶观念"的结论可以成立，那么这个时间是在距今 8300 年，这样的推论对吗？这是一个不够正确，也不够严谨的推论。

首先，贾湖骨笛上的那些刻划遗痕说明，这些骨笛的制作绝非当时某个农夫或牧童一时兴起的随意之作，也不会是当年制作七孔骨笛的聪明人，一朝睡醒信手斫钻而碰巧制成的，而是贾湖人在当时已经流行的某种观念的驱使下精心设计制作、有着一定音律规范的乐器。其次，贾湖人在其所作七音孔骨笛时呈现的某种观念，如七声音阶观念，并非如贾湖遗址的碳十四年代测定报告中所显示的时间点，在距今 8300 年突然出现在贾湖人的脑海之中的。贾湖七音孔骨笛的存在，只是给我们宣示了最后的结果，它清楚地体现出人类在新石器时代初期高度发达的音乐文明，也反映了当时的贾湖人在人类社会的上层建筑之一——音乐艺术的创造、发展和应用方面，已远远走在世界的前面。至于当时的人们花费了多少个岁月，才得到了这样的收获，有些超乎我们的想象。不过，还不是毫无头绪可寻。

重庆奉节兴隆洞出土的史前石哨，它是距今约 14 万年前旧石器时代人类利用一截鹅管钟乳石稍作加工后制成的发声器械，可看作目前所发现的人类最早的原始乐器。奉节石哨只能发出一个单音，其与可能使用了七声音阶的贾湖骨笛还不能同日而语。也没有资料可证，从奉节石哨到贾湖骨笛之间，14 万年前的奉节人与 8300 年前的贾湖人之间，从奉节石哨的单音到贾湖骨笛有序的音阶，经历过怎样的发展过程。但是从宏观的角度看，人类从无穷无尽的自然音响中，抽象出几个具有相对固定高度的乐音，构成一个人们称为"音阶"的乐音系统，其间经历了何止千年万年。奉节石哨的出现，毕竟给这千年万年前遥远的另一头，确立了一个逐步走向贾湖骨笛的起点。关于这个过程，目前还是模糊的，但也许就在不远的将来，考古发现又会在这根充满"未知"的链条上增添一些新的闪光点。

3. 骨笛的学术定位

历史学永远不可能完全地再现历史真实面貌，所以它是一门"残缺不全"的科学，但历史不是"不可知"的，人们可以通过努力不断地增加新的认知。8300 年前的贾湖七音孔骨笛出现在人们的眼前，就是一个真实的事件，是一个实实在在的认知亮点。自此之后，人们讲述远古音乐史，不用再讲黄帝、伶伦的神话了，也不必踌躇于"朱襄氏""葛天氏""陶唐氏"等似是而非的传说了，而可以堂堂正正地来展示、描绘和评价贾湖骨笛，给它以恰如其分的学术定位：至晚在 8300 年前，生活在淮河流域的贾湖人制作的成批七音孔骨笛，为人类新石器时代初期最进步的乐器。它表明了古代中国人可能在距今的万年前后，经历了长期的实践和抽象思维，已制作出可以吹奏七声音阶的乐器（是否可以说"已建立起七声音阶的观念"，尚待进一步研究论证）。这是古代中国对人类音乐艺术最伟大的发明与贡献。贾湖骨笛的发现是世界音乐考古的重大事件，改写了人类的音乐文明史。

所谓的"文明"，传统的理解有如下几个特征：人类社会出现了城市中心；出现了制度确立的国家的政治权力，出现了纳贡和税收，即形成了国家；发明了文字；社会出现了阶级或者等级分化，出现了巨大的建筑物（如古埃及的金字塔），出现了各种专门的艺术和科学（如天文、数学、历法等）。不过也有例外，如南美安第斯山脉的文明是在没有文字的情况下发展起来的，而埃及文明和玛雅人的文明则是没有通常所说的城市，所以并不是所有被公认为"文明"的古文化都具备上述特征。

当今世界公认的五大古老文明，一是位于西亚的两河文明——美索不达米亚平原文明，即"巴比伦文明"，是地球上最早出现的文明之光。二是尼罗河文明，即古埃及文明，其在古代农业、文字、文学、艺术、科学及医学等方面，都有较大的成就。三是古印度文明，一个很古老的农牧业文明。但比起两河文明，它有明确文字记载的、成文成体系的历史不算太长。四是克里特岛的文明，即爱琴文明，它有发达的贸易、交通，也有建筑以及复杂的取水、排水系统，堪与现代城市相比。五是位于亚洲东部的黄河文明，它是华夏民族创造的辉煌文明。它在制陶、丝织品、青铜器、文字、种植、畜牧业等方面的文明成就，举世公认。而远在距今八九千年的贾湖遗址，竟向世界展示了一大批开有七个音孔、可以吹奏七声音阶的骨笛。它们的出现，令人难以置信，超越了人类文明距今五六千年的传统认识。也许，用上述有关文明的那一连串通用标准来衡量，贾湖遗址的文明程度表现得还不是那么充分，但将它定位为"中华文明之源"，则绝非过誉。

面对贾湖这批象征着人类高度发达的音乐文明的七音孔骨笛，有必要以新的眼光来审视中华民族的文明起源问题。

第一，中华文明起源不仅仅限于黄河流域。这已为现代丰富的考古学成果不止一次地证明了。西亚的幼发拉底河、底格里斯河两条大河，孕育了著名的两河文明；在亚洲的东方，也诞生了两条大河——黄河、长江及其周边广大地区的东方"两河文明"，一个文明程度很高、面积广大、年代极早的远古文明。她的起源，在时代上、地域上有着显而易见的独立性。而出土骨笛的贾湖遗址，正位于这个东方两河文明的核心区域。当时的贾湖人已经掌握了水稻栽培，家猪、狗的驯养及酿酒、制陶、缫丝、纺织技术，发明了最早文字的雏形契刻符号，社会出现了贫富分化和原始宗教巫术等。显然，贾湖人获得的这些人类早期成就，为七音孔骨笛出现，提供了物质文明的坚实支撑。

第二，纵观世界各古老音乐文明，目前还没有可与贾湖骨笛相提并论的物证，更不说这些文明公认是在距今五六千年的时候出现的，它们已晚于贾湖文化达 3000 余年。著名的音乐考古学家维尔纳·巴赫曼（Werner Baohmann）编撰的《图片音乐史》[1]，对古印度、巴比伦以及古埃及的音乐文明都有相关论述。所提及的较早音乐文明，如美索不达米亚平原出土的一些乐器文物，也仅可推至约五六千年前。其中的一件公牛造型的金里拉琴实物（图 2-20），其音乐文明的含义可能是最高的。这是一件 5000 年前的木质弦乐器，出土时早已朽烂不堪，所幸乐器表面装饰的金箔及涂料之类，在土层中保存了比较完整的形象。考古工作者采用石膏灌注的方法，得到了它的基本的形状，并在此基础上对其进行了复原（图 2-20）。根据金里拉琴上面的弦孔残迹，可推断其张有十几根弦，体现了较高的乐律学水准。它很可能拥有七声音阶，也很可能拥有比较复杂的音律系统。只是，今天已经无从让它发声，更难以探知它采用的是十二音体系还是其他什么。

---

① 维尔纳·巴赫曼（Werner Baohmann）是民主德国有名的乐器学家和音乐图像学家。1923 年生于弗赖堡，曾就学于哈雷音乐大学和哈雷大学，师承著名的音乐学家施奈德（Max Schneider，1875～1967 年）和罗伊特（Fritz Reuter，1896～1963 年）。从 1956 年起在莱比锡霍夫迈斯特音乐出版社从事编辑工作。1959 年以《弓弦乐器表演的始源》一文获博士学位。早在学生时代，巴赫曼在导师施奈德的指导下，开始收集、整理和研究世界音乐图像资料，准备出版大型丛书"图片音乐史"。1961 年，他协助贝斯勒（H. Besseler，1900～1969 年）和施奈德编辑出版了该丛书第一册——《埃及》。1968 年，他调至莱比锡德意志音乐出版社接任该丛书主编。

在古印度的壁画及雕刻作品上，也尚能见到构造完美的笛子，但毕竟仅是图像，无法了解其音律使用的真实情形。古希腊的著名学者毕达哥拉斯（约前580～约前500年）研究出了五度相生律，与几乎同时的、中国春秋的《管子》所载"三分损益法"类同，但在时代上，均无从与贾湖骨笛相提并论。

位于东方两河文明起源核心地区的贾湖遗址，无疑将成为中国史前史研究关注的焦点。全面回顾相关的研究历程，总结包括音乐考古学家在内的相关研究的得与失；各路专家联手，共同担负起重建中华音乐文明之源的基本理论，共同探索灿烂的中华文明及其起源，阐明中华文明之源在距今万年前后的辉煌成就和历史价值，是一个迫切而重大的历史任务。其中，贾湖人在七音孔骨笛的制作和使用上可能存在的七声音阶观念，应是重中之重。有关它的科学实证，将与上述贾湖人在农业、畜牧业、手工业、建筑方面取得的成就及原始文字、宗教巫术的产生，社会贫富分化现象的出现等，共同构成中华文明之源的雄辩而辉煌的实证链。其中，中国音乐考古工作者获得了一个千载难逢的契机，责无旁贷地站到了中华文明之源理论重构工程的最前沿。

图 2-20　公牛造型的金里拉琴（复原）

第三章　新石器时代诸文化

　　中国较早发现的史前考古学文化，主要有仰韶文化和龙山文化。仰韶文化于 1921 年 10～12 月，由瑞典人安特生和中国地质学家袁复礼、奥地利古生物学家师丹斯基等发掘了河南渑池县仰韶村遗址而得名。该文化以红陶、彩陶为特征。龙山文化是 20 世纪 30 年代初由梁思永等发掘，以山东章丘县（今章丘市）龙山镇遗址为代表的文化。出土的陶器以蛋壳黑陶、灰陶为特征。从音乐考古学的角度看，仰韶文化和龙山文化所出土的可能与音乐有关的文物较为丰富，值得重点关注。

　　中华人民共和国成立后，新石器时代的考古学文化不断有所发现。属新石器时代初期的，有距今 1.2 万～1 万年的江西万年仙人洞遗址、吊桶环遗址，湖南道县玉蟾岩遗址，广西桂林甑皮岩遗址、邕宁顶蛳山遗址，河北徐水南庄头遗址等。这些遗址中出土的陶器火候很低，质地粗糙，纹饰简单，代表了陶器刚发明不久的技术水平。出土的石器有打制的也有磨制的，在文化层中还发现了最早的栽培稻遗迹。目前在这一阶段的考古发现中，相关的音乐考古发现较为罕见。

　　在新石器时代文化的早期至中期阶段，黄河流域的考古学文化主要有磁山文化、裴李岗文化、后李文化、老官台文化；长江流域的考古学文化主要有彭头山文化、石门皂市文化、城背溪文化等。遗址中发现的陶器种类丰富，粟作农业、稻作农业遗迹随处可见，房基、墓葬都有发现。出土大批七音孔骨笛的贾湖遗址，即属其中的裴李岗文化，值得音乐考古学家予以特别关注。

　　属新石器时代晚期的，除以前发现的仰韶文化外，还有山东和苏北地区的大汶口文化，北方地区的兴隆洼文化、红山文化，甘青地区的马家窑文化，长江流域的大溪文化、河姆渡文化、马家浜文化等。这些文化表明，当时的社会发展迅速，聚落开始分化，等级已经出现。新石器时代晚期的多数遗址，已发现有原始乐器类文物出土，种类迅速增多，音乐文化的因素也越来越丰富。

属新石器时代末期，即铜石并用时代的，除了较早发现的龙山文化、齐家文化之外，还有长江流域下游的良渚文化，中游的屈家岭文化、石家河文化，上游的宝墩文化；北方地区的小河沿文化等。其中的多数均有音乐考古发现，特别是金属铜的发现和使用，为夏商以降青铜乐器的繁荣，开了辉煌之先河。

第一节　裴李岗文化

裴李岗文化发现于中国黄河中游地区，是目前中原地区发现的最早的新石器时代文化。由于其最初在河南新郑的裴李岗村被发掘并认定而得名。该文化的分布范围，以新郑为中心，自河南东部至西部，南至大别山，北至太行山。裴李岗遗址的发现，填补了仰韶文化以前中国新石器时代早期的一段历史空白，证明早在 8000 多年前，汉族的先民已开始在中原地区定居，从事以原始农业、手工业和家畜饲养业为主的氏族经济生产活动，已进入了以原始农业、畜禽饲养业和手工业生产为主，以渔猎业为辅的原始氏族社会。综合中国社会科学院考古研究所放射性实验室对裴李岗遗址出土的木炭标本测定的年代结果，裴李岗文化的年代为距今 9000～7000 年，为新石器时代中期偏早的文化。[①]

裴李岗文化是汉族先民在黄河流域创造的古老文化，其中河南的贾湖遗址，以出土大批七音孔骨笛和龟甲摇响器而成为中国音乐考古学的重大发现之地，是华夏音乐文明的重要源头和核心地区。河南汝州的中山寨遗址、长葛的石固遗址，也有骨质吹管类乐器出土。

一、骨笛、骨哨

骨笛为竖（或斜）吹按孔乐器，一般用丹顶鹤等大型鸟类的肢骨截去两端关节，钻孔制成，最典型的标本自然是舞阳贾湖骨笛。这些骨笛距今至少已有 8300 年，已能吹奏六至七声音阶。如前文所述，是一种比较成熟的乐器。

所谓骨哨，也用大型鸟类的翅骨截去两端关节后钻孔制成，但比起骨

---

① 根据张江凯、魏峻《新石器时代考古》，裴李岗文化被划为新石器时代中期文化（载张江凯、魏峻：《新石器时代考古》，北京，文物出版社，2004 年，第 45～46 页）。

笛来要简单得多。骨哨除了吹孔之外，多数仅为1～2个按孔（指钻孔，不算管的两端开口）。一般认为骨哨为横向吹奏，发音尖利，其音高很大程度上靠口风和按指控制，随意性较大，似乎还介于玩具和乐器之间；或有人认为其很可能是一种狩猎时的诱捕工具。《礼记正义·明堂位》说："土鼓、蒉桴、苇籥，伊耆氏之乐也。"[①]其中的苇籥就是用芦苇管制成的吹管乐器。伊耆氏究竟是什么时代的部落，难以考究，但苇籥比起骨籥来，似显得更加古朴，更接近于自然。先民必须通过长期的摸索，学会并利用某些材料制成发音器具，去模仿诱捕对象的鸣叫声。在不断改进这些发音器具的过程中，人们逐渐培养了对音高、音量和音色的鉴别能力，培养了对音响的审美意识，也培养了制作吹管乐器的技术。显然，这种原始乐器从脱胎于诱捕工具，到发展成为音乐活动中的专门吹管乐器，应该经历了一段漫长的历史时期。

除了贾湖骨笛之外，目前考古发现的骨笛、骨哨还可见7例。计有甘肃永靖的大何庄、莲花台各出土1例1件[②]，黑龙江宁安县（今宁安市）原兰岗公社东升大队遗址1例5件[③]，浙江余姚的河姆渡遗址有1例45件[④]，江苏吴江的梅堰遗址有1例1件[⑤]。属裴李岗文化的有2例，即河南汝州中山寨遗址出土的骨笛及长葛石固遗址出土的骨哨各1件。[⑥]

1. 河南汝州中山寨骨笛

河南汝州中山寨骨笛（图3-1），1986年出土于河南省汝州市中山寨新石器时代遗址下层。[⑦]中山寨遗址发现于20世纪50年代。1978年，洛阳博物馆与洛阳地区文物管理委员会对中山寨遗址进行了科学发掘。

① 《礼记正义·明堂位》，载（清）阮元校刻：《十三经注疏》，北京，中华书局，1980年，第1491页。

② 谢端琚：《甘肃永靖莲花台辛店文化遗址》，《考古》1980年第4期，第296～310、386～388页。

③ 宁安县文物管理所：《黑龙江宁安县东昇新石器时代遗址调查》，《考古》1977年第3期，第173～175页。

④ 浙江省文物管理委员会、浙江省博物馆：《河姆渡遗址第一期发掘报告》，《考古学报》1978年第1期，第39～94、140～155页。

⑤ 江苏省文物工作队：《江苏吴江梅堰新石器时代遗址》，《考古》1963年第6期，第7～9、308～318页。

⑥ 陈嘉祥：《对石固遗址出土的管形骨器的探讨》，《史前研究》1987年第3期，第93～94页。

⑦ 中国社会科学院考古所河南一队：《河南汝州中山寨遗址》，《考古学报》1991年第1期，第57～89、129～136页；赵世纲主编：《中国音乐文物大系·河南卷》，郑州，大象出版社，1996年，第12页。

1986 年，该遗址被列为河南省重点文物保护单位。该层碳十四测年数据，为距今 7790～6955 年，属中原地区新石器时代中期偏早阶段的裴李岗文化。

图 3-1　河南汝州中山寨骨笛

中山寨骨笛残长 15.6 厘米、直径 1.1～1.3 厘米。表面光滑，制作精细。出土时笛身已残，一端尚残存一点制作时的截取面，应为原端面。音孔残存 9 个，分别为 5 个孔和 4 个孔交错的两排。从该器骨壁及形状观察，其与舞阳贾湖骨笛一样，也可能是鹤类肢骨截去两端骨关节钻孔而成。从孔与孔之间的间距较密、难以容指的情况来分析，其使用方法及器物性质与舞阳贾湖骨笛有别。经中国艺术研究院音乐研究所对该骨笛吹口部位进行修补复原后所做的测音研究，认为可能是当时用作定音的标准音管。此或聊为一说，并无实据，可进一步研究。

2. 河南长葛石固骨哨

1979 年 12 月出土于石固新石器时代遗址第 54 号墓葬内的 2 件骨哨（原称骨笛）（图 3-2），也是裴李岗文化时代的遗物。①石固遗址位于河南省长葛县（今长葛市）老石固村东南，人称"葛天氏之墟"，为裴李岗文化和仰韶文化共存的人类聚落遗址。迄今发掘面积约 1500 平方米，清理出房基、窖穴和灰坑等重要遗迹和遗物。2006 年 5 月，被国务院核定为第六批全国重点文物保护单位。

石固遗址底层为裴李岗文化，上层为仰韶文化。石固骨哨发现于底层的裴李岗文化时期。当时的农业经济已有一定发展，人们主要使用石料和骨料制作的工具。所出用于粮食加工的石磨盘和石磨盘棒是裴李岗文化特

① 河南省文物研究所：《长葛石固遗址发掘报告》，《华夏考古》1987 年第 1 期，第 3～125、225～232 页；陈嘉祥：《对石固遗址出土的管形骨器的探讨》，《史前研究》1987 年第 3 期，第 93～94 页；赵世纲主编：《中国音乐文物大系·河南卷》，郑州，大象出版社，1996 年，第 11 页。

图 3-2　河南长葛石固骨哨

征。日常生活中已经广泛使用陶器，碗、钵等陶器的口缘上已出现的红彩宽带纹，是裴李岗文化较晚期的一个重要发现。随着农业的发展，手工制品磨工精致，所见出土的细小骨针直径只有 0.1 厘米。遗址中出现氏族墓地，墓葬为单人竖穴土坑墓，葬式以仰身直肢为主。石固遗址为探索中原地区新石器文化的起源与发展，提供了重要资料。

出土骨哨的第 54 号墓葬的墓主为男性，随葬器物较多。除骨哨之外，还有罐、石斧、石铲、石锛、蚌镰等 10 余件。骨哨置于人骨左膝盖之上及其外侧。根据该墓碳十四年代测定，年代为距今 8100 年左右。

石固遗址的 2 件骨哨，均系鸟类肢骨截去两端骨关节成管状，然后钻孔制成的横吹单孔器。其中器 M54：2 较完整，长 6.8 厘米、外径 1.2～1.3 厘米、内径 1.1～1.2 厘米。横断面近半圆形，一侧近平，中部镂出一扁圆形孔。器 M54：15 出土时已残，复原后长 8 厘米、外径 2.1 厘米、内径 1.9 厘米。横断面亦呈半圆形，一侧近平，在中间部位磨出一长椭圆形孔。从两件骨哨的孔的形状分析，M54：2 的孔为利器刻削而成，孔壁上有刻削痕；M54：15 的孔为砺石砥磨而成，孔壁表面平。仔细观察，可辨细细的横向擦痕。骨哨呈棕色，油光发亮，显系经常把握使用所致。个别地方有黑褐色斑点，或许制作时经过轻度烧烤。其形状和制作方法与浙江河姆渡文化的单孔骨哨基本一致。唯一不同的是，石固骨哨的吹孔为竖刻或磨砺而成，因而竖长；河姆渡骨哨是横刻，所以横长。石固骨哨的发现，对全面认识裴李岗文化时期的音乐状况和水平，有参考价值。

二、摇响器

摇响器，国际考古学家多称之为"哗啷器"，是一种外壳封闭、通过摇晃发声的原始乐器，中国新石器时代遗址中常见，世界古人类遗址中也多有发现。

　　摇响器的基本特征是中空，内装陶丸或石子，甚至玉米粒，摇振时与器体发生碰撞而发出"沙沙"的响声。器体一般钻有透孔，其外刺有篦点几何纹装饰，或有带柄者，可以抓握。这类器物大多呈球形，故考古学上一般称之为"陶响球"。因这类器物也有做成盒状、饼状或各种动物形状的，甚至一些生活用具，如水罐的夹层里置有陶丸或石子的所谓"响铃罐"等，这里统称其为摇响器。河南舞阳贾湖遗址出土了用龟甲制成的摇响器，值得关注。

　　在人类文明的早期，玩具和乐器的界线不一定十分清楚。因摇响器所能发出的声响并不大，有人推测它们的用途，可能是古人乐舞时挂在躯干上或手上、脚上，类似铃铛的作用，也有可能仅是孩童手中的玩具。甘肃临洮寺洼一婴儿墓出土有陶摇响球，甘肃兰州土谷台一儿童墓葬也出土过同类器物可为印证。即便是今天，一些乐器如鸟埙、鼗鼓（俗称拨浪鼓）之类，仍是小孩子手里常见的玩具。无论摇响器可能是古人的乐舞饰具，还是儿童的玩具，它作为早期人类制作的发声响器，其娱乐功能是存在的。因而在音乐考古学上，仍将它看作一种原始乐器。

　　1987 年以来，河南省舞阳贾湖新石器时代遗址内陆续出土多件龟甲摇响器（参见图 1-15）。[①]据遗址的碳十四年代测定，距今为 9000～7800 年。贾湖遗址出土的龟甲响器已有数十件。经鉴定，这些龟甲为龟科闭壳龟属，多出土于墓葬中，往往是 6 个或 8 个为一组。多数是背甲与腹甲扣合在一起，上下甲的结合部位多钻有若干个缀合孔。甲内装有颜色与形状不一、数量不等的石子。贾湖遗址第 363 号墓共出土 8 件，均堆在二次葬的人骨之上。标本 M363：13，背甲长 15.5 厘米、宽 7～11 厘米、高 7.1 厘米，头尾各钻 1 孔，两侧各 2 孔，另外腹甲正中又钻 2 孔。腹内装石子 12 颗。

　　据研究，北美印第安人易洛魁部落至今仍有将龟壳缀合成盒状，内装石子或玉米粒，从龟头端的龟口中插入木柄，锯齐为把，制成一种手执摇晃的龟甲摇响器，可摇动发出声响。澳大利亚原住民中的巫师乐舞做法时所用的法器，也是用一个龟壳内装一些玉米粒做成的摇响器，龟的头颈被拉直并插入木棍，用树皮缠紧成把，执把摇晃，哗啷作响。贾湖龟甲摇响器的音乐性能，可能和北美印第安人、澳大利亚原住民巫师的法器异曲同工。那些早期的居民在举行宗教仪式的舞蹈时，将手执的龟甲摇响器作为乐器使用，类似今天乐队中的沙锤；抑或将数个为一组悬挂在四体或腰间，同时舞蹈摇晃发声，这些都是可能的。但从贾湖遗址墓葬中的龟甲在出土时，往往是 6 个或 8 个为一组置于一座墓葬的情况看，贾湖龟甲摇响器的使用方式属于后者的可能性更大。①贾湖遗址的龟甲摇响器是迄今为止中国发现的年代最早的一批摇响器实物，它和贾湖骨笛一样，对探求中国先民的社会音乐生活，乃至人类音乐文明之源具有重要意义。

第二节　仰　韶　文　化

仰韶文化为距今 7000～5000 年的一种中国新石器时代文化，1921 年首次在河南省三门峡市渑池县仰韶村发现。其主要分布于黄河中下游一带，以陕西渭河流域、山西西南和河南西部的狭长地带为中心，东至河北中部，南达汉水中上游，西及甘肃洮河流域，北抵内蒙古河套地区。已发掘出的近百处文化遗址，出土文物均反映出较同一的文化特征。生产工具以较发达的磨制石器为主，常见的有刀、斧、锛、凿、箭头和纺织用的石纺轮等，骨器也相当精致。这一时期有较进步的农业，作物为粟和黍；饲养家畜主要是猪，并有狗，也有狩猎、捕鱼和采集活动。各种水器，甑、灶、鼎、碗、杯、盆、罐、瓮等日用陶器，以细泥红陶和夹砂红褐陶为主，主要呈红色，多用手制法，用泥条盘成器形，然后将器壁拍平制造。红陶器上常有彩绘的几何形图案或动物形花纹，是仰韶文化最为明显的特征，故也称彩陶文化。仰韶文化的选址，一般在河流两岸经长期侵蚀而形成的阶地上，或在两河汇流处较高且平坦的地方。这里的水草丰美，有利于农业、畜牧，取水和交通也很方便，如陕西临潼的姜寨村落遗址，有 100 多座房屋，分为 5 组围成一圈，周围有壕沟环绕，反映出当时有较严密的氏族公社制度。仰韶文化属于母系氏族公社制繁荣时期的文化，早期盛行集体合葬和同性合葬，几百人埋在一个公共墓地，排列有序。各墓规模和随葬品差别很小，但女子随葬品略多于男子。其第一期文化，属仰韶文化庙底沟类型；第二期文化，属豫西、晋南和关中东部地区仰韶文化的晚期遗存；第三、第四期文化，则属河南龙山文化。

在仰韶文化的遗址中，属音乐考古发现的种类较为丰富，常见有陶摇响器、陶埙、陶角、陶铃等原始乐器。

一、陶摇响器

作为人类史前时期创制并广泛使用的一种发声器械，陶摇响器在仰韶文化的遗址中较为丰富，可以看作这一文化在音乐考古方面的特色。出土

---

①　王子初：《中国音乐考古学》，福州，福建教育出版社，2003 年，第 68 页。

陶摇响器的仰韶文化遗址，主要有陕西临潼的姜寨遗址、陕西铜川的李家沟遗址和甘肃庆阳的野林寺沟遗址等。这些出土的陶摇响器大小不一，造型各异，手工和纹饰反映了不同的制作工艺水平及审美趣味。

1. 陕西临潼姜寨陶摇响器

姜寨遗址位于陕西临潼临河东岸，1972～1979 年共进行过 11 次发掘，发掘面积为 1.6 万多平方米。共清理房子 120 余座、墓葬 500 余座、窖穴 400 多个，出土遗物达 1 万多件。根据地层关系和出土器物，姜寨遗址的时代可分为 5 期。第 1～4 期为仰韶文化遗存，皆含有彩陶，保存着原始社会晚期氏族公社的完整布局。第 5 期为龙山文化遗存，未发现彩陶。

1979 年，陕西临潼姜寨新石器时代遗址出土了 2 件仰韶文化时期的陶摇响器，现均藏于西安半坡博物馆。[①]一件出土于姜寨358 号墓（ZHT24M358：（ZHT24M358：1，图 3-3）。陶摇响器细泥红陶，外形似两钵扣合，中空，内有颗粒物，摇之有声响。通高 7 厘米、直径 11 厘米。另一件陶摇响器出土于姜寨 76 号墓（T5M76：15，图 3-4、图 3-5），为姜寨二期晚期墓葬。陶摇响器呈扁圆形，泥质红陶，中空，内有颗粒物，摇之有声。通高 5.8 厘米、腹径 3 厘米。[②]与陶摇响器同出的还有 2 件一孔陶埙。

图 3-3　陕西临潼姜寨 358 号墓陶摇响器

---

① 西安半坡博物馆、陕西省考古研究所、临潼县博物馆：《姜寨——新石器时代遗址发掘报告》，北京，文物出版社，1988 年，第 267 页。

② 方建军主编：《中国音乐文物大系·陕西卷》，郑州，大象出版社，1996 年，第 12～13 页。

 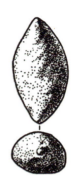

图 3-4 陕西临潼姜寨 76 号墓陶摇响器　　　图 3-5 陕西临潼姜寨 76 号墓陶摇
　　　　　　　　　　　　　　　　　　　　　　　　　响器示意图

2. 陕西铜川李家沟陶摇响器

　　李家沟陶摇响器（T14F12：1，图 3-6），1976 年陕西铜川市李家沟仰韶文化遗址出土，属李家沟第一期文化遗物，现藏于西安半坡博物馆。[1]该陶摇响器为细泥红陶，外形似两碗扣合，中空，上下各有一小圆口，估计用于插入执柄。腹大呈弧状，器壁较厚。器体上部绘有折条状黑彩，下部绘有网状黑彩。器体上部有一周切割痕迹。通高 7.7 厘米、直径 11 厘米。[2]

图 3-6 陕西铜川李家沟陶摇响器

---

① 西安半坡博物馆：《铜川李家沟新石器时代遗址发掘报告》，《考古与文物》1984 年第 1 期，第 5～34 页。

② 方建军主编：《中国音乐文物大系·陕西卷》，郑州，大象出版社，1996 年，第 13 页。

3. 甘肃庆阳野林寺沟陶摇响器

野林寺沟陶摇响器 2 件，于甘肃省庆阳野林寺沟遗址出土。其一属仰韶文化时期遗物（图 3-7）。泥质灰陶，褐黄色。饼状，椭圆形，鼓腹、中空。无柄，无孔眼。器表磨光，一面刻方格纹，另一面刻菱形纹。长 13厘米、宽 7.4 厘米。腔内置硬质颗粒状物，摇击时能发声。[①]

图 3-7　甘肃庆阳野林寺沟陶摇响器

二、陶埙

《拾遗记·卷一》中说，陶埙为庖牺氏所发明[②]，其说难以考据。不过，考古发现表明，陶埙在历史上出现的确很早，并从新石器时代一直沿用到今天。陶埙用泥土捏制成形，晾干后再用火烧成。早期的陶埙大多呈蛋形，底稍平，顶上设吹孔，腹部开按音孔，按音孔为 1～7 个不等。也有少量的异形陶埙，如玉门火烧沟出土的鱼形埙。后期的陶埙中，出现了许多人头形、鬼脸形、兽头形和动物形的陶埙，这些埙作为乐器的性能减弱了，更大的成分是一种有音响的玩具。这种人头埙、动物埙一般仅设 2 个音孔，只能吹奏一些简单的音程。一般说来，陶埙的音孔越多，能吹出的音列越复杂。但也不绝对如此，因为陶埙发音时的音高很大程度上与口风控制有关，在较少音孔的陶埙上，同样能吹出比较复杂的音列，吹奏者的技巧起着很大的作用。中国出土的陶埙数量极多。贾湖骨笛出土以前，这些陶埙及有关它们的测音资料，曾经是音乐史学家推测古人音阶发展水平的主要参考。今天的研究表明，由于这种吹奏乐器在发音音高上的不稳定性，对

---

① 郑汝中、董玉祥主编：《中国音乐文物大系·甘肃卷》，郑州，大象出版社，1998 年，第 10 页。

② （晋）王嘉撰：《拾遗记·卷一》："春皇者，庖牺之别号……丝桑为瑟，均土为埙。"北京，中华书局，1991 年，第 9～10 页。

陶埙测音结果及其研究，应持慎重态度。

新石器时代遗址中出土的陶埙较为丰富。其中属仰韶文化的，可以陕西西安半坡陶埙、陕西临潼姜寨 358 号墓陶埙、陕西淳化黑豆嘴陶埙为例。这些陶埙多数工艺粗陋，形制原始，往往只有吹孔而尚未出现按音孔。就其造型结构来说，这类陶埙虽然未必只能发出一两个单音，但从其设计制作者的理念看，显然还没有在这种乐器上面吹奏复杂旋律的要求。即便其中也出现了如临潼姜寨及淳化黑豆嘴二音孔埙这样稍稍进步的乐器，仍属这种乐器早期的产物，音乐性能十分有限。

1. 陕西临潼姜寨陶埙

陕西临潼姜寨遗址出土陶埙 3 件，属仰韶文化遗物。[①]同出有陶摇响器 2 件。据碳十四年代测定，临潼姜寨遗址的一、二期年代为距今 6400±220～6625±135 年。

姜寨 358 号墓陶埙 2 件，器形基本完整，形似橄榄（ZHT24M358∶16，图 3-8；ZHT24M358∶17，图 3-9），现藏于西安半坡博物馆。姜寨 358 号墓发掘于 1979 年，这是一座 84 人的二次合葬墓。随葬有姜寨二期仰韶文化的典型器物，如浅腹钵、葫芦瓶、带盖矮罐等。2 件陶埙为细泥红陶质，中空。顶端尖，有一吹孔，吹孔处下凹，未设按音孔。埙底钝圆，腹略呈圆形。标本 M358∶16 通高 5.5 厘米、腹径 2.9～3.5 厘米、吹孔径 0.6～1.2 厘米。标本 M358∶17 通高 7 厘米、腹径 3.5 厘米、吹孔径 0.5～1.35 厘米。2 件埙各仅可发一音。经测音，M358∶16 为 d^3－11 音分，M358∶17 为 $^\#d^3$+8 音分。[②]

图 3-8　陕西临潼姜寨陶埙 M358∶16　　　图 3-9　陕西临潼姜寨陶埙 M358∶17

① 西安半坡博物馆、陕西省考古研究所、临潼县博物馆：《姜寨——新石器时代遗址发掘报告》，北京，文物出版社，1988 年，第 267 页。

② 方建军主编：《中国音乐文物大系·陕西卷》，郑州，大象出版社，1996 年，第 8 页。

1976 年临潼姜寨遗址出土陶埙 1 件（ZHT15⑤：24，图 3-10、图 3-11），现藏于陕西历史博物馆。出土埙的地层，有大量姜寨二期的多人二次合葬墓，这类合葬墓叠压或打破姜寨一期的半坡类型墓葬，随葬器物中多见浅腹钵、葫芦瓶、带盖矮罐等典型的仰韶文化陶器。陶埙出土时器形比较完整，仅吹口略残缺。陶埙细泥质，系捏塑成型。大致呈红色，有灰斑。埙略呈蒜头形，中空，表面饰不规则绳纹。上端尖，圆鼓腹，底部略平。埙的顶端有一吹孔，中腹以上有两个高低不等的按音孔。通高 5 厘米、腹径 4.5 厘米、底径 2.5～2.6 厘米、吹孔径 0.7 厘米、左指孔径 0.35 厘米、右指孔径 0.5 厘米、二按孔距 1.5 厘米。埙按不同指法吹奏可发 4 个音，测音结果：按孔全闭为 a^2+15 音分，开左指孔为 b^2+40 音分，开右指孔为 b^2+40 音分，按孔全开为 d^3+40 音分。[①]

图 3-10　陕西临潼姜寨二音孔陶埙

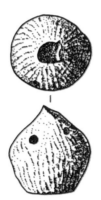

图 3-11　陕西临潼姜寨二音孔陶埙示意图

2. 陕西西安半坡陶埙

半坡遗址位于陕西省西安市东郊灞桥区浐河东岸，是黄河流域一处典型的新石器时代仰韶文化母系氏族聚落遗址，距今 6700～6000 年。1953 年春，西北文物清理队在西安东部浐河东岸的二级阶地上发现了半坡遗址。同年 9 月，中国科学院考古研究所（今中国社会科学院考古研究）对其进行了较深入的调查，发现遗址面积约 5 万平方米。1954～1957 年，先后进行了 5 次较大规模的发掘，揭露面积 1 万平方米。已发掘出 46 座房屋、200 多个窖穴、6 座陶窑遗址、250 座墓葬，出土生产工具和生活用品约 1 万件，

还有粟、菜籽遗存。1957 年建成博物馆。

1954 年，西安半坡陶埙（图 3-12）于陕西西安半坡遗址出土，属仰韶文化时期遗物。同出共 2 件，其中 1 件（P4737）未能在原藏地找到。[1]此埙器形完整，表面呈灰黑色。细泥捏制，形似橄榄，两端尖细，表面光滑，但不平整，顶端有一吹孔，底端有一按孔。通高 5.8 厘米、腰径 2.8 厘米、吹孔径 0.5 厘米、按孔径 0.5 厘米。此埙经测音，其结果为：闭按孔为 g^3– 40 音分，开按孔为 $^\#a^3$– 40 音分。[2]

图 3-12 西安半坡陶埙

3. 陕西淳化黑豆嘴陶埙

黑豆嘴陶埙（图 3-13），1982 年陕西淳化黑豆嘴遗址出土，属仰韶文化遗物。[3]埙系细泥红陶，捏制，边棱有黏合和修刮痕。器形如杏核，扁腹。腹部有并列按孔 2 个。通高 3.2 厘米、腹径 3 厘米、吹孔径 0.5 厘米、左按孔径 0.3 厘米、右按孔径 0.4 厘米。此埙经测音，其结果为：全闭孔音为 g^3 音分，单开右孔音为 c^4 音分，单开左孔音为 c^4 音分，全开孔音为 d^4 音分。[4]

4. 河南南召老坟坡陶埙

河南南召老坟坡陶埙（328，图 3-14），1956 年采集于河南省南召县太

---

① 中国科学院考古研究所、陕西省西安半坡博物馆：《西安半坡》，北京，文物出版社，1963 年，第 190 页。

② 方建军主编：《中国音乐文物大系·陕西卷》，郑州，大象出版社，1996 年，第 7 页。

③ 方建军主编：《中国音乐文物大系·陕西卷》，郑州，大象出版社，1996 年，第 9 页。

④ 方建军主编：《中国音乐文物大系·陕西卷》，郑州，大象出版社，1996 年，第 9 页。

山庙乡下店村的老坟坡遗址，现藏于河南省南召县文化馆。①老坟坡遗址属于新石器时代仰韶文化，面积 3.78 万平方米，文化层厚 0.5～1.5 米。地面暴露遗物甚多，发现有红衣黑彩陶钵、白衣黑彩陶盆、夹砂灰陶鼎、陶罐及石斧等。埙体呈鸡卵形，泥质灰陶，中空，通高 7.2 厘米、底径 4.4 厘米。素面无纹，以手捏制而成。顶有吹口，口径 2.2 厘米。一侧下部有按音孔 2 个，孔径 0.2 厘米。

图 3-13　陕西淳化黑豆嘴陶埙　　　　图 3-14　河南南召老坟坡陶埙

三、陶角

铜管乐器在今日管弦乐器的大家族中，属于十分显赫的一族。琳琅满目的大小铜号，金光灿灿、富丽堂皇。以铜号为主体的军乐队，多跻身于宏大的礼仪场合，铜号以其天生洪亮雄壮的嗓音，成为引人注目的角色。历史上有关号角的记载不算早，但从文化人类学的资料看，在遥远的古代，它们的先祖就以其洪大的嗓门赢得了人们的青睐。在现代一些原始民族中，号角的使用仍是十分普遍。对于狩猎民族来说，声响洪亮传远的号角无疑是十分有效的狩猎工具。可以设想，最初的号角应该取材于动物犄角等自然材料，沿海民族则会利用海螺介壳来充当号角，所以号角的原材料丰富，加工也简单。但在有关史前时期的考古发现中，却发现有一些陶制的号角。不难判断，这种陶角一定是人们有目的地模仿动物犄角制造出来的乐器。较有代表性的陶角实物，可见于仰韶文化、龙山文化和大汶口文化遗址。陕西华县井家堡陶角、河南禹州谷水河陶角、山东莒县陵阳河和大朱村陶角，都是较为典型的出土标本。其中属仰韶文化遗物的，唯陕西华县井家堡陶角 1 例。

---

① 赵世纲主编：《中国音乐文物大系·河南卷》，郑州，大象出版社，1996 年，第 17 页。

1976 年 8 月，陕西华县井家堡村庙底沟类型墓葬出土了 1 件陶制的号角（井 50，图 3-15）[1]，今藏于西北大学历史学院。出土陶角的墓葬所属地层，含有丰富的新石器时代仰韶文化陶器残片、动物骨骼、灰烬、窖穴、房屋基址残迹、陶窑墓葬等。陶角置于人骨架左侧偏上部，器形完整，泥质灰陶，陶质较粗。全器分两段盘筑而成，器内壁印有泥条盘筑和手指按压痕，器表面有纵向的工具刮抹痕，器上部弯曲处胎壁较厚，为按压接合。

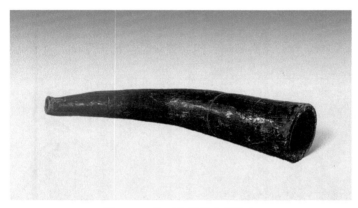

图 3-15　陕西华县井家堡陶角

陶角的外形酷似去尖的牛角，呈弯曲的圆锥管形，吹口外附加一箍泥片而成厚唇沿。器体胎壁厚薄不一。在出音口一侧有两个并列的圆形小穿孔，孔径 0.5 厘米。角体阴刻有 2 道弦纹，纹痕宽窄深浅不一，上下起伏，上面一道弦纹的两端参差，不闭合，具有一定随意性。通高（自出音孔至吹口）42 厘米，喇叭口内径 7.4～7.6 厘米、外径 9 厘米，吹口内径 1.8 厘米、外径 3～3.2 厘米。经吹奏，陶角的音量大，传远性较强。

四、陶铃

陶铃应该是后世出现的铜铃的始祖。它与铜铃的材质不同、音质不同，音乐功能因而也有所不同。出土的陶铃大多伴有铃舌，或在铃顶开有两个对称的悬孔，但也可以不用铃舌，数个没有铃舌的陶铃系成一组悬挂在身

① 戴彤心：《记华县井家堡仰韶文化角状陶号》，《考古与文物》1988 年第 4 期，第 31～33 页；方建军主编：《中国音乐文物大系·陕西卷》，郑州，大象出版社，1996 年，第 11 页。

上，当人们舞动时相互碰撞可以发声。陶铃发出的沙沙声响，自然不能与铜铃清脆的叮当声相比。但是最初出现的铜铃，用的是人们发现不久且无比珍贵的材料红铜（纯铜），铸造工艺粗劣原始，铸造缺陷随处可见，虽是为改善乃至取代陶铃而面世的，音响性能却很差。其发出的声响，并不比陶铃好听多少。

　　仰韶文化中所见陶铃的出土，主要见于河南郑州大河村遗址、河南陕县（今三门峡市陕州区）庙底沟遗址等。

1. 河南郑州大河村陶铃

　　1974～1985 年，河南郑州大河村遗址陆续出土了陶铃 4 件（图 3-16～图 3-19）。①

图 3-16　郑州大河村陶铃之一

图 3-17　郑州大河村陶铃之二

图 3-18　郑州大河村陶铃（征集品）

图 3-19　郑州大河村陶铃（征集品）口部

---

① 郑州博物馆：《郑州大河村遗址发掘报告》，《考古学报》1979 年第 3 期，第 301～375、403～416 页；赵世纲主编：《中国音乐文物大系·河南卷》，郑州，大象出版社，1996 年，第 44 页。

大河村是一处仰韶文化遗址，1964 年发现。1972~1985 年，郑州博物馆对该遗址进行多次发掘，发现房基 20 余座，窖穴 101 个，墓葬 106 座。出土各类陶器、石器、骨器等数千件。从地层及出土物和碳同位素测定，该遗址可分为 6 期。第 1~4 期属仰韶文化中晚期，第 5、6 期则属龙山文化。4 件陶铃均出自仰韶文化层内。

陶铃 1379 为细泥红陶，已残，可复原。陶胎较厚，体呈类半球形，喇叭口，口径 6 厘米、通高 5.6 厘米。圆顶上有圆形穿孔 2 个。素面、手制，表面粗糙，凹凸不平。

陶铃 1048 为泥质灰陶，已残，可复原。手制，表面有刮削痕迹。通高 5.2 厘米。腔体横断面呈椭圆形，喇叭口，口径 4.8~6 厘米，小平顶上有圆孔 2 个。

陶铃 0196 为细泥灰陶，陶胎较薄。素面，手制，下部稍残，呈扁体，一侧平直，另一侧略鼓。铃口呈喇叭形，通高 4.5 厘米、口径 2.2~7 厘米。窄平顶上有圆孔 2 个。

陶铃 0215 为泥质灰陶，已残，可复原。素面，手制。体呈椭圆形，喇叭状口，口径 4.2 厘米、通高 4.8 厘米。椭圆形平顶上有圆孔 2 个。

另有征集品 1 件。从该铃的形制、色泽和制作方法看，与 0196 号陶铃极其相似，其时代也应相当。器表无纹饰。铃体作合瓦形，红色，手制。上窄下宽，顶平，顶正中有穿孔 2 个。铃体一侧靠近顶部又有穿孔 2 个，可能作为悬挂之用。

2. 河南陕县庙底沟陶铃

1956 年河南陕县庙底沟出土了 1 件陶铃（图 3-20）。1959 年中国科学院考古研究所拨交北京历史博物馆（今中国国家博物馆）收藏。[①]该陶铃出土于庙底沟遗址的仰韶文化堆积层，年代为公元前 3900 年左右。陶铃为细泥红陶手工制成，表面磨光。器身一面残缺近半，一面略残一角。铃体横截面呈椭圆形。正视为圆台形，上小下大，上实下空，口齐平，圆顶，顶上置纽，可吊挂。肩下两侧有对称的一对斜孔直通腔体，可能为悬系铃舌之用。器通高 9.3 厘米、甬长 2.7 厘米、铣间 4.9 厘米。重 0.1 千克。

---

① 中国科学院考古研究所：《庙底沟与三里桥：黄河水库考古报告之二》，北京，科学出版社，1959 年，第 54 页；袁荃猷主编：《中国音乐文物大系·北京卷》，郑州，大象出版社，1996 年，第 12 页。

图3-20　河南陕县庙底沟陶铃

第三节　大汶口文化

大汶口文化以泰山地区为中心，东起黄海之滨，西到鲁西平原东部，北至渤海南岸，南及今安徽的淮北一带，河南省也有少部分这类遗存的发现。因首先发现于大汶口文化遗址，人们遂把以大汶口遗址为代表的文化遗存，命名为"大汶口文化"。大汶口文化遗址位于泰山南麓泰安市郊区的大汶口镇。大汶河东西贯穿，将其分为南北两片。遗址总面积80余万平方米，遗址包括了大汶口文化发展的全过程，1982年被国务院公布为全国重点文物保护单位。大汶口文化是新石器时代后期父系氏族社会的典型文化形态，距今6400～4500年。

大汶口遗址经过3次挖掘，遗址内涵丰富，有墓葬、房址、窖坑等。出土的陶、石、玉、骨、牙器等不同质料的生产工具、生活用具和装饰品都很精美。生活用具主要有鼎、豆、壶、罐、钵、盉、杯等器皿，分彩陶、红陶、白陶、灰陶、黑陶几种，特别是彩陶器皿，花纹精细匀称，几何形图案规整。生产工具有磨制精致的石斧、石锛、石凿和磨制骨器，而骨针磨制之精细，几可与今天的针媲美。墓葬以仰卧伸直葬为主，有普遍随葬獐牙的风习，有的还随葬猪头、猪骨以象征财富。一般认为，其早期属于母系氏族社会末期向父系氏族社会过渡阶段，中期、晚期已进入父系氏族社会。大汶口文化的发现，为山东地区的龙山文化找到了渊源，也为研究黄淮流域及山东、江浙沿海地区原始文化，提供了重要线索，使黄河下游原始文化的历史，由 4000 多年前的龙山文化向前推进了 2000 多年。在大汶口文化的后期墓葬中，出现了夫妻合葬和夫妻带小孩的合葬，它标志着只知其母不知其父的母系社会的结束，开始或已经进入了父系氏族社会，中国历史出现了重要转折。

从音乐考古学的角度看，目前属大汶口文化的相关音乐考古发现不算太丰富。除了在仰韶文化中发现过的陶摇响器、陶角、陶铃之外，莒县陵阳河的笛柄杯，在新石器时代诸文化中，较为罕见。另外，陶鼍鼓的发现也引人注目。

一、陶角

首见于陕西华县井家堡村仰韶文化庙底沟类型的陶制号角，在大汶口文化中得到了一定的重视，资料逐渐丰富。大汶口文化晚期墓葬中发现的陶号角有 2 件，均出土在山东莒县，分别为陵阳河陶角和大朱村陶角。出土时，被放置在墓主人的身旁或腹部。墓主人都是成年男性。2 件陶角的造型及工艺也极为相像，反映出这类能发出宏大声响的器械，在当时人的社会生活中有着较为明确的实用意义。如在后世一些较为后进民族中，号角在召集部众、抵御外侮，或是在狩猎时互相传递信息、协调进退之中，用途也应相近。

1. 山东莒县陵阳河陶角

1979 年，陶角出土于山东莒县陵阳河大汶口文化晚期墓葬（图 3-21）。[①] 出土时陶角被放置在墓主骨架右侧，墓主为成年男性。器为褐色夹砂陶，手工制成。造型同牛角，弯曲度较大。器表饰三组弦纹，间以两组斜弦纹。通长 39 厘米、喇叭口内径 6.4 厘米、外径 8.5 厘米、吹嘴内径 0.8～1.2 厘米、外径 2～2.7 厘米。

2. 山东莒县大朱村陶角

大朱村陶角，1979 年出土于山东莒县大朱村大汶口文化晚期墓葬。[②] 出

① 王树明：《山东莒县陵阳河大汶口文化墓葬发掘简报》，《史前研究》1987 年第 3 期，第 62～82、99 页；周昌富、温增源主编：《中国音乐文物大系·山东卷》，郑州，大象出版社，2001 年，第 11 页。

② 文化部文物局、故宫博物院编：《全国出土文物珍品选（1976～1984）》，北京，文物出版社，1987 年，图版 10。

图 3-21　山东莒县陵阳河陶角

土时陶角被放置在墓主骨架腹部，墓主为成年男性。器为黄白色夹砂陶，手工制成。造型同牛角，弯曲度较大。器表饰三组弦纹，间以两组斜弦纹。通长 32 厘米，喇叭口外径 8.5 厘米，吹嘴内径约 1.5 厘米、外径约 2.4 厘米。

二、陶铃

目前大汶口文化中发现的陶铃不多，仅江苏邳县（今邳州市）刘林遗址晚期墓葬的 1 件。这种陶铃的顶部既有明确的相对悬舌孔设置，应该是一种有舌的铃铛，但是在其铃体腔面上部近顶部四侧另凿四穿，则有异于仰韶文化发现的多数陶铃，而与河南的 1 件征集品陶铃有异曲同工之妙，值得研究。

1964 年出土于江苏邳县刘林遗址晚期墓葬的陶铃（图 3-22），属大汶口文化早期偏晚遗物。①器为泥质黑陶，捏制，椭圆体，腹微鼓，顶上有 2 个悬舌孔，两肩前后各穿 1 个悬铃孔。

三、笛柄杯

所谓"笛柄杯"，主要就其柄部装饰节棱明显的竹节纹分析，很可能是先民模拟竹制笛子而制作的陶质乐器或玩具。在迄今为止的新石器时代

---

① 南京博物院：《江苏邳县刘林新石器时代遗址第二次发掘》，《考古学报》1965 年第 2 期，第 9～47、152～165、180～183 页。

的考古发现中，笛柄杯仅见于山东省莒县陵阳河大汶口文化遗址。

1979 年，山东省莒县陵阳河大汶口文化遗址出土了一批高柄杯，数量多达 600 余件。其中的第 17 号墓出土的笛柄杯（图 3-23），就有 83 件，现存于山东省文物考古研究院。①

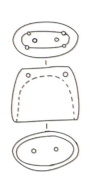

图 3-22　江苏邳县刘林陶铃　　　　图 3-23　山东莒县陵阳河笛柄杯

笛柄杯为泥质黑陶质，圆唇，口微侈，腰略直，圜底，圆柄中空，呈管状，粗细均匀，喇叭状足。杯通高 16.4 厘米、口径 6.7 厘米、腹深 8.4 厘米、杯高 8.4 厘米、柄外径 1.5 厘米、足径 6 厘米。柄对侧各镂一大小相同、不相对称的圆形孔，中部饰二道竹节纹。出土时，杯口部涂朱，管状柄上端管口为杯底所堵，下端管口与喇叭状足相通，内径 0.9 厘米。圆形镂孔的边棱整齐，径 0.8 厘米，较低一孔下沿距柄足底沿 3.6 厘米。

将柄横置，口对吹孔（靠近柄中央之镂孔），右手持杯之上部，左手拇指开按第一孔（柄连接于杯座一端的通气管口），中指按第二孔（柄上的另一镂孔），开闭音孔，可奏出 4 个乐音。各音间可形成纯四度、减五度、大二度和半音音程，音域为$^\sharp f^3 \sim {}^\sharp c^4$，达五度。音质明亮、纯厚，声音与今之口笛或不贴膜之竹笛相近，可演奏简单曲调。②

---

①　王树明：《山东莒县陵阳河大汶口文化墓葬发掘简报》，《史前研究》1987 年 3 期，第 62～82、99 页。

②　周昌富、温增源主编：《中国音乐文物大系·山东卷》，郑州，大象出版社，2001 年，第 13 页。

四、陶鼓

鼓是人类最早发明并普遍使用的乐器之一。这不仅在中国，可能在世界各原始民族中都是通例。据一些民族学家研究，鼓到今天还是大部分狩猎民族唯一的乐器。鼓的应用十分广泛，形制多样。仅中国先秦文献记载的鼓的名称，就多达好几十种。从目前所掌握的出土文物来看，鼓的种类也是琳琅满目，不可胜数。有关鼓的传说很多。相传帝舜的乐官叫作"夔"，《尚书》中说，他能用麋鹿的皮蒙成土鼓，模仿山林溪谷中的声音，和石磬一起演奏，动人的音乐可以使林中的百兽相率而来，频频踏舞。一些文史专家分析，古书中所说的这位"夔"，实际上就是鳄鱼的化身。古人称鳄鱼为"鼍"。《吕氏春秋》中也有一则记载，据说帝颛顼命令鼍创造音乐。鼍就躺下身来，把自己的肚子当成一面鼓，用尾巴作鼓槌，鼓腹而歌，就此发明了音乐。两则有关鼓的传说，都和鳄鱼相关。《诗经·大雅》中有"鼍鼓逢逢"之句，秦·李斯的《谏逐客书》和汉·司马相如的《子虚赋》中都有"灵鼍之鼓"的说法。在大汶口文化中发现的鼓，应该就是这种"灵鼍之鼓"。看来鳄鱼与鼓之间有着不解之缘。

考古发现的史前时期的鼓，有土鼓和木鼓。因木质的器物极难保存，所以考古发现的数千年前的木鼓极为罕见。山西襄汾陶寺遗址出土的木鼍鼓是所见最早的木鼓标本。上文引《礼记·明堂位》中提到，古时候有个部落叫作"伊耆氏"，他们的音乐是用一种土鼓和芦苇做成的管子演奏出来的。所谓土鼓，就是用陶土烧制成鼓框，再蒙上动物的皮膜做成的陶鼓。这种土鼓因其陶土耐久的性质，考古发掘中出土较多，主要分布在甘肃、青海、河南和山东等地的新石器时代遗址中，是今天所见鼓类文物的早期标本。土鼓的鼓框用泥土烧制，口上蒙以兽皮或鳄鱼皮，干燥绷紧后以槌敲击发声。考古发掘中还多见一种口沿带有犬牙状倒钩的陶鼓，鼓框束腰，一头口大，一头口小，均可蒙皮击奏。鼓框一侧设有两耳，可以穿绳斜挎在演奏者的腰间。演奏者双手执槌，轮番击奏鼓的两端，低音逢逢，高音邦邦，音响效果错落有致，十分动听。大汶口文化中发现的鼓，鼓框也用陶土烧制而成，再蒙上鳄鱼皮做成。

1. 山东泰安大汶口陶鼓

1959 年，一座大汶口遗址晚期的大型墓葬中，出土陶鼓 2 件。出土时

分别位于墓坑东端的两角。①器形为
宽圆肩、粗短颈、敞口、小平底的
陶壶，高约 30 厘米、口径约 13 厘
米。在壶口的附近，各有一堆鳄鱼
骨板。器 M10：40 口部有残，器
M10：43 已经破碎，都倒向一边。
两堆鳄鱼骨板共 84 块，位于壶口的
正前方。一堆紧靠壶口，另一堆距
壶口约 10 厘米。研究表明，鳄鱼骨
板是蒙在壶口作鼓皮的鳄鱼皮腐朽
后的残留物。两堆鳄鱼骨板出土时
在墓中的位置，也表明在地层发生
变迁倒向一边时，原蒙置于壶口的

图 3-24　山东泰安大汶口 1018 号墓陶鼓

鳄鱼皮腐朽后的残留物，即鳄鱼骨板，正应散落在陶壶的正前方。这两个
陶壶应该就是古书中记载的土鼓，"灵鼍之鼓"的典型标本。

　　经发掘出土于大汶口遗址第 1018 号墓的陶鼓（M1018：24，图 3-24），
现藏于山东省文物考古研究院。陶鼓器出土时已破碎，大部碎片尚存，已
经修复。②以泥质红陶制成，尖唇敛口，束腰式长筒腹，下腹内折，呈大
圆底。上腹部近口处有一圈鸟喙形附加堆纹泥饰。腹部和底部各有小圆形
镂孔，腹部的作二二对称分布，底部一孔位于正中。腹部用白、深红和熟
褐色，分两层彩绘弧线三角纹和卵点组成的四瓣花纹图案，又饰一圈锯齿
纹。器通高 41 厘米、口径 30 厘米。

　　2. 山东邹县野店彩陶鼓

　　1971～1972 年山东博物馆等单位对山东邹县野店村村南的大汶口和
龙山文化遗址，进行了考古发掘，共揭露面积 1660 平方米，发现一大批大
汶口、龙门文化的资料，极大地充实了大汶口文化的内容，为大汶口文化
的研究提供了重要的依据。

　　①　山东省文物管理处、济南市博物馆编：《大汶口：新石器时代墓葬发掘报告》，北京，文物
　　　　出版社，1974 年，第 23 页。

　　②　周昌富、温增源主编：《中国音乐文物大系·山东卷》，郑州，大象出版社，2001 年，第 190
　　　　页；李纯一：《中国上古出土乐器综论》，北京，文物出版社，1996 年，第 25 页；山东省
　　　　文物考古研究所编：《大汶口续集：大汶口遗址第二、三次发掘报告》，北京，科学出版社，
　　　　1997 年，第 173 页。

（1）山东邹县野店22号墓彩陶鼓

1971～1972年，山东邹县野店村南的大汶口文化遗址第22号墓内出土2件彩陶鼓，质地为泥质红陶[①]，现藏于山东博物馆（一件无号，一件藏号为3.1046）。第22号墓是一座长方形土坑竖穴墓，墓主女性，单人葬。出土有鼎、豆、盆、壶、盉、器座、钵、器盖等陶器，还有石、玉、骨等质地的装饰品。2件彩陶鼓保存不佳，出土时均已破碎，但大部分碎片尚存，已经修复。

陶鼓之一（无号）为有錾彩陶鼓（图3-25）。侈口，口唇沿内敛，口外饰一周圆锥状乳突，筒腹下收成大圜底，腹与底各留有圆形音孔。腹部一侧装半圆环状錾，錾上下的鼓腹部绘有相同的深褐色和白彩平行带纹。陶鼓通高20厘米、口径29厘米。

图3-25　山东邹县野店22号墓彩陶鼓（无号）口部

其二（3.1046，图3-26）原报告称"漏器"。器唇口平齐向内凸出，筒形深腹，壁斜直，腹近底处斜折收为小平底，斜折处外附三个环状足，腹与底部各有小圆镂孔，口外饰有一圆锥状乳突。以泥质红陶制成，外着紫红色陶衣，其上用白彩绘4个长方框，框内绘一个白色大圆圈。口径29厘米、高35厘米。

（2）山东邹县野店47号墓彩陶鼓

出土于邹县野店遗址第47号墓的陶鼓（图3-27），现藏于山东博物

---

① 周昌富、温增源主编：《中国音乐文物大系·山东卷》，郑州，大象出版社，2001年，第187页。

馆。①47 号墓为长方形土坑竖穴双人合葬墓。随葬器物主要有杯、鼎、豆、鬶、器座、尊、钵、罐、器盖、彩陶鼓等陶器，以及石斧、玉环、绿松石坠等工具和装饰品。陶鼓以泥质红陶制成，方唇直口，深腹，腹壁中部微外鼓，下部斜收呈弧形，小平底。腹部和底部有小圆形镂孔。口外缘饰有圆锥状乳突装饰，腹中部绘有深褐色和白色相间的四瓣花等彩色纹饰。高31 厘米、口径 14 厘米、底径 7.3 厘米。

图 3-26　山东邹县野店 22 号墓彩陶鼓　　　图 3-27　山东邹县野店 47 号墓彩陶鼓
　　　　　　（3.1046）

　　山东目前的考古资料中，与鼓有关的实物对探讨中国鼓的起源，具有重要参考价值。文献记载远古时代的山东，是东夷部族聚居的地方。东夷先民具有勤劳智慧的美德和“性喜歌舞”的传统。近年来，有的学者提出，《周礼·秋官·叙官》郑玄注：“壶谓瓦鼓。”大汶口遗址的这 2 件陶壶，应即郑玄所谓的“瓦鼓”或“以瓦为框”的土鼓，即原始陶鼓。另外，在山东邹县野店大汶口文化几座大墓中出土的数件被称作“漏器”的陶器，根据其腹部和底部有小圆孔，口沿外饰有一圈高乳钉状泥凸，腹部饰有彩绘图案等特征推断，它们应该也是原始陶鼓。《世本》：“夷作鼓。”②传统

①　周昌富、温增源主编：《中国音乐文物大系·山东卷》，郑州，大象出版社，2001 年，第 188 页；山东博物馆、山东省文物考古研究所：《邹县野店》，北京，文物出版社，1985 年，第 105 页；高天麟：《黄河流域新石器时代的陶鼓辨析》，《考古学报》1991 年第 2 期，第 125～140 页。

②　（汉）宋衷注，（清）秦嘉谟等辑：《世本八种》，北京，中华书局，2008 年，第 13 页。

的解释是，有一个叫作"夷"的人发明了鼓这种乐器。夷，似乎不应是人名，很可能是指"夷人"，即东夷部族。大汶口陶鼓的年代距今约 5000 年，比山西襄汾陶寺出土的木鼓约早 1000 年。显然，居住在山东一带的东夷人是中国较早使用鼓的部族。

第四节　马家窑文化

马家窑文化是黄河上游新石器时代晚期文化，因最早发现于甘肃省临洮县洮河西岸的马家窑遗址而得名，年代距今约 5300～4050 年。

马家窑遗址位于马家窑村麻峪沟口。1923～1924 年，瑞典地质学家兼考古学家安特生在甘肃、青海一带调查，其助手在 1924 年发现马家窑遗址并进行了发掘。1957 年开始，甘肃省博物馆对遗址进行了多次调查，发现了马家窑类型叠压在仰韶文化庙底沟类型之上的地层关系。马家窑文化包括马家窑、半山、马厂 3 个文化类型。从已经发现的有关地层叠压情况看，马家窑类型早于半山类型，半山类型早于马厂类型，马家窑类型、半山类型和马厂类型相承、相似的因素很多，关系密切。

马家窑文化以彩陶器为代表，它的器型丰富多彩，图案极富于变化，是先民创造的彩陶艺术之顶峰。从马家窑文化发现的远古音乐文物中，绚丽多彩的陶摇响器、陶鼓，内容丰富的陶盆、陶罐饰绘及甘肃皋兰糜地岘陶摇响器，庆阳野林寺沟曲颈陶摇响器，永登乐山坪彩陶鼓，青海大通上孙家寨及同德宗日出土的舞人纹彩陶盆等，出类拔萃的作品比比皆是，让人目不暇接。中原地区仰韶文化的彩陶衰落以后，马家窑文化的彩陶，又延续发展数百年，将彩陶文化推向前所未有的高度。

一、陶摇响器

马家窑文化的陶摇响器因其高超的彩陶艺术而别具一格，其功用仍不外乎是乐舞饰器及儿童玩具之属。

1. 兰州土谷台陶摇响器

1977 年，土谷台陶摇响器（图 3-28）出土于兰州土谷台马家窑文化半山——马厂期墓地的第 58 号墓。[①]陶摇响器为泥质红陶，呈暗褐色。状若

---

① 郑汝中、董玉祥主编：《中国音乐文物大系·甘肃卷》，郑州，大象出版社，1998 年，第 13 页。

纺锤，略扁、中空。腰围两端各开一孔，通内腔，可穿绳携挂。器表粗糙，多裂纹。上绘纹饰似三角纹，通长 11.2 厘米、腰围 6.9 厘米、腰孔径 0.3 厘米、两端孔径 0.4 厘米。体内置弹丸数粒，摇动时能发出声响。从其稚拙的制作手法及简陋的造型分析，此陶摇响器属儿童玩具的可能性较大。

图 3-28 兰州土谷台陶摇响器

2. 甘肃皋兰糜地岘陶摇响器

1956 年，糜地岘陶摇响器（图 3-29）出土于甘肃省皋兰县糜地岘古墓遗址，为马家窑文化马厂类型遗物。①此摇响器为细泥红陶质，橙黄色，周身似施红陶衣。器身呈圆球状，上、下略内收。上封口，置有拱形板带提梁，下小平底。器表光洁，通体彩绘，以竖向贯通的黑色双宽带纹内夹圆点纹将铃面四等分。每部分内为黑色菱形网格纹。底部中央绘"十"字，四角各绘两条重叠折线纹。通高 12.1 厘米、腹径 8 厘米、底径 4.6 厘米、提梁宽 1.5 厘米。通体无孔眼，腹空。腔内置硬陶丸数粒。

皋兰糜地岘陶摇响器制作精致，彩绘绚丽，造型协调匀称，线条流畅，应为出自高手的作品，其圆润的环纽当为悬挂之用。可以设想，数件一组，悬于舞者周身或四肢，舞动时沙沙发声，其所渲染的气氛是热烈的。

3. 甘肃东乡林家陶摇响器

1977 年，陶摇响器（图 3-30）出土于甘肃省临夏回族自治州东乡族自

---

① 尹德生：《甘肃出土的几件原始社会打击乐器》，《西北史地》1987 年第 2 期，第 91～96 页；陈贤儒、郭德勇：《甘肃皋兰糜地岘新石器时代墓葬清理记》，《考古通讯》1957 年第 6 期，第 4～5、7～8 页；郑汝中、董玉祥主编：《中国音乐文物大系·甘肃卷》，郑州，大象出版社，1998 年，第 13、15 页。

治县林家遗址，属马家窑文化遗物①，距今约 5000 年。陶摇响器共出土 2
件。其一泥质灰陶，暗红色。器身呈半球状，中空，平底，底为椭圆形。
器身中部饰齿状堆纹一道，堆纹两端各穿一孔与内腔通。通高 5.5 厘米、
底径 7.8～9 厘米。器身磨光、素面。两侧底边较厚，各斜穿二孔通底，似
为缀挂饰物或穿系绳索提携而用。

其二泥质红陶，淡红色。器身隆起呈馒头形，平底、中空。器身两
侧下方各有两孔，底有四孔。器表光润，素面无纹。腔内置小陶球或硬
质泥丸数枚。

图 3-29　甘肃皋兰糜地岘陶摇响器　　　　图 3-30　甘肃东乡林家陶摇响器

4. 甘肃庆阳野林寺沟曲颈陶摇响器

甘肃庆阳野林寺沟曲颈陶摇响器（图 3-31）属马家窑文化遗物。器为
细泥灰陶质，器身小巧光洁，略呈球形，鼓腹、曲颈、中空、小平底。外
饰白陶衣，上着黑色彩绘。腹部饰叶脉纹，中心对称绘网格纹，颈部绘平
行弦纹三周。腹内置有小石粒，摇动时能发出清脆之声。②

二、陶鼓

马家窑文化的遗址出土了数量众多、彩绘靓丽的陶鼓，在史前音乐考

---

① 郑汝中、董玉祥主编：《中国音乐文物大系·甘肃卷》，郑州，大象出版社，1998 年，第
　10 页。

② 郑汝中、董玉祥主编：《中国音乐文物大系·甘肃卷》，郑州，大象出版社，1998 年，第
　12 页。

图 3-31　甘肃庆阳野林寺沟曲颈陶摇响器

古发现中很有特色。其中青海民和阳山、甘肃永登乐山坪出土的陶鼓最有代表性。这类陶鼓器身中空，两端近口处各有一宽带半环形耳，安置在一条直线上。两耳上系带，可以跨肩背着，将鼓悬于腰间。舞者双手一前一后，轮番击打鼓之两头皮膜，咚咚嗒嗒，如今之腰鼓，效果一些不差，因其两头鼓面直径悬殊，音高对比鲜明，其气氛更为激动人心。

1. 青海民和阳山陶鼓

　　青海民和阳山第 23 号墓陶鼓（图 3-32）出土于 1980 年，1989 年由青海省文物管理处拨交中国历史博物馆收藏。①阳山墓地共发掘墓葬 230 座，出土陶器多达 2675 件，但陶鼓却数量稀少，仅见于随葬品丰富的大墓中，当是氏族部落中具有某位权威人物所特有的器物。阳山墓地属新石器时代马家窑文化的半山至马厂过渡时期，年代为公元前 2300 年前后。

　　鼓为泥质红陶。中间呈圆筒状，一端向外扩展呈喇叭状，口沿齐平，为大圆口。口外壁有等距离的钩状乳钉一周。另一端略向外扩，延伸呈罐状，口沿齐平，为小圆口。通长 37.4 厘米、大口径 23.4 厘米、小口径 12.4

---

① 袁荃猷主编：《中国音乐文物大系·北京卷》，郑州，大象出版社，1996 年，第 13 页；青海省文物考古研究所：《民和阳山》，北京，文物出版社，1990 年，第 34～35 页。

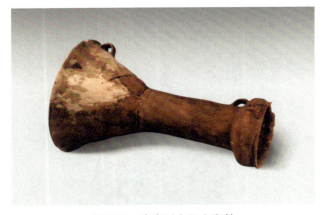

图 3-32 青海民和阳山陶鼓

厘米。此器表面磨制光滑，原绘有大锯齿纹饰，现已脱落殆尽。出土时残缺部分，已经修复完整。现存仅为鼓腔，用兽皮绷在大口一端的钩状乳钉上，再用绳系在两耳上，即可挂在腰间敲击。

2. 甘肃永登乐山坪陶鼓

1985年10月，陶鼓出土于甘肃兰州永登大通河东岸的河桥镇乐山坪，这里为马家窑、半山、马厂类型文化和齐家文化遗存。①陶鼓出土共9件，除个别残损外，大多完整。多用泥条盘筑法制成。有泥质彩陶和夹砂红褐素陶两种，分大、中、小三种形制，造型基本一致。部分陶鼓上着黑、红彩绘，纹饰有漩涡纹、三角形纹、复线交叉纹、平行宽带纹、锯齿纹、弦纹、菱形纹等，古朴别致。

此器（图3-33）为其中之一，1990年由甘肃省博物馆拨交，今为中国国家博物馆收藏，属马家窑文化遗物。彩陶鼓泥质红陶，器由大头、中筒和小头三部分组成，大头一端向外扩呈喇叭状，口沿齐平，为大圆口，近口处外沿有等距离的乳钉一周。小头一端，从中间至口沿呈圆筒状，近口沿处向内浅凹呈槽状。中筒即器身，中空，两端近口处各有一宽带环形耳，两耳在一条直线上。通身绘赭黑两色图案，器表光滑。通长36.9厘米、大口径29.2厘米、小口径9.3厘米。

---

① 马德璞、曾爱、魏怀珩：《永登乐山坪出土一批新石器时代的陶器》，《史前研究》1988年，第99、201～211、313页；尹德生、魏怀珩：《原始社会晚期的打击乐器——兰州市永登县乐山坪陶鼓浅探》，《史前研究》1988年，第156～162页；袁荃猷主编：《中国音乐文物大系·北京卷》，郑州，大象出版社，1996年，第13页。

图 3-33　甘肃永登乐山坪陶鼓

可以设想，用生湿的兽皮蒙在口上，挂绷在鼓腔口外周沿的倒钩上，待干燥后皮膜即呈紧绷状态，敲击时"嘣嘣"有声。鼓小头呈罐状，束颈，口沿外翻，故也可蒙皮。蒙皮的方式与大口有别，不用倒钩挂绷，而只需用皮条直接在口沿外侧扎紧即可。在土鼓的一侧有两个桥形环，可以穿绳悬挂在腰间，如今日打腰鼓状，大、小头轮击，高、低音互答，效果热烈。

三、陶器饰绘

中国史前时期，已经出现了彩绘图案装饰的陶器，所谓"彩陶"。上述仰韶文化时期的彩陶具有一定的代表性，马家窑文化时期将人类的彩陶艺术推向了高峰，造就了美术作品中实用和人类审美观念相结合的典范。

这些彩陶器上的装饰性花纹，多见一些简单的几何纹，也常见一些具象的纹饰，较为多见的有鸟纹、蛙纹和鱼纹。直接表现人的图案也时有出现。如一些彩陶也在一定程度上反映了先民的乐舞活动。其中被艺术理论界广泛引用的资料，当数青海大通上孙家寨出土的舞蹈纹彩陶盆。甘肃酒泉干骨崖舞蹈纹陶罐也是非常好的标本。

1. 青海大通上孙家寨舞蹈纹彩陶盆

青海大通上孙家寨舞蹈纹彩陶盆（图 3-34），1973 年出土。1976 年青海省文物管理委员会拨交中国历史博物馆收藏。属新石器时代马家窑文化遗物，年代在公元前 2500 年左右。①彩陶盆通高 14 厘米、口径 29 厘米、腹径 28 厘米、底径 10 厘米。细泥红陶，手制、大口唇外卷，口略敛，深腹，腹向下收，平底。唇及内外壁绘褐色斜平行线纹、平行带纹、柳叶纹等。内壁主题纹饰为 3 组舞人，每 5 人为一组，手拉手，面向一致，头左侧各有一斜道，似为发辫，摆向划一。每组外侧两人的外侧手臂，画为两道。在两腿上部、下腹体右侧，各有一道，似为尾饰。整个画面人物步调一致，形象生动。在发现的彩陶器物中，饰有先民集体舞蹈活动场面的，此乃首例，为研究马家窑文化和中国原始社会音乐、舞蹈提供了珍贵的实物资料，因而受到学术界的广泛关注。②

图 3-34　青海大通上孙家寨舞蹈纹彩陶盆

2. 青海同德宗日舞蹈纹彩陶盆

1995 年，青海同德宗日出土属马家窑文化的舞蹈纹彩陶盆（图 3-35）。③绘画构思与出土于青海大通上孙家寨的舞蹈纹彩陶盆异曲同工，不同之处是盆内所绘舞者均为女性，两组，共 24 人：一组为 11 人，另一组为 13 人。古代先民以较为夸张的表现手法，抓住女性形体的长颈、溜肩、细腰、丰臀等突出特征，用重彩对每一位舞者进行特写。这些舞者舞姿优

---

① 青海省文物管理处考古队：《青海大通县上孙家寨出土的舞蹈纹彩陶盆》，《文物》1978 年第 3 期，第 48～49、97 页；袁荃猷主编：《中国音乐文物大系·北京卷》，郑州，大象出版社，1996 年，第 167 页。

② 参见金维诺：《舞蹈纹陶盆与原始舞乐》，《文物》1978 年第 3 期，第 50～52 页。

③ 参见中国音乐文物大系总编辑部编：《中国音乐文物大系·青海卷》，郑州，大象出版社，待版。

雅轻盈，与上孙家寨彩陶盆上所绘舞者相比，更加体现了女性舞者形体的曲线美。

　　图中所表现的手挽手的舞蹈，有学者称之为"连臂舞"。这种形象乃是人类新石器时代、青铜时代彩陶和岩画艺术中常见的主题，是人类日常生活最多见活动的写照。从世界范围而言，这种连臂舞最早可见于公元前5000多年的彩陶片上。稍后在公元前 4000 多年的欧贝德（Ubaid）时代早期的梅梅（Mehmeh）文化类型中亦有发现（图 3-36、图 3-37）。在我国的甘肃地区，也曾

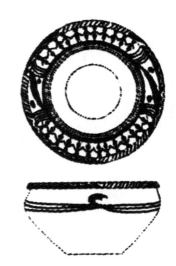

图 3-35　青海同德宗日彩陶盆舞人纹饰

出土过同样类型的舞人彩陶盆或彩陶罐，如甘肃河西的干骨崖出土的"长裙舞"双耳彩陶罐等。

图 3-36　两河流域哈拉夫（Ha-laf）文化彩陶片纹饰①　　　图 3-37　两河流域彩陶片梅梅（Mehmeh）文化类型纹饰②

3. 甘肃酒泉干骨崖舞蹈纹陶罐

　　1987 年出土于甘肃省酒泉县（今酒泉市）干骨崖新石器时代遗址的舞蹈纹陶罐 4 件。其中，2 件为双耳罐，2 件为单耳罐，细泥红陶质，造型风格相近，属马家窑文化类型。③

①　金维诺：《舞蹈纹陶盆与原始舞乐》，《文物》1978 年第 3 期，第 50～52 页。
②　金维诺：《舞蹈纹陶盆与原始舞乐》，《文物》1978 年第 3 期，第 50～52 页。
③　郑汝中、董玉祥主编：《中国音乐文物大系·甘肃卷》，郑州，大象出版社，1998 年，第 277 页。

其一双耳，束颈，红底上施黑彩（图 3-38、图 3-39）。以双耳为界限，两面对称绘 3 人 1 组、3 组 9 人、两面 6 组共 18 人的舞蹈纹。舞者直立，细腰，着长裙，双手叉腰作舞蹈状。动作统一，排列规整。通高 10.4 厘米、口径 7 厘米、腹径 10.5 厘米、底径 3.2 厘米。[①]

图 3-38　甘肃酒泉干骨崖舞蹈纹陶罐一　　　图 3-39　甘肃酒泉干骨崖陶罐一舞蹈纹

其二束腰，平底，腰间双耳，绘黑彩（图 3-40、图 3-41）。以双耳为界限，两面对称以横宽带纹、纵弧线纹界框，框成长方形两处，上窄下宽。框内绘象征性舞蹈纹。从正面看，舞者横置，上为身，下为裙。舞人上方每排 2 人，3 排 6 人；下方每排 3 人，3 排 9 人，两面四方共 30 人。画面规整统一，舞者造型富于几何效果。舞人形象，已经图案化为滴水联珠的形式，发人想象，似均为侧面，面向朝右，身着长裙，舞姿娴熟优雅。画面布局协调，舞者情怀愉悦。通高 8.5 厘米、口径 11.5 厘米、底径 10.5 厘米。[②]

图 3-40　甘肃酒泉干骨崖舞蹈纹陶罐二　　　图 3-41　甘肃酒泉干骨崖陶罐二舞蹈纹

其三、四两罐皆侈口，束腰，单耳，绘黑彩（图 3-42、图 3-43）。腰

---

① 郑汝中、董玉祥主编：《中国音乐文物大系·甘肃卷》，郑州，大象出版社，1998 年，第 278 页。

② 郑汝中、董玉祥主编：《中国音乐文物大系·甘肃卷》，郑州，大象出版社，1998 年，第 278 页。

腹间施平行宽带纹，内绘舞蹈人纹一周 22 身。舞人仿佛手牵着手，呈整齐的队列舞蹈状，向前行进。因年代久远，彩绘已模糊不清。其三通高 5.8 厘米、口径 4 厘米、腹径 6 厘米、底径 2 厘米。其四通高 6.8 厘米、口径 4.8 厘米、腹径 7.5 厘米、底径 2 厘米。①

图 3-42　甘肃酒泉干骨崖舞蹈纹陶罐三、四

图 3-43　甘肃酒泉干骨崖陶罐三舞蹈纹

第五节　龙 山 文 化

　　龙山文化为中国铜石并用时代文化，泛指黄河中下游的山东、河南、山西、陕西等地区约当新石器时代晚期的一类文化遗存，距今 4350～3950 年。因 1928 年首先在山东省章丘龙山镇城子崖发现而得名。其下层突出地

_____

① 郑汝中、董玉祥主编：《中国音乐文物大系·甘肃卷》，郑州，大象出版社，1998 年，第 278 页。

存在轮制漆黑光亮的黑陶和蛋壳黑陶，所以最初称为"黑陶文化"，被认为是起源于东方与仰韶文化不同系统的遗存。1931 年，考古学家梁思永在河南安阳后冈遗址，第一次发现了小屯（商代）、龙山、仰韶三种文化遗存上下依次堆积的"三叠层"，明确了三者的相对年代关系。在 20 世纪 30 年代，归属于龙山文化的遗址不仅有黄河中下游的，还包括杭州湾地区，当时根据地区差别，划分为山东沿海、豫北和杭州湾三个区。又有人提出龙山文化是中国文明的史前期之一，并认为后冈的龙山文化是商文化的直接前驱。1949 年以后，大量的发掘和研究表明，原先的所谓龙山文化，其文化系统和来源并不单一，不能把它视为只是一个考古学文化。现在，根据几个地区不同的文化面貌，分别给予文化名称，以资区别。一般的分法有以下几种。

1）山东龙山文化，或称典型龙山文化，即最初由龙山镇定名的那种遗存。其分布以山东地区为主。上承大汶口文化，下续是岳石文化，放射性碳素断代并经校正，年代为距今约 4500～4000 年。

2）庙底沟二期文化。主要分布在豫西地区。由仰韶文化发展而来，属于中原地区早期阶段的龙山文化，放射性碳素断代并经校正，年代为距今约 4900～4800 年。

3）河南龙山文化。主要分布在豫西、豫北和豫东一带。上承庙底沟二期文化或相当这个时期的遗存，发展为中原地区中国文明初期的青铜文化，放射性碳素断代并经校正，年代为距今约 4600～4000 年。一般还分为王湾三期、后冈二期和造律台 3 个类型。

4）陕西龙山文化，或称客省庄二期文化。主要分布在陕西泾、渭流域。放射性碳素断代并经校正，年代为距今约 4300～4000 年。

5）龙山文化陶寺类型，以新发现的山西襄汾陶寺遗址为代表，主要分布在晋西南地区，放射性碳素断代并经校正，年代为距今约 4500～3900 年。

目前这些文化暂多冠省名加以区别，今后通过深入对比研究，有条件的当以代表性的遗址地名单独定名。

一、陶摇响器

目前龙山文化的考古发现中，陶摇响器的资料尚不多见。1973 年出土于山东省日照市东海峪遗址可见一例。

山东省日照市东海峪遗址出土陶摇响器 1 件（图 3-44、图 3-45），现藏于日照市博物馆。①

图 3-44　山东日照东海峪陶摇响器　　图 3-45　山东日照东海峪陶摇响器底部

东海峪遗址东距黄海 1000 米，总面积 8 万平方米。东北高出周围 2.2 米，文化堆积 1～2 米，分上、中、下三层。下层为大汶口文化，上层为龙山文化，中层属"过渡层"，该器即出土自中层。

器黑陶质，表面光滑，形如蚌壳，腹背两面隆起，为上大下小不规则椭圆体。中部左、右两侧各捏进一个凹部，手捏痕迹明显，似为手执之用。腹面下部四个小圆孔，呈八字形排列，背面沿外缘处上、下各有一个弧形长孔，如蚌口微开，似做扩声之用。内有 7 颗陶丸，摇动时发出清脆的声响。长 8.6 厘米、宽 8.5 厘米、厚 4.2 厘米，周边外缘收口最宽处 1 厘米。

二、陶埙

龙山文化的考古发现中，陶埙仍是史前乐器中的主流，在山西、河南、山东一带的龙山文化遗址之中多有发现。

1. 河南尉氏桐刘陶埙

20 世纪 80 年代，陶埙（图 3-46）出土于河南尉氏县桐刘一处大型龙山文化遗址内。②陶埙腔体扁平，中空，通高 6 厘米。上部较平，下呈圆弧形底，横断面呈椭圆形。上端正中有吹口，口径 0.6 厘米。吹口两侧肩部各有一个音孔，孔径 0.4～0.45 厘米。吹口和音孔口均微向上突起，埙体两侧向下稍内敛，而前后两面则向外鼓，形成圆袋状腹部。经吹奏，开闭音孔分别可发出 4 个乐音。测音结果见表 3-1。

① 　山东博物馆、日照县文化馆、东海峪发掘小组：《一九七五年东海峪遗址的发掘》，《考古》1976 年第 6 期，第 378～382、405～406 页；周昌富、温增源主编：《中国音乐文物大系·山东卷》，郑州，大象出版社，2001 年，第 10 页。

② 　赵世纲主编：《中国音乐文物大系·河南卷》，郑州，大象出版社，1996 年，第 18 页。

表 3-1　河南尉氏桐刘陶埙测音结果　　　　单位：音分

指法	全闭	开 1 孔	开 2 孔	全开
音高	$^\sharp a^2-13$	$^\sharp a^2+10$	a^2-47	$^\sharp e^3+49$

2. 山西侯马乔村陶埙

1989 年山西侯马市乔村遗址出土 1 件陶埙（图 3-47），属龙山时期东下冯类型晚期遗存，现藏于山西省考古研究所侯马工作站。[1]同出鬲、盆、尊、罐等器。埙为空腹葫芦形，腹径 4.2 厘米、高 6 厘米。底端大而平，顶端略显尖长，顶端一吹孔，中部偏上有一音孔，此埙发现时仅存一半，另一半已从正中部脱落，由此可观察出它的制法，为手制两半部后捏合而成，再由外向内穿孔。

图 3-46　河南尉氏桐刘陶埙　　　　图 3-47　山西侯马乔村陶埙

3. 河南郑州旮旯王陶埙

1958 年，郑州市旧城西南 6.5 千米的旮旯王遗址第 50 号探沟中出土 1 件陶埙（图 3-48），现藏于河南博物院（原编号 C20T50∶2）。[2]1956～1958 年，河南省文化局文物工作队曾进行多次发掘旮旯王遗址，发现龙山和商

---

① 项阳、陶正刚主编：《中国音乐文物大系·山西卷》，郑州，大象出版社，2000 年，第 113 页。

② 吕骥：《从原始氏族社会到殷代的几种陶埙探索我国五声音阶的形成年代》，《文物》1978 年第 10 期，第 54～61 页；赵世纲主编：《中国音乐文物大系·河南卷》，郑州，大象出版社，1996 年，第 19 页。

代两种文化遗存。陶埙所属为龙山文化。

埙灰陶胎，手制。通高 5.3 厘米、长 6.5 厘米。外形似兔，通体磨光。头部用拉长的泥条捏塑成兔脸，后部有一凸起的短尾，腹下有三乳钉形足支撑。背部正上方有一个 0.7 厘米×0.8 厘米的近方形吹口，臀部右侧有一个口径为 0.7 厘米的圆形音孔。经测音，可发出两个乐音：闭孔音为 g^2–20 音分，开孔音为 $^bb^2$–47 音分。

4. 山东潍坊姚官庄陶埙

1960 年，陶埙（图 3-49）出土于山东潍坊市区南 10 千米处的姚官庄龙山文化遗址，现藏于山东博物馆。[①]山东博物馆对姚官庄遗址的发掘，揭露面积 1700 平方米，共清理了 12 座墓葬和 130 个灰坑，出土了一大批可复原的器物，其中以 3 件蛋壳黑陶杯最为著名，为龙山文化研究提供了新的资料。

埙为泥质灰陶，质地细腻坚硬，手工捏制。整体似鸭梨形，中空。梨把处即为埙的顶端，设为略大的吹孔。肩部另穿有一小按音孔。吹孔直径 0.7 厘米，按音孔直径 0.2 厘米。为一音孔埙，可发二音。

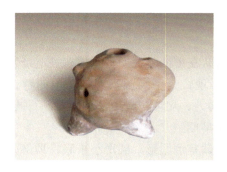

图 3-48　河南郑州旮旯王陶埙　　　　图 3-49　山东潍坊姚官庄陶埙

5. 山西万荣荆村陶埙

3 件陶埙于 1931 年山西万泉县（今万荣县）荆村出土，新石器时代器，现藏于山西博物院，编号 54 陶 416～418[②]（图 3-50～图 3-52）。

---

① 郑笑梅：《山东潍坊姚官庄遗址发掘简报》，《考古》1963 年第 7 期，第 3～5、347～350 页；周昌富、温增源主编：《中国音乐文物大系·山东卷》，郑州，大象出版社，2001 年，第 15 页。

② 项阳、陶正刚主编：《中国音乐文物大系·山西卷》，郑州，大象出版社，2000 年，第 114 页。

1）器 54·3·416 为长圆柱体无音孔埙，不规则，吹孔与音孔为同一。此埙长 7.8 厘米、底径 3 厘米、上径 3.2 厘米。测音结果为 f^2–46 音分。

2）器 54·3·417 为一音孔埙。此埙腹部粗圆，音孔在一侧。高 5.4 厘米、底径 2.7 厘米、腹径 3.2 厘米。测音结果：闭孔为 $^{\#}c^3$–28 音分，开孔为 $^{\#}d^3$–19 音分。

3）器 54·3·418 为二音孔埙。此埙音孔在一侧，腹部为扁圆形，高 3.9 厘米、腹厚 3.2 厘米、宽径 3.8 厘米。测音结果：闭孔为 $^{\#}d^2$+26 音分，开一音孔为 b^2–23 音分，开二音孔为 d^3–45 音分。

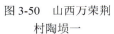

图 3-50　山西万荣荆 　　　图 3-51　山西万荣荆村 　　　图 3-52　山西万荣荆村
　　村陶埙一　　　　　　　　 陶埙二　　　　　　　　　 陶埙三

6. 山西垣曲古城陶埙

1984 年，中国历史博物馆垣曲考古队在山西省垣曲县古城东关遗址发掘出土陶埙 1 件（图 3-53、图 3-54），现藏于中国国家博物馆垣曲考古队。[1]同出器物有陶鼎、陶罐、陶杯、陶刀、陶环、陶纺轮、石刀、石镞、骨笄、骨针等。时代属庙底沟二期文化早期。

陶埙系夹砂灰陶，素面，一音孔。体呈倒梨形，圆形小平底，顶部外弧，内空，壁略厚。顶部正中有一吹孔，旁侧有一音孔。埙直径 2.1～3.8 厘米、厚约 0.6 厘米、高 4.7 厘米。

三、陶角

除了上述仰韶文化和大汶口文化出土有陶角之外，在龙山文化的遗址中，也曾发现过陶角这类器物。

---

① 项阳、陶正刚主编：《中国音乐文物大系·山西卷》，郑州，大象出版社，2000 年，第 115 页；张素琳、佟伟华：《垣曲古城东关遗址庙底沟二期文化和龙山文化遗存》，载山西省考古研究所、山西省考古学会编：《三晋考古》第二辑，太原，山西人民出版社，第 141～191 页。

图 3-53　山西垣曲古城陶埙　　　　图 3-54　山西垣曲古城陶埙俯视

1976 年，陶角（图 3-55）出土于河南禹县（今禹州市）顺店公社东南 2000 米的谷水河遗址内。①该遗址包含有仰韶文化和龙山文化两层堆积，陶角出土于龙山文化层内。角灰陶质，残长 28 厘米、宽 7 厘米、口径 10.5 厘米。外形如弯曲的牛角，空腔，一面扁平，一面弧鼓。口部椭圆，尾端呈尖角状，角已残破。扁平的一面距口部 1.5 厘米处有一小圆孔。

图 3-55　河南禹州谷水河陶号角

四、陶铃、铜铃

龙山文化时期出土的陶铃和铜铃，标本较多见于晋西南地区的陶寺遗址。陶寺遗址位于山西临汾市襄汾县域东北大约 6.5 千米的陶寺镇南侧的塔儿山下，总面积 600 余万平方米。遗址发现于 20 世纪 50 年代，1978～1985 年连续发掘，2001～2004 年，为进行"中华文明探源工程与研究"课题再次进行勘察和发掘。遗址的放射性碳素断代并经校正，距今约 4500～

---

① 刘式今：《河南禹县谷水河遗址发掘简报》，《中原文物》1977 年第 2 期，第 44～56、64 页；赵世纲主编：《中国音乐文物大系·河南卷》，郑州，大象出版社，1996 年，第 13 页。

3900 年。两次发掘清理出数量较多的房址、道路、水井、陶窑、灰坑，以及包括不同等级墓葬的大型墓地、城址、疑似观象台的夯土基址。从发掘的成果来看，陶寺社会贫富分化悬殊，少数贵族大量聚敛财富，形成特权阶层。陶寺遗址对研究中国古代阶级、国家的产生及夏文化的探索，有重要的学术价值。出土的音乐文物有陶铃及红铜烧造成的小铜铃，还有鼍鼓、特磬等，对探讨中华音乐文明的起源具有特殊的意义。

1. 山西襄汾陶寺陶铃[①]

陶铃采集于山西襄汾陶寺遗址，为陶寺类型遗物。6 件陶铃分别出于陶寺文化早、中、晚期居住址的文化层、水井或灰坑中。铃的横截面多呈合瓦形、菱形或椭圆形，个别作马蹄形。空腔，下口齐平，顶壁设吊铃舌用的小孔。铃舌均佚。依顶部形制又可分为平顶与凹顶两种，后者是将铃的顶壁下移至铃体上部，似乎形成上、下两个铃腔，除顶壁的竖向穿孔外，凹顶铃"上腔"的周壁常见横向穿孔。

（1）陶铃 H340：51

陶铃 H340：51（图 3-56）出于居住址第Ⅲ发掘区 340 号灰坑，时代属陶寺文化早期。泥质陶，器表黑色，胎红褐色，手制。平顶，顶部俯视呈梭形，顺长轴穿有椭圆形透孔一对。铃壁较直，已残。器残高 2.2 厘米、复原高度 6 厘米，顶长径 10.1 厘米、短径 4.2 厘米、顶厚 1.1 厘米。

（2）陶铃Ⅳ06

陶铃Ⅳ06（图 3-57）为居住址第Ⅳ发掘区采集品。附近小范围内有陶寺文化堆积，应属陶寺文化遗物。器泥质灰陶，手制。平顶，顶部平面呈菱形，顺长对角线穿有竖向透孔一对。铃壁中部微外弧，近口处稍

图 3-56　山西襄汾陶寺陶铃 H340：51

图 3-57　山西襄汾陶寺陶铃Ⅳ06

---

① 参见项阳、陶正刚主编：《中国音乐文物大系·山西卷》，郑州，大象出版社，2000 年，第 297 页。

内敛。铃腔下部横截面近合瓦形，下口齐平。铃周壁表面饰并列的横向划纹 5 道和斜向弧线划纹若干道。出土时残存大半铃体，经复原，器通高 5.4 厘米、顶部长对角线 8.6 厘米、短对角线 5 厘米，下口长径 9.9 厘米、短径 3.8 厘米。

（3）陶铃 T403：4C：48

陶铃 T403：4C：48（图 3-58）出于居住址第 IV 发掘区 403 号探方的 4C 层，属陶寺文化晚期遗物。泥质灰陶，手制。平顶，俯视呈不规则椭圆形，顺长轴穿有竖向透孔一对，周壁下部外撇。器通高 3.5 厘米、顶部长径 4.9 厘米、短径 3.4 厘米、底口长径 6.7 厘米。

（4）陶铃 J301：4

陶铃 J301：4（图 3-59）出于居住址第 III 发掘区 301 号水井内，属陶寺文化早期遗物。泥质陶，呈深褐色，手制，器形小巧。横截面呈菱形，凹顶。顶壁顺长对角线有竖向二孔，顶以上四壁对称部位各有一横向孔。上、下口大小相若。器通高 2.6 厘米、长对角线 3.3 厘米、短对角线 2.3 厘米。

图 3-58　山西襄汾陶寺陶铃 T403：4C：48　　　图 3-59　山西襄汾陶寺陶铃 J301：4

（5）陶铃 T393：4B：3

陶铃 T393：4B：3（图 3-60）出土于居住址第 III 发掘区 393 号探方的 4B 层，属陶寺文化早期遗物。泥质陶，器表黑色，胎红褐色，手制。横截面似马蹄形，一侧为直壁，余为弧壁，凹顶，仅存残半。近直壁一侧顶壁原应有竖向孔两个，残器仅存一孔；顶壁以上弧壁的两端原也应有对称的横向孔两个，也仅存一孔。器表磨光，近下口处有细弦纹十数周。器通高 5.5 厘米、最大宽度 5.5 厘米。

（6）陶铃 H419：5

陶铃 H419：5（图 3-61）出于居住址第 IV 发掘区 419 号灰坑中，属陶寺文化中期遗物。泥质陶，器表灰色，胎褐色，手制。横截面呈梭形，凹顶。仅存残半，宽（短径）2.7 厘米、残长 4 厘米、残高 2.5 厘米。残器经复原，知顶壁上可能有竖向圆孔 5 个，顶上方的两侧弧壁上有对称的横向圆孔两组共 4 个。器复原高度 3.7 厘米、复原长径 8.6 厘米。

图 3-60　山西襄汾陶寺陶铃 T393：4B：3　　图 3-61　山西襄汾陶寺陶铃 H419：5

2. 山西襄汾陶寺 3296 号墓铜铃

1983 年 3 月，铜铃标本 M3296：1（图 3-62、图 3-63）出土于陶寺文化晚期遗址 3296 号墓。[①]铜铃出土时，位于 50 岁左右的男性墓主骨架左侧股骨与耻骨联合之间，推测入葬前可能是被挂在死者腰部至下腹间，后因软组织腐败而滚落到墓底。铃体表面附有很清楚的麻纺织物遗痕。这是迄今考古发现的最早的铜制乐器，也是中国青铜乐钟的滥觞。

图 3-62　山西襄汾陶寺遗址 3296 号墓铜铃　图 3-63　山西襄汾陶寺 3296 号墓铜铃内腔

铜铃合范铸制，腔壁的厚薄不很均匀，两侧和顶部可见铸造缺陷和砂眼。红铜质，纯度为 97.86%。其形制与陶铃十分接近，顶部、底口及中腰

---

① 中国社会科学院考古研究所山西工作队、临汾地区文化局：《山西襄汾陶寺遗址首次发现铜器》，《考古》1984 年第 12 期，第 1068～1071、1155 页；项阳、陶正刚主编：《中国音乐文物大系·山西卷》，郑州，大象出版社，2000 年，第 300 页。

的横截面均呈合瓦形或近似合瓦形，铃壁自上而下稍侈张，故底口略大于顶。铜铃为平顶，顶壁近短径一端钻有一悬舌孔，是在铜铃铸成后另行钻成。铃舌已佚。顶厚约 0.17 厘米、近口处厚约 0.28 厘米。顶及一侧铃壁各有不规则透孔一处，系铸造缺陷所致。顶部长径 5.2 厘米、短径 2.1 厘米、口部长径 6.3 厘米、短径 2.7 厘米、高 2.65 厘米。

五、鼍鼓

史前木质的鼓类乐器能留存到今天，几乎是不可能的事。但今天的人们还是在山西襄汾陶寺龙山文化遗址的一些大型墓葬中，有幸看到了它们的大致模样，这完全有赖于现代考古学的发展和先进技术的应用。当然，这些考古发现的史前木鼓，其木质材料本身，早已在漫长的历史岁月中腐朽殆尽，但是木鼓表面的漆皮和颜料，却在土壤里留下了木鼓当年的形状踪迹。考古学家利用石膏取模的方法，巧妙地获得了这些数千年前的木鼓形象，让今人能一睹这远古乐器的真容！

1978～1985 年，中国社会科学院考古研究所山西工作队与山西省临汾行署文化局联合组队发掘期间，曾出土一批龙山时代的乐器，主要为鼓和石磬，共 20 余件。其中鼍鼓 8 件，分别出土自陶寺文化早期的 5 座大墓中。[①]发掘者根据它们多和一件特磬放置在一起，以及和其他几座大型墓葬中出土的同类器物一样，鼓内散落鳄皮骨板，确定它就是古书中所说的"灵鼍之鼓"。其中，M3016、M3015、M3002 三墓各 2 件，M3072 和 M3073 二墓因破坏过甚，各存 1 件。估计每墓 2 件是当时的规范。鼍鼓一般位于墓圹（kuàng）左下角，M3016 等 3 座墓都是 2 件，鼓并排竖立于墓底。未发现底座或鼓架一类附件。M3073 近足端左侧墓壁掏有两个直达墓底的壁龛，供放置鼍鼓之用。发掘时，一龛外侧尚存一鼓，另一龛已被破坏，仅见痕迹。据推测，该墓原葬入的鼓也是 2 件。在 M3073 的残存遗物中，未发现石磬，而另 4 座墓中各有石磬 1 件与鼍鼓共存。M3016、M3015、M3002 等 3 座墓中，石磬都置于鼓旁，可证石磬与鼍鼓应为互相配套的乐器，方式为二鼓配一磬。此外，在出鼍鼓的 5 座墓中，还各伴出土鼓 1 件。由于墓地在数千年间受到自然和人为因素的破坏，墓圹上部大都不存，鼍鼓的上端随遭损毁，故各鼓原来高度已无法确知。现保存高度为 5～110 厘米，

---

① 中国社会科学院考古研究所山西工作队、临汾地区文化局：《1978～1980 年山西襄汾陶寺墓地发掘简报》，《考古》1983 年第 1 期，第 30～42、100～103 页；项阳、陶正刚主编：《中国音乐文物大系·山西卷》，郑州，大象出版社，2000 年，第 303 页。

后一数据可能接近原来的鼓高。鼓由于长期深埋土中受到腐蚀，鼓腔木质已朽。据对发掘现场的鼓腔木灰痕迹的观察，腔壁厚度一般在 2 厘米上下。又据 M3015：16 号鼓的解剖数据，其鼓腔上、中部壁厚 1.5 厘米，近底部壁厚为 1～6 厘米，这是刮削内腔时加工不均匀所致。如考虑到墓土挤压等因素，鼓腔原实际厚度可能略大于木灰痕迹的厚度。据在发掘现场的观察和解剖，只有 M3015：16 号鼓的底部发现一层同周壁相连的木灰，证明该鼓是有底的，而其余鼓腔底部皆未发现木灰，都是上、下口连通的筒状。

各墓鼍鼓的形制大体规整，鼓腔呈竖立筒状，利用天然树干挖空，制成鼓框，呈上小下大、略带锥度的圆筒形。蒙上鼓皮后，整体形制呈圆柱形。由于鼓腔是利用天然树干刮去树皮、掏空内腔、外施彩绘制成，故鼓身上下的粗细并不一致，一般直径 50 厘米上下，个别的下部直径达90 厘米以上。体表施粉红或赭红底色，上施白、黄、黑、宝石蓝等色彩绘，所绘图案已漫漶不清。鼓体中上部可辨宽约 22 厘米的图案，隐约可见回形纹；下部有一周宽约 4 厘米的带饰，其中可辨几何形和云纹，带饰上下有数道弦纹。出土时鼍鼓上口大多已残，时代约为公元前 2500～前 1900 年，后期已进入夏代。鼍鼓是古人宗教礼仪或巫术活动的重要工具。在神权统治的古代社会，鼍鼓逢逢如雷的宏大声响，可产生一种强烈的威慑力量。

各鼓出土时，在鼓腔内不同高度或鼓腔周围的墓底，发现有扬子鳄的骨板，可证鼓的上口原来蒙有鳄鱼皮。鉴于鼓腔都是直立竖置于墓底，而从未发现过鳄鱼骨板，可判定鼓的下口并未蒙皮。故陶寺所出都是只在上口蒙皮的单面鼍皮鼓。M3002 的 2 件鼓和 M3015：16 号鼓，除鳄鱼骨板外还有黑褐色小圆锥体共存，由某种有机质黏合材料（推测是生漆）糅合少量含石英等矿物质的陶土制成，未经烧制。或认为其可能是贴附在鼓皮上用来调节鼓音高低的。

根据发掘时鼓腔保存的实际状况，用石膏取型的方法获取了如下 3件鼍鼓。

（1）标本 M3015：15

鼓 M3015：15 略向一侧倾斜，上口已挤压成不规则椭圆形，底口基本作圆形，残高 110 厘米、上口长径 47 厘米、短径 38 厘米、复原直径 43厘米、底口直径 56 厘米、腔壁厚约 2 厘米。鼓腔外壁满涂红色为地，中部偏上一段为赭红色，其余为淡红色。上有二组彩绘图案：第一组位于中、上部的赭红地上，幅高 4.5 厘米许；第二组位于近底部的淡红色地上，幅高 9 厘米许，均以白、蓝二色绘出条带式边框，其内用白色或黄色绘出几何勾连纹、云纹、绚纹等，鼓腔已斑驳不堪，内发现鳄鱼骨板 3 枚，鼓周墓底发现骨板 9 枚（图 3-64）。

（2）标本 M3002∶27

鼓 M3002∶27（图 3-65）已被挤压成倾斜状，横截面呈不规则椭圆形，一侧存高 28 厘米、另一侧存高 34 厘米、现存上口直径 47～52 厘米、底口直径 47.5～54 厘米。外壁满涂淡红色颜料，其上隐约可见白色图案残迹。鼓腔内发现细碎的鳄鱼骨板残块。

图 3-64　山西襄汾陶寺 3015 号
墓鼍鼓之骨板

图 3-65　山西襄汾陶寺 3002 号
墓木鼍鼓（上部残失）

（3）标本 M3073∶19

鼓残存高度一侧为 60 厘米、另一侧为 72 厘米、底口直径 88 厘米、高 60 厘米处的横截面长径 95 厘米、短径 90 厘米、腔壁厚约 2 厘米。鼓腔外壁涂红彩。鼓腔内自鼓底以上 10～30 厘米填土中散落鳄鱼骨板 32 枚。

六、陶钟

陶钟是指一种筒体带把的陶质乐器。使用时一手执钟把，另一手拿棒或槌敲击钟体发声。陶钟在考古发现中极少见到，目前仅知陕西西安市长安县（今长安区）斗门镇龙山文化遗址出土的一例。其造型已经十分接近商代大量出现的青铜乐器铙，所以有人又称之为陶铙。有音乐考古学家认为，它与商铙应有一脉相承的关系。

1955 年陕西长安斗门镇遗址出土了 1 件陶钟（图 3-66）。1959 年，中国科学院考古研究所拨交北京历史博物馆收藏。[1] 斗门镇遗址属陕西龙山文化，年代约为公元前 2300～前 2000 年。钟为泥质灰陶，体短而阔，横

---

① 李纯一：《中国古代音乐史稿》第一分册，北京，音乐出版社，1958 年；刘东升：《中国音乐史图鉴》，北京，人民音乐出版社，1988 年，第 17 页。

断面近似椭圆形，剖面呈长方形。腹中空，前后壁略薄，两侧壁略厚，下口齐平。圆柱形实心甬，上粗下细，顶端呈圆形。舞平，甬与舞相接处，两侧各有一圆孔，可以悬系。器通高 12.5 厘米、甬长 5.6 厘米、下口长 9.4 厘米、下口宽 5.3 厘米，与商代的铙形制接近。

图 3-66　陕西长安斗门镇陶钟

七、石磬

石磬的起源不仅很早，而且在古代应用非常广泛，所以古文献中多有记载。《世本·作篇》云"无句作磬"[①]，认为发明石磬的人是无句，无句其人无可稽考。但是它表示石磬的由来极古，意思还是不错的。

人类的祖先曾经历了漫长的石器时代，石器是当时人们主要的生活和生产工具。人们在生活实践中，不难发现石片在碰击时发出的清脆悦耳的声音。从无意识地碰撞石器得到自然的音响，到有意识地去利用和制造能发出优美音响的石片，作为乐器的石磬就被发明出来了。至于它的第一发明人是不是叫作无句，则无关紧要。早期的石磬为打制而成，表面粗糙，厚薄不均，形制不甚稳定，音高也不规则。典型的出土物为山西襄汾陶寺遗址 3002 号大墓中的陶寺类型早期特磬。属龙山文化晚期的同类出土物也不少。

1. 山西襄汾陶寺 3015 号墓特磬

1980 年出土于山西襄汾陶寺 3015 号墓的特磬（图 3-67），是迄今考古

[①]　参见《礼记正义·明堂位》郑玄《注》引《世本·作篇》，载（清）阮元校刻：《十三经注疏》，北京，中华书局，1980 年，第 1491 页。

发现时代最早的石磬。①同出乐器有木鼍鼓。石磬利用黑色天然角页岩打制而成，磬表有明显的麻点和裂面，粗糙不平，厚薄不均。无倨句，已约略可辨鼓、股，但鼓、股上边连成一条弧线。鼓端内凹，股端圆突。磬体厚重，悬挂时呈 60°倾角，稳定性较好。倨孔长圆形，两面对钻而成。孔内有绳索磨痕，应为实用乐器。通长 80 厘米、高 33 厘米，重 31.75 千克。测音音高为#f²−23 音分。

图 3-67　山西襄汾陶寺 3015 号墓特磬

2. 山西襄汾陶寺 3002 号墓特磬

1976 年出土于山西襄汾陶寺 3002 号墓的特磬（图 3-68），也是考古发现的时代很早的石磬。②石磬利用天然石片打制而成，灰色，磬表有明显的麻点和裂面，粗糙不平，厚薄不均，有倨句雏形。鼓、股分明，鼓部修长而股部短阔。磬体厚重，悬挂时呈 5°倾角，稳定性较好。倨孔圆形，两面对钻而成。孔内也有绳索磨痕，应为实用乐器。器通长 95 厘米、高 43 厘米，重 30.75 千克。

图 3-68　山西襄汾陶寺 3002 号墓特磬

---

① 李纯一：《中国上古出土乐器综论》，北京，文物出版社，1996 年，第 31 页；项阳、陶正刚主编：《中国音乐文物大系·山西卷》，郑州，大象出版社，2000 年，第 303 页。

② 高炜：《探索晋西南"夏墟"的重大考古发现》，《人民画报》1985 年第 3 期，第 32～35 页。

3. 河南禹州阎寨石磬

1983 年秋，河南省禹县（今禹州市）花石乡阎寨遗址内出土了 1 件石磬（图 3-69）。该遗址属河南龙山文化晚期的村落遗址。[①]在 1983 年的发掘中，发现有成排的房基、窖穴及墓葬等，出土有大量的篮纹、方格纹陶片和陶器。墓葬多属小型墓，大都无随葬品，仅于其中一座墓葬内发现石磬。石磬由青石打制而成，未加磨光修整。出土时原断为两截，现已修复。鼓部与股部大致相等，倨句以及鼓、股各边角均呈弧形，磬下边向上弧曲。通长 78 厘米、高 28.5 厘米、厚 4.5～5.5 厘米。经测音，音高为 d^4+27 音分。

图 3-69　河南禹州阎寨石磬

4. 山西闻喜南宋村石磬

1978 年出土于山西闻喜县南宋村龙山文化晚期遗址的石磬（图 3-70），股上端略残。石磬是利用黑色天然石片打制而成，表面经过琢磨，较光滑而不甚平整。石质坚固细腻。磬体厚薄不均，鼓部较薄而股部较厚。无倨句，鼓、股分明。磬体厚重，悬挂时呈 40°倾角，稳定性较好。倨孔圆形，两面对钻而成。孔内也有绳索磨痕，应为实用乐器。通长 83.3 厘米、高 33.3 厘米，重 41.5 千克。[②]

---

① 匡瑜、姜涛：《禹县阎砦龙山文化遗址》，载中国考古学会编：《中国考古学年鉴（1984）》，北京，文物出版社，1984 年，第 126 页；李纯一：《中国上古出土乐器综论》，北京，文物出版社，1996 年，第 33 页；赵世纲主编：《中国音乐文物大系·河南卷》，郑州，大象出版社，1996 年，第 53 页。

② 项阳、陶正刚主编：《中国音乐文物大系·山西卷》，郑州，大象出版社，2000 年，第 14 页。

图 3-70　山西闻喜南宋村石磬

第六节　二里头遗址与夏文化

二里头文化是指以河南洛阳偃师二里头遗址一至四期所代表的、介于中原龙山文化和二里岗文化之间的一类考古学文化遗存，距今约 4100～3700 年。主要集中分布于晋南、豫西，首先发现于洛达庙遗址，但以二里头遗址发现的该类文化遗存最具代表性和典型性，故以此命名。

二里头遗址及临汝煤山、禹州瓦店、新密新砦、巩义稍柴、登封王城岗等遗址的发掘，证明了二里头遗址是一处早于郑州商城的、具有都城规模的遗址，总面积约 3 平方千米，遗址内发现有宫殿、居民区、制陶作坊、铸铜作坊、窖穴、墓葬等遗迹。二里头文化是中国青铜时代的文化，所出的青铜爵是目前所知中国最早的青铜容器。遗址中所出土的 3 件铜铃，是目前所知中国最早的青铜乐器。发掘也确认了二里头文化早于二里岗期商文化、晚于中原龙山文化的相对年代关系，以及三者间在文化面貌上有一定的继承性，为探索夏文化和夏代都邑提供了重要线索，成为公认的探索夏文化的关键性研究对象。

20 世纪 70 年代开始的对夏县东下冯、襄汾陶寺等遗址的发掘和研究，把夏文化探索的范围扩展到了晋南地区。根据二里头文化遗存在豫西和晋南地区的差异，二里头文化又被区分为以二里头遗址为代表的二里头类型和以东下冯遗址为代表的东下冯类型。

夏人活动区域内夏王朝（距今约 4100～3600 年）时期的居民留下来的物质文化遗存叫夏文化。夏文化的探索，是从早于商代的非商文化中去寻找。学者认为，二里头文化的四期遗存中，第三期或第四期遗存中有商文化因素出现，已进入商代纪年，应属商文化范畴。多数学者对第一期、第二期遗存可能是夏文化的认识比较一致，但它们的年代跨度与夏代积年有差距。为此不少学者主张应从更早的河南龙山文化中去寻找早期的夏文化，因为龙山文化的晚期已进入夏代纪年之内。由于缺乏文字等确切的材料作证据，所以目前对夏文化的看法都属推论，尚难以统一。经 1996 年"夏商周断代工程"的专家协商，以及对夏朝宫殿复原图及对偃师二里头遗址、郑州商城遗址、偃师商城遗址新的发掘和研究，学术界在以下几个重要问题上取得初步共识。

1）以偃师二里头遗址一、二、三、四期遗存为代表的二里头文化是夏文化。

2）分布在豫北冀南以河北磁县下七垣遗址为代表的一类遗存，是与夏文化基本同时的先商文化。

3）以郑州二里岗遗址为代表的二里岗文化是早商文化，郑州商城与偃师商城基本同时或略有先后，均是早商都邑遗址。郑州商城宫殿区的始建和偃师商城小城的始建可以作为夏、商分界的界标。

无论是从下七垣先商文化到二里岗早商文化，还是从二里头夏文化到二里岗早商文化，都出现了文化性质上的突变。这种先商文化飞速膨胀转化为早商文化并取代夏文化的原因，只能是更迭夏、商王朝的大规模战争，即自汤开始的"十一征"到夏桀被推翻的激烈战争，才造成了如此空前的文化突变。二里头遗址是夏王朝最后一位国君夏桀的都城所在地，偃师商城是汤灭夏后最早建立的商城之一，两地相距仅十多里。而文化兴替之剧烈程度，令人印象深刻。

一、陶埙

迄今为止，所见属二里头文化的陶埙仅 1 件。其较仰韶文化、马家窑文化及龙山文化各遗址所出土的陶埙，有了较为鲜明的改观。首先是造型，比之其前各文化的同类器物，要规整得多，它采用了尖顶、鼓腹、小平底的造型。吹口置于尖顶、按音孔置于鼓腹，演奏方便，按音顺当，执握稳妥。其次，它已经完全废弃了纯手工捏制，采用了轮制的进步工艺，表面基本平整，线条流畅。虽然它还只有一个按音孔，可能吹奏的音调较为简单，但其在制埙的工艺上，初步为其后商代陶埙的制作规范化、妇好墓陶埙之巅峰之作的出现，奠定了基础。

二里头陶埙（图 3-71），1960 年出土于河南偃师二里头遗址。[①]遗址堆

---

① 赵世纲主编：《中国音乐文物大系·河南卷》，郑州，大象出版社，1996 年，第 19 页；中国科学院考古研究所洛阳发掘队：《河南偃师二里头遗址发掘简报》，《考古》1965 年第 5 期，第 3～7、215～224 页。

积可分早、中、晚三期，陶埙出自探方 113 的第 3 层，属二里头文化中期
遗物。自 1960 年以来,中国科学院考古研究所曾对该遗址进行过多次发掘,
出土遗物丰富，并有大型宫殿建筑遗存。从出土遗物分析其年代，上限晚
于河南龙山文化，下限早于郑州二里岗商代文化。

埙泥质，灰色，轮制，中空。通高 6.5 厘米、腹径 6.1 厘米、底径 2
厘米。形似橄榄，肩部有轮制的弦纹痕迹，底部有二次修整时的刀削痕。
尖顶有吹口，口径 0.7～0.8 厘米。腹部一侧有一音孔，孔径 0.4 厘米。音
孔似在作坯时用直棒戳出，故音孔周沿略略隆起。经测音，开闭按音孔可
发出两个乐音：c^2–47 音分、$^\sharp a^1$–40 音分。

图 3-71　河南偃师二里头陶埙

二、铜铃

史前时期出现的陶铃和陶钟，可看作商代青铜乐器的先驱。用青铜来
制作铃或钟一类乐器，其音乐性能要优良得多。河南偃师二里头出土的铜
铃，是中国最早出现的有舌青铜乐器，它的前身应该是远古时代的陶铃或
陶摇响器。这类陶铃在黄河流域的马家窑、仰韶、大汶口和龙山等文化遗
址中都有发现。在夏代，铜还是十分稀罕的新型材料，珍贵异常。这种材
料在当时即被用来制作乐器，说明当时音乐在人们的社会生活中占据重要
位置。1983 年 3 月，山西襄汾陶寺遗址 3296 号墓中，出土了一枚小铜铃，
这是目前中国考古发现的最早的铜铃标本。陶寺铜铃虽为合范铸成，但为
红铜质，金属纯度为 97.86%，而不是所谓的"青铜"，即铜锡或铜铅的合

金。青铜的音乐性能以及冶铸的性能，均要大大优于红铜。陶寺遗址 3296 号墓铜铃，其时代属陶寺晚期，约公元前 20～前 19 世纪，其时已进入了中国传说中的夏代。

出土于河南偃师二里头 4 号、11 号、57 号墓的铜铃标本，其时代约在公元前 21～前 17 世纪。[①]二里头铜铃目前发现 4 枚，均出土于墓葬。其中的 3 枚铜铃同出玉质管状铃舌。铃体为合瓦形，一侧有翼，平顶上设一桥形纽。腔体素面无纹。出土有铜铃的二里头 4 号墓，为二里头文化早期墓葬。目前较多的学者主张将其划归到传说中的夏代，出土有铜铃的 11 号、57 号墓属二里头文化晚期，时代上已属早商。二里头 4 号墓中所出土铜铃的时代也应与夏代相当。但因其造型工艺、地域文化和乐器性能与 11 号、57 号墓所出土的铜铃完全一致，工艺上也是一脉相承，故将这些铜铃一并提及。

4 号墓铜铃，1982 年出土于河南省偃师二里头九区中部东缘。墓葬曾经盗扰，遗物不多。同出有玉钺、松石饰件等。铜铃为村民取土时发现。出土时，铃体用数层丝麻纺织物包裹，玉质管状铃舌被置于铃腔内。铃、舌金玉相配，可见在当时为极其珍贵的器物。铃为青铜铸制，保存较完整。铃体上窄下宽，略扁，横断面呈椭圆形。舞面中心有一横向条形铸孔，舞面设一环形桥纽。铃体一侧有扉棱，铃口饰一圆凸弦纹。通高 6.3 厘米、舞径 5.8 厘米、口径 8.8 厘米。铃舌玉质，色泽暗绿，顶略圆，底平，有一穿孔而呈圆管状。通长 6.3 厘米、直径 1.8～2.8 厘米。

11 号墓铜铃（图 3-72），1984 年秋出土于偃师二里头六区 11 号墓，时代属二里头四期。墓葬出土有较为丰富的随葬品，所出铜器有铃、爵、兽面牌形器等，玉器有戚、璧、圭、刀、柄形器等，另有陶盉、圆陶片、绿松石管饰、漆盒等物出土。铃青铜质，铸制，通体锈蚀。出土时位于墓坑中部偏西侧，外面有纺织物包裹的残迹。铃舌位于墓底中部略偏南的兽面铜牌与铜铃之间。铜铃的正视呈梯形，舞面平，中部拱起形成一桥形纽，纽下为一圆孔。铃体一侧中部置有扉棱。铃通高 7.7 厘米、口径 7～8.8 厘米。与铜铃同出玉质铃舌一枚，舌管状，呈淡灰褐色，通体磨光，两端

---

① 赵世纲主编：《中国音乐文物大系・河南卷》，郑州，大象出版社，1996 年，第 46～48 页；中国社会科学院考古研究所二里头队：《1982 年秋偃师二里头遗址九区发掘简报》，《考古》1985 年第 12 期，第 1085～1094、1108、1155 页；中国社会科学院考古研究所二里头工作队：《1984 年秋河南偃师二里头遗址发现的几座墓葬》，《考古》1986 年第 4 期，第 318～323、391～392 页；中国社会科学院考古研究所二里头工作队：《1987 偃师二里头遗址墓葬发掘简报》，《考古》1992 年第 4 期，第 294～303、385～386 页。

磨成平面，通长 7.6 厘米、直径 1.6～2 厘米。

图 3-72　河南偃师二里头 11 号墓铜铃

　　57 号墓铜铃，1986 年出土于偃师二里头六区 57 号墓。墓葬为二里头四期的中型墓，随葬品较丰富。出土铜器有铃、爵、刀、牌形器，玉器有刀、戈、月牙形器、柄形器，还有陶器、石铲、贝壳、漆器、小玉饰绿松石片等物。铜铃出土时至少包裹两种织物，其东侧近旁发现玉铃舌。铃青铜质，铸制，通体绿锈。腔体正视呈梯形，舞面及于口呈椭圆形，两面有梯形凸棱为边框，一侧出扉棱。舞中有一长方形透孔，桥形小纽横跨其上。通高 8.5 厘米、口径 7.8～8.9 厘米、壁厚 0.2 厘米。玉铃舌乳白色，圆管状，凹腰，下端周缘有撞击痕，通长 5.7 厘米。

三、木鼓

　　鼓是早期人类使用最为广泛的一种乐器，缘自它独特的优势：一是性能优越，其宏大的声响，可用于狩猎，或用于战争，与人类的生存息息相关；二是制作简单，一个筒形器，无论是木筒、陶土筒，蒙上皮就是鼓。相比之下，木筒就地取材，能找到一段空心树干就成；陶土筒要麻烦一些，还要用火烧制。所以远古之时，木鼓的使用应该十分普遍，二里头文化的遗址之中也不例外。只是，木质的鼓能够在地下保存数千年的，极为难得。在二里头遗址五区 4 号墓中，还真出土了 1 件木鼓。

　　1981 年，河南省偃师二里头遗址五区 4 号墓中出土了 1 件木鼓。[①]该墓为一长方形土坑墓，墓有棺及椁，墓底铺垫朱砂。棺木髹朱红色漆。随葬品丰富，除木鼓外，还出土有铜铃等。其时代属二里头文化二期，距今约 4000 年。鼓体已朽，仅从漆皮情况可看出其形状呈长筒形，束腰，鼓外壁髹朱红漆，长约 54 厘米。器今已不存。

四、石磬

　　二里头遗址中，同样也出土了石磬，值得关注。石磬的形制上已经出现了这种乐器在后世成熟时的一些因素。首先是磬体上出现了明白无误的倨句设施。在远古的石磬最初出现时，并无明确的倨句，其时人们还不明白石磬的倨句对悬挂这种乐器的意义。二里头先民制作出这种带明确倨句的石磬，说明他们已经在实践中感受到，这种倨句设施能使石磬的重心大大降低，使其悬挂稳定，给演奏带来方便。

　　其次是磬体上出现了明白无误的"股二鼓三"比例。"股二鼓三"的理论总结，出现于东周时期的著作《周礼·考工记》。二里头文化时期的人们是否已经总结出这样的理论，恐怕未必。但在这件石磬上，却已经可以明显地看到了"股二鼓三"的应用。无论是古人的有意还是无意，至少在这一件石磬上已成事实，值得重视。遗憾的是，目前这在二里头遗址仅是一个孤证。

　　最后是二里头石磬的五边形的整体造型，包括其鼓、股上边和两博，略带弧曲的底边均已出现，这也是明白无误的存在。这种五边形的整体造型，是华夏民族用了数千年的时间，直到进入西周，甚至春秋以后才得以定型。同样遗憾的是，目前在二里头文化之中，这也是一个孤证，尚难做出完整的结论。总之，还有待于今后更多的考古发现来加深人们的认识。

　　二里头石磬（图 3-73），1975 年出土于河南偃师二里头遗址第六区 3 号墓的一个坑内，仅 1 件，今藏于中国社会科学院考古研究所（编号：75YLⅥM3：12）。[②]该坑位于早期商代宫殿遗址北面约 550 米，坑底铺朱砂。坑内出土的还有铜爵、铜戈、铜戚、圆形铜器以及玉铲、玉钺、玉戈、绿松石串珠等。石磬出土时置于坑内的东北角，根据出土器物的形制判断，其

---

①　中国社会科学院考古研究所二里头工作队：《1981 年河南偃师二里头墓葬发掘简报》，《考古》1984 年第 1 期，第 37～40、99～100 页。

②　中国科学院考古研究所二里头工作队：《偃师二里头遗址新发现的铜器和玉器》，《考古》1976 年第 4 期，第 259～263、285～286 页；赵世纲主编：《中国音乐文物大系·河南卷》，郑州，大象出版社，1996 年，第 54 页。

时代当属二里头文化三期。据碳十四年代测定为距今 3870 年左右，约为夏代的中期。

磬由青石打制而成，虽经磨制，但所打制的凹面并未完全磨平。磬的鼓与股、各边角、倨句都比较明显。通长 58.5 厘米、通高 27 厘米、厚 3.5～4.5 厘米。经测音，音高为 g^2+39 音分。

图 3-73　河南偃师二里头石磬

第七节　长江流域诸文化

中华人民共和国成立以来，长江流域的考古事业获得了很大的发展。考古发掘成果表明，人类在长江流域活动的历史，与被称为"中华民族摇篮"的黄河流域同样古老悠久，人们在这里所取得的成就同样值得被关注。发现于长江流域的考古学文化，较为著名的有今浙江、江苏一带的河姆渡文化与良渚文化，是中国长江下游先后出现的两支重要的考古学文化。其他还有以江苏省淮安市淮安区宋集乡青莲岗文化遗址命名的青莲岗文化等。

属新石器时代晚期的，长江流域的大溪文化，为中国长江中游地区的新石器时代文化。因重庆市巫山县大溪遗址而得名。其分布东起鄂中南，西至川东，南抵洞庭湖北岸，北达汉水中游沿岸，主要集中在长江中游西段的两岸地区，揭示了一种以红陶为主并含彩陶的地区性文化遗存。据碳十四年代测定，大溪文化的时代约为公元前 4400～前 3300 年。大溪文化的发现，揭示了长江中游的一种以红陶为主并含彩陶的地区性文化遗存。

在长江流域，属新石器时代末期，即铜石并用时代的考古学文化。上游有宝墩文化，中游有屈家岭、石家河文化，下游有良渚文化。不过从目前看，有关长江流域发现的音乐考古资料，相较于北方的黄河流域还较为贫乏，仅有一些骨哨之类的遗物出土。这些较为简陋的发声器械，远不足以让我们全面认识史前长江流域人类社会的音乐生活的面貌。更多的相关资料还有待于进一步发现。

一、骨哨

河姆渡文化的骨器制作比较进步，有耜、鱼镖、镞、哨、匕、锥、锯形器等器物，精心磨制而成，一些有柄骨匕、骨笄上雕刻花纹或双头连体鸟纹图案，就像是精美的实用工艺品。新石器时代较重要的音乐文物骨哨，以河姆渡遗址所出最为著名。尽管从考古发现的年代来说，贾湖骨笛要比它早得多，但从这一乐器发展的常理来分析，浙江余姚河姆渡文化遗址出土的骨哨显得更为原始一些。推测先民在使用骨笛、骨哨的同时甚至更早，有过使用竹制或苇制的笛、哨阶段。因为竹制的笛、哨要比骨制的笛、哨，更容易得到材料，更容易加工制作，音响效果及音乐性能也更优越。

新石器时代的骨笛，主要出土于属裴李岗文化的河南舞阳贾湖、汝州中山寨等地的新石器时代遗址。而骨哨则主要出土于浙江余姚河姆渡、江苏吴江和甘肃永靖等地，分属河姆渡、青莲岗或良渚和齐家文化时期的遗物。

1. 浙江余姚河姆渡骨哨

河姆渡文化命名于 1973 年，第一次发现于浙江余姚的河姆渡遗址，是中国长江流域下游地区古老而多姿的新石器时代文化。主要分布在杭州湾南岸的宁绍平原及舟山岛。经科学的方法测定，它的年代为距今 7000～5000 年，是新石器时代母系氏族公社时期的氏族村落遗址，反映了长江流域下游的情况。

亚洲第一大河——长江，尽管总长超过了黄河，但长江流域诞生的古代文明以前并不为人所知，这是因为人们一直认为中华文明的发源地还是黄河流域，只有黄河文明才是历史的主流。但是在长江下游一带却不断出现令人振奋的发现。1973～1974 年和 1977～1978 年有过两次对河姆渡遗址的发掘。资料表明，河姆渡文化和半坡遗址处于同一时代，其社会经济是以稻作农业为主，兼营畜牧、采集和渔猎。稻穗纹陶盆上印有稻穗的图案。1987 年的发掘中，出土了大量的稻谷，总量达 150 吨之多。据分析，可以确认是 7000 年前的栽培水稻。这是当时世界上最古老、最丰富的稻作文化遗址，它改变了中国栽培水稻从印度引进的传统说法。大量人工栽培稻谷，使当时的社会大量的余粮囤积成为可能，随之而来的是贫富差别的出现。大量使用的耒耜，是河姆渡文化最具有代表性的农具。

河姆渡文化时期，人们的居住地已形成大小村落，村落中遗有许多房屋建筑基址。因处于河岸沼泽区，故房屋的建筑形式和结构，明显不同于中原地区同时期的半地穴房屋。河姆渡遗址中发现了大量以栽桩架板的形式，建成高于地面的干阑式建筑。这是中国长江以南新石器时代以来的重要建筑形式，目前河姆渡的发现为最早，最具代表性的特征。因此长江下游地区的新石器文化遗址，同样是中华文明的重要渊薮。它与中原地区的仰韶文化并不相同，却同样是代表中国古代文明发展趋势的一条主线。

1973～1974年，浙江余姚河姆渡遗址出土了一批骨哨（图3-74），为具有一定的代表性的音乐文物。①骨哨出自河姆渡遗址第四文化层，同出有45件之多，是距今六七千年的新石器时代遗物。骨哨用禽类的肢骨中段制成，长6.1～11.8厘米。中空，呈细长圆管状，横断面为不规整圆形。器表光滑，器身略弧曲，在凸弧一侧，两端各钻一圆形或椭圆形音孔。在当时，骨哨可能是狩猎时用来吹出声响诱捕禽兽的工具。

图3-74　浙江余姚河姆渡骨哨

2. 江苏吴江梅堰骨哨

1959年江苏吴江县（今苏州市吴江区）梅堰遗址出土的骨哨（图3-75），属青莲岗文化或良渚文化时期遗物。②

青莲岗文化以江苏省淮安市淮安区宋集乡青莲岗文化遗址命名。主要分布在山东省中部和南部及江苏省北部汶、泗、沂、沭诸水与淮河交汇的黄淮地区，中心在淮河下游平原。据放射性碳素断代并经树轮校正，年代约为公元前5400～前4400年。其主要的后续文化为大汶口文化。目前考

---

① 袁荃猷主编：《中国音乐文物大系·北京卷》，郑州，大象出版社，1996年，第12页。

② 江苏文物工作队：《江苏吴江梅堰新石器时代遗址》，《考古》1963年第6期，第7～9、308～318页；李纯一：《中国古代音乐史稿》第一分册，北京，音乐出版社，1958年，第16页。

古界对这种文化的内涵、特征的认识，以及其命名等问题，尚存在较多的分歧意见。

图 3-75　江苏吴江梅堰骨哨线图

良渚文化是新石器时代晚期一支分布在中国东南地区太湖流域的新石器文化类型，距今 5300～4500 年。考古研究表明，在良渚文化时期，农业已率先进入犁耕稻作时代；手工业趋于专业化，琢玉业尤为发达；大型玉礼器的出现揭开了中国礼制社会的序幕；贵族大墓与平民小墓的分野，显示出社会分化的加剧；刻划在出土器物上的"原始文字"，被认为是中国成熟文字的前奏。故有专家称：中国文明的曙光是从良渚升起的。

吴江梅堰骨哨用兽骨制成，哨体略带弯曲，表面磨光，一侧开有 1 个瓜子形音孔。一方面，可以肯定它是人类有目的地制作出来的一种发声器械，可以看作广义的原始乐器；另一方面，也可以肯定梅堰骨哨这种可以发声的器物，并非现代音乐意义上所谓的"乐器"，它仅是一种可以发出单音的"哨"。它可以是一种发声的玩具，更可能是一种在人们生活之中交流信息的信号用器，或是一种狩猎时使用的工具。设想在当时人类的生活条件下，与生存相关的功利意义，远高于娱乐听觉感官的实际价值。随着这方面考古资料的丰富，人们的认识会逐渐清晰。

二、陶摇响器

远古时期人们普遍使用的摇响器，也发现于长江流域的新石器时代文化之中。其造型、纹饰各有特色。

1. 湖北黄冈牛角山陶摇响器

1956 年 10 月，牛角山陶摇响器（图 3-76）经发掘出土于湖北省黄冈县黄州镇褚城乡（今黄冈市黄州区褚城镇）胡家寨附近牛角山上新石器时代遗址，砖瓦厂窑窖工地。[①]同出有磨制工具及大量生活用具。器为夹砂陶质，保存完好。体呈长方形，长 9.5 厘米、宽 4.8 厘米、高 3.2 厘米。两

---

① 王子初主编：《中国音乐文物大系·湖北卷》，郑州，大象出版社，1996 年，第 8 页；佚名：《文物工作报导（黄冈褚城乡发现新石器时代遗址）》，《文物参考资料》1957 年第 5 期，第 87 页。

端稍窄，中空，外表无缝隙。球腹内含泥丸，振之"沙沙"有声。体表印有人字形纹、斜线纹、圆圈纹及弦纹等。

2. 湖北蕲春易家山陶摇响球

1956 年，湖北省蕲春县易家山新石器时代遗址发掘出土了一批陶摇响球（图 3-77）。①易家山新石器时代遗址位于蕲春县城西约 2.5 千米处的易家山和李家山两个土丘范围内。遗址内同出有斧、锛、刀、镞、凿等石器，斧、镞、矛等铜器，以及鼎、鬲、豆、壶、罐等陶器。据遗物特征判断，遗址年代为新石器时代晚期，主要为石家河文化。19 件陶摇响球中，完整的有 15 枚。有泥质红陶和夹砂灰陶两种，手制。直径为 2～4.3 厘米。表面饰有圆圈纹、螺旋纹、点纹、细划纹、叶纹、镂孔和素面等，球腹中空，内装砂粒，摇晃时"沙沙"有声。

图 3-76　湖北黄冈牛角山陶摇响器　　　图 3-77　湖北蕲春易家山陶摇响球

三、陶铃

以往有些音乐考古学家把陶摇响器也称作陶铃，不甚确切，这里还是把它们区别开来。陶摇响器主要是指整体封闭（或有镂空小孔）、内散装陶丸或石子的原始乐器。这里所说的陶铃主要特征为筒状铃体，一端封闭，设有悬纽，可用作悬挂铃舌；一端敞口，铃体腔内挂有固定的单体棒状铃舌。摇晃铃体，铃舌与铃体碰击发声。陶铃的铃体用泥土烧制，铃舌可能多为陶质或石质。不难看出，从形制结构上说，陶铃要比陶摇响器进步。陶铃很可能是后来重要的中国青铜乐器——编钟的先祖之一。

---

① 王子初主编：《中国音乐文物大系·湖北卷》，郑州，大象出版社，1996 年，第 8 页；湖北省文物管理委员会：《湖北圻春易家山新石器时代遗址》，《考古》1960 年第 5 期，第 1～6 页。

陶铃中最早的标本为仰韶文化后期，距今约有 6000 年。主要分布在黄河流域的马家窑文化、仰韶文化、大汶口文化和龙山文化等文化遗存中。长江流域仅知有湖北龙山文化中的一例，即湖北天门石家河遗址出土的陶铃。

1956 年经发掘出土于湖北省天门县（今天门市）石家河三房湾遗址的陶铃（图 3-78），属新石器时代、相当于龙山文化时期的石家河文化遗物。[1]陶铃保存完好。泥质橙红陶。器小型，器身为椭圆形，上小下大，斜壁呈梯形状，口微侈。通高 5.4 厘米、口径 7～9.8 厘米、顶径 4.8～5.4 厘米、胎厚 0.6 厘米，顶面上有并列两穿，可作穿绳吊挂之用。器身两面有刻划花纹，近似饕餮。

图 3-78　湖北天门石家河陶铃

第八节　河源及西北诸文化

河源（黄河上游发源地一带）及西北诸文化，主要包括甘肃、青海和新疆一带铜石并用时代的考古学文化。其中较为重要的有齐家文化、宗日文化、卡约文化及诺木洪文化等。后两者在时代上实际已经进入了中原地区的西周时期，但其考古学文化面貌与中原地区明显不类，而更与新石器时代诸文化吻合，故将其归入本章加以叙述。

齐家文化是以中国甘肃为中心地区的新石器时代晚期文化，已经进入铜石并用阶段，其名称来自其主要遗址——齐家坪遗址，由瑞典考古学家安特生于 1924 年发现。时间跨度约公元前 2200～前 1600 年的齐家文化，

---

[1]　王子初主编：《中国音乐文物大系·湖北卷》，郑州，大象出版社，1996 年，第 10 页。

是黄河上游地区一支重要的考古学文化，其主要分布于甘肃东部向西至张掖、青海湖一带东西近千公里的范围内，地跨甘肃、宁夏、青海、内蒙古四省区。随着研究的不断深入，齐家文化已成为探索中华文明形成与早期发展的重要研究对象之一，在海内外影响日益扩大。

一、骨哨、骨笛

出土骨哨、骨笛的青海省海西蒙古族藏族哈萨克族自治州都兰县诺木洪塔里他里哈青铜时代的文化遗址，位于青海省柴达木盆地南部的诺木洪乡，是于 1957 年春天发现的一种古文化遗存，考古学上称之为"诺木洪文化"。该文化遗存相当于中原地区青铜时代晚期文化，是青海高原特殊环境下的地域文化。主要分布于柴达木盆地东南部的诺木洪、塔里他里哈、巴隆他温陶亥、香日德下柴克、上柴克、察汉乌苏夏日哈、可儿沟等 20 余处。该文化对中国羌族及吐谷浑文化的研究，有着重要价值。塔里他里哈为青海省省级重点文物保护单位。据调查，诺木洪文化仅发掘了塔里他里哈一处遗址，文化堆积厚度达 5 米以上，最厚可达 6～8 米。经碳十四年代测定并树轮校正，其第 5 层出土的毛布距今为 2905±140 年，属西周时期，其下限至少延伸到汉代以后。

1. 青海都兰诺木洪骨哨

20 世纪 50 年代，青海省都兰诺木洪塔里他里哈青铜时代诺木洪遗址出土了骨哨 1 件（图 3-79）。[1]用兽骨磨制而成，管状，一端磨有一扁圆小孔，外壁中部有一环形刻槽，当为系绳携带所用。吹奏可以发声。

图 3-79　青海都兰诺木洪骨哨
线图

2. 青海省卡约文化石哨

青海省卡约文化墓葬中，出土过 1 件磨制的石哨。[2]

卡约文化是因 1923 年首先发现于青海省湟中县（今西宁市湟中区）卡约村而得名的。卡约为藏语，意为山口前的平地。年代约当公元前 900～前 600 年。卡约文化是青海省古代各种文化遗址中数量最多、分布范围最广的一种地域文化。东起甘青交界处的黄河、湟水两岸，西至青海湖

---

[1]　柳春诚：《驻留在青海历史长河中的舞乐印迹》，《青海社会科学》2007 年第 3 期，第 73～77 页。

[2]　柳春诚：《驻留在青海历史长河中的舞乐印迹》，《青海社会科学》2007 年第 3 期，第 73～77 页。

周围，北达祁连山麓，南至阿尼玛卿山以北的广大地区均有分布。湟水中游的西宁盆地，遗址最为密集，显然是其分布的中心地带。卡约文化因为有大量青铜器出土，虽然仍旧广泛地使用石器，却已进入青铜时代。根据放射性碳十四年代测定，卡约文化距今约3000年，相当于中国中原的西周时期。

卡约文化石哨呈三角形，器表两面设有钻孔与中间一吹孔相通。可以吹奏出声。

3. 青海都兰诺木洪骨笛

20世纪50年代，青海省都兰诺木洪塔里他里哈出土了青铜时代诺木洪文化骨笛1件（图3-80）。[①]残长8厘米，上面穿有4个直径0.4厘米的音孔，孔距依次为1.2厘米、1.3厘米、2.7厘米。用兽骨磨制而成，管状，一端磨有一扁圆小孔，外壁中部有一圆刻槽，为系绳携带所用。吹奏可以发声。

图3-80　青海都兰诺木洪骨笛线图

4. 青海西宁朱家寨骨笛

青海西宁市西郊的朱家寨出土的骨笛（图3-81）[②]，残长15.4厘米，上面穿有0.4厘米直径的音孔8个。音孔分两组，第2～5孔为第一组，孔距1.1～1.3厘米；第6～8孔为第二组，孔距0.8～0.9厘米。第5～6孔的孔距为1.9厘米，为两组音孔的分界。孔距依次为1.2厘米、1.3厘米、2.7厘米。

图3-81　青海西宁朱家寨骨笛线图

---

① 柳春诚：《驻留在青海历史长河中的舞乐印迹》，《青海社会科学》2007年第3期，第73～77页。

② 柳春诚：《驻留在青海历史长河中的舞乐印迹》，《青海社会科学》2007年第3期，第73～77页。

二、陶埙

在青海同德宗日文化遗址和化隆下半主洼青铜时代卡约文化墓地中，也发现了用陶土烧制的吹奏乐器——埙。只是这些乐器的形制风格与中原地区所出不尽相同，可做进一步的比较研究。

1. 青海同德宗日陶埙

20 世纪 90 年代，青海省同德宗日文化遗址出土陶埙 1 件。[①]

宗日遗址位于青海省海南藏族自治州同德县巴沟乡团结村，初命名为兔儿滩遗址或托勒台，又命名为宗日文化，是新石器时代遗址。宗日遗址由兔儿滩中遗址、林场古文化遗址、兔儿滩东遗址、兔儿滩西遗址四个遗址构成。遗址地面散布有较细碎的马家窑文化马家窑类型、半山类型及齐家文化陶器残片。断岩处暴露有灰尘层。1983 年试探发掘，1994～1996年，共发掘墓葬 341 座、探方 31 个、灰坑 18 个、祭祀坑 18 个、出土文物23 000 余件。1986 年 7 月，被列为青海省省级重点文物保护单位。2013年，被国务院认定为第七批全国重点文物保护单位。

出土陶埙呈扁椭圆形，泥质红褐陶，顶设吹孔，腹部有对称按音孔 2 个。吹奏可以发声。

2. 青海化隆下半主洼陶埙

青海化隆下半主洼青铜时代卡约文化墓地出土陶埙 1 件（图 3-82）。[②]

埙为灰泥陶手工制成，中空，扁椭圆形，顶设吹孔，腹部有对称按音孔 4 个。吹奏可以发声。一端有纽，可以穿绳系挂。

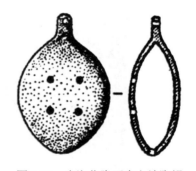

图 3-82　青海化隆下半主洼陶埙
线图

3. 甘肃玉门火烧沟陶埙

甘肃玉门火烧沟遗址属父系氏族社会晚期的文化遗址，基本上属于齐家文化类型，但有些独特的因素，又因山沟土色红似火烧，故名"火烧沟

[①] 柳春诚：《驻留在青海历史长河中的舞乐印迹》，《青海社会科学》2007 年第 3 期，第 73～77 页。

[②] 柳春诚：《驻留在青海历史长河中的舞乐印迹》，《青海社会科学》2007 年第 3 期，第 73～77 页。

文化"。①1976 年，甘肃省文物考古队对玉门火烧沟遗址进行了大规模发掘，发掘古墓葬 312 座，出土了大量珍贵的陶器、铜器、石器、玉器、骨器和部分金银器。1981 年，火烧沟文化遗址被甘肃省人民政府认定为甘肃省文物保护单位。

陶埙出土时大多置于墓主人的腰际或胸部，不同年龄和不同性别者均有置放，尤以在儿童墓葬中发现得最多。在同时出土的 20 余件陶埙中，有 9 件保存完整（图 3-83），可供吹奏、测音；其余残破。该遗址的年代，经碳十四年代测定及树轮校正，距今约 3500 年，大致与历史上的夏代相当。埙泥质红陶，均作扁圆鱼形，质地较硬，形体不大，造型生动。鱼鼓腹、中空，两肩以下内收。鱼之口部设为吹孔，配有 3 个按音孔。按音孔分别在两肩及腰下偏左侧部位。吹孔为椭圆形或圆形，按音孔皆圆形。鱼体下端多作鱼尾状，上穿 1 孔或两孔，可穿挂饰物。陶埙分彩陶与素陶两种。彩陶埙体大多绘条纹、网格纹、三角纹或折线纹，色彩黑红相间，绘制华丽；素陶则通体光洁。陶埙各部位数据如表 3-2 所示。

图 3-83　甘肃玉门火烧沟陶埙

---

① 郑汝中、董玉祥主编：《中国音乐文物大系·甘肃卷》，郑州，大象出版社，1998 年，第 36 页；黄翔鹏：《新石器和青铜时代的已知音响资料与我国音阶发展史问题（上）》，载《音乐论丛》第一辑，北京，人民音乐出版社，1978 年，第 184～206 页；吕骥：《从原始氏族社会到殷代的几种陶埙探索我国五声音阶的形成年代》，《文物》1978 年第 10 期，第 54～61 页；又见人民音乐出版社编辑部编：《音乐论丛》第二辑，北京，人民音乐出版社，1979 年，第 23～39 页；尹德生：《原始社会末期的旋律乐器——甘肃玉门火烧沟陶埙初探》，《西北师大学报（社会科学版）》1984 年第 3 期，第 39～43 页。

表 3-2　甘肃玉门火烧沟陶埙形制数据　　　　　单位：厘米

编号	通高（腔体高+尾高）	腹宽	腹厚	吹孔		音孔	
				形状	内径	两肩二音孔	腹左下一音孔
76.Y.H.M153	5.6（4.6+1.0）	4.0	2.8	椭圆形	0.7×0.5	0.3	0.35
76.Y.H.M225	7.0（5.6+1.4）	5.2	3.7	椭圆形	0.8×0.6	0.3	0.35
76.Y.H.M207	7.8（6.4+1.4）	6.0	4.5	椭圆形	0.8×0.6	0.3	0.3
76.Y.H.M72：9	6.0（4.5+1.5）	4.0	2.5	圆形	0.7	0.3	0.4
76.Y.H.M20：1	8.3（6.5+1.8）	6.0	3.4	椭圆形	0.6×0.4	0.3	0.4
无	6.6（5.8+0.8）	5.8	3.3	椭圆形	0.8×0.6	0.3	0.3
M269：9	8.6（7.8+0.8）	7.2	5.0	圆形	0.8	0.3	0.3
M216	7.1（6.1+1.0）	5.8	3.2	椭圆形	1.0×0.8	0.3	0.3
M193	6.7（5.8+0.9）	5.5	3.7	椭圆形	0.6×0.4	0.35	0.3
76.Y.H.M226：7	8.4（7.0+1.4）	6.8	4.0	椭圆形	0.9×0.7	0.3	0.3
M236：7	残	4.8	2.2	椭圆形	0.6×0.4	0.3	0.3

　　玉门火烧沟出土的鱼形陶埙为音乐研究的史前物证，因具备了一定的旋律功能而为音乐史学家所关注。1992 年，《中国音乐文物大系·甘肃卷》编辑部对部分完好的陶埙进行了测音，结果如表 3-3 所示。测音时，采用了分别开闭 3 个按音孔的方法，以组成 6 种不同的指法，发出 4 或 5 个乐音，构成"宫、角、徵、羽"和"羽、宫、商、角"音列；或构成"宫、角、变徵、清徵"，"羽、宫、商、角"，"徵、宫、商、角"和"角、羽、变宫、商"等几种音列，可以吹奏现代的一些乐曲。

表 3-3　甘肃玉门火烧沟陶埙测音数据　　　　　单位：音分

孔序（自左至右）		墓葬号	全开音	全闭音	开一孔音			开二孔音		
					闭1、2开3	闭1、3开2	闭2、3开1	闭1开2、3	闭2开1、3	闭3开1、2
第一排	1	76.Y.H.M153	e^3+6	b+31	b+38	b−12	b+1	b−12	b−12	b+38
	2	76.Y.H.M225	b+31	d^2±0	b+41	c−18	c+33	b+20	b+35	b+25
	3	76.Y.H.M207	难吹未测音							
	4	76.Y.H.M72：9	$^\sharp g^1$−19	b^1+35	b+20	b−36	g+24	c^1+29	c^1+37	c^1−24
第二排	1	76.Y.H.M20：1	$^\sharp f^2$+49	$^\sharp g^1$−19	d^2+10	b^1+30	c^2−3	e^2+37	e^2+37	d^2−24
	2	无	b^2+37	d^2+36	f^2+35	g^2−36	g^2−5	$^\sharp g^2$−6	$^\sharp g^2$+13	$^\sharp a^2$−31
	3	M269：9	$^\sharp d^2$−9	$^\sharp g^1$−27	b^1−7	$^\sharp a^1$+11	b^1−41	$^\sharp c^2$−18	$^\sharp c^2$+33	$^\sharp c^2$−21
	4	M216	g^2−13	c^2−38	$^\sharp d^2$−2	$^\sharp d^2$−44	$^\sharp d$−24	f^2+38	f^2+45	f^2±0
	5	M193	g^2+30	b^1+33	e^2−41	$^\sharp d^2$−30	d^2+33	$^\sharp f^2$−13	$^\sharp f^2$−35	f^2+37

制作这些陶埙的，应该是当年生活在这一带的氐羌部落。他们在狩猎和放牧时，为了向远处的同伴传递信息，以陶埙为工具，吹奏彼此都能领会的声音。男人的埙声也成了女人的通信和计时工具。夜晚，当人们结束了一天的劳作回到住地，围坐在篝火旁吹奏陶埙，扮演传统故事中的角色，载歌载舞，许是惯有的节目。作为乐器或儿童玩具，陶埙带来了欢乐和愉悦，也成为重要的殉葬明器被放进了逝者的墓坑。因而，在火烧沟遗址的墓葬中，保存了这 20 多枚陶埙。

三、铜铃

铜铃是人类社会进入青铜时代（或说铜石并用时代）以后出现的新型乐器。青海史前时期出现的铜铃较多，可发现于齐家文化、辛店文化和卡约文化之中。其大多数出土于卡约文化各遗址，见于齐家文化者很少，而见于辛店文化者更为罕见。这些铜铃大多为舞铃（或为"饰铃"），即悬挂在人身上，舞蹈或行动时铃体与铃舌相互碰撞发声。少数是所谓的执铃，以手执铃晃动铃体铃舌发声。也有一些应为銮铃，应用于车杖。

1. 青海大通上孙家寨铜铃

青海大通县上孙家寨卡约文化墓地出土了一批铜铃。出土铜铃的墓葬及编号分别为 M1027：3、M616：5、M547：7、M979：1、M1082：13、M457：3、M448：3、M855：5、M554：4、M971：4、M801：5 等 11 件。[①]

M1027：3、M616：5（图 3-84）等为喇叭形铃，一般有镂孔，也有不带镂孔的。器 M1027：3 还带有较长的空心铃把，铃把壁厚 0.1 厘米、内径约 0.2 厘米。出土时铃把内还有残存的麻绳，说明铃把空心是为穿绳而用，方式是将其与其他铜铃或饰物串联在一起，靠相互碰撞而发声。有的铃如器 M457：3、M547：7 等，铃把较短，但末端有纽，也可以穿绳系挂，晃动发声。器 M457：3 通高约 4.2 厘米、口径约 3.1 厘米、铃体厚度为 0.1～0.2 厘米；器 M547：7 通高约 4.5 厘米、口径约 2.1 厘米。不带镂孔的铃，如器 M979：1、M1082：13，末端也有纽，使用当与器 M457：3 相近。M1082：13 通高约 5 厘米、口径约 2.8 厘米。这些铃大多带有铃舌，铃舌有石质的，也有铜质的（图 3-85）。

---

① 刘宝山：《青海"史前"的铜铃》，《文物季刊》1995 年第 2 期，第 43～47 页。

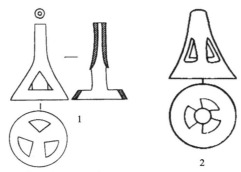

图 3-84　青海大通上孙家寨有镂孔的喇叭形铜铃一示意图

注：图中"1"为 M1027：3；"2"为 M616：5

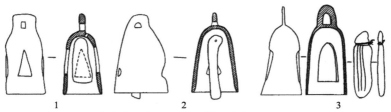

图 3-85　青海大通上孙家寨有镂孔的喇叭形铜铃二示意图

注：图中"1"为 M547：7；"2"为 M979：1；"3"为 M1082：13

　　还有一些镂空球形的铃，有一端设圆銎的，可以套插于车杖，应为銮铃。如 M801：5 球形镂空铃（图 3-86），器通高约 7.5 厘米、口径约 4.5 厘米。有一端带鼻纽的，似作悬挂使用。如器 M457：3，器通高约 4.5 厘米、口径约 2.1 厘米。

　　M448：3、M855：5、M554：4、M971：4 四器（图 3-87）的造型，铃

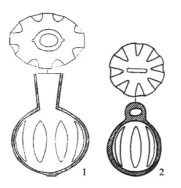

图 3-86　青海大通上孙家寨镂空球形铜铃
　　　　　示意图

注：图中"1"为 M801：5；"2"为 M457：3

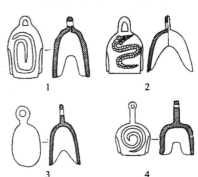

图 3-87　青海大通上孙家寨叉口形铜铃
　　　　　示意图

注：图中"1"为 M448：3；"2"为 M855：5；
　　　"3"为 M554：4；"4"为 M971：4

口均做分叉状，造型有所区别，但一端均带鼻纽，其悬挂使用当无二致。器 M448：3 通高约 3.5 厘米、最大口径约 1.2 厘米。器 M855：5 通高约 3.3 厘米、最大口径约 2.5 厘米。器 M554：4 通高约 3.4 厘米、最大口径约 1.7 厘米。器 M971：4 通高约 3.2 厘米、最大口径约 2 厘米。

2. 青海湟源中庄铜铃

青海省湟源县大华乡中庄卡约文化墓地出土铜铃 3 件，出土铜铃的墓葬及编号分别为 M79：1、M3：2，另有 1 件鸟形铜铃为当地征集。[①]

器 M79：1、M3：2（图 3-88）铃口均为喇叭形，前者铃体镂空，后者铃体满封。铃体一端均设鼻纽，适合于铜铃编组悬挂，相互碰击发声。应为舞铃一类。如所见内蒙古一带萨满巫师的法衣上所缀喇叭形管状铜铃，可以多达数十枚，铃形也相近。铃 M3：2 通高 12 厘米、口径 2.5 厘米。

鸟形铜铃（图 3-89）征集于湟源县卡约文化分布范围内的巴燕峡，据称出土于墓葬。铜鸟长颈大嘴，体态丰满，尾部短如鸭尾。鸟背以弧线纹勾勒出翅膀，腹部有 8 个人眼形镂孔。鸟腹中空，内置一石丸。鸟足部为带锥度的圆銎，有方孔对穿。器似为杖首，应为一种饰铃。鸟通高 11 厘米、宽 5.6 厘米、鸟体厚 0.2 厘米。

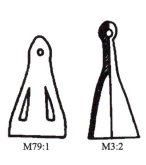

图 3-88　青海湟源中庄铜铃线图

图 3-89　青海湟源中庄鸟形铜铃

3. 青海大通黄家寨铜铃

青海大通黄家寨出土铜铃 2 件。其一器 M16：5，为扁尾圆腹鸟形铜

---

① 刘宝山：《青海"史前"的铜铃》，《文物季刊》1995 年第 2 期，第 43～47 页；青海省湟源县博物馆、青海省文物考古队、青海省社会科学院历史研究室：《青海湟源县大华中庄卡约文化墓地发掘简报》，《考古与文物》1985 年第 5 期，第 11～34 页。

铃（图 3-90），应为杖首饰铃。[1]鸟颈细长，首有冠。尾端饰波状花边。腹圆鼓如球，镂空，内置扁圆石球，摇晃可以发声。鸟身下设圆管状銎，有对穿固定。造型生动，工艺精致。鸟通高 10.6 厘米。

其二器 M5：2，为镂空叉形铜铃（图 3-91），是另一种饰铃。通高 3.8 厘米、口径 2 厘米。

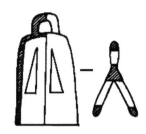

图 3-90　青海大通黄家寨鸟形铜铃线图　图 3-91　青海大通黄家寨镂空叉形铜铃示意图

4. 青海湟源大华铜铃[2]

青海湟源大华 1983 年出土的铜铃，铃体为镂空球状，下带一长柄，疑为发簪（图 3-92、图 3-93）。器通长 15.8 厘米、柄长约 13 厘米。

图 3-92　青海湟源大华铜铃　　　　　　图 3-93　青海湟源
　　　　　　　　　　　　　　　　　　　　　　　大华铜铃线图

---

① 刘宝山：《青海"史前"的铜铃》，《文物季刊》1995 年第 2 期，第 43～47 页；青海省文物考古研究所、吉林大学考古系：《青海大通黄家寨墓地发掘报告》，《考古》1994 年第 3 期，第 193～206 页；青海省文物处、青海省考古研究所编著：《青海文物》，北京，文物出版社，1994 年，第 42 页。

② 刘宝山：《青海"史前"的铜铃》，《文物季刊》1995 年第 2 期，第 43～47 页；青海省湟源县博物馆、青海省文物考古队、青海省社会科学院历史研究室：《青海湟源大华中庄卡约文化墓地发掘简报》，《考古与文物》1985 年第 5 期，第 11～34 页。

图 3-94　青海湟源上寺村征集
　　　　鸟形铜铃线图

青海湟源县拦隆口乡上寺村征集而得的鸟形铜铃（图 3-94），属卡约文化遗物。鸟通高 5 厘米、长约 7 厘米。通身镂空，鼓腹，内含石丸。鸟足布置较短的圆銎，銎侧有二穿相对。为装置于杖首使用，抑或饰置于伞顶仪仗。

四、陶鼓

属齐家文化时期的音乐考古发现，除了有陶埙之外，还有陶鼓等乐器。齐家文化是以中国甘肃为中心的黄河上游地区铜石并用阶段文化，遗址有 350 多处，除了齐家坪遗址之外，较著名的有甘肃永靖大河庄遗址、秦魏家遗址，武威的皇娘娘台，青海乐都的柳湾遗址，陕西神木石卯梁遗址等。居民经营农业，种植粟等作物，使用骨铲、穿孔石刀和石镰等生产工具。饲养猪、羊、狗与大牲畜牛、马等。制陶业发达，已出现冶铜业。住房多是方形或长方形的半地穴式建筑，当时已进入父系氏族社会，婚姻形态为一夫一妻制和一夫多妻制。

1988 年出土于甘肃庄浪县南湖镇程家小河村的陶鼓（图 3-95），属新石器时代齐家文化常山类型遗物。[①]细泥红陶质，略呈砖红色。出土时断裂成三段，经修复，筒体完整，一端口微残。鼓身筒状，细长。一头有宽边口沿，平齐，略敞。口下 2 厘米处有犬牙状倒钩一周 12 个。另一头外敞，口沿残损。素面无彩饰，遍体施斜线纹。无挂携环耳及其他附件。通长 73

图 3-95　甘肃庄浪小河村陶鼓

---

① 郑汝中、董玉祥主编：《中国音乐文物大系·甘肃卷》，郑州，大象出版社，1998 年，第 27 页。

厘米、筒径 12 厘米、壁厚 0.6 厘米。有倒钩一头外径 15 厘米、内径 13 厘米、口沿厚 1 厘米。

五、石磬

河源及西北诸文化中，青海乐都柳湾及民和县官亭喇家等遗址也曾发现过古代重要的乐器石磬。

1. 青海乐都柳湾出土石磬

20 世纪 70 年代，青海乐都柳湾青铜时代原始墓地齐家文化 1103 号墓出土 1 件制造精致、灰黑色三角形穿单孔的石磬（图 3-96），残长 42 厘米。[1]

2. 青海民和喇家出土石磬

20 世纪末期，中国社会科学院考古研究所和青海省文物考古研究所在民和县官亭喇家村进行考古遗址的发掘工作。2000 年 6 月 12 日，考古队员在村民家中偶然发现一件青铜时代齐家文化的大石磬（图 3-97）。磬为青石质，石刀形，长 96 厘米、宽 61 厘米、厚 4 厘米，磬体中上部有一穿，即倨孔，号为"黄河磬王"。[2]

图 3-96　青海乐都柳湾出土石磬示意图　　　图 3-97　青海民和喇家出土石磬

六、岩画

史前时期的乐舞图像，主要可见岩画和陶器饰绘。中国新疆、西藏、内蒙古、甘肃、云南、广西、贵州、四川、黑龙江等地区都发现过古老的岩画。其中有一些反映了先民乐舞生活的场面。由于中国地域广大，各地区、各民族社会发展历史不平衡，加之大多数岩画分布在中国边远

① 柳春诚：《驻留在青海历史长河中的舞乐印迹》，《青海社会科学》2007 年第 3 期，第 73～77 页。
② 王仁湘：《宝器重光——黄河磬王发现记》，《文物天地》2001 年第 1 期，第 35～39 页。

省份的少数民族聚居地区，许多岩画的确切创作年代还在研究之中。很可能，相当一部分岩画的年代不一定早于公元前 2000 年。不过，多数岩画所反映的内容，确实是人类史前社会生活的写照。故这部分内容暂放在本章中叙述。乐舞岩画可以新疆的呼图壁康家石门子和甘肃省嘉峪关市北的黑山岩画为代表。

1. 新疆呼图壁康家石门子岩画

1987 年，呼图壁县有关人员和新疆文物考古工作者发现了康家石门子岩刻（参见图 1-5）。[①]该地距呼图壁县约 75 千米，呼图壁县康家石门子山岩峭壁下部地处天山支脉山谷中。岩刻画总面积 120 多平方米，布满大小人物 300 多身。岩刻内容反映了古代先民的祭祀场面和追求种族繁衍、生生不息的生殖崇拜图景。该岩刻人头部用浅浮雕手法，眉弓、鼻梁、两颊均微微隆起，两眼深凹，头部以下、四肢均用减地阴刻，技法水平较高。康家石门子岩刻的发现，对认识新疆古代民族的乐舞形式有较大的参考意义。岩刻中有一幅双头同体人像，人高约 170 厘米。人身上部用倒三角形表示躯干，双腿向左弯曲，呈舞蹈姿态。双头同体人像表现男女交合的图形，蕴含着民族始祖和创世的观念，也是人类父母相合的象征，用舞蹈姿态表示了繁衍后代的愉悦。岩刻最上部为一列舞蹈者，共有 8 身，大小错落，产生远近感。舞人头部刻画得很真实，上身呈倒三角形，两腿修长，小腿弯曲。头上有高帽，顶部插翎羽两支。肩平展，左小臂下沉，右小臂上扬，作舞蹈状。

2. 甘肃嘉峪关北黑山列舞岩画

在甘肃省河西走廊嘉峪关市北 15 千米的黑山峡谷中，发现许多岩刻画（图 3-98、图 3-99），有各种动物图像及狩猎图、放牧图、舞蹈图、操练图等，为新石器时代遗存。[②]此幅画刻在距地面高 0.98 米的一块不规则岩石上，石面坐东北朝西南，略呈长方状。长约 2.8 米、宽约 1.03 米。画面所描绘的场面宏大，有人物图像近 30 身，分上、中、下三层，列队横排，前有单人教练，有双手叉腰者，有单手叉腰者，头上均佩戴尖长状饰物，

①　王子初、霍旭初主编：《中国音乐文物大系·新疆卷》，郑州，大象出版社，1996 年，第 177 页。

②　嘉峪关市文物清理小组：《甘肃地区古代游牧民族的岩画——黑山石刻画像初步调查》，《文物》1972 第 12 期，第 42～46、84 页；郑汝中、董玉祥主编：《中国音乐文物大系·甘肃卷》，郑州，大象出版社，1998 年，第 279 页。

似雉翎。画面所表现的似为一种与军事有关的操练性舞蹈。

图 3-98　甘肃嘉峪关北黑山列舞岩画

图 3-99　甘肃嘉峪关北黑山列舞岩画局部

第九节　史前考古与音乐史

　　在传统的中国历史中，可以划入"信史"的时段已经很晚，一般以西周共和（前 841 年）为界。西周共和元年是中国历史有确切纪年的开始，而此前的中国历史纪年，基本上是一笔糊涂账。今天考古学上的新石器时代，更是对应于中国自远古直至夏商的漫长时期，历史学家曾称之为"传说时代"。20 世纪 20 年代后期，国立中央研究院历史语言研究所对河南安阳殷墟等遗址的十余次发掘，证明了传说中之商代的确切存在，使商代走出了传说时代的范畴。但迄今为止，考古学家对传说中的夏代，还不能彻底揭去其"传说"的外衣，确定无疑地指出考古学上的"夏墟"所在。虽说不乏学者主张的河南偃师二里头遗址很可能就是传说中的夏墟，但毕竟还是缺少直接的证据，尤其是夏代文字的证据。考古学现状如此，中国的音乐考古自然也难以摆脱这一认识上的桎梏。

中国自诩"礼仪之邦"，西周以来的"礼乐"观念根深蒂固。中国音乐的地位，历代显赫，备受关注。古代中国却并无系统的"音乐史"著作，仅有所谓的"正史"及若干史料杂集中的相关内容。一部《二十四史》之中，于天道神祇、帝王将相、政治经济、武功文治之林占有一席之地的《乐志》《律志》，成为中国传统"音乐史"的主体内容。相关夏代及其之前的史前音乐史研究，《吕氏春秋》的"古乐""音初""侈乐""大乐""适音""音律"等篇章的相关记述，成为传统中国史前音乐史的主体部分。自 20世纪初，顾梅羹、叶伯和等首开中国音乐史专著之先河，但人们对这一历史时期音乐的认识，长期停留在摘录历史文献的层面，即便今天的音乐史学家的研究，仍难以摆脱古来神话传说这根拐棍。

远古音乐历史的重大命题，是人类音乐艺术的起源。无论是哲学家、美学家或是音乐史学家，总想弄清楚"音乐是怎样产生的？"这一似乎永远也弄不清楚的难题。对于音乐史学家来说，音乐的起源问题远比一部失传了的先秦史，更让人手足无措：对于遥远的蒙昧时代，我们究竟知道多少？借助于古代的神话和传说这根拐棍，当然是一条无须承担风险的捷径。五四运动以后出现的专门音乐史学著作，如叶伯和的《中国音乐史》，将中国音乐史分为 4 个时代，其前两个时代分别为传说中的黄帝时代以前的"发明时代"，以及从黄帝时代到周代的"进化时代"。其主要内容只能借助于文献和古代神话传说。[①]半个多世纪中，我们的音乐史始终是挂着古代神话传说这根拐棍彳亍（音"斥触"）前行。《吕氏春秋》记载的音乐传说仍是音乐史早期的主要内容：

> 昔古朱襄氏之治天下也，多风而阳气蓄积，万物散解，果实不成。故士达作为五弦瑟，以来阴气，以定群生。
> 昔葛天氏之乐，三人操牛尾，投足以歌八阕。一曰《载民》，二

曰《系鸟》，三曰《遂草木》，四曰《奋五谷》，五曰《敬天常》，六曰《建帝功》，七曰《依地德》，八曰《总禽兽之极》。

　　昔陶唐氏之始，阴多滞伏而湛积，水道壅塞，不行其原。民气郁阏而滞著，筋骨瑟缩而不达。故作为舞以宣导之。①

19 世纪以前，这样的神话传说，始终是人们公认的中国"音乐史"。

　　1926 年从美国归来的李济先生，在山西夏县西阴村遗址进行的发掘，是第一次由中国学者主持的田野考古工作，也是中国考古学者主持发掘的第一处新石器时代文化遗址。随着新石器时代考古学的发端与勃兴，大量的音乐文物及相关考古资料面世，引起了一些独具慧眼的音乐史学家，如杨荫浏等的关注。

　　杨荫浏很早就认识到单纯依靠文献史料治史的局限，在其一生中始终不懈地关注音乐考古的新发现。1943 年底，他在重庆青木关国立音乐院完成了他一生中极其重要的首部中国音乐通史著作——《中国音乐史纲》（以下简称《史纲》）②。在书中"上古时期的乐器"及"周前的乐器"等篇章，他已经引用了当时的许多考古发掘资料和研究成果，如唐兰的《古乐器小记》、国立中央研究院历史语言研究所 1935 年 8 月关于河南汲县山彪镇出土的编钟的考证，以及殷墟的一些发掘资料等。③不过在描述史前社会音乐生活面貌的时，所谓"初民的乐舞"，仅仅引用了《吕氏春秋·仲夏纪·古乐》中的"葛天氏""阴康氏"和《礼记·郊特牲》中的"伊耆氏"等三则"无从考证"的远古传说。④杨荫浏先生的《史纲》，实际上是以商周社会为背景、从所谓的"周前"开始的。中华人民共和国成立以后，他更多地关注到自《史纲》以后的音乐考古学发现和成果，如他在研究马王堆一号汉墓出土的瑟时，找出了墓葬刚被打开尚未被扰动时的瑟的照片，仔细地研究了上面弦码摆放的规律；再根据照片上乐器和实物的比例，计算出瑟上原来瑟码的具体位置；又根据瑟和筝定弦的一般规律，判断出这

---

① （秦）吕不韦：《吕氏春秋·仲夏纪·古乐》，载《诸子集成 6》，上海，上海书店，1986年，第 50～51 页。

② 杨荫浏的这部《中国音乐史纲》，有 1944 年 1 月油印本、上海万叶书店 1952 年、1953 年版本及 2009 年 12 月江苏文艺出版社《杨荫浏全集》本。

③ 中国艺术研究院音乐研究所编：《杨荫浏全集》第 1 卷，南京，江苏文艺出版社，2009 年，第 51～52、54、56、61 页。

④ 中国艺术研究院音乐研究所编：《杨荫浏全集》第 1 卷，南京，江苏文艺出版社，2009 年，第 26～27 页。

瑟是按照五声音阶定弦的，从而揭示出瑟这种久已失传的古乐器及相关汉代音乐本体的重要知识。

杨荫浏先生 1981 年版的《中国古代音乐史稿》① （以下简称《史稿》）是中国音乐史学后人至今难以企及的巨著。较之《史纲》，《史稿》专门设立了"远古"编。将对于远古时期社会音乐生活内容的研究，从《史纲》的"周前"概念中独立了出来，并以"概况""音乐的起源""传说中的远古音乐""原始时代的乐器"四个主题进行了论述。可以看出，一方面，杨荫浏先生在对于远古时期的音乐，有了一定的积累，视野拓宽了许多，特别是在史料的运用上，向音乐考古方向进一步拓展，从而在史料的丰富性和准确性、实证性等方面，较之前著《史纲》，均获得了无可怀疑的超越。另一方面，"远古"编的内容基本上还是着重对传统文献的引用和解读。仅在"原始时代的乐器"中，引述了如陕西长安县客省庄陶钟、甘肃临洮寺洼山铜铃、江苏吴县（1995 年撤县设市）梅堰骨哨、山西万泉县荆村陶埙等考古发掘资料，其治史，文献史料占据着绝对优势的地位，传统的"引经据典"仍是他最根本的撰史方法。

杨荫浏《史稿》之后的 30 余年间，出版的中国音乐通史类著作达数十部之多，其中或为教学工作之需，或为应付职称所累，应景之作居多，真正在学术上、理论上有所开拓者寥寥无几，也未从根本上改变传统的治史方法。但有一点重要的倾向值得注意：人们越来越关注地下新石器时代的考古史料对中国史前音乐史的独特意义和重要作用，如山东师范大学著名音乐史学家刘再生教授的著作值得关注。近年其研究成果丰硕，尤其体现在音乐考古学研究成果的广泛采纳和应用方面。

自 1978 年湖北曾侯乙编钟出土以来，人们对音乐考古学研究的热忱获得了空前的提升。在新石器时代考古方面，同样让学者面对这样一些活生生的实证无法视而不见。前述河南舞阳贾湖遗址陆续发现的一批新石器时代早期的骨笛，再次从根本上撼动了建筑在神话传说史料上的中国音乐史前史。其中的七音孔骨笛的年代是距今 8600～8200 年，这些骨笛形制固定，制作规范。在迄今为止发现的一切史前音乐文化的物证中，贾湖骨笛无论在年代及可靠性方面，还是在艺术成就方面，都是无与伦比的。中华民族的音乐文化在史前时期已远远走在世界的前面。

目前，中国的音乐史前史或新石器时代的音乐史，还滞留在零星的研究阶段，对整个新石器时代中国音乐发展的历史，尚未建立起系统的认识。

---

① 参见杨荫浏：《中国古代音乐史稿》，北京，人民音乐出版社，1981 年。

但中国在这一时期的音乐考古,较之此前的几乎空白,已经积累起相对丰富的考古发掘资料,有了加以初步系统研究的基础。本章所列中国较早发现的史前考古学文化,如仰韶文化和龙山文化,所出土的、可能与音乐有关的文物较为丰富,值得重点关注。新石器时代初期的、距今 1.2 万~1万年的江西万年仙人洞、吊桶环遗址,湖南道县玉蟾岩遗址,广西桂林甑皮岩、邕宁顶蛳山遗址等,尽管遗址中相关的音乐考古发现较为罕见,但其反映出来的极早的华夏文明元素,可为诸如贾湖骨笛所蕴含的高度发展的音乐文明做出重要注解。

新石器时代早、中期的重要考古学文化,有黄河流域的磁山文化、裴李岗文化、后李文化、老官台文化,有长江流域的彭头山文化、石门皂市文化、城背溪文化等。新石器时代晚期,除仰韶文化之外,还有大汶口文化、兴隆洼文化、红山文化、马家窑文化、大溪文化、河姆渡文化、马家浜文化等。其中多数遗址发现了原始乐器类文物,其种类也在日益增多,音乐文化的因素越来越丰富。新石器时代末期进入铜石并用时代,这一时期除了龙山文化、齐家文化之外,还有良渚文化、屈家岭文化、石家河文化、小河沿文化等,其中多数有音乐考古发现,特别是金属铜的发现和使用,为夏商青铜乐器的初萌至繁荣开了先河,更是其后中国音乐特色之光耀所在。

第四章　商代考古与音乐史

　　商朝的世系年代古无定说。近年根据国家"九五"期间国家重点科技攻关项目"夏商周断代工程"的成果,将商朝取代夏朝的时间定于约公元前 1556 年;其至公元前 1046 年 1 月 20 日为周武王所灭[①],共历 510 年。目前这一成果已为国内史学界普遍采用。古传因契被封于商,所以他的后世子孙商汤称自己在亳(今河南商丘)建立的王朝为"商";至盘庚将国都迁往殷,此时商朝又被称为殷商。商文化经历了三个阶段。第一阶段是"先商",第二阶段是"早商",第三阶段是"晚商",前后相传 17 世 31 王,至末代君主帝辛(纣王)被周武王击败而亡。

　　河南安阳的殷墟发现于 20 世纪初,为商朝后期都城遗址。1928 年,傅斯年受蔡元培先生之聘,筹立了国立中央研究院历史语言研究所。从当年 10 月至 1937 年 6 月,傅斯年组织领导了安阳殷墟历时 10 年的 15 次田野考古发掘,确凿无疑地证明了中国商代中晚期盘庚迁殷的都城就在此处,距今已有 3300 年左右的历史。这是中国历史上最早一个有文献可考,并为地层,出土青铜器、玉器等遗物及大量甲骨文所证实的古代都城遗址。

　　中华人民共和国成立以后,殷墟考古取得了丰硕成果。主要有 1928 年开始发掘的后冈祭祀坑、1950 年发掘的武官村大墓、1973 年发掘的小屯南地遗址以及 1976 年发掘的妇好墓等。自安阳殷墟发掘之后的商代考古,不仅在黄河中游的中原地区先后发现了商代早期的郑州商城、偃师商城、小双桥遗址、洹北商城、东先贤遗址等一系列商文化遗存,还在北方地区、长江流域乃至岭南等地区分别发现了夏家店下层文化、上层文化、围坊三期文化、张家园上层文化、三星堆文化、十二桥文化、荆南寺类型遗存、

---

　　① 夏商周断代工程专家组编著:《夏商周断代工程 1996—2000 年阶段成果报告:简本》,北京,世界图书出版公司,2000 年,第 49 页。

吴城文化、湖熟文化、马桥文化、石峡中层文化、浮滨类型遗存等中原周边地区的地域文化。上述成果使先商文化，商代早、中、晚期等分期成为可能，甚至可以具体到某一代王的考古材料的仔细划分。由于南方的盘龙城、江西的吴城遗址、新干大洋洲商墓的发现，传统殷商不过长江之说已难立足。商代考古集中地体现了中国古代文明达到的高度水准，在东方乃至世界文明史上都占有极其重要和光荣的地位。

第一节　商代音乐考古

有关商代的音乐考古学研究，一直是音乐史学家极为关注的事情，研究成果也屡有所见，并逐渐汇聚成对考古出土的商代乐器的系统的研究。这对中国音乐考古学学科的发展来说，诚为十分重要且较为迫切的工作。商朝进入了中国奴隶制社会的鼎盛时期。到武丁在位时，已成为当时世界上最强盛的国家之一。正因如此，商朝在政治、经济、宗教、历史、文学、军事方略、科学技术，以及意识形态，包括音乐艺术领域所取得的成就，对先秦两周文明乃至后世历朝历代都产生过重大影响。就中国古代音乐史研究来说，这种影响无疑时时处处体现在其后的社会音乐生活之中，为学者所关注。

商代音乐是上承禹夏、下启两周音乐文明发展的桥梁，在中国音乐史上占据着重要位置。对商代音乐史的研究工作，由于相关的历史文献少之又少，目前主要依靠考古发掘资料。考古资料可分两个方面：一是考古出土的、与音乐相关的商代文献，主要是甲骨文和金文。这是一门专业性较强的学问，主要有赖于古文字学、甲骨学领域的专家的相关研究，而且这方面资料的发现并不多，所以愈显得珍贵。二是商代考古发掘的实物资料，主要是乐器。这方面资料的发现较为丰富，而且不断有新的文物出土。所以现状是，对考古出土的乐器类实物进行音乐考古学研究，成为当前认识商代社会音乐生活的主要方式。乐器类实物本身就是与商代宫廷音乐活动直接相关的历史遗物，其所携带的历史信息具有其他形式的史料无可比拟的可信性。乐器的形制、构造、制作、使用（演奏）、音乐音响性能等，与当时特定的文化和社会生活，如政治、经济、社会制度、思想意识、风俗习惯、丧葬制度和科学技术的发展水平等息息相关。商代乐器的研究已经取得了可喜的成果，成为揭示商代社会音乐生活真实面貌的主要手段。当前中国的考古事业蓬勃发展，新的商代文化遗址不断有所发现；面对层出不穷的考古资料，相关的研究无论在深度上还是在广度上，都有了更大的拓展余地。尤其是殷商音乐文化的研究对于中国历史学的意义，已越来越受到学界的重视。殷商的音乐考古学在如下一些方面的研究，当加以关注。

考古出土乐器的统计、整理和分类问题。商代乐器种类多，数量多，且时间跨度较长，资料极为分散，使得对乐器的认识不一，统计不规范、不准确；对殷墟出土乐器的制作材料的选择、材质特性的辨识及乐器的分类等问题，尚未取得令人满意的成果；这在一定程度上制约了殷墟出土乐器研究的进度和深度。又如出土乐器测音研究方法的科学性、数据的统一性问题。由于殷墟出土的乐器深埋地下数千年，一经出土，很难长期保存。前辈学者早年对这些乐器的测音研究尚在摸索阶段，如测音方法的不统一，记录的不精确，测音人员对商代乐器的发生、发展及演变过程和规律的认识，都能影响人们对商代乐器在中国乐器发展史上的地位的客观评价。

在考古学史料的引用方面，作为音乐考古学家的李纯一先生是一位重要的先行者。他站在音乐史学的角度，对已搜集到的大量考古发掘中出土的古代乐器和古人的音乐活动遗迹，进行了深入的研究；并将这些研究成果与文献记载相互印证，写成了《中国古代音乐史稿》（第一分册·增订版）[1]一书。该书一反中国音乐史研究"从文献到文献"的旧有传统，经科学发掘所得的考古学材料，被作为音乐史研究的主要对象置于突出的地位。1996 年 8 月，文物出版社又出版了李纯一先生的《中国上古出土乐器综论》[2]。在这部中国音乐考古学的巨著中，搜集了大量考古发掘中出土的商代乐器和商人的音乐活动遗迹，以考古材料的研究成果与文献记载相互印证，把商代音乐史研究的实证性提升到了一个前所未有的高度。近年又有王秀萍出版了《考古出土商代乐器研究》[3]一书，取得了可喜的成果。书中对现有考古出土的商代乐器材料进行汇总，理清乐器的分布地域和基本种类；对出土乐器进行了文化分区及分类、分型、分式研究；探讨了商代乐器的组合关系和器乐演奏艺术；继而论述了出土乐器与商代"乐政"和"礼制"的关系，商代社会音乐生活的基本面貌及其特点；最后归纳总结了商代音乐的艺术成就，阐述了商代音乐在中国乐器发展史上的地位及其历史影响。作者从音乐考古学角度对商代出土的乐器进行研究，并取得了较为丰硕的成果。

中国现代考古学关于商文化的探索，自 20 世纪国立中央研究院历史语言研究所对河南安阳殷墟的考古发掘起，已走过了近一个世纪的历程。

---

① 参见李纯一：《中国古代音乐史稿》（第一分册·增订版），北京，音乐出版社，1964 年。

② 参见李纯一：《中国上古出土乐器综论》，北京，文物出版社，1996 年。

③ 参见王秀萍：《考古出土商代乐器研究》，苏州，苏州大学出版社，2015 年。

这是一个充满传奇色彩的古老辉煌王朝，现代考古学将无数青铜文化时期的历史实物真实地展现在人们面前。其中也包含了大量的音乐文物，生动地描绘了在亚洲东部近 4000 年来，两条大河流域一度繁荣、特色鲜明的一支音乐文化的存在。其中位于河南安阳的殷墟、郑州的商城，山东青州的苏埠屯，山西石楼的曹家垣及内蒙古赤峰的夏家店上、下层，四川广汉的三星堆和成都的金沙遗址，江西新干大洋洲等商代文化遗址，均有重要的音乐考古发现。除此之外，还有多处商代文化遗址中有零星乐器出土。分析这些商代音乐文化的考古发现，如下地区最值得关注，即：黄河流域以河南殷墟为中心的中原地区和位于长江流域的江南赣江-鄱阳湖地区，它们是商代音乐文化的两个重要的核心区域，也是当时一南一北的两个青铜文化中心；四川广汉发现的三星堆遗址和成都西郊的金沙遗址，则是中国西南地区的两个商代音乐文化遗址，也值得被关注；另外，属于中国北方地区的辽河及海河流域，也有零星音乐考古发现，如辽宁南部属于夏家店下层文化的乐器特磬和陶埙、冀中平原一带发现的殷商时期特磬和陶鼓等。严格地说，辽河及海河流域仅可以看作中原殷商文化的辐射，尚难以作为一个独立的音乐文化区系看待。

一、中原地区

中原，历史上也被称作中国、中土、仲夏，本意为"天下至中之原"。中原是中华文明的发祥地，是中国政治、经济和文化的中心。中国有历史记载或考古证据表明的、时间较长的主要政权，有"八大古都"之说；而中原地区就占了 4 个，即今河南的洛阳、开封、郑州和安阳。由此可见，中原最核心的区域位于今之河南省。从华夏民族的融合及中原文明的扩展全过程看，完整的中原概念，应指以河、洛为中心的黄河中下游地区，范围相当于今河南省及其毗邻地区，包括山西东南部、河北南部、山东西部、安徽西北部、江苏北部等大片区域。这是中国历史上一个最重要、最繁荣的青铜文化中心。中原地区商代音乐文化的考古发现，主要集中在河南安阳殷墟、郑州商城及中原的周边地区，延及黄河下游地区。

1. 殷墟

殷墟商代文化遗址位于今河南省安阳市西北郊的洹河两岸，以小屯村为中心，包括侯家庄、大司空、高楼庄、戚家庄、郭家庄、花园庄、刘家庄、武官村等自然村落，总面积约 36 平方千米。遗址内现存遗迹，主要包括殷墟的宫殿宗庙遗址、王陵遗址、商城遗址，以及聚落遗址、家族墓地群、甲骨窖穴、铸铜遗址、制骨（陶）作坊、居民区和平民墓地等。已出土有大量青铜器、玉器、骨角器、陶器等遗物，其中包括举世闻名的司母戊大方鼎等青铜礼器。此外，遗址内还出土过甲骨 15 万余片，其上的甲骨文是中国迄今为止发现的最早的成熟文字。

殷墟，曾是商王朝政权的统治中心区，也是王朝的经济、文化中心区，故遗留至今的音乐考古学内涵十分丰富。例如，位于洹河北岸的殷墟王陵遗址，包括侯家庄西北冈、武官村北高地。其与殷墟宫殿宗庙遗址隔河相望，是殷商王朝的王陵与祭祀场所；殷墟西区遗址，位于整个殷墟遗址的西部偏北，洹水南岸，与殷墟王陵区隔河相望，是晚商殷墟都城遗址的一部分，是与商王室关系密切的一个族群聚居区；大司空遗址，位于殷墟的大司空村，该村在洹河北岸，西南与小屯村隔河相望；小屯遗址，位于殷墟洹河南岸，1928～1937 年国立中央研究院历史语言研究所考古组在殷墟进行了 15 次发掘，其中有 12 次就集中在小屯一带，著名的妇好墓就是在这里被发现的。郭家庄遗址，位于安阳市西北郊，曾发掘商代墓葬 191 座，包括郭家庄墓地 M160、M26 两座重要墓葬。殷墟发掘出土乐器的数量多、品种也丰富，主要有铜鼓、鼍鼓、蟒皮木鼓、特磬、编磬、编铙、陶埙、铜铃等，达 120 多件，占到商代出土乐器总量的一半以上，涵盖了考古出土商代乐器的全部种类，是发现商代乐器的最为集中的地区。[1]

2. 河南郑州商城遗址

郑州商城遗址是商代早中期的都城遗址，发现于 1950 年，坐落在今河南省郑州市区偏东部的郑县旧城及北关一带。郑州商城外城墙始筑于商代中期的二里岗期下层一期，使用到二里岗期上层二期，总面积达 25 平方千米，是先周时期仅次于殷墟的庞大都城遗址。经中国考古界最新碳十四年代测定显示，郑州商城外城墙的始建年代为公元前 1500 年左右，可以推算内城和宫城的时间年代应不晚于这一年代。根据文献记载与考证，以及国家“九五”期间国家重点科技攻关项目“夏商周断代工程”的大部分学者的看法，这里应该是第一代商王太乙“汤始居亳”的亳都；不过也有部分学者认为它是商代中期“仲丁迁隞”的隞都。都城遗址的城内为宫殿区和一般居住区，城郊有手工业作坊区和墓葬区。1955 年，又发现了一座略呈长方形的南北向的商代城址，城墙周长近 7000 米，是目前中国发现的年代最早、保存较好的一座商城。郑州商城的发掘，对于研究商代历史和古

---

① 参见赵世纲主编：《中国音乐文物大系·河南卷》，郑州，大象出版社，1996 年，第 20～138 页。

代城市发展史都具有重要价值。

郑州商城的城垣之外分布着同时期的许多居住遗址，各种手工业遗址及中小型墓地。近年来，在郑州二里岗、小双桥、铭功路、张寨南村等商代遗址中陆续出土了陶埙、特磬等乐器。这些乐器所属的时代跨度较大，从殷墟文化二期，经殷墟三期直到殷墟四期，均有乐器出土，具有一定的连续性。

其中的二里岗遗址，即位于郑州市老城区周围的郑州商城遗址。包括今管城回族区的大部和金水区的南部，是一座商代前期的城市遗址，处于商代早期的二里岗文化期，距今约 3620 年。它于 1950 年被发现，1951 年开始发掘，目前发掘工作仍在继续。该遗址为盘庚迁殷之前的商代都邑，其时青铜器文化已十分繁荣。它填补了商代前期文化的空白，为早商文化和夏文化的研究开阔了视野，也为"夏商周断代工程"提供了重要的依据。

出土过石磬的小双桥遗址位于河南省郑州市西北 20 千米处的石佛乡，是目前所发现的处于郑州商城和安阳洹北商城之间唯一一个白家庄期的、具有都邑规模和性质的遗址。历年来的发掘，主要集中在遗址的中心区域，即遗址东北部一带 20 万平方米，发现有夯土墙、大型高台夯土建筑基址、宫殿建筑基址、小型房基、大型祭祀场、祭祀坑、奠基坑、灰沟、与治铜有关的遗存等，以及大批质料各异、种类繁多的文化遗物。出土遗物除陶器外，还有青铜器、玉石器、原始瓷器、骨角牙蚌器、海贝、金箔、卜骨等，还发现有大量的孔雀石、铜渣。其中尤以朱书文字引人注目。它的发现，预示着商都地望等夏商文化探索中许多重大学术课题的研究将有新的突破，是夏商周考古学上的一个重大发现。

3. 殷商周边地区

除了上述殷墟、郑州商城等中原核心地带之外，陕西的蓝田，河北的藁城和邢台，山西的夏县、平陆、阳城、灵石、闻喜，以及山东的沂源、青州、惠民等地，都发现过商代的音乐文化及乐器遗存。这些地区，或就在商王朝中央政权直接统治的千里"邦畿"之内，或是中原周边政治上与商王朝为臣属关系的地方诸侯国。目前出土的音乐遗物在制度、文化乃至思想等各个方面，与商朝表现出较多的一致性。

在今山西省中南部一带，商代的音乐考古发现相对较多，如出土过石磬、铜铃的旌介，即为商代文化遗址中的全国重点文物保护单位。遗址位于山西省灵石县绵山南麓旌介村以西，灵石县城东北 15 千米处。遗址面积约 20 万平方米。1976 年发现商代晚期墓葬一座，出土有鼎、爵、觚、觥等铜器 30 余件。1985 年 1 月，又发现两座商代墓和一座车马坑，经考古发掘出土了一大批包括铜铃在内的青铜器，多铸有"亚羌"铭文，可能是一种族徽符号，反映了商代晚期与商王朝共存的北方方国的文化面貌。又如中国国家博物馆所藏平陆前庄特磬，1990 年出土于平陆县坡底乡前庄村商代遗址。[①]遗址位于前庄自然村南、黄河北岸，面积约 1 万平方米，是一处商代二里岗文化时期的遗址，出土器物除青铜礼乐器外，还有各种陶器、石器、骨器及蚌器、卜骨等。

位于黄河以北的华北地区和东北地区的辽南一带，为中原商朝的北方周邻。这里散布着一些在商王朝政权归属下的诸侯国和方国部落，如孤竹国、令支国等。现有的考古发掘研究表明，商周时期分布于今河北、内蒙古、京津及西辽河流域的考古学文化属于夏家店下层文化，与中原地区的商文化性质有所不同；但是，由于该区的政权隶属商王朝，故与商王朝的关系较为密切。据相关研究，当时的孤竹国，是与商王朝有着共同祖先的同姓国，历代孤竹国国君均在商朝宫廷任职。[②]在商王朝政治中心区的考古发掘中，还曾出土了铸有孤竹国国君名号的各种青铜器，数量达几十件之多。殷墟妇好墓中出土过一件孤竹国进贡的小石磬，刻有"妊竹入石"四字，表明"妊竹"为入贡之物。有学者发现，出土的商代甲骨文中多处提及"妇竹"，以为这是"孤竹国女子嫁于殷王室为诸妇者名"，"妇竹曾经生过子，在商王朝诸子中有孤竹家族血族"。[③]其与中原商音乐文化具有较强的一致性。不过，这些地区相较于中原的中心地带，音乐考古发现毕竟较少，考古所见的乐器仅有特磬、陶埙两种。

夏家店下层文化主要分布在内蒙古东南部赤峰市的辽河一带，辽宁、河北等省也有发现。年代大体在距今 4300～3600 年，与商王朝的时代大体相当。1978 年以来，内蒙古喀喇沁西府、大山前，以及辽宁的北票、建平、建昌等地陆续出土了多件夏家店下层文化时期的石磬和陶埙，数量虽少，却为这一地区音乐文化的面貌和发展水平提供了历史信息。

除上述几处重要的商代文化遗址外，中原周边地区如山西阳城、潞城、石楼、保德等地，都曾有商代的乐器文物出土。

---

① 卫斯：《平陆县前庄商代遗址出土文物》，《文物季刊》1992 年第 1 期，第 18～19、97～98 页。

② 孟古托力：《孤竹国释论——一支华夏化的东北夷》，《学习与探索》2003 年第 3 期，第 117～123 页。

③ 孟古托力：《孤竹国释论——一支华夏化的东北夷》，《学习与探索》2003 年第 3 期，第 117～123 页。

4. 黄河下游商代遗址

顺黄河而下，自今河南向东延伸至山东一带，商代遗址屡有发现，如青州苏埠屯商代墓群，即为中国商代晚期的墓群，位于山东青州市东北 10 千米苏埠屯村东的埠岭上。1956～1966 年，山东省文物部门对苏埠屯进行考古发掘，共清理墓葬 4 座，且在 M1、M8、M11 号墓中有重大发现。[1]其中，1965 年秋发掘的 M8 号墓为带墓道的"甲"字形墓葬，保存较为完好。墓中出土随葬器物共 312 件，音乐文物出土有特磬 1 件，还有一套三件制的编铙和 8 件铜铃。又如滕州前掌大村商代墓地，位于山东省滕州市城区南 25 千米处的官桥镇前掌大村，是安阳殷墟之外又一处重要的商代方国遗址，其时代和安阳殷墟大致相当。前掌大遗址分南、北两部分，南部是墓葬区。墓地居于薛河下游的西岸。西去 1000 米为周代的薛国故城，其城垣多段仍耸立于地面上。考古工作者的发掘工作主要集中在北区墓地，发掘面积约 3000 平方米，清理出龙山文化遗存、商代中期居住遗迹、商代晚期灰沟及商代晚期墓葬。在墓葬区发掘了近百座墓葬和 5 座车马坑以及壕沟、祭祀土台等建筑遗址，出土了众多精美的青铜器、玉器和其他器物。其中，前掌大 4 号墓中出土特磬 1 件、M213 墓中出土铜铙 2 件值得注意。南区墓地发掘面积亦约 3000 平方米，清理出商末周初的墓葬 70 余座，商周之际薛国贵族墓 11 座，出土青铜器、玉器等文物近千件，取得了丰富的有关墓地规模、布局、墓葬等级与形制等各方面的重要资料。对于研究商周时期东方方国的政治、经济、文化、族属等问题具有重大意义。[2]

除上述几处重要的商代文化遗址外，黄河下游多处商代文化遗址中也有商代乐器出土，如山东省滨州市惠民县麻店乡大郭村商代文化遗址、淄博市沂源县东里镇东安村北商代文化遗址等。

以上中原音乐文化遗址在时间上，既有早商时期的如郑州小双桥、二里岗、张寨南村、铭功路遗址等，也有殷墟文化二期、三期直到四期的乐器出土，时间上跨度较大，具有一定的连续性，并形成了较为完整的发展序列，为探讨商代音乐的发展和演变提供了有力的物证。但殷墟早期的音乐考古发现十分有限，而且至今没有发现殷墟一期的音乐文物，商代音乐的发展史研究尚存在缺环。

---

[1] 周昌富、温增源主编：《中国音乐文物大系·山东卷》，郑州，大象出版社，2001 年，第 21、120、127 页。

[2] 周昌富、温增源主编：《中国音乐文物大系·山东卷》，郑州，大象出版社，2001 年，第 127、173 页。

中原地区发现的音乐考古遗址和出土文物内涵丰富、分布地域较广。出土的音乐文物种类主要为特磬、编磬、编铙、埙、铜铃等乐器。其中的特磬达 35 件，数量最多，分布地区最广，可见特磬是殷商时期十分盛行的一种乐器。商代晚期已经出现了编磬这种石质旋律打击乐器。

编铙是商代出现的最有特色新型乐器，中国青铜时代音乐文化代表性器物。编铙出土数量较多，达 16 套，主要集中在商文化中心地区殷墟。[①] 时代最早的编铙属殷墟二期，如妇好墓、小南张、大司空 M663、大司空 M51、郭家庄 M26 出土的编铙均是这一时期的遗物；殷墟三期、四期的编铙也有一定的数量。殷墟和各地出土的编铙，在形制、规格、组合等方面都具有明显的规范，可见这种乐器的制作、颁发和使用，有着重要的政治背景，拥有者当具有较高的社会地位。目前的考古发掘中还没有发现殷墟二期之前的编铙，今所见编铙一出马已经是形制规格十分成熟、工艺及性能均已规范的乐器。很可能，这种乐器因是作为一种代表国家制度的礼仪器物制作、颁发的，具有极为重要的权威意义。设计制作，深思熟虑；一旦颁发，不容更改。这一点，从使用者的墓葬体现出来的形制规格、身份地位也不难找到较多的证据。中原地区出土埙的数量也较多，制作材料也比较多样，有陶埙、骨埙、石埙等，在时代上，商代早期、晚期均有。从郑州二里岗等地出土的早期陶埙和妇好墓等殷墟出土的中晚期陶埙的对比来看，已可以找出这种乐器在殷商时期发展到顶峰的实证。

二、江南及西南地区

殷商时期，位于长江以南的地区存在另一个较为发达的青铜文化中心。洞庭湖与鄱阳湖以及湘水与赣水之间是一古代文化区，在这一区域里生息繁衍的主人，应是古代百越之一的扬越人。整个江南地区，可包括今天长江中下游的湖北、湖南、江西、江苏、安徽、浙江、福建等地。商朝的江南地区远离商王朝政权直接统治的中原中心区，其政治、经济、音乐文化等在受到来自中原殷商青铜文化强烈冲击的同时，也顽强地保存了本地区浓厚的地方特色。江南地区的音乐考古发现遍布长江中下游，出土乐器的种类主要有大铙、镈等青铜器；还有少量的特磬、铜鼓、陶鼓和埙等。

1. 吴城文化遗址

在古肖江的上游，位于江西省樟树市城区西南 44 千米的山前乡吴城

---

① 参见赵世纲主编：《中国音乐文物大系·河南卷》，郑州，大象出版社，1996 年，第 60~78 页。

村，有一个著名的方国都邑遗址，这就是吴城商代遗址。吴城文化即是这一民族商周时期青铜文化的代表①，其发现、发掘，揭开了南方地区商代考古的新篇章。研究发现，吴城遗址出土文物既有浓厚的地方特色，又受到中原殷商青铜文化的深刻影响。1989 年，新干商代大墓的发掘，推动了吴城文化研究的纵深发展。

自 1973 年 9 月吴城遗址被发现以来，北京大学、厦门大学、中山大学先后与江西的省、市文物主管部门一起，进行了 9 次大规模的发掘和整理，揭露面积 6000 余平方米，出土了较完整的石器、陶器、原始瓷器、青铜器、玉器、牙雕等 1100 余件。遗址中陶文、原始瓷、铸铜遗迹，均为江西省考古史上的重大发现，标志着吴城地区早在 3500 多年前已进入了人类的文明时代，否定了"商文化不过长江"的旧有论断；也论证了殷商时期赣-鄱地区不是"荒服之地"，而是具有高度文明的区域。铸铜遗迹、工具和精美的青铜器的出土，说明早在 3000 多年前这里就和中原一样，能熟练地运用铸造技术，生产高质量的青铜器，从而解决了南方地区殷商时期能否铸造青铜器的重大学术问题。大量的完整器物，特别是 40 多种印纹陶纹样，是研究江南商代文化的一把钥匙和年代学的标尺，结束了江南商代考古长期存在的文化年代上的紊乱。吴城遗址是长江以南首次发现的大规模商代人类居住遗址，也是迄今江西境内唯一的一处具有较多中原商文化因素的遗址，对国内外相关考古学、史学、音乐学研究，具有重要的科学价值。

2. 江西新干大洋洲商墓

位于长江流域江南一带的江西新干大洋洲商墓及其青铜器遗存，是继河南安阳殷墟、四川广汉三星堆之后又一震惊世界的发现，被评为中国 20 世纪 100 个重大考古发现之一。它的发现，又一次冲击了商代青铜文化源于中原，江南地区是荒蛮服地、没有发达的青铜文化的传统观念，使得该地域一跃成为举世闻名的江南青铜王国。1989 年 9 月 20 日，江西省新干县大洋洲乡程家村村民在为赣江大堤修护工程挖沙掘土时，无意触动了埋藏在这里 3000 余年的遗物，这是一批属于商代的精美青铜器。商周青铜器是古代国家礼制的象征，是贵族身份地位的象征。青铜器形制越大，分量越重，制作工艺越精，代表其拥有者的地位越高。由此看来，大洋洲商墓的墓主很可能是当时这个

---

① 彭适凡：《吴城青铜文化与古扬越》，载彭适凡：《江西先秦考古》，南昌，江西高校出版社，1992 年，第 98～117 页。

地方的最高统治者。位于江西新干大洋洲浅丘坡上的牛头城遗址的发现和发掘，为新干大洋洲商墓青铜器的大量出现，做了一个文化归属的解释，印证了一个新干江南青铜王国的所在。同时充实了吴城文化的内涵，为江南商代时期青铜文化的一度繁荣提供了新的证据。

新干大洋洲商墓出土了迄今考古发现的最早的大铙和镈，从而解决了有关这两种青铜乐器聚讼多年的起源、族属性质及断代问题，在中国音乐考古、中国音乐史上均具有重大的学术意义。大铙和镈，为江南地区的音乐考古发现中最引人注目的乐器。大铙的出土分布极广，数量达 40 余件，几乎涵盖了长江中下游的多数地区。1983 年湖南宁乡月山铺所出的大铙，通高 103.5 厘米，重达 221.5 千克，是目前考古所见最大的一件；且纹饰繁缛，精美绝伦，其冶铸的工艺水平，丝毫不在中原地区之下。铜镈的出土数量虽然不多，却有着鲜明的地方特色。据专家考证，新干大洋洲出土的铜镈，时代约相当于殷墟二期，对于研究商周之际的镈、甬钟、大铙等乐器的起源、发展和相互影响等问题，具有显见的学术价值。[①]

3. 四川广汉三星堆遗址

四川广汉的三星堆遗址、成都的金沙遗址为西南地区考古发现的商文化代表。西南地区远离商王朝的政权中心，中原地区殷商文明的影响相对较小，其政治、经济、文化的面貌保持着自己鲜明的独立性。相关的音乐考古发现较为单纯，出土的乐器类音乐文物仅为铜铃和特磬，数量也不算丰富。这些出土乐器中，除了特磬为中原商文化中心区所常见外，其铜铃与殷墟一带在形制风格上截然不同，使用方法也与中原文化大相径庭，具有鲜明的地域特色。

三星堆遗址位于四川省广汉市西北的鸭子河南岸，分布面积为 12 平方千米。该遗址的年代，上起新石器时代晚期，下至商末周初，延续近 2000 年，是西南地区发现的一处范围最大、文化内涵最丰富、具有区域性中心地位的古文化遗址，被称为 20 世纪重大的考古发现。三星堆遗址始于 1929 年当地农民的偶然发现，遂为英国传教士董笃宜（V. H. Donnithorne）及美国人开办的华西大学博物馆关注，他们于 1934 年春天组成考古队进行了为期 10 天的发掘工作，整理出《汉州发掘简报》以后，发掘工作就长期停滞了。20 世纪 50 年代开始，考古工作者又恢复了在三星堆的考古工作。当

---

① 彭适凡、王子初主编：《中国音乐文物大系·江西卷 续河南卷》，郑州，大象出版社，2009 年，第 13、42 页。

时考古工作者还没有认识到三星堆遗址的巨大规模，所以将三星堆遗址北部的月亮湾和南部的三星堆各自当作一个遗址，分别命名为"横梁子遗址"和"三星堆遗址"。1963 年，四川省博物院、四川大学历史系组成的联合考古队再次发掘了三星堆遗址的月亮湾等地点，展现了三星堆遗址和文化的基本面貌。当时学者冯汉骥教授认识到，三星堆一带遗址如此密集，很可能就是古代蜀国的一个中心都邑。

20 世纪八九十年代以后，三星堆遗址迎来了大规模的连续发掘时期，前后长达 20 年。1980～1981 年的发掘，清理出成片的新石器时代的房址遗迹，出土标本上万件，还发现了具有分期意义的地层叠压关系。1986 年发掘的一号和二号两座大型祭祀坑，共出土金、铜、玉、石等珍贵文物近千件。其中，二号祭祀坑出土各式铜铃 43 件，并伴出有铜挂饰。二号祭祀坑的埋藏年代在殷墟二期到三、四期之间。三星堆出土的特磬形体硕大，长达 1.1 米。三星堆二号祭祀坑还出土了 8 棵青铜神树，铜铃可能就是悬挂在这种树上，通过摇动或风吹等外力作用发出声音的。①

西南地区除广汉三星堆遗址之外，还有如位于四川省成都市西郊青羊区的金沙遗址，距离三星堆遗址 50 千米，分布面积在 5 平方千米以上，年代在公元前 1250～前 650 年；四川巫山大昌镇双堰塘遗址，时代约为商代晚期；还有临近西南的湖南邵东毛荷殿乡、石门皂市，湖北的石首桃花山镇商代遗址，也有零星的音乐考古发现。

通过以上对中原、江南及西南 3 个地区考古发现的分析，可以看出这3 个地区是商代音乐文化主要的分布区域。相对来说，中原地区的音乐考古发现最为丰富，文化延续的历史也最为悠久。其次为江南地区，再次为西南地区。中原，如同作为整个商代政治权力最核心的区域一样，把它看作商代音乐文化最核心的区域，应该没有问题。只是局限于传统"商文化不过长江"的理念，人们曾一度把黄河流域繁荣的商代文化理解为唯一的发源、分布地，则有所偏颇。吴城文化、大洋洲商墓及三星堆、金沙遗址等江南、西南地区商文化的发现，客观上已经改变了人们的传统认识，同样也成为商代音乐考古研究所关注的区域。不过从音乐考古发现的角度分析，迄今发现的江南、西南地区的商文化，虽然在部分青铜器的冶铸技术等方面可与中原不分伯仲，但总体上来说，无论在这些遗址所揭示的音乐文化的丰富性，还是在其分布地域的广泛性方面，它们与中原地区还是有着一定的差别。作为

---

① 严福昌、肖宗弟主编：《中国音乐文物大系·四川卷》，郑州，大象出版社，1996 年，第 9～16、19～21 页。

商王朝的政治、文化、经济的中心，中原地区值得人们投入更多的关注。

无论是作为商王朝的地方国还是作为与商王朝平行存在的地方政权，江南、西南地区都与商王朝统治中心的中原地区存在一定的联系，彼此间的影响不可避免。而且，作为商王朝统治中心的中原音乐文化的强势性，也毋庸讳言。因此，在各个地区之间的音乐文化与中原地区存在一定的相似性或一致性。同时，由于各个文化区所处的地域及民族的文化、习俗与历史的不同，各区之间在音乐文化艺术等方面显露出来的差异性也十分明显。这可以从各区出土的音乐文物，包括乐器种类的不同等方面得到充分的体现。即是说，中国在殷商时期的灿烂的音乐文化，同样是古代各族人民共同创建的。对于商代音乐考古学研究，三个地区均不可或缺，且应有所重点关注。

第二节　殷墟音乐考古

历史上，由于殷墟是商王朝政权的统治中心区，也是商王朝经济、文化的中心区，音乐考古发现十分丰富。其中小屯一带曾经是商代晚期诸王的宫殿区、宗庙区和王陵区。因此，殷墟及其周边地区地下音乐文物资源不但丰富，而且十分集中。中华人民共和国成立后，配合殷墟周边地区的基础设施建设，殷墟的科学发掘工作顺利展开，先后在小屯北地、侯家庄西北岗、大司空村东南地、后冈、苗圃北地、高楼庄南地、花园庄南地、殷墟西区、戚家庄、刘家庄南地及北地等地，发掘出了一定数量的商代墓葬，并出土了大量商代器物，出土乐器的品种和数量都明显增多。历次发掘中，除发现数量不等的甲骨卜辞外，在一些规格较高的贵族墓葬中还发掘出土了许多商代的传世器物，其中包括一部分商代有代表性的乐器，如铜铃、编铙、石磬、陶埙等，为殷商社会音乐生活的研究提供了珍贵的实物资料。目前，殷墟文化遗址出土乐器的总数已达 120 多件，数量之多，全国罕见。

安阳殷墟的音乐考古文化发现内涵丰富。今将其重要的遗址和墓葬，依次叙述如下。

一、殷墟王陵遗址

殷墟王陵遗址位于洹河北岸侯家庄西北冈、武官村北地的高地上，是殷墟遗址的重要组成部分。遗址南面与殷墟宫殿宗庙遗址隔河相望，与东面的洹北商城遥相呼应。是殷商王朝的王陵地与祭祀的场所。自 1934 年起，这里共发掘 13 座王陵和 2000 余座陪葬墓和祭祀坑。大墓大约始建于商王武

丁时期，终于商王帝辛时期，前后营建达 200 余年。殷墟王陵遗址占地 11.3
公顷（1.13 平方千米），东西长 450 米，南北宽 250 米。当年发掘时踩出的
一条土路，把遗址分成相距百余米的东、西两区。13 座王陵，位于东区的
有 5 座，位于西区的有 8 座。这些陵墓规模宏伟，虽然都经历过不止一次的
盗掘，仍然出土了数量众多、制作精美的青铜、玉石和陶制的乐器。举世闻
名的司母戊大方鼎就在这里出土；大墓均为南北朝向，有"亞"字形、"中"
字形和"甲"字形等墓形。在王陵区遗址还分布着 2000 余座小型墓葬及少
数陪葬墓。遗址中的祭祀坑数量众多，排列有序。相关的研究认为，这里不
仅是殷商时期的商王陵地，而且也是商王室祭祀先祖的一个公共祭祀场，是
商代文明的辉煌遗迹之一。其中的侯家庄西北冈 M1001、M1004、M1217、
M1550、M1083，武官村 50WGKM1、M260，均有重要的音乐考古发现。

1. M1001

M1001，即安阳侯家庄西北冈 1001 号大墓，发掘于 1935 年。一般认
为是商王武丁的陵墓。墓葬中出土了 1 件白陶埙、1 件骨埙和若干石磬的
残片；墓葬翻葬坑中出土了 1 件骨埙，埙体呈橄榄形，深棕色，形状和结
构如陶埙，体腔中空，上端有 1 个吹孔，体一面有两孔，另一面三孔，两
面均刻兽面纹，"目"字形眼，短足短尾，额间有菱纹，线条精细、流畅，
底部中心刻有"右"字，长 5.3 厘米，底径 1.56 厘米。[①]

2. M1004

M1004，即安阳侯家庄西北冈 1004 号大墓（HPKM1004），发掘于 1935
年，为一座商王墓。墓中出土了一套三件制的编磬，磬体上分别刻有铭文
"永啟""夭余""永余"（图 4-1～图 4-6）。器为学者于省吾旧藏，现藏于
北京故宫博物院。[②]各磬尺寸见表 4-1。

表 4-1　安阳侯家庄西北冈 1004 号大墓编磬形制数据　单位：厘米

磬别	通高	底长	最厚	最薄	倨孔内径	股上边	股博	鼓上边	鼓博
永啟	12.0	41.2	3.1	2.4	2.1	12.0	4.2	31.5	3.0
夭余	11.2	38.3	2.3	2.0	1.5	16.0	3.0	23.5	4.0
永余	11.7	37.8	2.8	2.5	2.0	14.2	5.0	26.5	4.0

① 中国社会科学院考古研究所编著：《殷墟的发现与研究》，北京，科学出版社，2001 年，第 391 页。
② 于省吾：《双剑誃古器物图录》卷下，1940 年，图 17～19。

　　判定它为编磬的依据是：其一，这三件石磬同出于一墓。显然，古人已有将其作为一个系统对待的意味。其二，这三件石磬均由黑色的沉积岩石制成，从制作材料上看也基本一致。其三，这三件石磬造型基本一致。其中"永启""天余"二磬更为相似，"永余"磬稍异。前两件表面粗糙，未经细磨，凹凸不平，各边亦不规整。后一件则经过琢磨，表面及边沿均光平整齐。其四，这三件编磬均已出现了明显的"倨句"设置，这是磬体上另一个较为明显的一致性。其五，这三件石磬的磬体均已呈现出"鼓二股三"的比例，均具备了后世编磬的基本造型。其六，根据音乐史学家杨荫浏于 20 世纪 50 年代的测音结果为：永启↑^{b}2，天余 c^3，永余↑^{b}e^3。其音阶结构大致相当于^{b}E 调的"So、La、Do（徵、羽、宫）"或^{b}A 调的"Re、Mi、So（商、角、徵）"[1]，其旋律意味确实很强。所谓编磬，即在于它的"编"。这三件石磬在造型上已联结成一个系统，这是石磬造型上结成的"编列"；作为乐器，更重要的是这三件石磬的发音已蕴含了音阶或音列的意义，在音律上也已联结成一个系统，这是在音律上联结成的"编列"。由此而论，将安阳侯家庄西北冈 1004 号大墓出土的这三件石磬视作编磬，应该可信。它是迄今所见中国出现得最早的编磬实物，也是商代唯一的考古出土的编磬标本，弥足珍贵。

　　当然，安阳侯家庄西北冈 1004 号大墓编磬，与这种乐器的形制成熟时期相比，尚存在一定的原始性。例如，鼓端较窄，呈圆形，还未分化出平直的鼓博和鼓上角、鼓下角分明的结构。磬底大致呈平直状，尚未出现弧

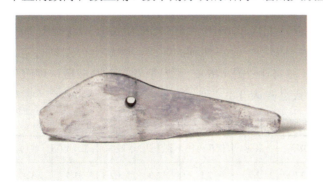

图 4-1　殷墟出土编磬"永启"

图 4-2　殷墟出土编磬
"永启"铭文拓片

①　杨荫浏：《中国古代音乐史稿》上册，北京，音乐出版社，1964 年，第 24 页。

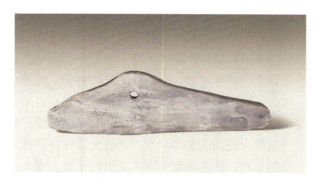

图 4-3　殷墟出土编磬"夭余"

图 4-4　殷墟出土编磬
"夭余"铭文拓片

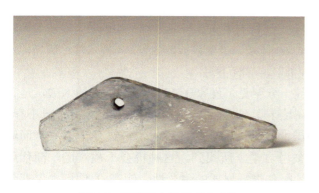

图 4-5　殷墟出土编磬"永余"

图 4-6　殷墟出土编磬
"永余"铭文拓片

曲上收。磬体的股端已经开始向股博平直转化，但股上角、股下角还不够分明等。不难看出，这套编磬是原始石磬走向成熟的过渡形态的重要标本，在中国乐器发展史上具有特别的意义。原始石磬由单件单音使用，发展到3 件成组，构成一定的音律关系配套使用，也是磬这种乐器具有音乐学意义的重大进化，说明商代晚期的人们已经有了用石磬来演奏旋律的要求和实践。

3. M1217

M1217，即安阳侯家庄西北冈 1217 号大墓，发掘于 1935 年。[①]墓葬总面积达 1803 平方米，是王陵区规模最大、墓道最长的墓葬。该墓为四墓道

---

① 梁思永、高去寻：《侯家庄第六本·1217 号大墓》，《中国考古报告集之三》，台北，"中央研究院"历史语言研究所，1968 年，第 2 页。

图 4-7　河南安阳侯家庄西北冈 1217 号大墓木鼓线图

的商王大墓，早年已被盗。出土青铜器、玉器、兵器等数百件。其时代属商代殷墟前期。在墓葬的西墓道东段，仍发现了唯一的一组尚未被扰毁的音乐遗物和遗迹，出土有 1 件特磬和 1 件蟒皮木鼓（图 4-7）遗迹①，并同出有特磬架和鼓架各 1 具。磬和鼓的配件较完整，从中可以窥见石磬与鼓组合使用的基本情况，为研究商代特磬和木鼓的形制、悬法及演奏等情况提供了较为难得的实证。鼓壁为木质，鼓腹作桶形，造型与今天常用大鼓相近。上下鼓面均为蟒皮张成。鼓面上画有朱红色的宽螺旋纹，鼓壁表面涂成红棕色，上、下两端各绘数周弦纹及波浪纹。鼓身绘 4 组饕餮纹，还饰有若干 3 排或 4 排一组的贝。蟒皮大木鼓通高 68 厘米、两端口径约 60 厘米。鼓架系拆散放置，4 根木柱已腐朽，木柱下有鼓座（报告称"脚墩"），形状不明。

考古发现的商代木鼓十分罕见。侯家庄 1217 号墓出土的木鼓，是目前唯一的例证。但由于在地下年深日久，保存极差，原物今日早已不存。木制的鼓类乐器要在中国北方地区的自然环境中，经过几千年岁月而留存至今日，而且又正好被考古学家所找到，这种机会千载难逢。商代用青铜仿制的木腔皮面鼓，因其青铜材质的耐久性，倒有 2 件标本保存到了今天。一件藏于湖北省博物馆，即著名的崇阳铜鼓。另外一件为双鸟饕餮纹铜鼓，中华人民共和国成立前流落日本，现藏于日本京都泉屋博古馆。从纹饰上判断，2 件铜鼓均为整体以青铜仿制的木制鼓类乐器，其上木制大鼓的各种用材及结构印迹被刻意表现，惟妙惟肖，如木鼓所用的皮面，边沿钉皮面所用的泡钉及鼓身上装饰用的皮革和羽葆璧翣的架构，历历在目。这类铜鼓属于殷墟晚期的器物，造型逼真，纹饰精美，工艺水平很高，可能是当时的一种工艺摆设或祭祀用器。由此观之，侯家庄 1217 号墓出土的这类蟒皮大木鼓，在商代应该是一种在贵族中使用较为广泛的鼓类乐器。

4. M1083

M1083，即安阳侯家庄西北冈 1083 号大墓，发掘于 1935 年。墓中出

---

① 中国科学院考古研究所安阳发掘队：《殷墟出土的陶水管和石磬》，《考古》1976 年第 1 期，第 16、61 页。

土的 4 件编铙为殷墟自发掘以来首见。

商代地位显赫的大贵族享用的礼仪乐器编铙，在中国青铜钟类定音乐器中出现最早；因其常例为大小 3 件成编列，故被称为"编铙"。从音乐学的角度看，至今未发现它有单个使用的证据，并已经有了一定音律关系。说明商人在设计和制造这种乐器的时候，已有了一定的旋律意识。同时，编铙合瓦形的腔体形制已经基本确立，使用时铙口向上，将甬套植于木柱上，以槌击铙口沿发声。这类编铙主要流行于以河南殷墟为中心的中原腹地，它与当时流行于中国南方，即今日的湖南、江西一带的青铜乐器大铙有较大的区别。

有关商代编铙的考古发现，以著名的妇好墓所出为最。考古资料表明，妇好是商王武丁的妃子。考古发现的商铙大多是商代晚期的遗物。妇好墓出土的亚弜编铙多达 5 件，这是出土商代编铙中件数较多、断代最为可靠且年代也较早的标本。

5. 50WGKM1

50WGKM1，即安阳殷墟武官村大墓，发掘于 1950 年，时代为商后期。[①]墓中出土了 1 件特磬，即北京故宫博物院所藏著名的虎纹石磬（图 4-8）；同时还发现了石磬磬架的印痕残迹。虎纹石磬出自墓中椁顶偏西。出土时器平放，磬股向南，鼓向北，倨孔一侧朝东。石磬用一块白中带青色的大石雕琢而成。体扁平，薄厚不甚均匀，已粗具股、鼓部的区分，但不明显。股上角、股下角和鼓上角均呈弧形。倨孔偏在一侧，鼓部斜长，

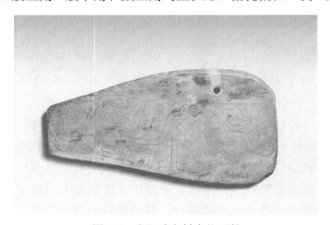

图 4-8 安阳武官村虎纹石磬

---

① 郭宝钧：《一九五〇年春殷墟发掘报告》，《考古学报》1951 年，第 1~61 页。

稍内敛，上下角较分明；股部较短，稍外侈后以上下圆角内敛。底边偏鼓部略凹，偏股部微凸。磬正面满饰虎纹，虎身饰云纹。背面光素无纹，仅有几处涂红色和小部分极细的划痕。磬通体打磨光滑，制作精美。磬通长82.6 厘米、最高 42.5 厘米。测音结果：$^\#c^1+1$ 音分。

另外，在殷墟王陵遗址，侯家庄西北冈的 1550 号大墓中出土一件石埙，武官村的 260 号大墓出土过一件残磬。

二、殷墟西区遗址

殷墟西区遗址位于洹水南岸，整个殷墟遗址的西部偏北，与殷墟王陵区隔河相望，是晚商殷墟都城遗址的一部分，是一个与商王室关系密切的族群聚居区。当时人们聚族而居，聚族而葬。20 世纪 50 年代以来，考古工作者在此地进行了多次发掘，曾发现大量的墓葬及数座车马坑，以及制作青铜兵器的铸铜作坊和不少铸造铜礼器的陶范，也出土了为数众多的乐器。2003 年，由河南省文物局组织，中国社会科学院考古研究所、河南省文物考古研究所等单位组成的联合考古队，开始对殷墟西区进行大规模的发掘，一年内发掘了 5 万平方米，发掘面积之大、参加人员之多，都是殷墟考古历史上前所未有的。发掘地东距殷墟小屯、花园庄宫殿区约 4000 米。考古工地分为南北两部分，南部是以前孝民屯村所在，数年前村子已经全部迁移，仅剩残砖碎瓦；北部是孝民屯村的耕地。从事先钻探的情况看，现在发掘区域地下主要有墓葬、灰坑、水井、房基、窖穴、铸铜作坊等。其中的 M699、AGM765、M93、AGM1769、M701 均有重要的音乐考古发现。

1. M699

M699，即安阳殷墟西区 699 号墓，发掘于 1974 年。墓中出土了一套三件制编铙——中铙（图 4-9）。[①]该墓形制为甲字形，属商代殷墟四期，曾被盗掘过。出土随葬品有铜铙、铜戈、陶器、骨器、玉器及贝等。编铙均出自北二层台上，保存完好。器均青铜质，造型、花纹相同，大小相次。甬呈中空带锥度的管状，下粗上细。舞顶平，于内凹呈弧形，腔体呈合瓦形，铙间径大于鼓间径，舞修大于舞广。正鼓部中心近于口处铸有方形台面，钲部两面饰凸起的饕餮纹，鼓内壁皆铭有"中"字。各部位尺寸见表 4-2。

---

① 赵世纲主编：《中国音乐文物大系·河南卷》，郑州，大象出版社，1996 年，第 71 页。

图 4-9　安阳殷墟西区 699 号墓编铙——中铙

表 4-2　安阳殷墟西区 699 号墓编铙——中铙形制数据　单位：厘米

编号	通高	甬长	甬上径	甬下径	舞修	舞广	中长	铣长	鼓间	铣间	正鼓厚
M699：4（大）	20.6	7.1	4.0	4.7～5.1	11.1	8.8	11.9	14.3	11.9	15.6	0.6
M699：4（中）	17.7	6.1	3.2	3.8～4.0	8.9	6.8	9.6	11.7	9.2	12.4	0.6
M699：4（小）	14.5	5.2	2.4	3.2	7.3	5.3	7.4	9.2	7.2	10.0	0.5

　　三件编铙均可发两个基音，中、小二铙侧鼓音不佳。测音结果如下（单位：音分）：

编号	M699：4（大）	M699：4（中）	M699：4（小）
正鼓音	b^1+52	$^\sharp f^2$+13	b^2+50
侧鼓音	音近 d^2	不清晰	不清晰

2. M765

　　M765，即安阳殷墟西区 765 号墓，发掘于 1982 年。墓中出土了一套三件套的编铙（图 4-10）。[①]墓葬为甲字形大墓，属商代晚期，被盗严重。随葬品有铜铙、铜戈、陶器及骨器、蚌器等。编铙青铜质，保存完好。出自二层台东南角殉葬人的头部。形制花纹相同，大小相次。甬呈中空管状，上细下粗。腔体呈合瓦形，铣间大于舞修。舞平，于内凹呈弧形。正鼓部均有不太明显的方形台面，铙体两面饰凸起的饕餮纹。各部位尺寸见表 4-3。

---

① 赵世纲主编：《中国音乐文物大系·河南卷》，郑州，大象出版社，1996 年，第 74 页；中国社会科学院考古研究所安阳工作队：《1969—1977 年殷墟西区墓葬发掘报告》，《考古学报》1979 年第 1 期，第 27～157 页。

图 4-10　安阳殷墟西区 765 号墓编铙

表 4-3　安阳殷墟西区 765 号墓编铙形制数据

编号	通高/厘米	甬长/厘米	甬上径/厘米	甬下径/厘米	舞修/厘米	舞广/厘米	中长/厘米	铣长/厘米	鼓间/厘米	铣间/厘米	正鼓厚/厘米	侧鼓厚/厘米	重量/千克
M765：6	18.0	7.2	2.9	3.8	9.2	7.0	9.5	11.7	9.3	13.2	0.2	0.3	0.9
M765：5	14.5	5.4	2.4	2.9	7.6	6.1	7.3	8.7	7.5	10.7	0.2	0.3	0.5
M765：4	12.0	4.6	2.4	3.1	7.1	5.8	6.2	7.1	7.0	9.5	0.2	0.3	0.4

每铙可发两音。测音结果如下（单位：音分）：

编号	M765：6	M765：5	M765：4
正鼓音	$^{\sharp}d^2$-5	$^{\sharp}f^2$-23	a^2-33
侧鼓音	f^2+8	$^{\sharp}g^2$+44	b^2+27

3. M93

M93，即安阳殷墟西区 93 号墓，发掘于 1972 年。墓葬中出土了 5 件石磬（图 4-11～图 4-15），现藏于中国社会科学院考古研究所安阳工作站（72AGM93：2、3、5、6、20）。[1]西区 93 号墓为甲字形大墓，时代属殷墟四期，曾被盗。殉 1 人，随葬品有铜尊、铜戈、铜矛及陶器、石器、骨器、漆器、蚌饰等。5 件石磬中，有 4 件保存完好，1 件（M93：2）已破碎。石磬中有 4 件出自南二层台上，1 件（M93：20）出自北二层台上。

磬 M93：2 质较粗，灰白色。周边呈弧形，已断裂。有倨孔两个，为

---

① 赵世纲主编：《中国音乐文物大系·河南卷》，郑州，大象出版社，1996 年，第 58 页。

两面钻。素面。通长 68 厘米、高 37 厘米、厚 3.8 厘米、大倨孔径 0.8～4.7 厘米、小倨孔径 0.4～0.8 厘米，重 18.7 千克。

磬 M93：3 质较粗，灰白色。呈五边形，折顶成倨句。顶端有一倨孔，为两面钻。磬体一面绘白色动物花纹。通长 53 厘米、高 28 厘米、底长 51 厘米、厚 3 厘米、鼓上边 34 厘米、鼓博 15 厘米、股上边 13 厘米、股博 24.5 厘米、倨孔径 0.6～3.5 厘米，倨勾 160°，重 9.4 千克。

磬 M93：5 质较粗，灰白色。呈五边形，折顶成倨句。顶端有一倨孔，为两面钻。磬体一面绘有白色动物纹。通长 58 厘米、高 32.5 厘米、底长 55 厘米、厚 2.4 厘米、鼓上边 36 厘米、鼓博 14 厘米、股上边 23 厘米、股博 25 厘米、倨孔径 0.8～3 厘米，倨勾 140°，重 8.65 千克。

磬 M93：6 质较粗，灰白色。呈五边形，折顶成倨句。顶端有一倨孔，为两面钻。磬体一面绘有白色动物纹。通长 61 厘米、高 3 厘米、底长 46 厘米、厚 3.5 厘米、鼓上边 40 厘米、鼓博 12.5 厘米、股上边 20 厘米、股博 17 厘米、倨孔径 0.8～4.5 厘米，倨勾 135°，重 13.25 千克。

图 4-11　安阳殷墟西区 93 号墓石磬　　　　图 4-12　安阳殷墟西区 93 号墓石磬
　　　　　　M93：2　　　　　　　　　　　　　　　　M93：3

图 4-13　安阳殷墟西区 93 号墓石磬　　　　图 4-14　安阳殷墟西区 93 号墓石磬
　　　　　　M93：5　　　　　　　　　　　　　　　　M93：6

图 4-15　安阳殷墟西区 93 号墓石磬 M93：20

磬 M93：20 质坚硬，青灰色。呈五边形，平顶。顶端有一倨孔，为两面钻。素面。通长 56 厘米、高 28 厘米、底长 42 厘米、厚 4 厘米、鼓上边 11 厘米、鼓博 9 厘米、股上边 16 厘米、股博 21.5 厘米、倨孔径 1.0～2.8 厘米、顶长 58 厘米，重 11.8 千克。

已断裂的磬 M93：2 已哑。余 4 磬因磬板较宽，敲击不同点位，均可得到两个较清晰的乐音。经测音，音高见表 4-4。

表 4-4　安阳殷墟西区 93 号墓石磬测音数据

编号	M93：3	M93：5	M93：6	M93：20
击点 1	f²	♯a¹	f²	e²
击点 2	b²	♯g²	c³	♯g³

分析各磬音高，难以获得明确的序列关系；从 5 件石磬的造型各不相同判断，也无从得到相互关联的证据。有学者根据五器同出一墓猜测此 5 磬为编磬，尚缺乏可信的证据。

4. M1769

M1769，即殷墟西区 1769 号墓，发掘于 1987 年。[①]墓中出土了 1 件鱼鱼形磬，现藏于中国社会科学院考古研究所安阳工作站（87AGM1769：1），属商代晚期遗物。安阳殷墟西区 1769 号墓为长方竖穴形，曾被盗。出土随葬品有陶器 2 件，铜戈 1 件，石磬 1 件及蚌饰等。石磬出土时在南面二层

---

① 赵世纲主编：《中国音乐文物大系·河南卷》，郑州，大象出版社，1996 年，第 57 页。

台上，质坚光滑，青灰色，保存完好。体呈扁平鱼形，鱼头上部有倨孔，为一面钻。两面阴刻鱼头、鳃、眼、鳍、尾，形象逼真。通长 19.2 厘米、宽 9 厘米、厚 1.1 厘米、倨孔 1 厘米。重 0.35 千克。击之音质优美。

音高为 a^2+24 音分。

5. M701

M701，即安阳殷墟西区 701 号墓，发掘于 1977 年。墓中出土了 1 件石磬（图 4-16），现藏于中国社会科学院考古研究所安阳工作队（77AGM701：72）[①]，时代属殷墟四期。701 号墓为"甲"字形大墓，殉 12 人，曾被盗。随葬品尚有陶器 20 余件，另有玉器、石器、骨器及铜戈、铜铃、铜镞等。石磬出自南二层台上。石质坚硬，灰色，保存完好。体呈扁平类长方形，两端略弧。上边中部有一悬孔，为两面钻。磬背大致平直，未设倨句。通长 77 厘米、宽 33～34 厘米、厚 2 厘米、倨孔径 1～3.5 厘米，重 13.17 千克。

经测音，可发出两个较为清晰的乐音。击点 1 为 $b+40$ 音分、击点 2 为 f^2-42 音分。

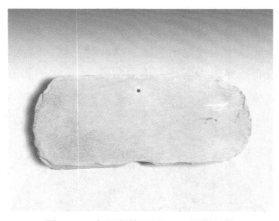

图 4-16 安阳殷墟西区 701 号墓石磬

三、大司空村遗址

安阳殷墟的大司空村遗址位于洹河北岸，西南与小屯村隔河相望。村

---

① 赵世纲主编：《中国音乐文物大系·河南卷》，郑州，大象出版社，1996 年，第 59 页；中国社会科学院考古研究所安阳工作队：《1969—1977 年殷墟西区墓葬发掘报告》，《考古学报》1979 年第 1 期，第 27～157 页。

周围分布有丰富的商代文化遗存，是殷墟范围内重要的文化遗存之一。早在 20 世纪 30 年代，国立中央研究院历史语言研究所就曾在大司空村东南地进行过大规模的发掘，不仅清理了一批墓葬、房基、灰坑、窖穴，而且还清理了部分与铸铜有关的遗迹，获得了包括铸范在内的一批遗物。20 世纪五六十年代，中国科学院考古研究所和河南省文物工作队为配合豫北纱厂的基本建设，曾在大司空村东地和南地进行了多次发掘，为研究殷代墓葬的分期和陶器组合提供了科学资料。在墓葬区出土了大量乐器，主要是青铜编铙和石磬，如安阳大司空村 539 号墓的鱼形磬、991 号墓的石磬、51 号墓及 288 号墓的编铙，以及大司空村东南 663 号墓的古铙等。另外，在 1953 年发掘的大司空村 312 号墓也出土过 3 件一套的编铙。

1. M539

M539，即安阳大司空村 539 号墓，发掘于 1980 年。墓中出土了 1 件鱼形石磬（图 4-17）[①]，现藏于中国社会科学院考古研究所安阳工作站（M539：11）。[②]墓葬的时代属殷墟二期。墓坑为长方竖穴形，有棺椁，有殉 1 人。墓中的随葬品十分丰富，计有青铜器 86 件，包括礼器 14 件，兵器 68 件，工具 4 件，另有陶器 2 件及玉器、石器、骨器等。鱼形石磬出土时位于墓主人腰部左侧，保存完好。磬体呈深棕色，扁平，作鱼形，系精工磨制而成。鱼通体用阴线刻出鱼眼、嘴、鳃、鳍、鳞及尾，形象逼真。鱼背鳍近头部设有一穿，为倨孔，单面钻成。

图 4-17　安阳大司空村 539 号墓鱼形磬

---

①　赵世纲主编：《中国音乐文物大系·河南卷》，郑州，大象出版社，1996 年，第 56 页。

②　中国社会科学院考古研究所安阳工作队：《1980 年河南安阳大司空村 M539 发掘简报》，《考古》1992 年第 6 期，第 509～517、579～581 页。

经测音试验，可发声。可辨有两个乐音，音高分别为：g^3+23 音分、$^{\#}d^4-20$ 音分。

2. M991

M991，即安阳大司空村 991 号墓，发掘于 1990 年。墓中出土了 1 件石磬，时代属殷墟二期，现藏于中国社会科学院考古研究所安阳工作站（90ASM991：20）。[①]991 号墓为长方竖穴形，有棺。随葬品有鼎、尊、戈等铜器 11 件，陶器 6 件及玉饰、玉器等。石磬出自墓主人腰部南侧。磬石呈白褐色，保存完好。体扁平呈六边形，平顶，顶一端有一倨孔，为两面钻。通体绘有红、黑、白色几何形图案。通长 62.5 厘米、通高 29.5 厘米、顶长 40 厘米、底长 48 厘米、厚 3 厘米、鼓上边 15 厘米、鼓博 14 厘米、股上边 12 厘米、股博 22 厘米、倨孔径 0.4～3 厘米，重 1.35 千克。

测音结果，有两个较强频率：击点 1 为 $^{\#}c^2-42$ 音分、击点 2 为 g^2-13 音分。

3. M51

M51，即安阳大司空村 51 号墓，发掘于 1958 年。墓中出土了编铙一套 3 件（图 4-18），时代属殷墟四期，现藏于安阳市博物馆（编号：M51：5、6、7）。[②]51 号墓墓坑作长方竖井形，有棺无椁。随葬品多放于死者头部，有铜编铙 3 件，铜瓿、铜爵、铜弓状器各 1 件。编铙体作合瓦形，两铣平直，铣间大于舞修。于部平直，无突出的内唇。舞上有柱状管甬，甬较高，中空与铙体相通。甬上、下端直径接近。器身两侧有对称的双线方框。在鼓部的内侧各有一徽记。其中最大的一件铙较扁，似受压所致。各部位尺寸见表 4-5。

表 4-5　安阳大司空村 51 号墓编铙形制数据　　　单位：厘米

编号	通高	甬长	甬上径	甬下径	舞修	舞广	中长	铣长	鼓间	铣间	正鼓厚
M51：7	22.5	8.5	3.3	3.6	10.5	7.4	13.5	14.0	9.6	15.0	0.5
M51：6	20.4	7.2	2.6	2.7	8.5	6.6	12.6	13.0	8.5	12.1	0.35
M51：5	17.0	6.9	2.2	2.3	7.5	5.3	9.2	10.1	6.7	10.0	0.3

---

① 赵世纲主编：《中国音乐文物大系·河南卷》，郑州，大象出版社，1996 年，第 56 页。

② 河南省文化局文物工作队：《1958 年春河南安阳市大司空村殷代墓葬发掘简报》，《考古通讯》1958 年第 10 期，第 6～10、51～62 页；赵世纲主编：《中国音乐文物大系·河南卷》，郑州，大象出版社，1996 年，第 73 页。

图 4-18　安阳大司空村 51 号墓编铙

铙腔体截面近椭圆形，敲击发音绵长。每铙可发两个音，但侧鼓音不清晰。测音结果（单位：音分）：

编号	M51：7	M51：6	M51：5
正鼓音	d^2–36	$\sharp g^2$–28	$\sharp a^2$+47
侧鼓音	f^2–49	$\sharp g^2$+49	c^3–32

4. M663

M663，即安阳大司空村东南 663 号墓，发掘于 1983 年。墓中出土了编铙一套 3 件（图 4-19），时代为殷墟晚期，现藏于中国社会科学院考古研究所安阳工作站（M288：1A、1B、1C）。[①]大司空村 663 号墓随葬品有鼎、方彝、簋、觚、爵等铜礼器，钺、戈、镞等铜武器，还有陶器及石器等。编铙出自墓主头前棺外椁内东北角，均为铜质。除较大的一件（M663：4）有裂纹外，其余 2 件保存完好。形制和花纹相同，大小相次。铙体呈合瓦形，甬中空呈管状，下粗上细，舞平，于内凹呈弧形，铣间径大于鼓间径。正鼓布置有方形台面，钲部饰凸起的饕餮纹，鼓内壁铸有铭文"古"字（图 4-20），因称"古铙"。各部位尺寸见表 4-6。

---

①　中国社会科学院考古研究所安阳工作队：《安阳大司空村东南的一座殷墓》，《考古》1988
年第 10 期，第 865～874 页；赵世纲主编：《中国音乐文物大系·河南卷》，郑州，大象出
版社，1996 年，第 69 页。

图 4-19　安阳大司空村 663 号基古铙

图 4-20　安阳大司空村 663 号基古铙铭文拓片

表 4-6　安阳大司空村 663 号墓编铙形制数据

编号	通高/厘米	甬长/厘米	甬上径/厘米	甬下径/厘米	舞修/厘米	舞广/厘米	中长/厘米	铣长/厘米	鼓间/厘米	铣间/厘米	正鼓厚/厘米	侧鼓厚/厘米	重量/千克
M663：4	17.5	5.6	2.8	3.2	10.4	8.0	10.5	12.5	10.7	14.0	0.6	0.5	1.25
M663：1	14.8	5.3	2.3	2.8	8.5	6.4	8.3	9.8	9.0	11.5	0.5	0.3	0.70
M663：2	12.2	4.5	2.2	2.7	7.1	5.6	6.7	7.7	7.2	9.4	0.4	0.3	0.45

测音结果（单位：音分）：

编号	M663：4	M663：1	M663：2
正鼓音	破裂	e^2+47	c^3+23
侧鼓音	破裂	g^2-49	a^3+3

5. M288

M288，即安阳大司空村 288 号墓，发掘于 1966 年。墓中出土了编铙一套 3 件（图 4-21），时代为殷墟晚期，现藏于中国社会科学院考古研究所安阳工作站（M288：1A、1B、1C）。[1]该墓为长方竖穴形，有棺椁，曾被盗掘。出土随葬品有陶器 7 件，以及石器、蚌器、贝等。铜铙出土时只发现 1 件，出自该墓二层台东南殉葬人头西侧。另有 2 件为收集而得。从 3 件编铙的形制和花纹及测音结果来分析，这 3 件应是一套，出自同一墓中的随葬品。编铙青铜质，保存完好。形制纹饰相同，大小相次。甬呈中空管状，下粗上细，舞顶平，于内凹呈弧形，铣间径大于鼓间径。正鼓部呈方形凸起，铙体两面饰凸起的饕餮纹。各部位尺寸见表 4-7。

---

① 赵世纲主编：《中国音乐文物大系·河南卷》，郑州，大象出版社，1996 年，第 78 页。

图 4-21　安阳大司空村 288 号墓编铙

表 4-7　安阳大司空村 288 号墓编铙形制数据

编号	通高/厘米	甬长/厘米	甬上径/厘米	甬下径/厘米	舞修/厘米	舞广/厘米	中长/厘米	铣长/厘米	鼓间/厘米	铣间/厘米	正鼓厚/厘米	侧鼓厚/厘米	重量/千克
M288：1A	17.8	7.0	4.3	3.5	10.5	7.1	9.5	10.4	9.8	13.4	0.5	0.4	1.1
M288：1B	15.9	6.2	4.0	3.0	9.6	6.6	8.7	9.2	8.6	12.1	0.4	0.3	0.8
M288：1C	13.5	5.2	3.5	3.0	7.8	5.7	7.2	8.0	7.2	9.8	0.4	0.3	0.6

测音结果：编铙 1A 正鼓音为 d^2+25 音分、1B 正鼓音为 e^2–40 音分、1C 正鼓音为 g^2+6 音分。

四、小屯遗址

安阳殷墟小屯遗址位于洹河南岸，自 1928 年起的 10 年内，国立中央研究院历史语言研究所考古组在这里进行了 12 次发掘，并在村的东北方向发现了规模宏大的商代宫殿、宗庙遗址，出土了大量珍贵文物，尤其是卜辞甲骨。中华人民共和国成立后，考古研究所先后在小屯村西地、南地和西北地进行了多次发掘，取得重大收获。小屯遗址的音乐考古发现是值得关注的，有 7 座以上的墓葬出土了乐器。例如，1959 年，在小屯西地编号为 GM237、GM263、GM258 的墓葬中分别出土陶埙 1 件、陶埙 2 件、石磬 1 件；1973 年，在小屯洹水南岸遗址出土龙（虎）纹特磬 1 件。在小屯编号为 YM333 的墓葬中出土骨埙 1 件。2003 年冬至 2004 年春，在小屯西地一座编号为 M1 的墓葬中发掘出土了石磬、鼍鼓各 1 件，特别是著名的妇好墓（编号为 M5），是 1928 年以来殷墟宫殿宗庙区唯一保存完整的商代王室成员墓葬，也是殷墟最具代表性的音乐考古发现。该墓随葬品极为丰富，共出土青铜器、玉器、象牙器、骨器、蚌器等不同质料的随葬品 1928

件。出土的乐器有 5 件铜铙、5 件石磬和 3 件陶埙，另外还出土铜铃 18 件，是殷墟发掘以来出土乐器最多的一座墓葬。

1. 小屯洹河南岸遗址

1973 年 9 月，在安阳小屯村北约 700 米的洹河南岸探方六西南隅，出土了 1 件龙纹特磬（一作虎纹石磬），时代属殷墟晚期，现藏于中国社会科学院考古研究所。[①]与磬同层出土的还有残簋、鬲、盆、罐、瓮、豆等陶器。石磬用灰色岩石制成，磬体略呈五边形，磬上部有倨孔，倨孔外扩，口沿不规则，当为两面击凿后再对钻而成。倨孔上方两侧有磨损痕迹，磬面上亦有敲击的痕迹，似为久经使用的乐器。磬体两面均用阴线刻龙纹。龙呈张口伏地状，虎眼、虎爪，蛇身、蛇纹，尾剪形作分叉鱼尾状。龙的前后肢之间刻蜷曲的蚕纹。石磬通长 88 厘米、高 28 厘米、厚 4.2～4.6 厘米、倨孔径 2.5～4.5 厘米。试奏发音清悦，可与武官村大墓出土的虎纹石磬相媲美。

2. 小屯西地 M1

2003 年冬至 2004 年春，在小屯西地一座编号为 M1 的墓葬中发掘出土了石磬 1 件（图 4-22、图 4-23）、鼍鼓 1 件，十字形座架 5 件，拆开放置的方形木构件 9 件，皮革类椭圆形漆器痕迹两处，还有若干根髹黑漆的小木棍（可能是鼓架的构件、残皮鼓及鼓槌）。

图 4-22　安阳小屯西地 M1 石磬

① 中国科学院考古研究所安阳发掘队：《殷墟出土的陶水管和石磬》，《考古》1976 年第 1 期，第 16、61 页。

图 4-23　安阳小屯西地 M1 石磬纹饰

五、郭家庄、刘家庄、戚家庄等遗址

殷墟郭家庄遗址位于河南安阳市西北郊约 700 米处，北距殷墟宫殿区小屯村 1500 米。1982～1992 年，中国社会科学院考古研究所安阳工作队在郭家庄西南一带进行了考古发掘，共发掘商代墓葬 191 座，并对郭家庄墓地两座编号分别为 M160、M26 的墓葬进行了重点发掘。郭家庄 160 号墓是继 1976 年妇好墓被发掘以来殷墟考古中的又一次较重要发现，出土了编铙一套 3 件，石磬一件。郭家庄 M26 的规模较大，随葬品也比较丰富，墓中出有陶器、青铜器、石器等共 93 件。墓中也出土了乐器，为 3 件一套的编铙。

安阳刘家庄位于殷墟的东南部，北距殷墟宫殿宗庙区约 1000 米。1988 年与 2008 年，中国社会科学院考古研究所安阳工作队对安阳殷墟刘家庄北地的西南隅进行了二次发掘，发现了众多的遗迹和遗物。1988 年发掘的刘家庄北 121 号墓出土了 4 件陶埙。时代为殷墟二期。

1984 年冬，安阳市博物馆在配合安阳钢铁股份有限公司的基建过程中，发掘了一座殷代墓葬（编号为 M269），即戚家庄第 269 号墓。墓葬位于安阳市殷墟小屯村西南约 3500 米的铁西区戚家庄东南约 300 米处，为一大型殷代墓，保存完好。其位置属于殷墟保护区的外围。该墓出土遗物有"爱"字铭文的编铙一套 3 件，时代属殷墟三期偏早阶段。[1]

2001 年，位于殷墟宗庙宫殿区以南的花园庄村，还发掘了一处编号为 M54 的墓葬。该墓葬保存完好，随葬品极为丰富，共出土各类遗物 570 余件，是殷墟发掘史上继妇好墓、郭家庄 160 号墓之后所发现的又一座保存完整的高级贵族墓葬，墓中出土一套三件制的编铙，还出土特磬一件。

除上述殷墟商代文化遗址中出土的乐器外，殷墟高楼庄 M8（1957 年）墓葬中也出土了一套三件制的编铙。

---

① 赵世纲主编：《中国音乐文物大系·河南卷》，郑州，大象出版社，1996 年，第 75 页。

1. 郭家庄 M160

郭家庄 160 号墓位于殷墟郭家庄西部，是一座未经扰动、保存完整的较大的长方形土坑竖穴墓。[①]时代属商代殷墟三期。墓长 4.5 米、宽 2.9 米、深 8 米，带棺、椁，有殉人 4 个、殉犬 3 只。1990 年秋，中国社会科学院考古研究所安阳队对该墓进行了发掘，墓中的随葬品极为丰富，出土共计 349 件，其中青铜礼器 40 件，武器 200 余件，陶器 16 件，玉器 34 件及象牙器、竹器、石器、漆器数十件。该墓出土"亚夒止"编铙一套 3 件（图 4-24～图 4-26），以及 1 件石磬。[②]

编铙出自椁室的最东部，从北往南大小相次排列。铙青铜质，保存完好。造型纹饰相同，大小相次。甬呈中空管状，上粗下细，舞顶平，于内凹呈弧形，铣间径大于舞修。钲鼓部呈方形凸起，两面均饰饕餮纹。3 件铙均有铭文甬上为"中"字，鼓内壁有"亚夒止"三字。各部位尺寸见表 4-8。

表 4-8　安阳郭家庄 160 号墓编铙形制数据

编号	通高/厘米	甬长/厘米	甬上径/厘米	甬下径/厘米	舞修/厘米	舞广/厘米	中长/厘米	铣长/厘米	鼓间/厘米	铣间/厘米	正鼓厚/厘米	侧鼓厚/厘米	重量/千克
M160：41	25.0	8.0	4.0	5.3	14.2	10.6	13.6	17.0	13.2	18.3	0.5	0.4	3.3
M160：23	20.5	6.8	3.3	4.6	11.2	8.2	11.4	13.8	11.0	15.0	0.5	0.4	1.7
M160：22	16.9	6.2	2.9	4.0	8.9	6.4	9.0	10.9	8.1	12.1	0.4	0.3	0.9

图 4-24　安阳郭家庄 160 号墓编铙

① 中国社会科学院考古研究所安阳工作队：《安阳郭家庄 160 号墓》，《考古》1991 年第 5 期，第 390～391、481 页。

② 赵世纲主编：《中国音乐文物大系・河南卷》，郑州，大象出版社，1996 年，第 76 页。

图 4-25　安阳郭家庄 160 号墓编铙于口

图 4-26　安阳郭家庄 160 号墓编铙铭文拓片

经测音，每铙可发出两个音。结果如下（单位：音分）：

编号	M160：41	M160：23	M160：22
正鼓音	d^2+31	f^2+2	c^2+29
侧鼓音	f^2-20	g^2+42	d^2-38

2. 郭家庄 M26[①]

郭家庄墓地 M26 为规模较大的中型墓葬，墓主人可能为地位较高的军事首长。墓葬时代属殷墟二期偏晚，保存完好，随葬品也比较丰富，墓中出有陶器、青铜器、石器等共 93 件。青铜器中，有大铜钺、箕形器、觚、爵等 12 件，以及墓中出土的乐器一套 3 件制的青铜编铙。

---

① 中国社会科学院考古研究所安阳工作队：《河南安阳市郭家庄东南 26 号墓》，《考古》1998 年第 10 期，第 36～47 页。

3. 刘家庄北 M121

1988 年发掘的刘家庄北 121 号墓出土了 4 件陶埙。[①]121 号墓为长方竖穴形，有棺椁。随葬品有陶器 5 件，铜戈 1 件及贝等。4 件陶埙皆出自墓主肩部东侧棺外椁内。埙均为泥质灰陶，保存完好。形似鸡卵，小平底，通体素面磨光。顶端有一吹口，腰下部一面有 3 个音孔，呈倒品字形排列，左上一孔较小，余两孔稍大。另一面有按孔 2 个，呈一字形横列。其中两件体型较大。M121：10A，高 8.9 厘米、腹径 5.1 厘米、底径 2.7 厘米。M121：10B，高 8.8 厘米、腹径 4.9 厘米、底径 2.6 厘米。另两件体型较小。M121：10C 和 M121：10D 大小一样，高 8 厘米、腹径 4 厘米、底径 2.5 厘米。经测音结果如表 4-9 所示。

表 4-9　安阳刘家庄北 121 号墓陶埙测音数据　　　单位：音分

编号	全闭孔	开前右上	开前左上	开前下	开后左	开后右	全开孔
M121：10A	$^\sharp$g−26	b−26	$^\sharp$d^1−26	$^\sharp$f^1±0	g^1−30	f^2+4	—
M121：10B	g+35	a+35	$^\sharp$d^1−30	$^\sharp$f^1−30	g^1−5	$^\sharp$f^1−5	—
M121：10C	b^1±0	$^\sharp$c^2+10	$^\sharp$f^2−45	$^\sharp$g^2+9	f^2−4	$^\sharp$g^2−32	—
M121：10D	b^1−26	$^\sharp$c^2−30	f^2+30	$^\sharp$g^2−10	f^2−39	g^2+30	c^3+6

4. 戚家庄遗址 M269

戚家庄遗址 M269 墓出土遗物有青铜器 58 件，且多有铭文。包括"爰"字铭文的编铙一套 3 件（图 4-27），时代属殷墟三期偏早阶段，现藏于安阳市文物工作队（戚家庄 M269：45、46、47）。[②]出土时，3 件铜铙并排放置于椁内东北角，形制纹饰及铭文相同，大小依次递减。铙身呈合瓦形，铣间径略大于鼓间径，而两铣中部微向外弧。铣口下弧，内唇突出，舞部正中有管状甬，中空与铙腔相通。铙体合瓦形，两铣与甬相对之两侧有铸缝，应为两外范合铸而成。铙体外面均饰浮起的饕餮纹，锥鼻高起，圆眼突出，饕餮纹外有一周凸线纹。正鼓部外面有一突起的方块，其一侧铸有

① 赵世纲主编：《中国音乐文物大系·河南卷》，郑州，大象出版社，1996 年，第 20 页。

② 赵世纲主编：《中国音乐文物大系·河南卷》，郑州，大象出版社，1996 年，第 75 页；安阳市文物工作队：《殷墟戚家庄东 269 号墓》，《考古学报》1991 年第 3 期，第 325～352、395～404 页；方建军：《河南出土殷商编铙初论》，《中国音乐学》1990 年第 3 期，第 67～76、145～146 页。

"爰"字铭文。发现时甬内尚留有木柄，已朽。

图 4-27   安阳戚家庄遗址 269 号墓编铙

各部位尺寸、重量见表 4-10。

表 4-10   安阳戚家庄遗址 269 号墓编铙形制数据

编号	通高/厘米	甬长/厘米	甬上径/厘米	甬下径/厘米	舞修/厘米	舞广/厘米	中长/厘米	铣长/厘米	鼓间/厘米	铣间/厘米	重量/千克
M269：45	18.4	6.0	3.8	3.6	10.1	7.5	9.8	12.4	10.0	13.1	1.1
M269：46	13.5	4.1	3.3	3.0	9.6	6.4	8.2	9.4	8.7	10.5	0.8
M269：47	11.5	3.9	3.2	2.5	8.0	5.8	6.5	7.6	7.1	9.1	0.6

经测音，每铙可发出两个音。结果如下（单位：音分）：

编号	M269：45	M269：46	M269：47
正鼓音	f^2+5	a^2-45	d^3-19
侧鼓音	a^2+31	$^\sharp c^3+0$	$^\sharp f^3+22$

第三节   重要音乐考古发现

中华人民共和国成立以后，伴随着科学考古发掘工作的不断深入，重要的商代遗址和音乐考古发掘成果接踵出现。河南安阳殷墟的考古发掘工作也持续进行，引人瞩目的发现层出不穷。有武官村大墓、妇好墓和郭家庄 160 号墓的清理和洹北花园庄殷墟早期大型遗址的发现等，以这些考古发现为契机、以殷墟发掘为基础的殷墟商文化综合研究，学术上取得了全方位的进展。其中，小屯遗址妇好墓（编号为 M5）的发掘，以及大量精

美的商代音乐文物出土，是殷墟中最重要的音乐考古发现，也是殷墟科学
发掘以来发现的保存完整的商代王室成员墓葬，展示了殷商高层贵族完整
的基本用乐规范。另外，四川广汉三星堆遗址、江西新干大洋洲商墓、湖
南宁乡师古寨祭祀遗址、河南鹿邑长子口墓等音乐遗存的发现，均是这一
时期的中国音乐考古学上值得提及的重要收获。

一、妇好墓

1976 年发掘的妇好墓位于殷墟小屯村，是 1928 年以来殷墟宫殿宗庙
区最重要的考古发现之一，也是殷墟科学发掘以来发现的、唯一保存完整
的商代王室成员墓葬，被列为当年全国十大考古成果的前列。该墓也是殷
墟发掘以来出土青铜乐器最多的一个墓葬，主要乐器有铜编铙 5 件、石磬
5 件、陶埙 3 件，还有铜铃 18 件。

该墓南北长 5.6 米，东西宽 4 米，深 7.5 米。墓上建有被甲骨卜辞称为
"母辛宗"的享堂。据说享堂原是商王武丁为祭祀妻子妇好而修建的宗庙建
筑，尊其庙号为"辛"。妇好墓虽然墓室不大，但保存完好，随葬品极为丰
富，共出土青铜器、玉器、宝石器、象牙器等不同质地的文物，总计达 1928
件。其中青铜器 468 件，刻有铭文的青铜器有近 200 件。有"妇好"或"好"
铭文的就有 109 件。甲骨文资料中关于"妇好"的记载亦有 200 多条，其
中一片卜辞曰："辛巳卜，贞，登妇好三千、登旅万，乎伐羌。"两相印证，
可以确定该墓为妇好之墓。其中的两件大铜钺最为引人注目。一件以龙纹
为饰，另一件以虎纹为饰，每件重达八九千克，学者据甲骨文判定它们曾
是妇好生前使用过的武器。据考证，铜钺在商代也是王权和军权的象征，
仿佛可以看到当年妇好这位女将军驰骋疆场的飒爽英姿。[1]

1. 妇好墓编铙

根据铭文，妇好墓编铙又称"亚弜"铙（图 4-28）。编铙出土后，中
国科学院考古研究所 1977 年寄陈中国历史博物馆。[2]不同于过去安阳出土
青铜编铙 3 件套的常例，妇好墓同出一组 5 件。仔细考察 5 件编铙，其形
制、纹饰相同，但大小相次并不严密。将其看作 3 件一套、2 套缺失 1 件
似更为合理。根据其使用方式，器身当以铙口朝上为正。铙体上大下小，

---

[1] 参见中国社会科学院考古研究所编辑：《殷墟妇好墓》，北京，文物出版社，1980 年，第 105 页。

[2] 袁荃猷主编：《中国音乐文物大系·北京卷》，郑州，大象出版社，1996 年，第 27 页。

横截面呈合瓦形，于口内凹呈弧形。舞平面，舞面正中置有管状柄，中空与腔体相通。柄略带锥度，向下渐扩。器身两面纹饰相同，饰回字形弦纹。其中最大 2 件铙的内壁，可见铭文"亚弜" 2 字。其余 3 件均因锈蚀太重，未见铭文。编铙形制数据见表 4-11。

表 4-11　安阳妇好墓"亚弜"编铙形制数据

编号	通高/厘米	甬长/厘米	甬上径/厘米	甬下径/厘米	舞修/厘米	舞广/厘米	中长/厘米	铣长/厘米	鼓间/厘米	铣间/厘米	重量/千克
839·1	14.5	5.7	2.7	3.0	8.2	6.1	7.6	8.5	8.0	10.5	0.55
839·2	11.6	4.3	2.5	2.8	7.1	5.5	6.6	7.0	6.7	9.1	0.35
839·3	12.7	4.5	2.3	2.8	6.6	5.1	6.0	6.9	6.5	8.7	0.30
839·4	9.5	3.8	9.3	2.4	6.1	4.6	5.0	5.5	5.9	8.0	0.20
839·5	8.1	3.5	1.8	2.0	4.1	3.3	3.8	4.2	4.4	5.3	0.10

各铙出土时虽保存基本完整，但通体为绿锈覆盖，锈蚀较重。839·3 号铙因残损而曾加以修补，839·4 号铙也有内损，二铙均已失音，未能做测音实验。839·5 号铙因锈蚀较重，音略哑，勉强测出正鼓音，仅供参考。侧鼓音不辨。详情参见表 4-12。

表 4-12　安阳妇好墓"亚弜"编铙测音数据　　　　单位：音分

编号	839·1	839·2	839·3	839·4	839·5
正鼓音	g^2+34	c^3-34	a^2+6	—	d^4+4
侧鼓音	a^2+50	d^3-50	—	—	—

图 4-28　安阳妇好墓"亚弜"编铙

2. 妇好墓石磬

殷墟妇好墓共出土石磬 5 件，包括特磬 2 件（标本号分别为 316、2），石磬 3 件（标本号分别为 332、1595、1596）。[1]

图 4-29 "妊冉入石"石磬　　图 4-30 "妊冉入石"　　图 4-31 鸱鸮纹特磬拓本
石磬铭文拓片

2 件特磬中，一件即现中国国家博物馆所藏的"妊冉入石"石磬（标本号为 316，图 4-29～图 4-30）。石磬以青灰色碳酸盐岩磨制而成，呈扁平长条形，上窄下宽，上顶齐平，下底略凸，两边棱角清楚。通长 45 厘米、上端宽 8.5 厘米、下端宽 12.5 厘米。磬身近上端正中有 1 圆形穿孔，孔上方两面均有长期悬挂的磨痕。磬体上分别刻有文字和鸮纹。磬身一侧刻有铭文"妊冉入石"四字。妊冉可能是国族名或人名，入是纳贡之意，意即妊冉入贡的石磬。"妊冉入石"或释为"妊竹入石"，为"妊竹"入贡之物，一件孤竹国进贡的石磬。有学者的研究指出，孤竹国是商王朝的同姓国，与商王朝有着共同的祖先，孤竹国历代国君均在商朝朝廷任职。[2]在商朝的考古发掘中，其政治中心区已出土各种青铜器几十件，均铸有孤竹国国君名号。甲骨文中也有多处提及"妇竹"。

特磬测音结果为：#a^2-11 音分。

另一件（标本号 2，图 4-31）特磬磬体呈扁平的长方形，为黑色石灰

---

① 中国社会科学院考古研究所编辑：《殷墟妇好墓》，北京，文物出版社，1980 年，第 198～199 页；袁荃猷主编：《中国音乐文物大系·北京卷》，郑州，大象出版社，1996 年，第 19 页。

② 孟古托力：《孤竹国释论——一支华夏化的东北夷》，《学习与探索》2003 年第 3 期，第 117～123 页。

岩磨制而成。股端弧曲而较宽，鼓端平直而较窄，近股端一侧钻一悬孔。长 25.6 厘米，宽 6.7～8 厘米。磬面雕有鸱鸮纹饰，鸱鸮作站立状，钩喙大眼，短冠短翅，长尾向内卷曲，利爪刚健有力，雕刻十分精美。

妇好墓中还出土 3 件一组的石磬（图 4-32），白色泥质灰岩，材质相近，同出一处，置于妇好墓墓底东北侧。[①]有学者猜测是一套编磬，但造型较为随意，缺少明确的规范性，故很难隶定为编磬。

（a）标本 332　　　　　（b）标本 1595　　　　　（c）标本 1596

图 4-32　安阳妇好墓石磬

3. 妇好墓陶埙

妇好墓中出土的乐器，除了有编铙、石磬各 5 件之外，还发现了一组陶埙（图 4-33）。[②]时代为商代殷墟二期。陶埙共 3 件，泥质灰陶，器表磨光。造型一致，制作规范，大小有异。其中两件较大，一件较小。埙体呈倒置的陀螺形，尖顶，小平底，中空。埙均为五音孔埙，顶端正中有一圆形吹口，近底处一面有倒“品”字形音孔 3 个，另一面有左右对称的音孔 2 个。

图 4-33　安阳妇好墓陶埙

---

① 参见王秀萍：《考古出土商代乐器研究》，苏州，苏州大学出版社，2015 年，第 132 页。

② 中国社会科学院考古研究所编辑：《殷墟妇好墓》，北京，文物出版社，1980 年，第 219 页；赵世纲主编：《中国音乐文物大系·河南卷》，郑州，大象出版社，1996 年，第 22 页。

陶埙 M5：29 高 9 厘米、底径 2.7 厘米、吹口径 0.6 厘米。

陶埙 M5：30 高 9.2 厘米、底径 2.8 厘米、吹口径 0.7 厘米。

陶埙 M5：303 高 5.2 厘米、底径 1.6 厘米、吹口径 0.5 厘米。

经测音，3 件陶埙均能吹奏较为复杂的旋律。测音结果见表 4-13，可供参考。

表 4-13　安阳妇好墓陶埙测音数据

序号	指法	M5：30		M5：29		M5：303	
		音高/音分	频率/赫兹	音高/音分	频率/赫兹	音高/音分	频率/赫兹
1	●●●●●	g^1+37	400	g^1-49	381	g^2+15	791
2	○●●●●	b^1+10	497	b^1-10	491	b^2-43	963
3	●○●●●	d^2-7	585	d^2-25	579	$^\sharp c^3+9$	1115
4	●●○●●	d^2-36	575	$^\sharp c^2+41$	568	$^\sharp c^3+39$	1134
5	●●●○●	d^2+39	601	d^2-25	579	c^3+33	1067
6	●●●●○	d^2+35	599	d^2-18	581	c^3+49	1077
7	○○●●●	$^\sharp d^2+48$	640	e^2-35	646	$^\sharp d^3-10$	1237
8	○○○●●	$^\sharp f^2+28$	752	$^\sharp f^2+22$	750	未吹出	
9	○○○○●	a^2-6	876	$^\sharp g^2+49$	854	未吹出	
10	○○○○○	$^\sharp a^2-47$	907	未吹出		未吹出	
11	○●●●●	g^2-30	770	c^2-45	642	$^\sharp d^3-15$	1233
12	●○○●●	g^2-38	767	f^2+24	708	f^3-30	1372
13	●●○●●	a^2-8	875	f^2+32	712	f^3+16	1410
14	●●●○○	$^\sharp f^2-20$	731	f^2+26	709	f^3+28	1420
15	●●○○○	$^\sharp g^2-15$	823	$^\sharp g^2-36$	813		
16	●○○○○	$^\sharp a^2+12$	939	未吹出		未吹出	
17	○●●○●	f^2+2	699	f^2+15	704	$^\sharp d^3+23$	1261
18	○●●●○	e^2+32	671	e^2-38	645	$^\sharp d^3+19$	1259
19	●○○○●	$^\sharp f^2-2$	739	f^2+41	715	未吹出	
20	●○●○○	$^\sharp g^2+32$	846	$^\sharp g^2-23$	819	未吹出	
21	●●○●○	$^\sharp f^2-37$	724	f^2+9	702	f^3+31	1422
22	○●○●○	g^2-24	773	未吹出		未吹出	
23	●○○●○	g^2-13	778	f^2+9	702	未吹出	
24	○●●○○	g^2-10	779	g^2-16	776	未吹出	
25	●○○○●	$^\sharp g^2+12$	836	$^\sharp g^2-15$	823	未吹出	

二、四川广汉三星堆遗址

四川广汉三星堆遗址，面积为 12 平方千米，主要分布在广汉市南兴镇和三星乡所在的鸭子河、马牧河两岸的台地上。1929 年，当地真武村农民燕道成发现一坑玉石器，有三四百件。20 世纪 30 年代，华西大学博物馆葛维汉等人曾在此发掘。中华人民共和国成立后，政府组织了多次勘探、试掘。三星堆遗址文化遗存堆积厚，内涵丰富，延续时间长。按考古学分期法，可分为四期：第一期属于新石器时代晚期，绝对年代距今约 5000～4000 年。第二期至第四期的年代，相当于夏至商末周初，距今约 4000～3600 年。①

三星堆遗址，特别是祭祀坑的发现，揭示了早在三四千年以前，古代蜀人已有了高度发达的青铜文化，并且形成了风格独具特色的古文明中心。广汉三星堆 1、2 号祭祀坑，位于三星堆遗址西南侧，两坑相距 20 米左右，1986 年 7～9 月发掘。瘗埋器物丰富，质地有金、铜、玉、石、陶、骨、象牙、海贝等种；有金杖、金虎、金面罩、人头像、人面具、兽面具、铃、牌形响器、爬龙柱形器、罍、尊、彝、戈、铜树，以及龙、虎、蛇、鸟等青铜器和戈、璋、璧、瑗、环、锛、斧等玉石器。1 号坑盖在器物之上的有 3 立方米烧骨碎渣，2 号坑在器物上铺盖了一层象牙，共 60 余枚（节）。两坑出土的多数青铜器表面涂有朱砂，有的铜头像还描眉眼，口涂丹朱。两坑所出器物，均被人为敲砸毁坏并用火燔燎，可能是在举行一次隆重的燎祭活动后埋存下来的。1 号坑年代相当于商代中期，2 号坑相当于商代晚期。两坑采用瘗埋燔燎为祭礼方式，与商代甲骨卜辞所载"燎祭"基本一致。这表明蜀人在宗教意识和祭祀礼仪方面，一定程度上受到中原文化的影响。两个祭祀坑出土器物构成一幅祭礼图景，包含了原始艺术的主要形式，如道具、化装、舞蹈、音乐等。

三星堆遗址出土的音乐文物主要有大量的青铜铃，总数达 43 件。②半数铜铃尚能发声，音质纯正、清晰。分述如下。

---

① 四川省文物管理委员会、四川省文物考古研究所、四川省广汉县文化局：《广汉三星堆遗址一号祭祀坑发掘简报》，《文物》1987 年第 10 期，第 1～15、97～101 页；四川省文物管理委员会、四川省文物考古研究所、广汉市文化局，等：《广汉三星堆遗址二号祭祀坑发掘简报》，《文物》1989 年第 5 期，第 1～20、97～103 页；四川大学历史系考古学教研组：《广汉中兴公社古遗址调查简报》，《文物》1961 年第 11 期，第 22～27 页；冯汉骥、童恩正：《记广汉出土的玉石器》，《文物》1979 年第 2 期，第 30～37 页。

② 严福昌、肖宗弟主编：《中国音乐文物大系·四川卷》，郑州，大象出版社，1996 年，第 9～16 页。

1. 三星堆鹰形铃

三星堆鹰形铃，1986 年 9 月出土于广汉三星堆商周时代的 2 号祭祀坑。同坑出土各式铜铃共 43 件。出土时，一些铜铃挂在青铜树枝上，一些铜铃散在坑内，有的铜铃附有铜铃架。多数铜铃为直筒形，部分为鹰形、花朵形等。现藏于四川省文物考古研究所（出土号为 K2②：103-8、K2②：149）。

鹰形铃标本 K2②：103-8 号（图 4-34）保存完好，另一件标本 K2②：149 号残损严重，仅余颈部以下。铜铃的鹰头顶部为环形纽，环内穿挂 8 字形青铜挂钩。铃舌脱落，舌呈尖辣椒状，实心，顶部有环纽，挂在鹰形铃内顶端。鹰形铃合范浑铸，造型构思巧妙，写实性强，工艺精美。鹰首尖嘴、头部和颈部两侧有扉棱，颈部及两侧扉棱上阴刻羽翼纹。标本 K2②：103-8 号通高 13.8 厘米、宽 8.1 厘米、厚 0.2 厘米、纽高 1.3 厘米、宽 1.5 厘米、铃扉长 4.6 厘米、宽 1.7 厘米、顶部 3～7.65 厘米、于口 6.3～6.7 厘米。铃舌长出铃体，长 11.23 厘米、舌孔径 0.77 厘米。标本 K2②：149 号形体较大，残长 14 厘米、宽 10.2 厘米、舞面 4.2～6 厘米、于口 3.6～10.2 厘米。音哑。

2. 三星堆花朵形铃

三星堆花朵形铃（图 4-35），1986 年 9 月出土于广汉三星堆商周时代 2 号祭祀坑。同坑出土各式铜铃共 43 件，现藏于四川省文物考古研究所（出土号为 K2③：78）。花朵形铃保存完好。合范浑铸。铃体分 3 层：顶部为花蒂，置环形纽。纽下分四瓣，阴刻 2 道弦纹；中层花身呈矮鼓墩形，上饰水波纹；下部为长形花瓣 4 片，顺花瓣形阴刻 2 道弦纹，内填以圆点纹。铃舌长圆锥柱体，舌底为四瓣花形，实心，挂于铃腔内顶端。器通高 12.2

图 4-34　三星堆鹰形铃

图 4-35　三星堆花朵形铃

厘米、宽 7.7 厘米、厚 0.2 厘米、纽高 1.4 厘米、顶部 4.5～4.8 厘米、于口
7.6～7.7 厘米、铃舌长 10.3 厘米、铃舌孔径 1.1 厘米。音哑。

3. 三星堆兽面纹铃

三星堆兽面纹铃（图 4-36），1986 年 9 月出土于广汉三星堆商周时代
2 号祭祀坑。同坑出土各式铜铃共 43 件，现藏于四川省文物考古研究所（出
土号为 K2[③]：103–28）。

兽面纹铃两范合铸。出土时铃舌根断裂。平舞，舞置半环形纽，纽下
可见两个对称长形镂孔。铃体呈扁圆形，两铣斜直，于口平齐、略敞。两
铣有扉棱。铃腔两面通饰饕餮纹。器通高 7.35 厘米、宽 8.8 厘米、厚 0.1
厘米、纽高 1.25 厘米、宽 1.5 厘米、舞面 2.8～6.2 厘米、于口 3.7～7 厘米。
尚可发声，声音清晰。

4. 三星堆兽头形铃

三星堆兽头形铃（图 4-37），1986 年 9 月出土于广汉三星堆商周时代 2
号祭祀坑。同坑出土各式铜铃共 43 件，现藏于四川省文物考古研究所（K2[③]：
70–7G 型）。

兽头形铃保存完好，无舌。上置环形纽，纽下方舞面上有两个对称圆
形镂孔。铃构思奇巧，铃体呈一张口露齿的兽头，兽口即铜铃于口。铃面
由粗阳线纹界隔成兽脸和兽口两部分，兽脸阴刻双目。兽口大张，两侧露
6 齿，十分狰狞。铃体扁圆，平舞，直铣。两铣弧曲内凹，喇叭口与兽口
大张相吻合。器通高 7.6 厘米、宽 8.6 厘米、厚 0.2 厘米、纽高 1.2 厘米、
宽 1.65 厘米、舞面 3.5～5.7 厘米、于口 4～8.6 厘米。音乐性能较好，发音
清晰。

图 4-36 三星堆兽面纹铃

图 4-37 三星堆兽头形铃

5. 三星堆喇叭形铃

喇叭形铃（图 4-38），1986 年 9 月出土于广汉三星堆商周时代 2 号祭祀坑。同坑出土各式铜铃共 43 件，现藏于四川省文物考古研究所。

喇叭形铃保存完好。铃体较小，通高 3.9 厘米、顶口径 0.7 厘米、于口径 6.1 厘米、厚 0.1 厘米。无舌。铃整体呈一喇叭状，上部自一圆锥管，向下渐大渐扩，形成喇叭口。锥管顶端设有一横杠，或作悬挂之用。

6. 三星堆四棱面铃

三星堆四棱面铃（图 4-39），1986 年 9 月出土于广汉三星堆商周时代 2 号祭祀坑。同坑出土各式铜铃共 43 件，现藏于四川省文物考古研究所（出土号为 K2②：79–2、K2③：220）。

图 4-38　三星堆喇叭形铃　　　　　图 4-39　三星堆四棱面铃

铃保存基本完好。标本 K2②：79–2 号缺舌；标本 K2③：220 号舌根断裂，平舞，舞面置环形纽，纽下有两对称长形镂孔。铃上窄下阔，两铣弧曲内凹，两铣锐角下垂，于口弧曲上收。铃面中间有突棱，使铃呈四棱面状。两铣侧有扉，一侧铣角处有一圆穿。两范缝可见由铣角延至舞面。

7. 三星堆长形扉铃

1986 年 9 月，广汉三星堆商周时代 2 号祭祀坑出土各式铜铃共 43 件。其中数量最多的为一种长形扉铃（图 4-40），达 29 件。铃形制基本相似，尺寸不同。现藏于四川省文物考古研究所。

长形扉铃多数保存大致完整，有锈蚀。也有不同程度的残损或铃舌脱落，少数铃残损较重。铃体合瓦形，呈长筒状。平舞，半圆形环纽，两铣侧有扉棱。根据铃形制和扉棱形制的不同，又可分为两式。I 式 20 件，长筒形。上略窄足口微敞，两铣呈直线，于口平直。铣侧扉棱呈微弧内凹。

Ⅱ式9件，长锥筒形。上窄下阔，两铣弧曲外撇，侈口，于口平齐。铣侧扉棱呈长形。少数铜铃尚能发音，声音清晰。

图4-40　三星堆长形扉铃

8. 三星堆羽翼扉铃

三星堆羽翼扉铃（图4-41），1986年9月出土于广汉三星堆商周时代2号祭祀坑。同坑出土各式铜铃共43件，现藏于四川省文物考古研究所。

羽翼扉铃6件，青铜质，有锈蚀。多数铃保存完好，少数微残或断铃舌。铃平舞，舞置半圆形环纽。铃体呈长锥筒形，合瓦状。上窄下阔，两铣微弧曲外撇，铣侧有扉棱，呈连弧羽翼状。

图4-41　三星堆羽翼扉铃

9. 青铜铃架

三星堆青铜铃架 26 件，1986 年 9 月与铜铃同出土于广汉三星堆商周时代 2 号祭祀坑，现藏于四川省文物考古研究所。青铜铃架多数保存完好，顶部为圆形环纽，中部呈三脚架状，有横梁，底部为圆环。大小不同，依铜铃大小而定。出土时，有的与铜铃连在一起。底圆直径 4.4～7.8 厘米，高 6（最小尺寸）～11.3 厘米（最大尺寸）。

三、江西新干大洋洲商墓

20 世纪 70 年代初期，赣江中游樟树市吴城商代遗址的发现，撩开了"南蛮之地"青铜文化的神秘面纱。1989 年 10 月，考古工作者又在江西新干大洋洲乡发掘了一座商代大型墓葬，即新干大墓。墓葬是 1989 年 9 月当地程家村农民在涝背沙丘取土时发现的，出土的部分铜器最初为民工哄抢散失，后由文博部门人员追回，并随之对大墓进行了清理发掘。墓中出土了大量文物，计有各种质料的遗物 1374 件。在出土的 475 件青铜器中，除了中国最早的 1 件铜镈和 3 件大铙外，还有礼器、兵器、杂器和生产工具等。另有玉器 754 件，陶器和原始瓷器 139 件等。①

新干大洋洲商墓的发掘，是继河南安阳殷墟、四川广汉三星堆之后又一震惊世界的商代青铜文化的重大发现，也是考古工作者历经多年首次找到了吴城文化的大型墓葬和青铜重器的标志。人们不仅可以从中感受到中原商代文化的气息，又能体会到浓烈地域文化的味道。无论从出土的铜器群还是从陶器群来看，都说明新干大墓所反映出的文化性质不能简单地被看作中原商文化的传播，而是属于具有浓郁地域特色的吴城青铜文化的有机组成部分。传统的观念是，商代青铜文化源于中原，而当时广袤的江南地区尚属荒蛮之地。新干大洋洲商代大墓及大量精美的青铜器出土，3000 多年前赣-鄱大地先进文化的芳香扑面而来，证明了当时的赣江流域确曾有着一支与中原商周青铜文明并行发展着的青铜文化，有着与殷商王朝并存的一个地方政权。新干大墓的主人可能就是这一政权的最高统治者或其家族。②

大洋洲商代大墓的具体时代，考古界尚有争议。有商代二里岗上层、

---

① 江西省博物馆、江西省文物考古研究所、新干县博物馆：《新干商代大墓》，北京，文物出版社，1997 年，第 80 页；高至喜：《商周青铜器与楚文化研究》，长沙，岳麓书社，1999 年，第 54 页。

② 江西省博物馆、江西省文物考古研究所、新干县博物馆：《新干商代大墓》，北京，文物出版社，1997 年，第 203 页。

殷墟早期、殷墟一二期之间、殷墟早中期、殷商晚期，甚至西周中期偏早等说法。大多数的学者主张将其年代定在殷商晚期。近来考古学家通过对新干大墓出土的部分青铜礼器的分析，再结合出土部分玉器、陶器与殷墟妇好墓和吴城文化比较，认为新干大墓的年代约在商代后期早段，即相当于殷墟中期。不过，根据高至喜先生对墓中同时出土的 3 件铜铙的形制分析，提出了新干大墓的时代应该定在殷墟中晚期之际的观点；而新干大洋洲镈的年代稍早，可定在殷墟中期后段。

新干县位于江西省中部，始建于秦，为江西省最早设置的古县之一。新干大洋洲商代大墓所在的涝背沙丘是赣江古河道，西距赣江仅 1000 米。向西越过赣江约 20 千米处就是著名的吴城商代遗址。在其东南面 5000 米处是牛头城商周遗址。由于这里在历史上未曾形成过一个相对独立的文化区，加上中原地区中心论的正统史观的影响，汉代以前的江西历史在典籍和文献中，基本只有"荒蛮腹地"四个字。随着江西省文物考古事业的发展，尤其是 1973 年吴城商代遗址发掘以来的几十年间，在江西全省各地发现了遗址 200 多处。其中樟树吴城遗址、瑞昌铜岭商周矿冶遗址和新干大洋洲商墓的发掘，更是确立了吴城文化在考古学界的地位。

新干大洋洲遗存曾被评为"七五"期间全国十大考古发现之一，它展示了长江以南地区存在的规模宏大的青铜文明，同时也开启了一座3000 多年前的艺术宝库。新干大洋洲商代大墓的发现，尤其是商代在中国南方出现的大铙和镈等青铜乐器的出土，是中国音乐考古的一项重大突破。一些学者对大铙这类乐器有着根深蒂固的认识，认为都是春秋吴墓的产物；大洋洲的考古发现，不但使人们走出了这类乐器传统的断代误区；而且对赣江流域古代音乐文明乃至对整个商代的音乐文明，都有了全新的认识。

1. 江西新干大洋洲大铙

现代地质资料表明，江西地区铜矿资源丰富，类型齐全，开采条件优越。已探明铜矿储量居全国之首，约占总储量 1/3。吴城文化分布范围内的江西铜岭商周铜矿遗址，始开采于商代中期。既有露天开采遗迹，又有地下开采的系统迹象，采矿与冶炼在同一地带进行。它的发现，为揭示江西高度发达的青铜文明赖以存在的物质基础，提供了科学依据。从这一地区诸多商代遗址发现的大量石范、铜渣、木炭及炼炉遗迹可以判断，殷商时期在赣江-鄱阳湖地区的青铜冶铸业已经十分先进。科学检测证明，中原有相当一部分青铜制品原料来源于长江中游的湖北铜绿山、江西铜岭等古

矿，这一地区成为商代青铜制品的原料供给中心之一。新干大洋洲商墓的
发掘，为这一认识提供了丰富的实证。正是这种铜矿原料的供求关系，吴
城文化在发展过程中受到了中原殷商文化的强烈影响，吸收了中原青铜
文化的诸多因素，成为在中原文化影响下产生的次生青铜文明。从出土
的青铜乐器大铙和铜镈来看，这些青铜乐器已经采用了分范合铸的工艺，
即先分铸一些部件，然后再铸合成整体，显示了高超的水平和较为成熟
的铸造技术。其在青铜的冶炼和金属乐器的铸造工艺方面所达到的高度
和获得的成就，已经不在中原青铜文化之下。

　　新干大洋洲商墓中，出土了中国年代最早、最可靠的大铙和铜镈。其
中的 3 件大铙，包括六边形腔体大铙 1 件，合瓦形腔体大铙 2 件。[①]

　　（1）标本 13921

　　标本 13921 号大铙（图 4-42～图 4-45）的腔体横截面呈六边形，长甬

图 4-42　新干大洋洲大铙（13921）

图 4-43　新干大洋洲大铙于口（13921）

图 4-44　新干大洋洲大铙舞部（13921）

图 4-45　新干大洋洲大铙铣棱（13921）

---

① 彭适凡、王子初主编：《中国音乐文物大系·江西卷　续河南卷》，郑州，大象出版社，
2009 年，第 13 页。

无旋、斡，甬中空与腔体相通。正鼓部敲击处有一梯形加厚台面。腔面饰以阳线卷云纹构成的简体兽面纹。长方形巨大凸目，隙间饰连珠纹，并以其框边。正鼓部凸起台面处为阴刻卷云纹，也呈现类兽面纹的对称状。两铣折边处饰阴刻斜角云纹带；舞部饰疏朗简单的阴线卷云纹。出土时器表留有朱红色的残迹。通高 41.5 厘米、甬长 17.5 厘米，重 18.1 千克。

（2）标本 13922

标本 13922 为合瓦形腔体的大铙之一（图 4-46、图 4-47）。无旋、斡，长甬与腔体相通，平舞，阔腔，于口弧曲。正鼓部敲击处也有加厚台面，口内沿有两道弦纹。器表满饰纹样，手法以阴刻为主。图案主体为一兽面纹，以连珠纹为地，长方形双目突起，目周饰卷云纹。正鼓部和舞部也饰卷云纹。通高 43.5 厘米、甬长 18.7 厘米，重 19.4 千克。

图 4-46　新干大洋洲大铙（13922）　　图 4-47　新干大洋洲大铙于口（13922）

（3）标本 13923

标本 13923 为合瓦形腔体的大铙之二（图 4-48、图 4-49）。出土时鼓部破裂一块，残片尚存，已经修复。形制与上例相似，但正鼓部突起台面不明显。器表满饰阴刻纹样，线条细而深，笔法流畅。主体为几何形勾连雷纹，两面均饰以卷云纹。腔面仍置双目，以为兽面象征。器两铣、鼓和舞部均饰疏朗而对称的卷云纹。器通高 45.3 厘米、甬长 19.5 厘米，重 22.6 千克。

2. 江西新干大洋洲镈

江西省新干大洋洲镈（图 4-50），1989 年 10 月与 3 件大铙同出土于新干县大洋洲商代大墓。①墓葬年代约为商代后期早段，即相当于殷墟中晚

---

① 彭适凡、王子初主编：《中国音乐文物大系·江西卷 续河南卷》，郑州，大象出版社，2009 年，第 42 页。

图 4-48　新干大洋洲大铙（13923）　　　图 4-49　新干大洋洲大铙于口（13923）

图 4-50　新干大洋洲镈

期之际；而新干大洋洲镈的年代稍早，可定在殷墟中期后段。

　　镈出土时，一面中央残破一块，残片尚存，已经修复。器通高 32.3 厘米，重 12.6 千克。通体为绿锈覆盖，色泽均匀柔和。制作工艺精良，形制近似铃铛。镈体正视呈梯形，腔体两侧铣棱不甚突出，截面介于合瓦形与椭圆形之间。镈平舞，舞面中央有方形透孔，上立半环纽（图 4-51）。于口平齐，口沿内侧一周加厚，有带状内唇，向两铣角渐浅平（图 4-52）。镈身两面饰相同的三叠花纹，以阴线云雷纹衬地，上饰浮雕式牛角兽面纹，双牛角各自向上内曲，合围成一大圆圈，圈内饰一周燕尾纹，中间为一变体火纹。除牛角外，兽面的面部类虎的正面图案，宽鼻，斜尖耳。左右设两个突出的螺旋纹圈，似虎之鼻孔。兽面肢体分解，上部两肢横设，两侧为竖置。牛首兽面之上，阴刻雷纹或云纹。舞部饰类蝉纹的阴线卷云纹，两铣微外弧，各铸勾戟状高扉棱 8 个。扉棱顶端即舞部两侧，置二立鸟，其一残失。鸟首酷似斑鸠。鸟冠残缺，尖喙，凸目，敛翅，短尾，长颈。镈身的两面，四周均环饰燕尾纹。

图 4-51　新干大洋洲镈舞部

图 4-52　新干大洋洲镈于口

　　镈是青铜乐悬中出现较早的乐器，中国古代 3 种青铜乐钟之一。镈出现于殷商末期，形制较为复杂、装饰更为华丽；至西周推行礼乐制度中，成为当时的"乐悬"成员。从镈的形制上已不难看出它与夏代、商代铜铃一脉相承的关系。

根据目前的考古资料，镈首先出现于南方古越族的活动区域。新干大洋洲镈的出土，为这一认识提供了至关重要的物证。[1]大洋洲商墓出土的镈，不仅是考古发现中最早的镈，而且是早期镈中唯一通过考古发掘出土于墓葬的标准器，在音乐考古学上具有重大的学术价值。一些时代上较晚的镈，如克镈、秦武公镈及大量的春秋战国时代的镈，已都是中原地区的产物。此时在南方，似乎镈已经衰落。

另外，镈这种乐器的形制，与同出现于南方的另一种重要乐器大铙的差异很大，大铙应该是与殷商编铙并行发展的两种不同乐器，很难说谁是由谁发展而来的。后世更多的材料表明，在青铜乐器的设计和铸造方面，南方青铜乐器的冶金工艺水平并不低于北方中原地区，甚至在某些方面还发展得更早、更高一些。在中国青铜乐钟的发展史上有关镈起源的探索，也许有着极为深远的意义。

四、湖南宁乡师古寨祭祀遗址

距湖南宁乡市黄材镇不到 20 千米的老粮仓镇与枫木桥乡交界处有一座"师古寨"的山。山的西北面为老粮仓，东南面为枫木桥。1959 年、1993 年先后在此发现了三批，共 17 件商代大铜铙，是这种商代青铜古乐器较为集中的出土地。有说宁乡口音中"师"与"思"同音，"师古寨"实际上是"思古寨"——思古祭祖的地方。专家认为铙的用途，"可用于军旅，类似铜鼓，击鼓山顶，足以号召部众，指挥军阵，而且也可用于祭祀宴享"[2]。根据出土的商代大铜铙推测，应该是商代或稍后西周时期的三苗人在此思古祭祖。古三苗所尊奉的始祖蚩尤，"姜"姓；而"姜，从羊"。民国时的《宁乡县志》即有"羊角寨即师古寨"之说。故"师古寨"又名"羊角寨"；又有说枫树是三苗人崇拜的神物之一，当时该山枫树成荫，三苗选择此山为设祭之地。今苗族依然崇枫如此，苗人曾在那一带伐枫架桥，即现今犹存的"枫木桥"。

考古界一般称之为大铙的铜器，是商代晚期流行于中国南方的湖南、江西、江苏、浙江、福建、湖北东南部、安徽南部甚至广东、广西等地的一种大型青铜乐器；但主要集中在湖南、江西的赣江-鄱阳湖地区。这种大

---

① 江西省博物馆、江西省文物考古研究所、新干县博物馆：《新干商代大墓》，北京，文物出版社，1997 年，第 73～80 页。

② 高至喜：《中国南方出土商周铜铙概论》，载湖南省博物馆、湖南省考古学会合编：《湖南考古辑刊》第二集，长沙，岳麓书社，1984 年，第 128～135 页。

铙形体高大而厚重，纹饰更为繁缛华丽，与见于中原的编铙相比，音乐与音响性能上均有较大的区别；其一般为单件使用而不成编列。从已知的几件大铙出土时铙口朝上和这种乐器自身的构造特征来看，这种大铙在使用时应该是于口朝上，将柄套插在木柱座上。演奏者用槌敲击大铙口沿的正鼓部发声。大铙的声音宏大传远，但音质一般较为嘈杂；其虽在形制上采用了合瓦形的腔体，但其正鼓音与侧鼓音的发声明显不均衡，侧鼓音太弱，独立性差，因而音高不明确。据此分析，大铙还不是一种能演奏旋律的定音乐器，也还不是具有"一钟二音"性能的双基频乐器，仅是一种古代贵族祭祀所用的礼仪重器。

自 1959 年首次在湖南宁乡师古寨山顶上出土 5 件大铙起，其后在 1993 年 6 月 7 日和 8 月 14 日，又出土了 2 批大铙，分别为 10 件和 2 件，使这里成为商代南方大铙的集中出土地，因而为音乐考古学者所特别关注。

1. 湖南宁乡师古寨 1959 年出土大铙

1959 年于湖南宁乡老粮仓师古寨山顶上出土了一批大铙 5 件，为商代晚期遗物。[①]包括象纹铙 2 件、虎纹铙 2 件、兽面纹铙 1 件。现藏于湖南省博物馆 3 件：虎纹大铙（湘博 39206）、象纹大铙之一（湘博 39202）、象纹大铙之二（湘博 39204）、另 1 件兽面纹大铙藏于中国人民革命军事博物馆，1 件虎纹大铙藏于中国国家博物馆。

出土时，5 件大铜铙作两层放置：下层分两排放 4 件，上层 1 件放置于 4 铙之间。出土时，铙口均朝上。坑中同出有紫胎黑衣陶片，纹饰可辨有方格纹、弦纹和附加堆纹。还出有红胎夹砂陶片，这些陶片具有商代作风。铙为青铜浇铸而成，花纹繁缛，形体高大厚重，与殷墟第二期铜器特点相同。坑中同出紫黑胎黑衣陶片上的纹饰，也具有商代晚期风格，因此定为商晚期器。

（1）湖南宁乡师古寨虎纹大铙

1959 年师古寨所出 2 件虎纹大铙（图 4-53）中，一件今藏于中国国家博物馆，1989 年由湖南省博物馆拨交。[②]

---

① 高至喜、熊传薪主编：《中国音乐文物大系·湖南卷》，郑州，大象出版社，2006 年，第 16～21 页；湖南省博物馆：《湖南省博物馆新发现的几件铜器》，《文物》1966 年第 4 期，第 1～6、60 页。

② 参见袁荃猷主编：《中国音乐文物大系·北京卷》，郑州，大象出版社，1996 年，第 33 页。

图 4-53　湖南宁乡师古寨虎纹大铙（中国国家博物馆藏）

此铙铸造精美，花纹繁缛，形体高大厚重，与殷墟第二期铜器特点相同，纹饰也具有商代风格，因此定为商晚期器。铙为青铜浇铸而成，钲部短阔，上大下小呈椭圆筒状，口下凹呈弧形。舞平，舞下置圆管形甬，中空与体相通。柄上有旋，饰 C 形纹。器身饰以粗线条组成的兽面纹。鼓部两侧饰凸起的张口卷尾虎两组，两两相对，鼓部正中饰兽面纹。其余部位均填以雷云纹饰。保存完好，略有磕伤。形制数据见表 4-14。

表 4-14　湖南宁乡师古寨虎纹大铙形制数据　　　　单位：厘米

通（残）高	甬（残）长	甬径	舞修	舞广	铣间	鼓间	铣长	中长	鼓厚
70.0	27.5	上径 13.9 下径 9.6	38.0	29.1	47.2	38.1	43.0	37.2	侧鼓厚 2.4 正鼓厚 3.1

另一件虎纹大铙（湘博 39206，图 4-54、图 4-55）藏于湖南省博物馆。[1]保存完好，通体有绿锈覆盖，色青褐。管状短甬，上饰有旋。腔体平舞直铣，阔腔，于口弧曲。腔体主纹为兽面纹，其他纹饰亦多与上述虎纹大铙相同。不同之处是：正鼓兽面的鼻梁较宽，侧鼓的老虎张口卷尾，旋部有

---

[1]　参见高至喜、熊传薪主编：《中国音乐文物大系·湖南卷》，郑州，大象出版社，2006 年，第 16 页；高至喜：《中国南方出土商周铜铙概论》，载湖南省博物馆、湖南省考古学会合编：《湖南考古辑刊》第二集，长沙，岳麓书社，1984 年，第 128～135 页。

简化的兽面纹。形制数据见表 4-15。

图 4-54　湖南宁乡师古寨虎纹大铙
（湖南省博物馆藏）

图 4-55　湖南宁乡师古寨虎纹大铙纹饰
（湖南省博物馆藏）

表 4-15　湖南宁乡师古寨虎纹大铙（湖南省博物馆藏）形制数据

编号	通高（残）/厘米	甬长（残）/厘米	甬径/厘米	舞修/厘米	舞广/厘米	铣间/厘米	鼓间/厘米	铣长/厘米	中长/厘米	鼓厚/厘米	重量/千克
39206 虎纹	68.0	27.0	8.6～11.3	36.6	26.6	46.8	34.6	41.4	36.8	2.1～2.3	55.8

图 4-56　湖南宁乡师古寨兽面纹大铙

（2）湖南宁乡师古寨兽面纹大铙

1959 年师古寨所出铜铙 5 件中，有兽面纹大铙 1 件（图 4-56），1987 年由湖南省博物馆拨交中国人民革命军事博物馆收藏。[1]

大铙保存基本完好，体较短阔，口下凹呈弧形，柄上有旋。器身两面饰以粗线条变形云纹组成的兽面纹，两目突出，目饰雷纹。兽面纹周围均饰雷纹，柄及旋亦饰雷纹。一面鼓部正中有裂纹约 8 厘米。通高 69 厘米、甬长 23.8 厘米、铣长 44.7 厘米、铣间 49.7 厘米，重 67 千克。

---

[1]　参见袁荃猷主编：《中国音乐文物大系·北京卷》，郑州，大象出版社，1996 年，第 34 页。

（3）湖南宁乡师古寨象纹大铙

1959年师古寨所出大铙5件中有象纹大铙2件，均藏于湖南省博物馆。

标本一（湘博39202，图4-57、图4-58）保存完好，通体有绿锈覆盖，呈土褐色。管状甬，有旋，平舞，铣微内敛，阔腔，于口弧曲。形制与前述虎纹大铙相同，但纹饰不一。腔体主纹为粗细条组成的兽面纹，腔体每面左、右、下三边饰6鱼、6龙、11个乳钉。鼓部为一兽面，鼻梁作牛首状，两侧饰倒垂的夔龙纹，背面纹饰相同。甬部旋饰8个C形花纹。全身布满云纹，组成主纹兽面的粗线条上也有云纹。大铙鼓部的兽面，与美国普林斯顿大学艺术博物馆所藏商代兽面纹瓿上的兽面纹非常相似。钲部周边的虎、鱼装饰，也见于商代铜器上，特别是器形厚重、纹饰繁缛、有三层花纹等特点，更是殷墟第二期的铜器作风，故其年代应在商代晚期中段偏晚。而上述兽面纹大铙和虎纹大铙的年代应比此稍早，或即在商代晚期中段偏早。测音结果：正鼓音为$^\#$g–45音分，侧鼓音为$^\#$a–23音分。

图4-57　湖南宁乡师古寨象纹大铙（湘博39202）

图4-58　湖南宁乡师古寨象纹大铙侧鼓部纹饰（湘博39202）

标本二（湘博39204）腔体保存基本完好，甬断失。通体有锈覆盖，颜色深褐。腔体平舞，铣微内敛，阔腔，于口弧曲。腔面主纹为由扁平粗线条组成的兽面，主纹上饰有云纹。正鼓兽面两侧无夔龙，侧鼓有立象，钲周无虎、鱼装饰，但有螺状乳钉18个。经取样分析，大铙含铜量为98.22%，铅0.058%，锡0.002%，铅、锡含量甚微，接近红铜（纯铜）。说明此铙系用红铜铸成。红铜性柔韧，重击而不断裂，但声音效果较差。

2件象纹大铙形制数据见表4-16。

表 4-16　湖南宁乡师古寨象纹大铙形制数据

编号	通高（残）/厘米	甬长（残）/厘米	甬径/厘米	舞修/厘米	舞广/厘米	铣间/厘米	鼓间/厘米	铣长/厘米	中长/厘米	鼓厚/厘米	重量/千克
象纹铙一 39202	70.0	26.0	9.3～11.6	37.6	25.6	46.2	35.5	44.5	40.0	2.6	67.3
象纹铙二 39204	44.5	5.0	残	33.0	21.7	43.0	31.5	40.3	35.3	3.1	残

2. 湖南宁乡师古寨 1993 年 6 月出土大铙

1993 年 6 月 7 日，湖南宁乡老粮仓乡师古寨山的西北坡上，又出土了一批青铜大铙，达 10 件之多。[①] 师古寨山的西北面临沩水支流流沙河，东北距县城约 50 千米，出土地点距山脊约 5 米。10 件铙出土时置于一椭圆形土坑中，无其他文化遗物。坑口长约 1 米、深 1.5 米。10 件铜铙分 4 层平置，下面 3 层每层 3 件，最上层 1 件，距地表约 0.5 米。现藏于长沙博物馆，时代为商代晚期。

（1）湖南宁乡师古寨乳钉纹大铙

10 件铜铙中的 9 件均为钟枚式大铙（1632，图 4-59），造型、纹饰基本相同，唯大小有别，曾被看作"编铙"。器均保存完整，青铜质，表面呈褐色。甬作管状，内空通腔，外部有旋。钲部每面各有 3 排乳钉枚，两面计 36 枚。腔内近口沿，除 1 号、3 号于部无唇外，其余均有唇。各铙甬部、篆间、鼓部等处多饰云雷纹。其中 7 号铙鼓部还饰有虎纹。形制数据见表 4-17。

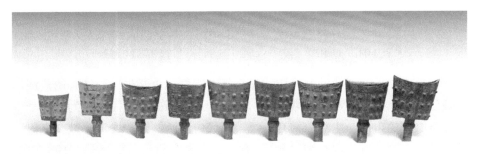

图 4-59　湖南宁乡师古寨乳钉纹大铙

---

① 参见高至喜、熊传薪主编：《中国音乐文物大系·湖南卷》，郑州，大象出版社，2006 年，第 24 页。

表 4-17 湖南宁乡师古寨乳纹钉纹大铙形制数据

序号	通高/厘米	甬长/厘米	甬下径/厘米	甬旋径/厘米	舞修/厘米	舞广/厘米	中长/厘米	铣长/厘米		鼓间/厘米	铣间/厘米	棱边厚/厘米	鼓厚/厘米	钲厚/厘米	枚长/厘米	重量/千克
1	36.5	13.4	5.0	6.3	20.0	14.7	20.6~21.0	23.8	22.5	18.0	26.0	1.2	0.8	0.8	1.0	9.5
2	47.0	18.5	6.4	9.0	24.3	17.0	25.0~25.8	29.0		22.5	30.0	1.8	1.5	1.0	1.2	20.0
3	45.7	17.0	7.5	9.0	24.6	14.5	25.5	29.0		23.3	32.8	2.0	0.9	0.9	1.8	18.0
4	48.0	18.7	6.0	9.1	25.6	18.3	23.0	30.2	29.7	23.5	32.0	1.6	1.4	1.2	1.4	20.0
5	48.5	17.2	6.4	9.0	27.3	18.2	27.6	31.7		24.5	35.7	1.8	1.4	1.1	2.0	21.0
6	49.5	20.0	7.0	9.6	26.0	18.5	26.3	29.8	29.6	23.8	33.2	1.7	1.5	1.1	2.0	28.0
7	50.0	19.0	7.0	10.0	27.3	17.2	27.0~27.4	31.6	31.0	24.4	36.5	2.0	1.6	0.9	2.3	24.0
8	51.6	20.3	7.5	10.6	26.3	18.9	28.0	31.4	31.7	25.5	34.0	2.3	1.8	1.0	1.8	27.0
9	53.5	20.5	6.5~7.6	10.1~10.4	29.0	20.7	30.0	35.0	34.5	27.7	37.0	1.9	1.5	1.05	1.4	31.0

注：棱边厚指于口部的棱状内唇的厚度

从这组大铙的形制看，其虽然大小有别，却并不构成严格的序列关系；又从编铙的测音结果分析，音高也不成编列。而且，从商代南方大铙的现有资料来看，尚未发现其为定音乐器的证据。仅凭其造型、纹饰大致相近而定其为"编铙"，不足取信。测音数据见表4-18。

表4-18　湖南宁乡师古寨乳钉纹大铙测音数据　单位：音分

序号	1	2	3	4	5	6	7	8	9
正鼓音	♯e¹−15	♯f¹+10	♯f¹−45	♯f¹±0	♯c¹±0	♯g¹±0	e¹−10	♯d¹+10	♯c¹+30
侧鼓音	♯g¹+30	g¹+30	g¹+45	♯f¹+25	d¹+35	♯g¹+25	f¹+35	e¹±0	d¹±0

（2）湖南宁乡师古寨兽面纹大铙

1993年6月湖南宁乡老粮仓乡师古寨出土10件铜铙中，另有一件为兽面纹大铙（1633，图4-60、图4-61）。其与以上9件大铙同出，但造型有别。铙保存完整，青铜质。通体有铜锈覆盖，呈黑褐色透绿色锈斑。甬空通腔，平舞直铣，阔腔。于口弧曲稍大，于部内有卷唇。无枚，铙甬部饰兽面纹和乳钉。腔体以阴刻细线云雷纹衬底，浮雕粗线龙纹和牛首纹组成主纹兽面。钲部沿边还饰13个圆泡形乳钉。形制数据见表4-19。

图4-60　湖南宁乡师古寨兽面纹大铙　　图4-61　湖南宁乡师古寨兽面纹大铙拓本

表4-19　湖南宁乡师古寨兽面纹大铙形制数据

编号	通高/厘米	甬长/厘米	甬径/厘米	舞修/厘米	舞广/厘米	铣间/厘米	鼓间/厘米	铣长/厘米	中长/厘米	鼓厚/厘米	重量/千克
1633	54.0	22.0	上径 12.0 下径 8.6	29.0	20.7	35.5	27.7	32.0	28.0	正鼓厚 1.8 棱边厚 2.1	28.5

铙尚可发声，测音结果：正鼓音为b¹±0音分，侧鼓音为♯d²+25音分。

3. 湖南宁乡师古寨 1993 年 8 月出土大铙

1993 年 8 月 14 日，湖南宁乡老粮仓师古寨山顶又出土了 2 件大铙（图 4-62、图 4-63）。[1]系邻近的枫木桥乡船山村村民利用探测仪器探到后挖出。[2]铜铙出土时，距地表深不足 0.3 米。现藏于宁乡县文管所（总 0796、总 0667），时代属商代晚期。

图 4-62　湖南宁乡师古寨大铙（编号 0796）　图 4-63　湖南宁乡师古寨大铙（编号 0667）

两器保存基本完好，青铜质。通体有铜锈覆盖，颜色深褐。两器形制基本相同，圆柱甬，内空通腔，甬上有旋。器 0796 甬较粗短，器 0667 甬稍修长。腔体平舞直铣，阔腔，于口弧曲较小。两铙纹饰相同，腔面饰兽面纹，甬、旋及鼓部等处均饰云雷纹。

形制数据见表 4-20。

表 4-20　湖南宁乡师古寨 1993 年 8 月出土大铙形制数据

编号	通高/厘米	甬高/厘米	甬上径/厘米	舞修/厘米	舞广/厘米	铣间/厘米	重量/千克
总 0796	70.0	22.0	10.0	39.0	25.5	34.0	75.0
总 0667	80.0	32.0	13.2	42.0	31.0	53.0	102.0

---

[1]　参见高至喜、熊传薪主编：《中国音乐文物大系·湖南卷》，郑州，大象出版社，2006 年，第 22 页。

[2]　李乔生：《湖南宁乡出土商代大铜铙》，《文物》1997 年第 12 期，第 28、98 页。

五、河南鹿邑长子口墓

长子口墓位于河南省鹿邑县太清宫镇。1997 年为寻找 "老子生活时代的有关遗迹"，河南省文物考古研究所会同周口地区文化局等单位，对太清宫镇西侧的隐山遗址进行考古发掘，发现了一座西周初年的大墓，墓内出土有几十件带有 "长子口" 三字铭文的铜器，因此判定该墓主人为 "长子口"（图 4-64、图 4-65）。[①]

图 4-64　长子口椭圆卣铭文拓片　　　图 4-65　长子口方罍内壁铭文拓片

1. 墓葬的时代和族属

长子口墓是近年来发现的保存完整的商周大型墓葬。墓葬 "中" 字形，有南北两个墓道。从已发掘的商周墓葬材料看，一般带墓道的墓主身份都比较高。如殷墟发现两条墓道的有 3 座，一般认为墓主应是王室成员。西周早期大墓发现较少，其中北京琉璃河 1193 号大墓可能为一代燕侯。这些墓葬大部分属于方国贵族或封君。长子口墓无论墓葬形制还是棺椁制度，都与之比较接近，其身份也应接近。在商代晚期墓葬中带腰坑的习俗比较盛行，西周时期有腰坑者较少。个别的西周早期墓虽有腰坑，但没有发现腰坑内殉人的现象。殷人统治下的方国，在周初仍沿用此习俗。由此反映出墓葬中带腰坑这一习俗在商周时期从盛行到消失

---

① 参见河南省文物考古研究所、周口市文化局编：《鹿邑太清宫长子口墓》，郑州，中州古籍出版社，2000 年，第 209 页。

的过程。长子口墓内不但有腰坑，而且内殉一人一狗，带有明显的商代晚期特征。墓葬中有无人殉、人牲也是区分商周墓葬的一个重要标志。长子口墓内有殉人 13 人之多，是目前发现的西周大墓中所仅见，可见长子口墓有着较多的商代遗风及东夷集团的风俗，一方面说明墓主人与商王室关系密切，另一方面也反映出它与东夷集团之间存在较深的渊源关系。

长子口墓出土各种质地的器物总数近 1000 件。有些器物具有明显的时代特征，也为该墓的断代提供了重要资料。通过对墓葬中出土的青铜器群、铜器组合及单个器型的特征来判断墓葬的年代，可知长子口墓的青铜器有些具有商代晚期风格，如析子孙方鼎、父辛觥及铜镜等；但有许多器形却具备了西周初年铜器的典型特征，如四耳簋、长子口附耳带盖圆鼎等。在所有青铜器中，未见更晚的器形。

由此可以推断，有着较多商代遗风的长子口墓，虽其墓葬的年代应在西周初年（不晚于成王时期），但墓中所出土的乐器，如编铙等器，周初礼乐重建时已然废止，应为殷商遗物无疑。故河南鹿邑太清宫长子口墓的音乐考古研究，列于本章中加以讨论。

2. 墓主身份

长子口墓出土的器物中，有铭文者皆出自青铜礼器，共 54 件。在有铭器中，共有 39 器铭文为"长子口"，另有"子""子口"等铭文，显系对一人的不同称法，均应指长子口。一墓中出现如此数量的自铭器，在大型商周墓葬中应是罕见的。

长，应是氏族或国名，子是身份，口为私名。长子一称长侯或长伯，在甲骨文三期卜辞中，有"其又长子唯龟至王受又"的记载，说明长是一方国，这个长国要定期向商王贡龟，与商王朝关系密切。有学者研究，长氏原为东夷的后裔，臣服于商后，负责制造弓箭等武器，后来繁衍为张姓，故长氏是张姓祖先。在书面文字中，春秋中期以前只有"长"姓而无张姓，中期以后则只有"张"姓而无长姓。汉代以后，"长"在地下文物中亦逐渐减少乃至绝迹。1971 年，河南省新郑的郑韩故城出土了一批韩国铜兵器，其中两件铜戈铭文分别为"四年郑命韩□□，司寇长朱，武库工师□□，冶尹皮攴造"，"五年郑命韩□，司寇张朱，右库工师春高，冶尹濡造"。同一司寇之名，其人名一作"长朱"，一作"张朱"，而"长"姓在"张"姓之前，恰为"张"姓本作"长"姓之证。

经日本滋贺医科大学对该墓主人骨骼的鉴定，认为长子口为 60 岁左右的男性。这为研究长子口墓的年代及价值提供了更为直接的证据。根据墓葬年代和甲骨文的记载，可以推测商代晚期有一个臣服于商王朝的长氏方国，这个方国在商代的最后一位封君就是长子口。周灭商后，长子口又臣服于周。长子口墓不晚于成王时期，终成王一朝，距周灭商不过 30 余年。以往有关长氏的有铭铜器，今流传于美国的长子鼎，时代当属最早，为西周初期器，器形与长子口墓的扁足圆鼎相仿。在湖北、陕西亦有长器发现。湖北黄陂鲁台山 M30 出土一件圆鼎，铭文"长子狗乍父乙尊彝"，该墓年代为康王晚期或昭王时期。1954 年陕西长安县普渡村曾发现过一座穆王时期长甶（音 fú）墓墓，出土有长甶编钟 3 件，长甶盉、长甶簋、长甶盘等器。这两座长氏墓中都出土了在同期墓中极少见的铜觚，而觚、爵相配，是殷文化的显著特征，这就反映出长氏与殷王朝的关系密切。

长子口墓的墓葬形制和规模，在已知的西周墓葬中首屈一指，长子口应是商末周初跨越商、周两个朝代的长国之君。

3. 出土乐器

在商代的音乐考古发现中，长子口墓出土的音乐文物值得关注。墓中出土了迄今所见时代最早的排箫，数量达两对 4 件。除了排箫这种古代少见的乐器之外，还发现有商代礼乐重器编铙，而且是两套，达 6 件，此外还有石磬 1 件。在一个墓中发现这么多的乐器，在商代音乐考古中是罕见的收获。其为中国商代乐器考古和音乐历史的研究，提供了珍贵的实物信息和参照。

（1）河南鹿邑长子口墓排箫

长子口墓中共出土 5 组骨排箫（图 4-66），其中有 2 组可以合为完整的 1

图 4-66　河南鹿邑长子口墓排箫的出土

件，其余 3 组各成 1 件，故墓中出土的排箫实为 4 件。长子口墓这 4 件排箫的年代，未必如其所出墓葬，为西周初期器。如上文提及，长子口应是商末周初跨越商、周两个朝代的长国之君。长子口墓随葬的 85 件青铜礼乐器，在数量上远远高于现在所知的商末周初墓葬。方形青铜器是殷代统治阶级的权力地位的标志物。长子口墓出土的方形铜器，其种类和数量在商周墓葬中属最多的一座，仅方鼎就达 9 件，可见墓主长子口自非一般的方国国君，其身份和地位当高于一般诸侯。从长子口墓所在的地理位置和商末周初的史实分析，长子口可能原为东夷人的后裔，受商王册封在鹿邑一带，商亡后又被周封于此；或者原为殷人，臣服周后，被派往鹿邑镇守一方。由此而论，长子口墓这 4 件排箫为商代遗器的可能性更大，距今至少应有 3000 多年的历史。

长子口墓出土的排箫，是迄今发现的中国最早的排箫实物。它填补了商朝的排箫只有甲骨文中的疑似记载而无实物的空白。排箫是一种编管吹奏乐器，它出现于世界上很多的古老文化中。以往，在河南淅川下寺 1 号墓出土了一件春秋晚期的石排箫，是年代最早的标本。今同在河南鹿邑的长子口墓中出土的骨排箫，把历史上这种极其重要吹管乐器流行的时代，提前到商代晚期，在中国的乐器史上具有显而易见的意义。

长子口墓出土的排箫（图 4-67），均为禽类腿骨所制。由 13 根长短递减的骨管组成，出土时管身有带子束管的痕迹。这说明，在排箫这种乐器较原

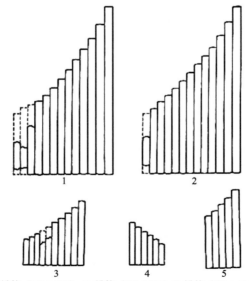

1. 排箫（M1：112）　2. 排箫（M1：113）　3. 排箫（M1：116）
4. 排箫（M1：114）　5. 排箫（M1：115）

图 4-67　河南鹿邑长子口墓排箫

始的形态中，骨质器是重要的一类。唯其骨质，乐器的耐久性较好，可以在地下保存 3000 多年而不致朽烂殆尽。分析数千年来这种乐器以竹制为主流的史实，加之竹质排箫无论其材料的易得、制作的方便，还是音乐、音响性能的优越，均是骨质排箫难以比拟的。古来排箫的竹制较之骨制，应该更加普遍。只是从推理的角度来说，古来普遍使用的竹质排箫，当然极难在地下再找到它们了。

长子口墓这些排箫在出土时，被置于墓葬西椁室南部。组成 4 件排箫的骨管，色泽莹润，如玉似翠。骨管中空，破裂，内为淤泥填塞。骨管粗细略有差异，数目和长短均不等（图 4-68～图 4-70）。4 件排箫分述如下。

标本 M1：112，是这些排箫中保存最为完好、骨管数目最多的 1 组（件）。出土时部分叠压在标本 M1：113 上面。其由 13 根骨管组成，从长到短依次排列。其中有 3 根短管残损，仅存部分。在完整的骨管中，最长的骨管长 32.7 厘米、最短的骨管长 11.8 厘米。出土时有明显的"人"字形束带痕迹，可知排箫的骨管是用宽带约束在一起的。

图 4-68　修复后的鹿邑骨排箫

图 4-69　修复后的鹿邑骨排箫管口

图 4-70 修复后的鹿邑骨排箫细部

标本 M1：113，为基本完整的 1 件，仅第 13 管（短管）有残损，也为 13 管排箫。排箫出土时位于标本 M1：112 的南侧，部分被其叠压。此组排箫的形制、大小、长短和骨管数目与标本 M1：112 基本相同。

标本 M1：114、M1：115，标本 M1：114 出土时位于标本 M1：112 的东南侧，由 6 根骨管组成，骨管长 4～8 厘米。标本 M1：115 出土时位于标本 M1：112 的东侧，由 5 根骨管组成，大部分已经破碎，骨管长 10～13 厘米。标本 M1：114 与标本 M1：115 应为 1 件排箫的两部分，长短正好可以接合，组合为 1 件 11 管排箫。

标本 M1：116，可以视作单独的 1 件排箫。10 管（可能有缺失）。出土时位于标本 M1：115 的近旁，因椁室塌陷而错位。其中 5 管散乱，5 管较齐整。原编为 2 组，整理时发现应该为 1 组（件）。骨管长 6～11 厘米。

长子口墓的发掘，补充了商末周初墓葬的断代，大大提高了研究的准确性。由于发掘时这些音乐器物基本上是放在原位置，保留了埋葬时原始形态，这就为研究当时这些乐器的使用方式、组合形式和摆列习俗，提供了重要的第一手资料，也为认识当地当时音乐历史沿革、古代先民音乐生活的真实情貌、音乐文化的交流等诸多方面，提供了可参考的重要实物。这些都是商代音乐考古中大多数墓葬所难望其项背的。

（2）河南鹿邑长子口墓编铙

长子口墓同时出土了 6 件编铙。参考以往商代编铙的发掘资料，从编铙的形制及编列惯例分析，这 6 件编铙应组合为完整的 2 套，每套 3 件。

编铙出土于东椁室，出土时发现有编铙木架残痕，铙腔体内均粘有粟粒。腔体作合瓦形，正视为梯形；于口稍内凹，内口沿设三棱状内唇；外沿正中设方形台面，作为敲击点。甬作上小下大的圆銎，便于套插在柱架上使用。腔两面饰兽面纹，周沿有阳文线框。腔体两侧自两铣角至甬端，留有明显的铸范缝，系由两块外范、一块内芯合范铸成。

　　每套编铙大小有序，依次递减。A 套编铙（图 4-71～图 4-75）胎体较厚重，铸造精良，通体绿锈覆盖，无锈处现银灰色。造型纹饰为殷商编铙所常见。于口边缘较宽，腔体宽窄适中。两面对称饰浮雕兽面纹，兽面顶置双角，圆角方目暴起，瞳孔长条形。

　　A 套首铙 M1∶145 出土时已压扁变形，经修复。甬銎内尚留有朽木柱，甚为难得。

　　A 套中铙 M1∶166 出土时保存完整，造型纹饰同首铙。

　　A 套小铙 M1∶151 出土时保存完整。造型与上两器相同，纹饰略有差异：兽面置直角做牛首状，似因铙小而图案简化所致。

图 4-71　长子口墓　　　　图 4-72　长子口墓　　　　图 4-73　长子口墓
编铙 M1∶145　　　　　　编铙 M1∶166　　　　　　编铙 M1∶151

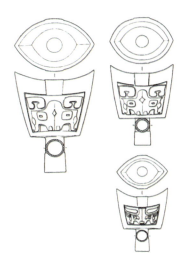 

图 4-74　长子口墓 A 套编铙示意图　　　图 4-75　长子口墓编铙纹饰拓本

长子口墓编铙 A 套形制数据见表 4-21。

表 4-21　河南鹿邑长子口墓编铙 A 套形制数据

编号	通高/厘米	甬长/厘米	舞修/厘米	舞广/厘米	甬径/厘米	铣间/厘米	鼓间/厘米	壁厚/厘米	重量/千克
M1：145	24.5	8.4	10.5	8.0	4.4～5.0	18.6	13.0	0.3～0.9	2.3
M1：166	19.5	6.3	10.2	7.0	3.4～3.8	15.0	11.3	0.28～0.8	1.6
M1：151	15.2	5.4	7.5	5.6	3.0～3.4	12.0	8.2	0.27～0.7	0.7

　　B 套编铙（图 4-76～图 4-79）胎质较薄，铸工稍差，通体绿锈覆盖。腔体造型明显短阔，于口边缘较窄，为殷商编铙所少见。三器造型纹饰相同。

图 4-76　长子口墓编铙　　　　图 4-77　长子口墓编铙　　　　图 4-78　长子口墓编铙
　　　M1：152　　　　　　　　　　　M1：153　　　　　　　　　　　M1：149

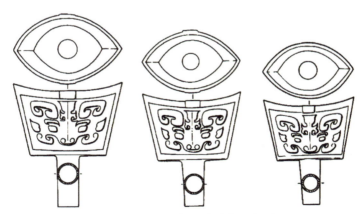

图 4-79　长子口墓 B 套编铙示意图

　　B 套首铙 M1：152 出土时已压扁变形，经修复。B 套中铙 M1：153、小铙 M1：149 出土时均保存完整。

长子口墓 B 套编铙形制数据见表 4-22。

表 4-22 河南鹿邑长子口墓编铙 B 套形制数据

编号	通高/厘米	甬长/厘米	舞修/厘米	舞广/厘米	甬径/厘米	铣间/厘米	鼓间/厘米	壁厚/厘米	重量/千克
M1：152	19.0	8.0	11.8	8.2	3.2～3.6	16.9	10.8	0.2～0.65	8.8
M1：153	17.6	7.2	10.8	8.0	3.0～3.5	15.3	9.9	0.2～0.6	8.0
M1：149	16.4	7.1	9.3	7.0	2.6～3.2	14.2	8.8	0.2～0.58	6.0

长子口墓一次出土编铙达 2 套 6 件，这在目前整个商代音乐考古发掘中绝无仅有，使人们对殷商王室礼乐重器的使用配置，有了新的认识。以往出土编铙数量最多的是殷墟的妇好墓，墓中发现的编铙为 5 件。有人猜测，这是 5 件 1 套的编铙组合；但笔者主张，这 5 件编铙的形制序列并不严明，应为缺失 1 件的 2 套而并非 1 套 5 件。长子口墓出土的 6 件编铙，很可能为这一认识提供了重要的佐证。

（3）河南鹿邑长子口墓石磬

长子口墓还出土了 1 件石磬（M1：142，图 4-80、图 4-81），出土时位于东椁室南部。磬体呈浅灰色，石质坚硬。大体呈不规则四边形，通体磨光；上部倨句设施明确，为钝角，设一穿为倨孔，用以系挂；鼓部近于锐角；后股部已残缺，断面边缘凹凸不平。磬背即倨句处较厚，向磬底渐薄。击鼓部声音清脆，余音动听。器通高 18.2 厘米、底长 27.8 厘米、厚 2 厘米左右。

图 4-80　长子口墓石磬　　　　　图 4-81　长子口墓石磬示意图

（4）河南鹿邑长子口墓铜铃

长子口墓出土的车马器共 78 件，主要分布于南墓道口和东椁室，其中包括 15 件铜铃。铃体正视呈梯形，横断面呈合瓦形。体侧可现铸缝。于口近于平齐。顶部尽沿置半环形纽。腔内设铃舌，舌作棒槌形，一端有鼻，悬于铃内腔顶部；一端自由悬空。摇动时撞击铃体发声。15 件铜铃可以形制大小及纹饰的不同分为 A、B 二型。

　　A 型 2 件（图 4-82～图 4-84）。形制、纹饰基本相同，工艺较精，胎体稍厚重。标本 M1∶154，于口趋平，略微内弧。铃体两面设阳线梯形边框，内置兽面纹。兽面倒置，细勾眉，圆方目菱形额，肢足分置。标本 M1∶234，与标本 M1∶154 纹饰相同，形制稍稍有别。

图 4-82　长子口墓 A 型铜铃

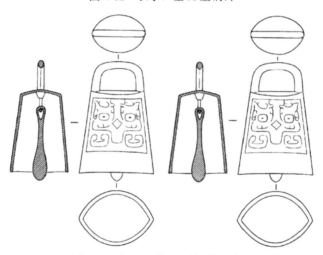

图 4-83　长子口墓 A 型铜铃示意图

　　B 型 13 件（图 4-84、图 4-85）。保存稍差，大部分已变形或残损。于口内凹稍明显，两面纹饰多漫漶，可辨为阳线变体兽面纹，如出土于北椁室中部的标本 M1∶7 即是。

图 4-84　长子口墓 M1：154 号铜铃纹饰拓本

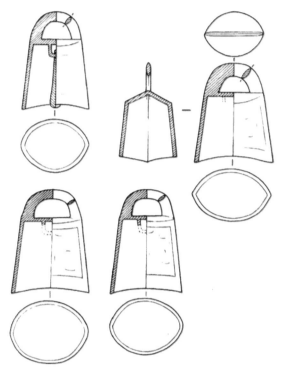

图 4-85　长子口墓 B 型铜铃示意图

长子口墓铜铃形制数据可见表 4-23。

表 4-23　河南鹿邑长子口墓铜铃形制数据　　　　单位：厘米

编号	通高	口长径	口短径	顶长径	顶短径	腔壁厚	备注
M1：154	11.0	6.2	4.8	4.0	3.0	0.3	基本完好
M1：234	11.0	6.1	4.7	4.0	3.0	0.3	基本完好

续表

编号	通高	口长径	口短径	顶长径	顶短径	腔壁厚	备注
M1：215	5.1	3.5	3.0	3.5	3.0	0.25	出土于西椁室北部，形体较小，纹饰漫漶
M1：275	5.7	3.9	3.4	—	—	0.25	
M1：509	5.6	3.8	3.3	—	—	0.25	舌残，铃体稍变形
M1：510	5.6	3.9	3.0	—	—	0.25	舌残
M1：511	5.6			—	—		挤压变形
M1：512	5.5	4.1	3.0		—	0.3	出土于南椁室中部偏西，内外粘满米粒，两面兽面纹稍漫漶
M1：513	5.8	4.1	3.1	—	—	0.25	两面兽面纹稍漫漶
M1：261	—	—	—	—	—	—	出土于南椁室西部
M1：7	—	—	—	—	—	—	已压扁，出土于北椁室中部，两面饰阳线兽面纹
备注	部分残损铜铃未列						

第四节　商代乐器考古

从早商时期出现的简陋铜铃，至殷商旋律乐器编铙的普遍使用，经过了数百年的发展。考古发现的商代乐器，最大特色就是青铜钟类乐器逐步崭露头角。其为中国青铜乐器走向两周的繁荣，并于战国早期登上历史的顶峰，打下了坚实的基础。这是商代出土乐器中最引人注目的一类。

目前关于早商时期考古遗址的文化分期，学界分歧较大，如河南偃师二里头遗址，有学者认为其一期属于夏文化，二期、三期属于早商文化，四期、五期应该属于中商文化。[1]所谓"早商"，当与"先商"一语有别，其多与"中商"并提，自然应该理解为"商代早期"。而所谓"先商"，当指商代建立之前的商族文化。所以河南偃师二里头文化除了一期文化为夏文化之外，其余二至五期均可看作商代文化。但研究表明，二里头遗址距今约4100～3700年，总体上属于新石器时代末期的文化，应该没有疑议；故其相关的重要音乐考古发现，如二里头铜铃、特磬等，本书已放在上一章中叙述。如此，本节可以提及的早商的出土乐器也就不多了。需要讨论

---

[1] 郑光：《试论二里头商代早期文化》，载《中国考古学会第四次年会论文集》，北京，文物出版社，1985年，第18～24页。

的商代出土乐器，重点放在商代的中晚期，主要是殷商时期。前面介绍的商代重要的音乐考古发现，如安阳殷墟及妇好墓、四川广汉三星堆遗址、江西新干大洋洲殷墓、湖南宁乡师古寨，以及河南鹿邑长子口墓等，也都主要集中在这一时期。这些音乐考古发现中获得的乐器，是与当时人们的音乐活动息息相关的直接遗物。其中的青铜乐器，对于认识商代社会音乐生活的基本面貌，有着不可替代的意义，不仅呈现了商代乐器发展的重要特色，更展现了中国青铜乐器在商代从萌芽走向繁荣的重大转折。此外，与青铜乐器并存的非金属乐器，也在这一时期获得了长足的发展。商代乐器琳琅满目，繁花似锦。这是中国乐器发展史上一个极其重要的阶段，值得关注。

一、文献中的商代乐器

史前时期出现的乐器，如陶埙、石磬等，进入商代以后不仅被继续沿用，而且在其造型工艺和音乐性能方面，都有了很大的发展。单从传统的历史文献及出土甲骨文字中看，有关商代的乐器种类繁多，有了丰富的记载。其乐器种类，主要有庸、镛、豐、鞀、琴、瑟等。

1. 传统文献的记载

早在 20 世纪 50 年代，杨荫浏在《中国音乐史纲》中，已从先秦文献，主要如《诗经》《周礼》《仪礼》《礼记》《尚书》《尔雅》《国语》《战国策》中归纳出"上古期的乐器"82 种。[①]其中包括"金之属"乐器 12 种，"石之属"乐器 6 种，"土之属"乐器 3 种，"革之属"乐器 23 种，"丝之属"乐器 10 种，"木之属"乐器 2 种，"匏之属"乐器 7 种，"竹之属"乐器 19 种。虽说是名为"上古期"，事实是中国最早出现的成熟文字已是商代后期的甲骨文。所以，上述文献中所提到的乐器，无疑只能是文字发明以后的记述，即为殷商以降的人的记述。他们留下的文献记载，无论其托称是女娲、伏羲、黄、炎，还是尧、舜、夏侯氏，全然不足为信。这些记载中应该包含一些商代乐器的名称，实际上更多的是对两周时期存在乐器的写照，甚至主要是东周时期的实情描摹。杨荫浏又在"周前的乐器"中，通过《尚书》《礼记》《琴操》《世本》《通礼义纂》《事始》等先秦两汉文献的记述，归纳出乐器钟、镛、和钟、磬、离磬、鸣球、埙、鼓、鼗、土鼓、足鼓、

---

① 杨荫浏：《中国音乐史纲》，载中国艺术研究院音乐研究所编：《杨荫浏全集》第 1 卷，南京，江苏文艺出版社，2009 年，第 47～49 页。

楹鼓、琴、瑟、柷、敔、簧、笙、箫、管、苇籥等 21 种名称；并进一步归并为"钟、磬、鼓、鼗、埙、琴、瑟、柷、敔、笙、箫、管、籥等十三器"①。杨荫浏在书中既区别于"上古"（其中已包括了"夏侯氏足鼓"，显然夏代已经被纳入上古时期），也区别于其后的"周代的乐器"；则这里的"周前的乐器"，应该就是指商代的乐器。以下杨荫浏更明确地将这13 器与殷商的考古发现直接进行了对照："殷墟所发掘出来的乐器，有钟、磬、陶埙、石埙、骨埙、鼓、铃、铎、铙等器。卜辞中有磬、鼓、籥、铙等乐器名称，有《濩》的乐舞名称。以比上述十三器，则凡可保存者，均应有尽有；而石埙骨埙，不见于古书；铃、铎与铙，记载初著于周代，而实物早备于殷时；鼓与籥不易得证明者，今亦得之。"②由之，杨荫浏感叹道："若想到出土之实物与文字，不过是偶然获得的当时文物的千万分之一二，所代表的，不过悠长历史中短短的一刹那，若想到殷墟实物及文字所不见之乐器，未必未曾存在，则我们从所得不易腐朽而与古书记载相合的乐器，可以见易于腐朽的乐器，虽仅见于古书，也有确实早已存在的可能；从既得不见记载的实物，反可见多方面古书断片的记载，还不足以代表当时所有乐器的全部。古书记载之可信程度，因之可以增加不少。"③这是十分精当的见解。琴、瑟类弦乐器和一些竹管吹奏乐器，很可能在商代甚至更早就已经出现，只是目前尚未发现这些乐器的实物。因为我们很难想象这些用竹木制成的乐器能经历 3000 年以上的漫长岁月保存到今天。又如上述近年河南鹿邑太清宫镇的长子口墓的发掘中出土的 4 件骨排箫、1 件石磬、2 套编铙，是这一时期音乐考古的重大发现，特别是 6 件编铙，明确地体现了商代的特色。很可能，其他乐器如排箫也应该是商代的文物。这些排箫为禽鸟的腿骨所制，但是不难推想，将竹管这种更为易得、方便、音乐与音响性能更为优良的好材料做成排箫，包括做成其他种类繁多的吹奏管乐器，性能一定更好，很可能在当时甚至更早被人们更为广泛地使用着。只是它们没有骨管坚固耐久，难以像鹿邑的骨排箫那样保存到今天罢了。

---

① 杨荫浏：《中国音乐史纲》，载中国艺术研究院音乐研究所编：《杨荫浏全集》第 1 卷，南京，江苏文艺出版社，2009 年，第 61 页。

② 杨荫浏：《中国音乐史纲》，载中国艺术研究院音乐研究所编：《杨荫浏全集》第 1 卷，南京，江苏文艺出版社，2009 年，第 61 页。

③ 杨荫浏：《中国音乐史纲》，载中国艺术研究院音乐研究所编：《杨荫浏全集》第 1 卷，南京，江苏文艺出版社，2009 年，第 61 页。

2. 甲骨文中的乐器

甲骨文主要发现于河南省安阳县小屯村一带，是中国商代后期（前14～前11世纪）王室用于占卜记事而刻（或写）在龟甲和兽骨上的文字，是中国已发现的时代最早、体系较为成熟的文字。甲骨文内容一般是占卜所问之事或所得结果，一定程度上反映了商朝的社会生活、政治经济情况，是研究商代历史的重要资料。甲骨文也对当时祭祀活动有较多的记录，对当时一些乐舞场面及乐器的使用也有所反映。

除了上文杨荫浏明确地将古代文献所记载的钟、磬、鼓、鼗、埙、琴、瑟、柷、敔、笙、箫、管、龠等13种商代乐器与殷商的考古发现进行了直接对照之外，著名古文字学家裘锡圭的《甲骨文中的几种乐器名称——释庸、豐、鞀》一文亦为音乐史学界所关注。文中对甲骨文中经常出现的庸、豐、鞀三字，做了较为深入的研究和辨析。①

（1）庸与镛

裘锡圭先生发现，卜辞里"庸"的用法，如"奏庸""叀（音 zhuān）庸奏"云云，与一些古书里的庸（镛）字用法几乎完全相同。他指出，《逸周书·世俘》就有"奏庸"一语。卜辞所说的庸，即是后来的"镛"："当即商周铜器里一般人称为大铙的那种乐器；陈梦家先生在《西周铜器断代》里已称这种乐器为镛。"又进一步引陈梦家对镛的形制说明："花纹……方向是以口上甬下为顺。尺寸大者……甬端有时是不整齐的……这种镛是口向上的，甬端（原注：其实是末）是植于座中的，因此不需铸平。"②由之证明，这就是甲骨文《宁沪1·73》"其置庸鼓于既卯"中的所谓"置庸"之解。裘锡圭、陈梦家的这些认识均是十分精当的。不过，以今日对这类以"铙"命名的乐器大量考古发现的资料而言，似尚需做进一步的分析。考古所见的商代钟类乐器，今均以"铙"命名，或"编铙"，或"大铙"。"编铙"与"大铙"，在历史上出现的时代相近，但形制和体量有较大差异，明显分属两种不同文化与族属的青铜乐器，不可等量齐观，如文献中的"镛"，历来通释为"大钟"。但商代产生、流行于河南安阳一带成组使用的"编铙"，其体量最大者不过数千克，如以镛——大钟称之，明显不合情理。若以商代产生、流行于湖南与江西赣-鄱流域一带、属扬越人的"大铙"相称，虽形制、体量适合，却与甲骨

① 裘锡圭：《甲骨文中的几种乐器名称》，载朱东润、李俊民、罗竹风主编：《中华文史论丛》一九八〇年第二辑（总第十四辑），上海，上海古籍出版社，1980年，第67～82页。
② 陈梦家：《西周铜器断代（五）》，《考古学报》1956年第3期，第105～127、157～172页。

文中的所谓"庸"出现并使用的地望及所指称的内容、场合、对象不符。

音乐考古学家李纯一对殷墟及古之中原一带使用的"编铙",采用了"庸""编庸"的名称。他认为:"迄今出土的殷周庸未见一件有自铭的,在先秦文献里也缺乏具体的庸制记载,而以往关于庸名的探讨又多是以东汉诠释为依据,以致众说纷纭,迄无定论。"[1]"罗振玉名之为铙;容庚称之为钲;郭沫若参证东周姑冯句鑃,定名为铎、镯;陈梦家谓'其形制为后世钟所本',而拟名为执钟。这些说法虽然都各成一家之言,但都未被普遍接受。目前一般多从罗说。其实也只是一种权宜的做法。起初我们主张钟说;后又自觉欠妥,改主庸(用)说;近经再次考索,仍觉庸说还可聊充一说。"[2]而将"镛"的名称,根据陈梦家认为"其形制介于商代'执钟'(编铙)和西周的甬钟之间,其前期无枚(乳)者为镛,后期有枚(乳)者为'中期钟'",专门归属于南方赣-鄱一带的"大铙"之器。不过他也特别说明:"在我们看来,陈说基本符合历史事实……至于具体名称,在目前还未取得确证的情况下,为方便计,我们打算暂从陈说,统称之为'镛'。"[3]

李纯一把"庸"与"镛"分为两个不同的概念,以分指一南一北两种不同的青铜钟类乐器的做法,一定程度上解决了两种不同文化族属、不同体量形制、不同性能用法的青铜乐器应用同名的矛盾,却仍有不尽如人意之处。前人已把甲骨文中的"庸"释为"镛(大钟)",如《诗经》的《毛传》:"大钟曰庸";"庸,大钟也"。《说文解字》及《尔雅》皆为同说。则"庸"即为"镛(大钟)"。今将其分作两个不同概念,尚缺乏历史依据。殷墟编铙以殷墟甲骨文中的"庸"称之,貌似合理,但甲骨文描述对象"大钟"之形制,与今称编铙者不相符合,倒与赣-鄱扬越人的大铙体量吻合,与大铙之地望、族属却又少关联。若称之为"镛",尚需进一步论证。

商代两种重要的青铜钟类乐器的名实问题,尚未得到最终的解决。有鉴于此,本书遵循学术之一般原则,在尚未获得较为可靠的证据之前,沿袭学界已用习语,不创新词,免给学界制造混乱。即:流行于殷墟一带的体量较小、3 件成编者,仍称之为"编铙";流行于南方赣-鄱流域、体量重大、单件使用者,仍以"大铙"称之。

(2)豐与鞉

甲骨文中的"豐",也可判定是商代的一种乐器。关于甲骨文中的"豐"

① 李纯一:《中国上古出土乐器综论》,北京,文物出版社,1996年,第105页。
② 李纯一:《中国上古出土乐器综论》,北京,文物出版社,1996年,第105~106页。
③ 李纯一:《中国上古出土乐器综论》,北京,文物出版社,1996年,第124页。

字，裘锡圭先生发现卜辞中除了庸常与乐器鼓并提之外，有时还庸、豐并提，豐与庸的关系甚至比鼓与庸的关系还要密切。裘锡圭先生的研究表明，《说文解字·豐部》："豐，豆指标豐（丰）满者也。从豆象形。"这个解释是错误的。豐字所从之豆与甲骨文的"豆"字无关，而与鼓之初文字形相合。结合卜辞反映的豐庸密切关系来考虑，豐应该是一种鼓的名称。豐字古多训大，豐当是大鼓。从文字象形的角度，甲骨文中的豐字，为大鼓之上带有繁盛的装饰物，应即后世鼓上的所谓"羽葆璧翣"之物。鼓体可足置，可楹置，即《礼记正义·明堂位》所谓"夏后氏足鼓，殷楹鼓"者。

　　甲骨文中还有一个"鞉"字，应该也是一种鼓属乐器的名称。"鞉"字的异体作"鞀""鼗"等形。《诗经·商颂·那》有"置我鞉鼓""鞉鼓渊渊""庸鼓有斁"之句①，与卜辞中的"置鞉"若合符节。卜辞中还有"大鞉"语，当为鞉之大者。一般说来，鞉（鼗、鞀）即鞉鼓，形制为一鼓贯柄（楹）加两耳槌，执柄左右旋转，两耳槌自环击鼓面而发声——俗称"拨浪鼓"者是也。鞉鼓可小可大。小者于幼儿可手执摇击；大者须将长柄插置架中，以双手左右旋转鼓楹，带动两耳槌环击鼓面发声。

　　（3）琴与瑟

　　琴，是中国传统乐器中最古老、最富代表性的弹弦乐器之一。2003 年11 月，联合国教育、科学及文化组织正式批准中国的古琴艺术为"人类口头和非物质遗产代表作"，作为需要重点扶持和抢救的世界优秀文化遗产之一。但是，琴究竟起源于何时，其基本的发展历史，尤其是其早期的演变脉络如何，始终是一个扑朔迷离的问题。著名学者罗振玉认为，商代的甲骨文中"樂"字写作"¥"，是"从丝附木上，琴瑟之象也。或增'θ'以像调弦之器，犹今弹琵琶、阮咸之有拨也"②。可为古琴早期历史之一说。今学界从罗此说者甚众，由此以为琴至晚已出现于商代之证。郭沫若进而指出："乐字之本义为琴，乃引申而为音乐之乐与和乐之乐也。引申之义行而本义转废，后人只知音乐和乐之乐，而不知有琴弦之象。"③

　　古传伏羲或神农氏"削桐为琴，绳丝为弦"。《山海经》有"帝俊生晏龙，是始为琴"的说法。《礼记·乐记》则有"舜作五弦之琴，以歌南风"的记载。琴之有五弦，已合宫、商、角、徵、羽五声；后又有周代文王、武王各增一弦，终成七弦之琴的传说。显然，在中国古老的传说中，琴产

---

① 　"庸鼓有斁"，一般理解做"庸鼓斁斁"，即一种钟鼓应答的和谐效果。
② 　罗振玉：《殷墟书契考释》（增订本）卷中，东京，东方学会，1927 年，第 40 页。
③ 　郭沫若：《郭沫若全集·考古编·第一卷·甲骨文字研究》，北京，科学出版社，1982 年，第 94 页。

生于极早的上古之世。

琴至晚已出现于商代，《诗经》可为佐证。《诗经》305 首古代乐歌，琴的记载反复出现于字里行间，如其《关雎》载："窈窕淑女，琴瑟友之。"《女曰鸡鸣》篇有"琴瑟在御，莫不静好"之句；《鹿鸣》篇有"我有嘉宾，鼓瑟鼓琴"的说法；《甫田》中载"琴瑟击鼓，以御田祖"，等等，反映出当时的琴乐已广泛地渗透到社会音乐生活的各个层面。孔子曾将《诗经》305 篇"皆弦歌之"，《诗经》实为最早的琴歌总集。以此观之，琴的历史可自殷商算起，至少有着 3000 多年的历史，应该没有多大的疑问。

瑟，也是出现于上古的弹弦乐器。先秦瑟出土较多，但从未找到过商代的瑟，哪怕是一些乐器残迹。上引《诗经》，"琴瑟"连用，已成习惯性词语。琴与瑟都是长方箱体的弹弦乐器，琴与瑟之别：琴音箱较长，无马（柱），仅用七弦（古有五弦说）；瑟音箱较宽短，一弦一马（柱），一般为21～25 弦。乐器构造有别，演奏方式及技法则大有不同。商，年代太久远了！但自古以来，琴与瑟难分难解。商有琴，当断难无瑟者。

甲骨文中还出现另外一些可能为乐器的字，如郭沫若在《殷契粹编》中所说到的"于"："于乃竽之初文，象形，'二'象竽管，'丨'其吹也，其从弓作者，乃管外之匏。"[1]裘锡圭也有同感。他提到卜辞中出现的"員""美""熹"等，根据其前后行文惯例，很像是乐器的名称，但究竟是指什么乐器，尚有待进一步研究。[2]

二、青铜乐器考古

中国在商代进入了青铜时代的繁荣时期。青铜乐器开始盛行，是这一时期音乐历史上最值得注意的现象。

人类最早使用的铜是天然铜。大约在公元前 10000～前 9000 年，位于西亚的伊拉克人已经用天然铜制成装饰品。伊朗人使用天然铜的时间是公元前 9000～前 7000 年。埃及进入铜石并用时代是在公元前 4000 年左右，与中国发现的最早的铜制品，即陕西临潼姜寨仰韶文化遗址中出土的黄铜片的时间大体一致。中国进入青铜时代在公元前 2000 年左右。从夏、商、西周到春秋战国，前后达 15 个世纪。这期间除了夏代一时还难以论定之外，其余各个时期均发现过大量的青铜乐器。自山西襄汾陶寺遗址 3296 号墓出现了第一枚粗陋的小铜铃起，就已经预示，华夏民族的祖先在其后的 1500

① 郭沫若：《殷契粹编》，《郭沫若全集·考古编》第三卷，北京，科学出版社，2002 年，第 575 页。
② 裘锡圭：《甲骨文中的几种乐器名称》，载朱东润、李俊民、罗竹风主编：《中华文史论丛》一九八〇第二辑（总第十四辑），上海，上海古籍出版社，1980 年，第 67～82 页。

余年之中，将把青铜乐器的制作及其在社会音乐活动中的地位，连同与其难分难解的祭祀礼仪和军事活动，始终放在了至高无上的地位。《春秋左传正义·成公十三年》所谓："国之大事，在祀与戎，祀有执膰，戎有受脤，神之大节也。"①由之为整个中国青铜时代的青铜乐器，无论其在音乐与音响性能上，还是青铜冶铸的技术上，乃至在当时的社会政治制度上，在两周时期达到历史的巅峰，做好了充分的准备。

商代后期，特别是到了殷商时期，青铜乐器得到了快速发展，青铜的冶铸工艺达到了很高的水准。商代发现的青铜乐器种类，主要为编铙、大铙、镈和铃。如上所述，编铙和大铙，实为两种不同的乐器。出现在中国北方的为数众多的编铙，以河南安阳殷墟及其周围地区为分布的核心区域，又以上述殷墟的妇好墓及河南鹿邑长子口墓的考古发现最为著名。两墓出土的乐器不仅为科学发掘所得，而且器物保存较好，一次出土的数量最多，相应的考古资料也十分丰富。江西新干大洋洲殷代后期大墓出土的中国最早的 1 件青铜镈和 3 件大铙，在音乐考古学上具有十分重要的意义；其中的大铙，是中国南方青铜音乐重器中罕见的标准器。另外，湖南宁乡月山铺发现目前所见最大的大铙，是这种乐器的重要例证。北京故宫博物院和上海博物馆所藏大铙多枚，极为精美。以往有些学者认为大铙是春秋以后出现的乐器，但江西新干商代大墓发掘以后，墓中出土的大铙证明了该乐器出现的时代要比春秋时代早得多。

1. 编铙

编铙是流行于商代晚期的王室重器，其常为大小有序的 3 件成编，故被称为编铙。考古发现的编铙，主要分布在以今河南安阳为中心的地区，这里是商王朝政权核心地区。从发掘的实际资料看，编铙这种乐器只出土于少数大、中型墓葬，故其应该是地位显赫的贵族享用的礼仪乐器。编铙是已有一定音律关系的定音编组乐器，是中国最早出现的青铜钟类乐器中的定音乐器。从编铙的形制看，其腔体已经确立了合瓦形基本形制；其是否已经有意识地使用了这种造型具备的双音性能，则又当别论。编铙设圆柱形与体腔相通的空甬，可以判断其使用时铙口向上，将空甬套植于钟架的木柱上，以槌敲击铙口沿发声。相对当时流行于中国南方的大铙而言，编铙形体较小，最小的为数百克，大的也不过数千克。不过从音乐学的角

_____

① 《春秋左传正义·成公十三年》，载（清）阮元校刻：《十三经注疏》，北京，中华书局，1980 年，第 1911 页。

度看，至今未发现编铙有单个使用的证据。它的成编出现，说明商人对这种青铜乐器已有了一定的旋律要求。在设计和制造这种乐器的时候，赋予了其一定的旋律性能。

著名的妇好墓所出"亚弜"编铙5件，是殷商编铙中断代最为可靠、年代也较早的标本。其中有2枚已破裂，余3件尚可测音。若将5件编铙看作一个整体，测音结果表明其音列已构成缺Mi的五声音阶；若加上其余2个残铙的正、侧鼓音，构成完整的五声音阶，甚至六声、七声音阶都是有可能的。这类流行于以河南殷墟为中心的中原腹地的编铙，与商代时流行于今湖南、江西一带的青铜乐器大铙，无论在形制体量、文化族属，还是在音乐与音响性能方面，都存在较大的区别。考古出土商代编铙见表4-24。

表 4-24　考古出土商代编铙一览

序号	名称	出土地或来源	出土数	时代	文献
1	温县小南张编铙	1968年河南温县小南张墓葬出土	编铙3件	殷墟二期	杨宝顺：《温县出土的商代铜器》，《文物》1975年第2期，第88~91页
2	"亚弜"编铙	1976年河南安阳妇好墓	编铙5件	殷墟二期	中国社会科学院考古研究所编辑：《殷墟妇好墓》，北京，文物出版社，1980年
3	安阳花园庄54号墓编铙	2001年河南安阳花园庄54号墓出土	编铙3件	殷墟二期偏晚	①刘新红：《殷墟出土编铙的考察与研究》，中央音乐学院硕士学位论文，2004年，第7、14页 ②中国社会科学院考古研究所安阳工作队：《河南安阳市花园庄54号商代墓葬》，《考古》2004年第1期，第2、7~19、97~98、100~101、104页
4	安阳高楼庄8号墓编铙	1957年河南安阳高楼庄8号墓出土	编铙2件	殷墟三期	周到、刘东亚：《1957年安阳高楼庄殷代遗址发掘》，《考古》1963年第4期，第9、213~216、220页
5	古铙	1983年河南安阳大司空村663号墓出土	编铙3件	殷墟二期偏晚	中国社会科学院考古研究所安阳工作队：《安阳大司空村东南的一座墓》，《考古》1988年第10期，第865~874、961~962页
6	安阳大司空村51号墓编铙	1958年河南安阳大司空村51号墓出土	编铙3件	殷墟三期偏晚	河南省文化局文物工作队：《1958年春河南安阳市大司空村殷代墓葬发掘简报》，《考古通讯》1958年第10期，第6~10、51~62页
7	安阳大司空村288号墓编铙	1966年河南安阳大司空村288号墓出土	编铙3件	殷墟四期	赵世纲主编：《中国音乐文物大系·河南卷》，郑州，大象出版社，1996年
8	安阳大司空村66号墓编铙	1966年河南安阳大司空村ASM66出土	编铙1件	殷墟四期	王秀萍：《考古出土商代乐器研究》，苏州，苏州大学出版社，2015年，第137、262、270、286页

序号	名称	出土地或来源	出土数	时代	文献
9	安阳大司空村 312 号墓编铙	1953 年河南安阳大司空村 312 号墓出土	编铙 3 件	殷墟后期	马得志、周永珍、张云鹏：《一九五三年安阳大司空村发掘报告》，《考古学报》1955 年第 1 期，第 25～90、211～248 页
10	安阳大司空村 303 号墓编铙	2004 年河南安阳大司空村 M303 出土	编铙 3 件	殷墟后期	中国社会科学院考古研究所安阳工作队：《殷墟大司空 M303 发掘报告》，《考古学报》2008 年第 3 期，第 353～394、417～434 页
11	安阳侯家庄西北冈 1083 号墓编铙	1935 年河南安阳侯家庄西北冈 1083 号墓出土	编铙 4 件	殷墟后期	① 郭宝钧：《商周铜器群综合研究》，北京，文物出版社，1981 年，第 24 页 ② 梁思永著，中国科学院考古研究所编辑：《梁思永考古论文集》，考古学专刊甲种第五号，北京，科学出版社，1959 年，第 159 页 ③ 梁思永、高去寻：《侯家庄第六本·1217 号大墓》，载《中国考古报告集之三》，台北，"中央研究院"历史语言研究所，1968 年
12	安阳郭家庄 160 号墓编铙	1990 年河南安阳郭家庄 160 号墓出土	编铙 3 件	殷墟三期	中国社会科学院考古研究所安阳工作队：《安阳郭家庄 160 号墓》，《考古》1991 年第 5 期，第 390～391、481 页
13	安阳郭家庄 26 号墓编铙	1995 年河南安阳郭家庄东南 26 号墓出土	编铙 3 件	殷墟二期偏晚	中国社会科学院考古研究所安阳工作队：《河南安阳市郭家庄东南 26 号墓》，《考古》1998 年第 10 期，第 36～47 页
14	安阳戚家庄遗址 269 号墓编铙	1984 年河南安阳戚家庄 269 号墓出土	编铙 3 件	殷墟三期	安阳市文物工作队：《殷墟戚家庄东 269 号墓》，《考古学报》1991 年第 3 期，第 325～352、395～404 页
15	安阳殷墟西区 765 号墓编铙	1982 年河南安阳殷墟西区 765 号墓出土	编铙 3 件	殷墟四期	赵世纲主编：《中国音乐文物大系·河南卷》，郑州，大象出版社，1996 年，第 74 页
16	中铙	1974 年河南安阳殷墟西区 699 号墓出土	编铙 3 件	殷墟四期	中国社会科学院考古研究所安阳工作队：《1969～1977 年殷墟西区墓葬发掘报告》，《考古学报》1979 年第 1 期，第 116 页
17	青州苏埠屯 8 号墓编铙	1976 年山东青州苏埠屯 8 号墓出土	编铙 3 件	商代晚期	周昌富、温增源主编：《中国音乐文物大系·山东卷》，郑州，大象出版社，2001 年，第 21 页
18	沂源东安编铙	1984 年山东沂源县东安村出土	编铙 3 件	商代后期	周昌富、温增源主编：《中国音乐文物大系·山东卷》，郑州，大象出版社，2001 年，第 23 页
19	惠民大郭铙	1973 年山东惠民县大郭村出土	编铙 1 件	商代晚期	① 周昌富、温增源主编：《中国音乐文物大系·山东卷》，郑州，大象出版社，2001 年，第 27 页 ② 山东惠民县文化馆：《山东惠民发现商代青铜器》，《考古》1974 年第 3 期，第 208 页

续表

序号	名称	出土地或来源	出土数	时代	文献
20	滕州前掌大编铙	1987年滕州前掌大206、222、213号墓出土	编铙4件	商代晚期	中国社会科学院考古研究所编者：《滕州前掌大墓地》，北京，文物出版社，2005年，第307～309页
合计			59件		

有关殷商编铙，除了前文已述，这里尚有几个编铙案例值得介绍。

（1）山东青州苏埠屯8号墓编铙

山东青州苏埠屯8号商代大墓中出土的3件编铙（图4-86）、1件特磬、8件铜铃，应是商代音乐考古的较为重要的发现。[1]大墓于1976年发掘，属商代晚期墓葬。出土的乐器现藏于山东省文物考古研究院。墓中发现的戈、矛置于棺的两侧，编铙出土时置于棺的左侧，与矛同出。该墓其他随葬品有鼎、簋、瓿、爵、斝、尊、觯、卣等青铜礼容器和8枚铃钟，1枚石磬，置于墓主头前的椁室内。编铙出土时，甬内犹存腐朽的木柄，这应是有关编铙极其重要的历史资料。

3件铙保存完好，青铜质，制作较精。编铙的造型与纹饰相同，大小依次递减，铙体两面饰饕餮纹。造型、纹饰相同，大小递减。铙体作合瓦形，于口弧曲，两铙角上叉。甬管状，铙体内腔与之相通。腔体两面纹饰相同，均饰简练的饕餮纹。正鼓部做方块状凸出鼓面，于口内无调音槽及锉磨遗痕。

图4-86　山东青州苏埠屯8号墓编铙

---

[1]　周昌富、温增源主编：《中国音乐文物大系·山东卷》，郑州，大象出版社，2001年，第21页；山东省文物考古研究所、青州市博物馆：《青州市苏埠屯商代墓地发掘报告》，载张学海主编：《海岱考古》第一辑，济南，山东大学出版社，1989年，第254～273页。

山东青州苏埠屯 8 号墓编铙形制数据见表 4-25。

表 4-25　山东青州苏埠屯 8 号墓编铙形制数据　　单位：厘米

编号	组合	通高	甬长	舞修	舞广	鼓间	铣间	鼓厚	铣厚	铣长	钲长
M8：26	3	21.0	7.2	12.0	9.0	12.0	15.7	1.0	0.8	13.8	8.0
M8：27	3	17.3	6.1	9.2	7.2	9.3	12.8	0.7	0.7	11.2	7.1
M8：28	3	14.6	5.6	8.0	5.9	7.2	10.1	0.6	0.6	9.0	5.6

测音数据见表 4-26。

表 4-26　山东青州苏埠屯 8 号墓编铙测音数据

编号	M8：26	M8：27	M8：28
正鼓音 1 音高/音分	e^2+28	$^{\#}g^2$−47	$^{\#}c^3$−13
正鼓音 2 频率/赫兹	670.17	808.11	1099.85
侧鼓音 1 音高/音分	g^2−2	$^{\#}g^2$−44	$^{\#}d^3$+24
侧鼓音 2 频率/赫兹	782.47	809.33	1262.21

注：音叉校正：a^1−11（437.01）

　　苏埠屯一带曾多次出土过带"亚醜"铭文的铜器，说明商代亚醜族（或方国）的活动中心在山东青州一带。可以推知，过去安阳殷墟发现的亚醜铙和铃等乐器，其产地即在青州，亚醜族（或方国）在当时有着较为发达的青铜器制造业。苏埠屯出土的 3 件编铙能发出相对稳定的乐音，这在商代是难能可贵的。如果没有精密合理的乐器设计和冶金制造方面的丰富实践，是难以制作出这种先进的青铜乐器的。可见，山东地区的东夷部族在当时已具有相当发达的音乐文化。

（2）山东沂源东安编铙

　　山东沂源县东安村商代石墓发掘于 1984 年 7 月。墓址叠压在西汉至隋所建东安故城遗址地层以下。墓式、葬式及墓主人身份等因原墓毁坏严重而无法确认，仅从随葬青铜器的形制、纹饰等方面来推测，应为商代后期一中小贵族的墓葬。墓中出土青铜器有车軎、弓形器、铜镞等 30 余件。所出编铙 3 件一套（图 4-87、图 4-88），现藏于沂源县文物管理所。[①]

---

①　周昌富、温增源主编：《中国音乐文物大系·山东卷》，郑州，大象出版社，2001 年，第 23 页。

图 4-87　山东沂源东安编铙

图 4-88　山东沂源东安编铙于口

编铙保存完好，青铜质，通体为厚厚的绿锈覆盖，制作较精。造型、纹饰相同，大小递减。铙体作合瓦形，平舞、移铣、凹口。管状甬与内腔相通，正鼓部作方块状凸出鼓面。腔体两面纹饰相同，均饰简练饕餮纹。于口内无调音槽。

沂源东安编铙形制数据见表 4-27。

表 4-27　山东沂源东安编铙形制数据　　　单位：厘米

编号		通高	舞修	舞广	中长	铣长	铣间	铣厚	鼓间	鼓厚	甬长	甬底径	甬顶径
151	1/3	23.0	13.5	9.8	13.3	14.5	17.7	1.1	12.8	0.8	8.0	3.7	4.5
151	2/3	20.0	11.2	8.2	11.2	12.5	14.8	0.9	10.7	0.7	7.0	3.1	4.1
151	3/3	16.0	8.7	6.5	9.2	9.9	11.3	0.6	8.2	0.5	5.8	2.6	3.4

编铙发音良好，音质纯正。正鼓、侧鼓双音明显，耳测音列为宫、商、角、中、↓徵、闰。测音数据见表 4-28。

表 4-28　山东沂源东安编铙测音数据

编号	151　1/3	151　2/3	151　3/3
正鼓音 1 音高/音分	♯c²+18	f²+21	a²+10
正鼓音 2 频率/赫兹	560.30	706.79	885.01
侧鼓音 1 音高/音分	♯d²−2	g²+36	b²+44
侧鼓音 2 频率/赫兹	621.34	812.99	1013.18

注：音叉校正：a¹−4（438.84）。

图 4-89　受铙之一

（3）受铙

受铙一套 3 件（65098，图 4-89），为原齐鲁大学加拿大传教士明义士收集，1959 年由山东博物馆征集收藏。①根据器物纹饰造型，应为商器无疑。编铙保存完好，青铜质，通体墨绿色，锈蚀较轻，制作精细。铙体作合瓦形，较宽阔，平舞、移铣、凹口。管状甬与内腔相通，正鼓部作方块状凸出鼓面。腔体两面纹饰相同，均饰简练饕餮纹。于口内有三棱状内唇，无调音锉磨痕。甬下半部有加厚迹象，铸有一"受"字阴文。两侧各有一小孔，似为装插木柄后加固定销钉所用。其各部分形制数据见表 4-29。

表 4-29　受铙形制数据

编号	通高/厘米	甬长/厘米	甬径/厘米	舞修/厘米	舞广/厘米	铣间/厘米	鼓间/厘米	铣长/厘米	中长/厘米	鼓厚/厘米	重量/千克
65098	20.5	7.3	5.2	11.6	9.0	15.5	11.6	13.0	11.0	1.3	2.0

（4）山东惠民大郭铙

山东惠民县博物馆所藏编铙 1 件（630–011）（图 4-90、图 4-91），出土于惠民县大郭商代遗址。②器保存完整，青铜铸制，合范线清楚，但锈蚀严重。器设圆柱形空甬，与铙腔相通。甬端略磕，甬略带锥度，向上渐

图 4-90　山东惠民大郭编铙

图 4-91　山东惠民大郭编铙于口

---

① 周昌富、温增源主编：《中国音乐文物大系·山东卷》，郑州，大象出版社，2001 年，第 25 页。
② 周昌富、温增源主编：《中国音乐文物大系·山东卷》，郑州，大象出版社，2001 年，第 27 页。

细。铙体呈合瓦形，铣棱不很突出，平舞。于口弧曲较微，有三棱状内唇。腔面简单饰以双弦构成的梯形纹，正鼓部设方形台面。两面纹饰相同。腔内一面近于口处有铭"屮"，应为族徽。

其形制数据见表 4-30。

表 4-30　山东惠民大郭铙形制数据

编号	通高/厘米	甬长/厘米	甬径/厘米	舞修/厘米	舞广/厘米	铣间/厘米	鼓间/厘米	铣长/厘米	中长/厘米	鼓厚/厘米	重量/千克
630–011	11.4	4.0	2.5	6.0	4.3	9.4	6.0	7.3	6.6	1.3	0.5

于口正鼓部的方形台面应为击奏位置所在。铙尚能正常发声，测音结果：正鼓音为 f^3–3 音分，侧鼓音为 g^3+50 音分。

2. 大铙

前述湖南宁乡师古寨山顶上，自 1959 年首次出土商代大铙起，其后在 1993 年 6 月 7 日和 8 月 14 日，又出土了 2 批大铙，总数达 17 件之多，使这里成为中国南方此类古乐器最为集中的出土地。在商代晚期，这一带包括今江西省在内，是中国南方"百越"民族中扬越人聚居之地。大铙流行的时代，主要在殷商，但其余绪波及西周，尤其是西周初年，这种乐器在南方还多有沿用。加之其多见于古代祭祀遗址，发掘出土于墓葬者极为罕见，故其确切年代较为模糊。据初步统计，仅湖南一省出土、征集的大铙总数，已达 60 余件，其中大致可以判定为商器的约 32 件。加上发现于江西的 6 件，湖北、安徽、浙江、福建、北京、天津、上海等地博物馆收藏的 13 件，所见商代大铙已达 51 件，参见表 4-31。

表 4-31　考古出土商代大铙一览

序号	名称	出土地或来源	时代	文献
湖南（32 件）				
1	望城高冲铙	1977 年湖南省望城高塘岭高冲村张罗生屋前路边出土	商晚期	高至喜：《中国南方出土商周铜铙概论》，载湖南省博物馆，湖南省考古学会合编：《湖南考古辑刊》第二集，长沙，岳麓书社，1984 年
2	浏阳柏嘉铙	1985 年于湖南浏阳县（今浏阳市）柏嘉村出土	商晚期	黄纲正、蔡幕松：《浏阳双峰出土商周青铜器》，《湖南文物》第 1 辑，长沙，湖南大学出版社，1986 年
3	宁乡陈家湾大铙	1974 年湖南宁乡县唐市陈家湾前楚江河岸出土	商晚期	高至喜：《中国南方出土商周铜铙概论》，载湖南省博物馆湖南省考古学会合编：《湖南考古辑刊》第二集，长沙，岳麓书社，1984 年

序号	名称	出土地或来源	时代	文献
4	宁乡月山铺大铙	1983 年湖南宁乡县月山铺转耳仓出土	商晚期	盛定国、王自明：《宁乡月山铺发现商代大铜铙》，《文物》1986 年第 2 期，第 44～45 页
5	宁乡三亩地大铙	1973 年湖南宁乡县黄材三亩地出土，属窖藏	商晚期	高至喜、熊传薪主编：《中国音乐文物大系·湖南卷》，郑州，大象出版社，2006 年
6	宁乡北峰滩四虎大铙	1978 年湖南省宁乡县老粮仓北峰滩出土	商晚期	故宫博物院杜乃松、单国强：《记各省市自治区征集文物汇报展览》，《文物》1978 年第 6 期，第 26～45、97～104 页
7	宁乡北峰滩兽面纹大铙	1978 年湖南省宁乡县老粮仓北峰滩出土	商晚期	高至喜：《中国南方出土商周铜铙概论》，载湖南省博物馆、湖南省考古学会合编：《湖南考古辑刊》第二集，长沙，岳麓书社，1984 年
8～12	宁乡师古寨大铙（5 件）	1959 年湖南宁乡县老粮仓杏村湾师古寨山顶的一个小土坑中出土	商晚期	高至喜：《中国南方出土商周铜铙概论》，载湖南省博物馆、湖南省考古学会合编：《湖南考古辑刊》第二集，长沙，岳麓书社，1984 年
13	宁乡师古寨兽面纹大铙	1993 年 6 月 7 日出土于湖南宁乡县老粮仓师古寨	商晚期	长沙市博物馆、宁乡县文物管理所：《湖南宁乡老粮仓出土商代铜编铙》，《文物》1997 年第 12 期，第 16～27 页
14～22	宁乡师古寨大铙（9 件）	1993 年 6 月 7 日出土宁乡县老粮仓乡师古寨	商晚期	长沙市博物馆、宁乡县文物管理所：《湖南宁乡老粮仓出土商代铜编铙》，《文物》1997 年第 12 期，第 16～27 页
23～24	宁乡师古寨大铙（2 件）	1993 年 8 月 14 日出土于湖南宁乡县老粮仓师古寨山顶	商晚期	李乔生：《湖南宁乡出土商代大铜铙》，《文物》1997 年第 12 期，第 28、98 页
25	岳阳费家铙	1971 年出土于湖南岳阳县黄秀桥洞庭湖区费家河岸	商晚期	熊传薪：《湖南新发现的青铜器》，载文物编辑委员会编：《文物资料丛刊》第 5 集，北京，文物出版社，1981 年
26	株洲兽面纹铙	征集于湖南株洲	商晚期	高至喜：《中国南方出土商周铜铙概论》，载湖南省博物馆、湖南考古学会合编：《湖南考古辑刊》第二集，长沙，岳麓书社，1984 年
27	兽面纹大铙	征集品	商晚期	高至喜、熊传薪主编：《中国音乐文物大系·湖南卷》，郑州，大象出版社，2006 年
28	小型虎纹铙	征集品	商晚期	高至喜、熊传薪主编：《中国音乐文物大系·湖南卷》，郑州，大象出版社，2006 年
29	兽面纹大铙	1964 年征集	商晚期	高至喜：《论中国南方商周时期铜铙的型式、演变与年代》，《南方文物》1993 年第 2 期，第 45～53 页
30	益阳赫山三亩土大铙	2000 年 8 月 28 日出土于湖南益阳市区千家洲乡新民村三亩土	商晚期	湖南益阳市文物管理处：《湖南益阳出土商代铜铙》，《文物》2001 年第 8 期，第 2、66～70 页

续表

序号	名称	出土地或来源	时代	文献
31	株洲兴隆铙	1988 年湖南省株洲县朱亭黄龙乡兴隆村出土	商末	熊建华：《湖南省博物馆新征集的西周齿纹铜铙》，载湖南省博物馆编：《湖南博物馆文集》，长沙，岳麓书社，1991 年
32	株洲伞铺铙	湖南株洲县伞铺出土	商末	高至喜：《湖南省博物馆馆藏西周青铜乐器》，载湖南省博物馆、湖南省考古学会合编：《湖南考古辑刊》第二集，长沙，岳麓书社，1984 年
江西（6 件）				
33～35	大洋洲大铙（3 件）	1989 年 10 月新干县大洋洲乡程家村一商代墓葬出土	商后期	江西省博物馆、江西省文物考古研究所、新干县博物馆：《新干商代大墓》，北京，文物出版社，1997 年
36	宜丰牛形山大铙	1985 年出土于江西宜丰县天宝乡辛会村牛形山	商晚期	胡绍仁：《宜丰县出土商代铜铙》，《江西历史文物》1985 年第 1 期，第 1、12 页
37	泰和大铙	20 世纪 70 年代出土于泰和县，由当地文博部门征集	商	李家和、刘诗中：《吉安地区出土的几件铜钟》，《江西历史文物》1980 年第 3 期，第 50 页
38	德安陈家墩大铙	1993 年江西德安县陈家墩商周遗址出土	商末	江西省文物考古研究所、德安县博物馆：《江西德安县陈家墩遗址发掘简报》，《南方文物》1995 年第 2 期，第 30～49 页
湖北、安徽、浙江、福建及北京、天津、上海等博物馆收藏（13 件）				
39～40	阳新白沙乡大铙（2 件）	1974 年湖北省阳新县白沙乡刘荣山小学校园内土山顶	商晚期	咸博：《湖北省阳新县出土两件青铜铙》，《文物》1981 年第 1 期，第 93～94 页
41	芜湖兽面纹大铙	出土于安徽芜湖	商	《中国音乐文物大系·安徽卷》（待版）
42	庐江大铙	安徽庐江	商晚期	《中国音乐文物大系·安徽卷》（待版）
43	余杭徐家畈大铙	1963 年 7 月在浙江余杭县（今余杭区）石濑徐家畈挖坑时发现	商晚期	王士伦：《记浙江发现的铜铙、釉陶钟和越王石矛》，《考古》1965 年第 5 期，第 256～257 页
44	建瓯杨泽村铙	1978 年 12 月建瓯县（今建瓯市）小桥公社杨泽大队村北黄科山出土	商末	王振镛：《福建建瓯县出土西周铜钟》，《文物》1980 年第 11 期，第 95 页
45	兽面纹大铙	国家文物局拨交。北京故宫博物馆藏	商	袁荃猷：《中国音乐文物大系·北京卷》，郑州，大象出版社，1996 页，第 31～32 页　中国音乐研究所编：《中国音乐史参考图片》第 1 辑，北京，音乐出版社，1954 年，第 2 页
46	象纹大铙	传世品。1959 年北京故宫博物院拨交	商	《故宫博物院院刊》第 1 期，北京，文物出版社，1958 年，封面及说明
47	饕餮纹大铙	传世品。原为毕奎旧藏，1958 年天津市文化局购于委托商店	商	黄崇文主编：《中国音乐文物大系·天津卷》，郑州，大象出版社，1996 年，第 198 页

序号	名称	出土地或来源	时代	文献
48	兽面纹铙（14095）	接管	商晚期	马承源主编:《中国音乐文物大系·上海卷》,郑州, 大象出版社, 1996 年, 第 13 页
49	双目式兽面纹铙（25578）	收购	商晚期	马承源主编:《中国音乐文物大系·上海卷》,郑州, 大象出版社, 1996 年, 第 15 页
50	双目式兽面纹铙（26780）	收购	商晚期	马承源主编:《中国音乐文物大系·上海卷》,郑州, 大象出版社, 1996 年, 第 16 页
51	界栏式兽面纹大铙（19976）	拣选	商晚期	马承源主编:《中国音乐文物大系·上海卷》,郑州, 大象出版社, 1996 年, 第 16 页

　　湖南的这些大铙虽有基本共性，但在形制、纹饰、性能等细微之处也有一定的差异，如由主纹为粗线条组成的兽面纹大铙，多见于湘水流域的宁乡、湘潭、望城、岳阳等地。主纹为云纹的云纹大铙，可见于湖南的宁乡等地。还有乳钉纹大铙，在湖南湘乡、宁乡、湘潭、株洲、衡阳、安仁、耒阳、资兴等地均有发现。

　　江西全省各地目前发现的青铜大铙有 19 件之多，其中定为商代遗物的有 6 件，大都集中出土于赣西北和赣西，特别是赣江以西或沿岸地区。联系到湖南目前出土的大铙最多，而且也主要集中出土于洞庭湖以东和湘江以东地区，正好与赣西北和赣西地区连成一片。这应该是一个极为重要的历史信息，它透露了远在殷商时期，在洞庭湖与鄱阳湖及湘水与赣水之间，存在另一支发达的青铜文化，而在这一区域里生息繁衍的主人，应是古代百越民族之一的扬越人。现代考古发现的吴城文化，即是这一民族商周时期青铜文化的代表。而大铙，则是青铜文化的代表性乐器。大铙自殷商晚期兴盛，一直沿用至西周，所以各地发现了数量较多的钟枚式间饰云雷纹大铙，因它们与西周甬钟较为接近，学者多有视作西周器者。目前所见时代最早的发掘标准器，当推江西新干大洋洲商代后期大墓出土的 3 件标本。

　　这些大铙大部分出土于山岭或丘陵冈阜，只有少数发现于江河岸边，而且几乎都是单件出土，系群众无意中发现，因而缺少系统的考古学资料，出土时的状况也不清楚。但从已知的几件大铙出土时的地理情形和这种乐器自身的构造特征来看，这种大铙很有可能是用来祭祀日月星辰、风雨雷虹等自然神祇而留下的遗物。《礼记·表记》云：“殷人尊神，率民以事神。”[1]

---

①　（汉）戴圣纂：《礼记·表记》，上海，商务印书馆，1947 年，第 206 页。

《国语·周语上》云："昔我先王之有天下也……以供上帝山川百神之祀。"①
大凡殷商时期崇尚的神无外乎是超自然神上帝、天地神祇，以及先祖先王三
大系统。在"祭百神"的诸多礼仪中，都必须以乐舞相伴；在对日月星辰和
风雨旱涝的祭礼中，同样必须奏乐击鼓，并伴之以舞。这些在甲骨文中就不
乏其例。这种燎祭之礼一般都在野外山冈举行，要使用大量礼乐重器。祭毕，
则礼乐重器被埋藏起来。赣-鄱一带多数青铜大铙的出土情况，正与此相符。

　　大铙形体高大而厚重，纹饰更为繁缛华丽，与见于中原的编铙相比，
其均为单件使用而不成编列。演奏大铙时，口朝上，将柄套插在木柱座上。
演奏者用槌敲击大铙正鼓部口沿发声，声音宏大传远，音质较为嘈杂。其
正鼓音较强，音高较清楚；侧鼓音较弱，独立性差，因而音高不明确。大
铙只是一种古代贵族祭祀所用的礼仪重器。因它一般单件使用，故无法用
于演奏音乐的曲调，是一种非定音乐器无疑。其中一些乳钉纹大铙除了甬
部旋上无斡之外，其余已与西周出现的新型乐器甬钟没有任何区别。由此
也可看出，西周的新型钟形——甬钟，在外形上与南方大铙的亲缘关系。

　　湖南出土的大铙最为集中，这里还有几例标本值得介绍。

　　（1）湖南宁乡月山铺大铙

　　1983 年出土于湖南宁乡月山铺转耳仑的大铙（图 4-92、图 4-93），重
221.5 千克，为目前发现的最大的大铙，时代属商代晚期，现藏于长沙博物
馆（编号为 1001）。②

图 4-92　湖南宁乡月山铺大铙　　　　图 4-93　湖南宁乡月山铺大铙甬部

转耳仑距湖南宁乡县城 60 千米，为一座高 100 余米的小山冈，冈顶

---

① （春秋）左丘明：《国语·周语上》，北京，华龄出版社，2002 年，第 19～20 页。
② 高至喜、熊传薪主编：《中国音乐文物大系·湖南卷》，郑州，大象出版社，2006 年，第 10 页；
　盛定国、王自明：《宁乡月山铺发现商代大铜铙》，《文物》1986 年第 2 期，第 44～45 页。

较为平坦。大铙出土地有一面积约 2000 平方米的商代文化遗址，铙出土于遗址的西部边沿，出土时距地表约 30 厘米，卧放于一椭圆形的灰坑里。灰坑长 150 厘米、宽 95 厘米，残深 96 厘米。清理者认为是一窖穴。出土铙的灰坑，经清理可分为三层。第一层为耕土层，厚 15 厘米；第二层为文化层，厚 31 厘米，出土有方格纹夹砂红陶片、重圈纹黑陶片等商时期的文化遗物；第三层为粉质页岩原生土。铙附近的文化遗址中出土的陶器有大口缸、侈口釜形器及一些平底器物。出土陶片的纹饰有方格纹、重圈纹、篮纹、云雷纹、弦纹和附加的堆纹、绳纹等，具有明显的商时代的文化特征。铙出土于商代文化层中，说明铙的窖藏年代应与遗址的年代基本相同或稍晚。著名的商代青铜器四羊方尊，其出土地点位于此处西边仅约 250 米处。

月山铺大铙保存完好，通体绿锈较薄，呈灰褐色，微泛深绿色。圆管状甬，与铙腔相通，有旋，旋上饰卷尾的双身龙纹。甬部可见露紫色铜质。腔体作合瓦形，平舞直铣，阔腔，于口弧曲极微。钲部主纹是由弧形粗线条组成的兽面纹，四周饰云雷纹，正鼓饰侧面立象一对，象鼻上卷相对，象身上布满云纹。舞部光素无纹。

月山铺大铙也是所见商代金属乐器中最大的一件。其形制数据参见表 4-32。

表 4-32 湖南宁乡月山铺大铙形制数据

编号	通高/厘米	甬长/厘米	舞修/厘米	舞广/厘米	铣间/厘米	鼓间/厘米	铣长/厘米	重量/千克
1001	103.5	36.5	55.0	38.6	69.4	48.0	67.0	221.5

图 4-94 北京故宫博物院
藏兽面纹大铙

月山铺大铙的测音结果：正鼓音 c+26 音分，侧鼓音为 d−24 音分。

（2）北京故宫博物院藏兽面纹大铙

北京故宫博物院所藏兽面纹大铙（图 4-94）为商代遗物。[1]保存基本完好，大铙的甬底口略有残缺。铙腔体断面呈椭圆形，两铣尖角外侈，口沿略凹呈弧形。舞平，甬呈圆筒形，中空与腔体相通。器体纹饰精美，鼓部及舞部饰云雷纹，腹部

---

① 袁荃猷主编：《中国音乐文物大系·北京卷》，郑州，大象出版社，1996 年，第 33 页；中央音乐研究所编：《中国音乐史参考图片》第 1 辑，北京，音乐出版社，1954 年，图 2。

饰以深凸雕云纹构成的大兽面纹，柄部光素无纹。

其形制数据如表 4-33。

表 4-33　北京故宫博物院藏兽面纹大铙形制数据

通高/ 厘米	甬长/ 厘米	舞修/ 厘米	舞广/ 厘米	铣间/ 厘米	鼓间/ 厘米	铣长/ 厘米	重量/ 千克
67.1	25.0	36.5	25.0	49.5	30.8	41.8	82.5

测音结果：正鼓音为 b+15 音分，侧鼓音含混。

（3）湖南宁乡三亩地大铙

1973 年湖南宁乡县黄材三亩地一郭姓农民家中出土了 1 件大铙（39208 殷八9：2，图 4-95），商代晚期器，现藏于湖南省博物馆。[①]原窖藏为一长约 1.5 米、宽约 1 米的椭圆形坑，坑内有灰土。铙出土时距地表 30 多厘米。同时出土有环、玦、龙、鱼及管等玉器 320 余件。伴出的玉器在殷墟妇好墓中多有所见，故此铙的年代在商代中晚期。这是南方大铙发展演变过程中的一种新的形式。

图 4-95　湖南宁乡三亩地大铙

宁乡三亩地大铙为制作工艺极为精美的标本，保存也十分完好。器通体绿锈覆盖，呈翠绿色。管状短甬，有旋，平舞直铣，阔腔，于口弧曲极微。腔体纹饰极为精致（图 4-96）。主纹为云纹，原先兽面纹大铙上的兽面已大大简化，只存两只凸起的菱形眼睛。甬部也饰云纹，旋上仍环饰有C 形花纹（图 4-97）。

图 4-96　湖南宁乡三亩地大铙纹饰

图 4-97　湖南宁乡三亩地大铙甬部

---

① 高至喜、熊传薪主编：《中国音乐文物大系·湖南卷》，郑州，大象出版社，2006 年，第 12 页；湖南省博物馆编：《湖南省博物馆》，北京，文物出版社；东京，日本讲谈社，1984 年，图 29。

宁乡三亩地大铙形制数据参见表 4-34。

表 4-34　湖南宁乡三亩地大铙形制数据

编号	通高/厘米	甬长/厘米	舞修/厘米	舞广/厘米	铣间/厘米	鼓间/厘米	铣长/厘米	重量/千克
39208 殷八 9：2	66.3	24.0	38.6	23.4	49.6	31.0	41.8	79.0

测音结果：正鼓音为 #c¹–60 音分，侧鼓音为 d¹–28 音分。

3. 镈

镈是在殷商末期出现的一种青铜钟类乐器。它形制相对复杂，装饰更为华丽。至两周时期，镈成为"乐悬"中的 3 种青铜乐钟之一。单从形制上已不难看出，它与夏商的铜铃有着密切的关系。目前的考古资料表明，商代的镈，首先出现于古代南方越族的活动区域。

迄今所见早期的镈数量不算太多，约 20 件。可以明确属于商代的标本更少。这些镈上所饰的花纹，与北方常见的商代铜器均有不同，如花纹应多见于南方铜器。还有见于镈上两侧的 T 形、钩形扉棱装饰，简化的兽面纹等，反映的应该是南方铜器的装饰特点，在中原商周铜器中从没见过；有些镈以云雷纹为主纹，兽面只剩下两只眼睛及框边的圈点纹，这也是南方西周铜器上流行的纹饰。从湖南的浏阳、衡阳、邵东、资兴和江西的新干出土的西周时期的镈分析，湘水流域及其邻近地区应该就是它的主要产地。[①] 至于一些时代上较晚的克镈、秦武公镈及大量的春秋战国时代的镈，实则都已是后世镈为中原地区所吸收之后，由中原生产的作品了。而此时在南方，镈似乎已经衰落。有关镈起源的探索，在中国青铜乐钟的发展史上有着较为深远的意义。

镈与大铙同是南方越人的作品，但它们的形制差异很大，应该是两种并行发展的青铜乐器，其来源很可能与更早出现的铜铃有关。考古发现的最早、最重要的商镈标准器，当推江西新干大洋洲商墓出土的涡纹兽面纹镈。此外，湖南邵东民安镈也为商镈之精品，值得关注。

邵东民安镈（20575，图 4-98、图 4-99），1985 年出土于湖南省邵东县毛荷殿乡民安村。商代末期器，现藏于湖南省博物馆。其雄伟的兽面纹，与商代晚期兽面纹风格相似，年代约在殷商末期。[②]

---

① 高至喜：《商周青铜器与楚文化研究》，长沙，岳麓书社，1999 年，第 41 页。

② 高至喜、熊传薪：《中国音乐文物大系·湖南卷》，郑州，大象出版社，2006 年，第 53 页。

图 4-98　湖南邵东民安镈　　　　　　图 4-99　湖南邵东民安镈侧视

镈保存完整，青铜质，表面呈浅绿色。器身略修长，腔体横断面为圆角长方形，与常见的合瓦形有别。平舞，于口平齐。梯形环钮，舞部中央有一小方孔与内腔相通。两侧扉棱各由两只倒立的扁身老虎构成，虎作张口卷尾状。上面那只老虎的尾巴与环钮相连。正中扉棱上部饰一高冠凤鸟，下有 4 个钩形装饰。腔面主纹为倒立的夔龙组成的兽面，甚显狞厉而威严。兽面上下有两排乳钉，共 8 个，上排 4 个较小，下排 4 个较大。环钮、虎身和兽面上均布满云纹。镈的发音效果不佳，侧鼓音音高尤其含混。

邵东民安镈的形制数据见表 4-35。

表 4-35　湖南邵东民安镈形制数据

编号	通高/厘米	钮高/厘米	舞修/厘米	舞广/厘米	中长/厘米	铣间/厘米	鼓间/厘米	重量/千克
20575	42.8	9.8	18.3	13.1	32.9	26.5	19.8	13.4

这类四虎镈又见于北京故宫博物院、上海博物馆及日本泉屋博古馆等处，过去均不知出自何地。这件湖南邵东民安镈，是唯一确知出土地点的虎饰镈，由此可知这类镈的产地，主要在湘水流域及其邻近区域的越人居住区。[①]

4. 铜铃

史前时期出现的陶铃、陶钟和陶摇响器之属，可看作商代青铜乐器的

---

① 高至喜：《论商周铜镈》，《湖南考古辑刊》1989 年（无期号），第 212 页。

先驱。在黄河流域的马家窑、仰韶、大汶口和龙山等文化遗址中，都能见到陶铃这种史前时期的乐器。铜铃是中国最早出现的有舌青铜乐器，于夏或商代前期即已出现。用青铜来制作铃类乐器，其音乐性能要较陶铃优良得多。当时，铜还是稀罕的新型材料。在华夏民族的祖先最早发现金属材料的时候，就用这种极其珍贵材料来制作乐器，可见音乐在当时人们社会生活中的重要位置。目前中国考古发现的最早的铜铃标本，是 1983 年 3 月，在山西襄汾陶寺遗址 3296 号墓中出土的一枚小铜铃，红铜质，其金属纯度达 97.86%。虽然时人在铸造这枚铜铃时还没有使用合金冶炼，但铜铃上的遗痕清楚地表明，他们在制造这枚铜铃时已经采用了范铸法。铜铃的时代属陶寺晚期，约公元前 20～前 19 世纪，相当于我国的夏代。

河南偃师二里头 4 号、11 号、57 号墓出土了铜铃标本，其时代约在公元前 21～前 17 世纪。铜铃同出玉质管状铃舌。铃体为合瓦形，一侧有翼，成"单翼扉"的特别造型。铜铃平顶上设一桥形纽。腔体素面无纹。出土有铜铃的二里头 4 号墓为二里头文化早期墓葬，目前较多的学者主张将其划归到传说中的夏代；第 11 号、57 号墓属二里头文化晚期，时代上已属早商。二里头 4 号墓中所出土铜铃的时代也应与夏代相当。但因其造型、地域和乐器性能与第 11 号、57 号墓所出土的铜铃完全一致，工艺上也是一脉相承，故已于本书的第三章中一并提及。这种铜铃目前发现有 4 枚，大多出土于墓葬。1972 年安徽省肥西县馆驿大墩孜也出土了一枚铜铃，形制与偃师二里头出土的 3 件铜铃大体相同。除此之外，本章提及商代晚期的铜铃，基本上都是狗铃、马铃一族。以下各例有一定的代表性。

（1）殷墟大司空村 175 号墓铜铃

铜铃（175：1，图 4-100）于 1953 年河南安阳大司空村 175 号墓的车马坑中出土，同出有铃舌，为殷商后期遗物。[1]1959 年中国科学院考古研究所拨交，现藏于中国国家博物馆。[2]铃为青铜所铸，器身上小下大，呈合瓦筒形，两侧起棱，棱外有扉。口沿平齐。舞面中部略突起，向前后两面坡斜，置一半圆环纽。舞中心开一圆孔，以便拴舌。铃两面饰兽面纹，覆有绿色铜锈。铃附铜质长舌，铃舌作半圆柱状，上端细长，下端急剧膨大，呈槌头状。具体形制数据见表 4-36。

---

① 马得志、周永珍、张云鹏：《一九五三年安阳大司空村发掘报告》，《考古学报》1955 年第 1 期，第 25～90、211～248 页，图版叁拾伍，铃 175：1。

② 袁荃猷主编：《中国音乐文物大系・北京卷》，郑州，大象出版社，1996 年，第 79 页。

图 4-100　殷墟大司空村 175 号墓铜铃

表 4-36　殷墟大司空村 175 号墓铜铃形制数据

编号	通高/厘米	纽/厘米	舞修/厘米	舞广/厘米	中长/厘米	铣长/厘米	舌长/厘米	铣间/厘米	鼓间/厘米	重量/千克
175：1	9.6	高2.1 宽3.8	3.8	2.9	6.8	7.2	3.4	6.0	4.4	0.15

　　此铃出土于车马坑，当与车马密切相关。另外，铜铃的具体出土地位于一车轴辀交接处的土槽中，出土时纽梁上有缚绳的痕迹两周，其为当时的一种车马铃无疑。铜铃这种棱外设扉，其源可推至河南偃师二里头遗址所出早期铜铃。其时仅一侧设单扉，至此晚商已成双侧对称扉棱。器可为商代车马铃标准器之一。

　　（2）殷墟武官村殷 WKGM₁ 铜马铃

　　1950 年河南安阳武官村殷墟大墓 WKGM₁ 出土的铜铃（图 4-101），为商后期遗物[1]，1959 年由中国科学院考古研究所拨交，现藏于中国国家博物馆。[2]该墓共出马铃 15 件，分大中小三型。大者高 8 厘米以上，小者高 6 厘米以下，中者高 7 厘米左右。该铃通体被绿锈覆盖，表面留有清晰的丝织品印痕。铃用青铜制成，腔体圆筒状，正视呈上小下大的梯形。两侧起棱。于口内唇部加厚。顶端圆平，上置一环形纽，纽下有一孔与腹相通。孔间原有一横杠，已残。铃腹内附铜舌，方棱柱形，两端平齐，上端有一穿，用以悬挂于舞底。铃身素面无纹饰。

---

① 郭宝钧：《一九五〇年春殷墟发掘报告》，《考古学报》1951 年，第 1～61 页。

② 袁荃猷主编：《中国音乐文物大系·北京卷》，郑州，大象出版社，1999 年，第 81 页。

图 4-101　殷墟武官村殷 WKGM₁ 铜马铃

此铃造型与山东青州苏埠屯 8 号商代大墓中出土的铜铃十分相近，唯其腔体稍显瘦高，为商代较为典型的车马铃。具体形制数据见表 4-37。

表 4-37　殷墟武官村殷 WKGM₁ 铜马铃形制数据　　　单位：厘米

编号	通高	纽高	舞修	舞广	铣长	口径
殷 WKGM₁	7.2	1.3	2.0	1.7	5.7	3.3

（3）青州苏埠屯 8 号墓铜铃

1976 年发掘的山东青州苏埠屯 8 号商代大墓中，除出土了 3 件编铙及 1 件特磬之外，还有 8 件铜铃（图 4-102、图 4-103）值得注意。铜铃出土时被置于棺左侧，与矛同出。①

图 4-102　青州苏埠屯 8 号墓铜铃

---

① 周昌富、温增源主编：《中国音乐文物大系·山东卷》，郑州，大象出版社，2001 年，第 120 页；山东省文物考古研究所、青州市博物馆：《青州市苏埠屯商代墓地发掘报告》，载张学海主编：《海岱考古》第一辑，济南，山东大学出版社，1989 年，第 254～273 页。

图 4-103　青州苏埠屯 8 号墓铜铃铃舌

铜铃保存大体完整，多有局部残损。其中，1 号铜铃一面正鼓部残缺，一面侧鼓部有椭圆形铸孔；2 号铜铃一面于口微磕，侧鼓部有不规则形铸孔；3 号铜铃纽残，一面于口微残；4 号铜铃一面正鼓部残缺，一面侧鼓部微残；5 号铜铃一铣角残缺，两侧鼓部均有铸孔；6 号铜铃一铣角残缺，舞部有一铸孔、一残孔；7 号铜铃一面腔体近舞部残有一不规则形孔；8 号铜铃一面腔体中、上部各有一个铸孔和残孔。

铜铃青铜质，内腔舞底有穿。舞面平，上置半圆环纽。铃腔体作合瓦筒状，铣棱清晰。正视上小下大如梯形。除 7 号铜铃之外皆附有铃舌，十分难得。铃舌作半圆柱状，上接舞底，下端膨大形成槌头，晃动铃体自击发声。铜铃均通体绿锈覆盖，纹饰漫漶。唯 4 号铃可辨较为清楚的兽面纹。形制数据见表 4-38。

表 4-38　山东青州苏埠屯 8 号墓铜铃形制数据

序号	通高/厘米	纽高/厘米	纽下宽/厘米	舞修/厘米	舞广/厘米	中长/厘米	铣长/厘米	鼓间/厘米	铣间/厘米	正鼓厚/厘米	侧鼓厚/厘米	重量/千克
1	9.9	2.8	4.1	3.2	4.1	6.8	6.8	残	5.8	0.30	0.20	0.20
2	9.1	2.8	4.4	3.2	4.4	6.0	6.1	4.1	5.7	0.30	0.30	0.19
3	残 8.0	残	4.3	3.2	4.3	5.9	5.9	3.6	6.1	0.30	0.20	0.15
4	8.7	1.9	3.1	2.9	3.5	6.4	6.5	3.4	5.1	0.30	0.25	0.13
5	8.4	2.1	3.2	2.2	3.2	6.0	6.0	3.3	残	0.27	0.20	0.11
6	8.4	2.1	3.1	残	3.1	6.0	6.0	3.4	残	0.21	0.15	0.09
7	6.8	1.6	3.1	2.1	3.1	5.0	5.0	3.1	4.2	0.20	0.20	0.06
8	6.1	1.7	3.0	2.1	3.0	4.2	4.2	3.1	4.0	0.19	0.18	0.05

根据苏埠屯 8 号墓 8 件铜铃与作为武器的矛同出的情形，再根据这种乐器一般的用途，分析其形制特征，应为当时战马所用的马铃，与后世出现的半开口串球形马铃有别。

三、非金属乐器

考古所见的商代青铜乐器都是打击乐器，尚未发现有青铜制作的其他乐器。除青铜乐器之外，商代考古发现中的一些非金属制成的乐器仍值得关注。其种类，如木质皮面的鼓类、石质的特磬和编磬、竹或骨质的排箫，很可能还有《诗经》中所谓"嘒嘒管声"的吹管乐器。究竟是些什么管乐器，是竖吹的洞箫、篪篴之属？还是横吹的笛管之属？抑或笙竽等编管之属？今日已难以确切求证，但这类吹管乐器的存在，应该没有悬念。这些乐器均源自远古，虽非商代最重要的特色乐器，但较之其新石器时代的同类，在种类、形制、性能上均有了显著的进步，其发展和演变还是很值得一提的。

考古所见的商代非青铜乐器，主要有属鼓类乐器的蟒皮木鼓、铜鼓，属磬类乐器的特磬、编磬，属吹奏乐器的陶埙、排箫等。

1. 鼓类乐器

考古发现的木质皮面鼓，最早见于山西襄汾陶寺遗址，前文的研究已有提及。由于其材质难以耐久，商代的木鼓已是十分罕见。虽曾有所发现，但也只能是朽剩的一点漆皮残迹而已，真正的鼓体木质，已经所剩无几。商代所见木鼓标本，为上述安阳殷墟侯家庄 1217 号墓出土的大木鼓，其可能是目前唯一的例证，但由于在地下年深日久，也仅存残迹而已。应该说，木制的鼓类乐器在商代是最常用的打击乐器，只是竹木类器物要在中国北方地区保存至今日，实在是十分稀罕之事。目前已有发现商代用青铜仿制的木鼓。这种青铜铸造的鼓生动地反映了当时的一种木胎皮面大鼓的形象。造型逼真，纹饰精美，应该是当时一种水平很高的工艺摆件。青铜仿制的"木鼓"有两件重要的标本，一件为"双鸟饕餮纹铜鼓"，今流落日本，藏于京都泉屋博古馆；另一件藏于湖北省博物馆，即著名的崇阳铜鼓。两件均为商代晚期遗物，作为认识 3000 多年前一种木鼓的逼真参照，极为珍贵。

著名的崇阳铜鼓（图 4-104），为商代器物。[1]1977 年 6 月出土于湖北省崇阳县东 15 千米的白霓乡大市河边。铜鼓通体绿锈，纹饰清晰，器形完整，仅顶部及一侧鼓面有裂纹。通高 75.5 厘米，重 42.5 千克。鼓身四面正中有清晰的纵向铸缝，系青铜一次浑铸而成，质地凝重。虽说是铜鼓，但其纹饰、造型，分明是一具用青铜模仿的木身皮面大鼓。

---

① 王子初主编：《中国音乐文物大系·湖北卷》，郑州，大象出版社，1996 年，第 100 页；林邦存：《谈谈我国早期铜鼓》，《江汉考古》1980 年第 2 期，第 51～54 页；崇文：《湖北崇阳出土一件铜鼓》，《文物》1978 年第 4 期，第 94、104 页。

铜鼓自上而下，由冠、身、足三部分组成。鼓冠形如两面坡顶、山墙高耸的庙宇，正下方有一前后相通的小圆孔，犹如庙门，疑为固定羽葆饰物之用。"庙宇"四墙及屋顶皆饰兽面纹：二山墙各以两兽面上下叠置，屋顶两坡及前、后墙各饰一兽面，共8面。

图 4-104　湖北崇阳铜鼓

鼓身如今腰鼓横置。上部铸有 2 块方形覆盖物，一大一小，重叠披搭于鼓身上，似为固定鼓冠璧翣而设。大的一块几乎覆盖鼓身之一半，四周铸出乳钉，横三竖五，共 12 颗；小的一块叠置于上方正中，四角各有乳钉一颗，鼓冠即置其上。鼓身饰兽面四，前后两面各二，一在覆盖物上，一在鼓身上。鼓面椭圆形，模仿兽皮作素面。鼓面边缘置三列整齐的乳钉，酷似木腔牛皮面鼓的铜泡钉。鼓座呈长方形，底中空并与鼓腔通。四立面正下方开有缺口，形成 4 只粗实的直角形鼓足；足微微外扩，四立面各饰一兽面纹。

铜鼓以流散的单层云雷纹间乳钉组成"眉目之间作雷纹而无鼻的饕餮纹"为主要纹饰，其特点与商代中期二里岗的青铜器纹饰相符。铜鼓出土地距湖北黄陂盘龙城和江西清江吴城两处商代中期遗址最近，且正处两地之间，其造型与商代甲骨文中鼓字作"🥁""🥁"之形，分为冠、身、足三部相符，亦与日本京都泉屋博古馆所藏双鸟饕餮纹铜鼓相仿，其时代也应一致，只是崇阳铜鼓更显古朴、粗犷，其直角形鼓足比起双鸟饕餮纹铜鼓的兽首空足更为典重。[1]崇阳铜鼓为此类器物最典型的标准器。

2. 特磬和编磬

较之新石器时代，商磬的数量已有较大的增加。商代的石磬发现较多。据高蕾的初步统计，出土的商代石磬为 41 例。[2]加上目前新的发现，已达 49 例（表 4-39）。其中河南 28 例，山东 10 例，山西 5 例，湖北 2 例，河北、陕西、四川、湖南各 1 例。统计结果表明，商磬的出土，主要分布在黄河中下游的河南、山东和山西等地，这里应该也是中国特有石制打击乐

---

① 杜乃松：《从湖北崇阳出土的兽面纹铜鼓谈起》，《中原文物》1983 年第 2 期，第 31～33 页。

② 高蕾：《中国早期石磬述论》，中国艺术研究院音乐研究所硕士学位论文，2002 年。

器的主要流行地区。

表 4-39　考古出土商代石磬一览

序号	磬名	出土地或来源	时代	文献
1	郑州小双桥特磬	1990 年河南郑州市西北郊 20 千米处的小双桥商代文化遗址出土	商代前期晚段	河南省文物研究所：《郑州小双桥遗址的调查与试掘》，载河南省文物研究所编：《郑州商城考古新发现与研究》，郑州，中州古籍出版社，1993 年，第 246 页
2	妇好墓鸱鸮纹特磬（5 件）	河南安阳殷墟妇好墓出土	殷墟二期	中国社会科学院考古研究所编辑：《殷墟妇好墓》，北京，文物出版社，1980 年，第 100～101、199 页，图版一七一
3	妇好墓"妊冉入石"石磬	河南安阳殷墟妇好墓出土	殷墟二期	中国社会科学院考古研究所编辑：《殷墟妇好墓》，北京，文物出版社，1980 年，第 100～101 页
4～6	妇好墓石磬（3 件）	河南安阳殷墟妇好墓出土	殷墟二期	中国社会科学院考古研究所编辑：《殷墟妇好墓》，北京，文物出版社，1980 年，第 100～101 页
7	大司空村 M539 鱼形磬	1980 年河南安阳大司空村 539 号墓出土	殷墟二期	中国社会科学院考古研究所安阳工作队：《1980 年河南安阳大司空村 M539 发掘简报》，《考古》1992 年第 6 期，第 509～517、579～581 页
8	大司空村 M991 石磬	1990 年河南安阳大司空村 991 号墓出土	殷墟二期	赵世纲主编：《中国音乐文物大系·河南卷》，郑州，大象出版社，1996 年，第 56 页
9	安阳郭家庄 M160 石磬	1990 年河南安阳郭家庄 160 号墓出土	殷墟三期	中国社会科学院考古研究所安阳工作队：《安阳郭家庄 160 号墓》，《考古》1991 年第 5 期，第 390～391、481 页
10	安阳鱼形石磬	河南安阳出土	殷墟四期	赵世纲主编：《中国音乐文物大系·河南卷》，郑州，大象出版社，1996 年，第 68 页
11	安阳武官村虎纹石磬	1950 年河南安阳武官村殷墟大墓出土	殷墟四期	郭宝钧：《一九五〇年春殷墟发掘报告》，《考古学报》1951 年，第 1～61 页
12	安阳虎纹石磬	传为河南安阳出土	商代晚期	赵世纲主编：《中国音乐文物大系·河南卷》，郑州，大象出版社，1996 年，第 57 页
13	殷墟西区 M1769 鱼形磬	1987 年河南安阳殷墟西区 1769 号墓出土	殷墟晚期	赵世纲主编：《中国音乐文物大系·河南卷》，郑州，大象出版社，1996 年，第 57 页
14	殷墟西区 M701 石磬	1977 年河南安阳殷墟西区 701 号墓出土	殷墟四期	中国社会科学院考古研究所安阳工作队：《1969～1977 年殷墟西区墓葬发掘报告》，《考古学报》1979 年第 1 期，第 27～166 页
15	安阳石磬（2 件，0084、0085）	1958 年河南征集	商代晚期	赵世纲主编：《中国音乐文物大系·河南卷》，郑州，大象出版社，1996 年，第 67 页
16～20	殷墟西区石磬（5 件，M93：2、3、5、6、20）	河南安阳殷墟西区 93 号墓出土	殷墟四期	赵世纲主编：《中国音乐文物大系·河南卷》，郑州，大象出版社，1996 年，第 58 页；中国社会科学院考古研究所安阳工作队：《1969～1977 年殷墟西区墓葬发掘报告》，《考古学报》1979 年第 1 期，第 27～166 页

序号	磬名	出土地或来源	时代	文献
21~23	于省吾旧藏编磬(3件,"永敀""夭余""永余")	传1935年河南殷墟一坑出土	商代晚期	于省吾:《双剑言多古器物图录》卷下,1940年,图17~19袁荃猷主编:《中国音乐文物大系·北京卷》,郑州,大象出版社,1996年,第20页
24	殷墟1004号墓特磬	1934~1935年河南安阳殷墟1004号墓出土	殷墟四期	中国社会科学院考古研究所编著:《殷墟的发现与研究》,北京,科学出版社,1994年,第106页
25	安阳小屯龙纹石磬	1973年9月安阳小屯北的洹河南岸探方六西南隅出土	商代晚期	赵世纲主编:《中国音乐文物大系·河南卷》,郑州,大象出版社,1996年,第55页;中国科学院考古研究所安阳发掘队:《殷墟出土的陶水管和石磬》,《考古》1976年第1期,第16、61页
26	安阳小屯西地M1石磬	2003~2004年安阳小屯西地M1出土	殷墟四期	岳洪彬、岳占伟:《河南安阳市殷墟小屯西地商代大墓发掘简报》,《考古》2009年第9期,第54~69、106~108、111页
27	殷墟侯家庄M1217特磬	1935年河南安阳殷墟侯家庄西北岗1217号大墓出土	殷墟三期	梁思永、高去寻:《侯家庄第六本·1217号大墓》,《中国考古报告集之三》,台北,"中央研究院"历史语言研究所,1968年,第31页,图版三一、三二
28	长子口墓石磬	1997~1998年河南鹿邑县太清宫镇长子口墓出土	商代晚期	河南省文物考古研究所、周口市文化局编:《鹿邑太清宫长子口墓》,郑州,中州古籍出版社,2000年,第108~109页
29	特磬（3）	为原齐鲁大学加拿大传教士明义士收集,1959年征集	商代	周昌富、温增源主编:《中国音乐文物大系·山东卷》,郑州,大象出版社,2001年,第138页
30	特磬（00736）	为原齐鲁大学加拿大传教士明义士收集,1959年征集	商代	周昌富、温增源主编:《中国音乐文物大系·山东卷》,郑州,大象出版社,2001年,第139页
31	特磬（00721）	为原齐鲁大学加拿大传教士明义士收集,1959年征集	商代	周昌富、温增源主编:《中国音乐文物大系·山东卷》,郑州,大象出版社,2001年,第140页
32	特磬（2）	为原齐鲁大学加拿大传教士明义士收集,1959年征集	商代	周昌富、温增源主编:《中国音乐文物大系·山东卷》,郑州,大象出版社,2001年,第140页
33	特磬（00722）	为原齐鲁大学加拿大传教士明义士收集,1959年征集	商代	周昌富、温增源主编:《中国音乐文物大系·山东卷》,郑州,大象出版社,2001年,第141页
34	特磬（1）	为原齐鲁大学加拿大传教士明义士收集,1959年征集	商代	周昌富、温增源主编:《中国音乐文物大系·山东卷》,郑州,大象出版社,2001年,第141页
35	特磬（00725）	为原齐鲁大学加拿大传教士明义士收集,1959年征集	商代	周昌富、温增源主编:《中国音乐文物大系·山东卷》,郑州,大象出版社,2001年,第172页

序号	磬名	出土地或来源	时代	文献
36	青州苏埠屯 M8 特磬	1976 年山东青州苏埠屯 8 号墓出土	商代晚期	周昌富、温增源主编：《中国音乐文物大系·山东卷》，郑州，大象出版社，2001 年，第 142 页
37	滕州前掌大 M4 特磬	1991 年山东滕州前掌大 4 号墓出土	殷墟四期	中国社会科学院考古研究所山东工作队：《滕州前掌大商代墓葬》，《考古学报》1992 年第 3 期，第 365～392、403～412 页
38	沂水信家庄 特磬	1991 年山东沂水柴山乡信家庄出土	商代晚期	马玺伦：《山东沂水新发现一件带鸟形象形文字的铜戈》，《文物》1995 年第 7 期，第 72～73 页
39	潞城鱼形特磬	山西潞城市文物博物馆征集	商代晚期	项阳、陶正刚主编：《中国音乐文物大系·山西卷》，郑州，大象出版社，2000 年，第 19 页
40	阳城灵泉寺 特磬	1949 年采集。传为五代后唐明宗李嗣渊赐予阳城灵泉寺洪密和尚的传家之宝	商代	项阳、陶正刚主编：《中国音乐文物大系·山西卷》，郑州，大象出版社，2000 年，第 20 页
41	东下冯石磬	1974～1979 年山西夏县东下冯遗址出土	商初	中国社会科学院考古研究所、中国历史博物馆、山西省考古研究所：《夏县东下冯》，北京，文物出版社，1988 年，第 98～99 页
42	灵石旌介特磬	1976 年山西灵石旌介出土	商代晚期	戴尊德：《山西灵石县旌介村商代墓和青铜器》，载文物编辑委员会：《文物资料丛刊》第 3 期，北京，文物出版社，1980 年
43	平陆前庄特磬	1990 年山西平陆县坡底乡前庄村商代遗址出土	商代	卫斯：《平陆县前庄商代遗址出土文物》，《文物季刊》1992 年第 1 期，第 18～19、97～98 页
44	藁城台西石磬	1972 年河北藁城县台西村商代遗址出土	商代	河北省博物馆文物管理处：《河北藁城台西村的商代遗址》，《考古》1973 年第 5 期，第 266～271、329～331 页
45	五峰花桥头 磬Ⅰ	湖北五峰土家族自治县渔阳关镇水田街出土花桥头	商代	王子初主编：《中国音乐文物大系·湖北卷》，郑州，大象出版社，1996 年，第 74 页
46	五峰花桥头 磬Ⅱ	湖北五峰土家族自治县渔阳关镇水田街出土花桥头	商代	王子初主编：《中国音乐文物大系·湖北卷》，郑州，大象出版社，1996 年，第 74 页
47	蓝田怀真坊 特磬	1973 年陕西蓝田县怀真坊村出土	商代晚期	蓝田县文化馆樊维岳、陕西省考古研究所吴镇烽：《陕西蓝田县出土商代铜器》，载文物编辑委员会编：《文物资料丛刊》第 3 期，北京，文物出版社，1980 年
48	巫山双堰塘 石磬	1994 年四川巫山大昌镇双堰塘商周遗址出土	商周	严福昌、肖宗弟主编：《中国音乐文物大系·四川卷》，郑州，大象出版社，1996 年，第 73 页
49	湖南石门 皂市磬	1981 年湖南石门皂市商代遗址出土	商代	湖南省文物考古研究所：《湖南石门皂市商代遗存》，《考古学报》1992 年第 2 期，第 185～219、216～266 页

从外观上看，表 4-39 所述商代石磬中，磬体最长的是山东博物馆藏的一件编号为（2）的特磬，达 110 厘米；最短的是河南省出土的大司空村 539 号墓鱼形磬和殷墟西区 1769 号墓鱼形磬，磬体长仅为 19.2 厘米。与远古、夏代的磬不同的是，商代石磬的体积偏小，通长小于 40 厘米的石磬有 9 件，而远古、夏代仅有 1 件；相同的是，磬体较大的石磬大多出土于山西省，说明商代石磬与远古及夏代的石磬，有一定的渊源关系。

商代石磬的基本造型，与远古、夏代的磬相比，多了一种菱形。可以分为类五边形、类长方形、鱼形、类菱形和类梯形五种类型。其中，类五边形的数量最多，约 19 件，约占商代石磬总数的 4 成。由之可以认为：后世石磬发展为特殊的五边形规范，此时已经初露端倪。

考古发现的商磬，基本上都是特磬。妇好墓中出土的所谓 3 件一组的"编磬"，造型较为随意，缺乏明确的规范性，称之为编磬十分牵强；同样，殷墟西区 M93：2 出土的 5 件石磬，也算不上真正的"编磬"。可以看作编磬的，唯有 1935 年河南安阳侯家庄西北冈 1004 号商王墓（HPKM1004）出土的"永启""夭余""永余"一套 3 件制的石磬。可以看出编磬的出现，应是商代晚期石磬发展的新动向。自此，石磬终于跳出了一般无定音"响器"的窠臼，发展为一种颇具中国特色、音乐性能优良的旋律乐器。

考古发现的商磬，属商代前期的不多，大多数是商代晚期的遗物。主要见于夏家店下层文化和二里头文化东下冯类型文化层。较之史前，这些石磬在形制上进步不大。商代中期以后，石磬出现了重大变化。明显朝着两个不同的方向演进：一是着重于工艺的精雕细刻，如将磬体刻绘成精致的虎纹、龙纹和鱼纹，或者直接将磬形制成鱼形；二是开始追求石磬的音乐性能，使特磬向可以演奏旋律的方向发展，从而在商代晚期出现了 3 枚一组、构成一定的音列关系的编磬。前者很快走到了发展的尽头。现中国国家博物馆所藏的妇好墓"妊冉入石"石磬和殷墟武官村 50WGKM1 大墓出土、北京故宫博物院所藏的虎纹大石磬，均为这一方向上的精细之作，且后者逐渐成为石磬发展的主流。周革殷命之后，编磬跻身成为国家礼乐制度一大表征——乐悬的重要组成部分。这说明，就这种乐器的发展史来说，商人对石磬这种乐器的旋律性能的追求，是一种重大的进步。诚如上述侯家庄西北冈 1004 号商王墓的一套 3 件制磬，其造型已基本相近，音律也有所关联，可为目前所见最早的编磬标本。同时，商代编磬最初的 3 件成组，与殷墟大量发现的编铙都是 3 枚一组成编，看似"不谋而合"，其实不然。商代编磬和编铙这种编组上的吻合，应该不是一种偶然的因素。侯家庄西北冈 1004 号商王墓 3 件套编磬的出现，应该是当时人们某种重要观念的体现。

（1）山西夏县东下冯石磬

东下冯遗址位于山西南部夏县东下冯村北青龙河两岸台地上，正处在传说中的"夏墟"范围之内。为探索夏文化，考古工作人员于1974～1979年进行了正式发掘，出于了一件石磬（H15：60，图4-105），现收藏于中国国家博物馆。①大石磬出土于二里头文化东下冯类型文化层，年代为商初。石磬用细质砂岩打制而成，未经磨琢，表面凸凹不平，留有大块的石片碎裂痕。磬形体扁而长大，磬背中上部偏右处开有一悬孔，由两面钻透。孔左部磬体类股部，向上略翘，孔右部为鼓部，渐向下倾斜。磬体已粗具股、鼓之别。尚未分化出后世石磬重要的"倨句"设施。磬底中部微向上弧曲，鼓端略翘。磬通长69厘米、通高27厘米。声音清脆悦耳，测音结果为#c¹音分。

该石磬为早商石磬的少数重要标本之一。

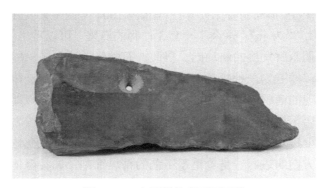

图4-105　山西夏县东下冯石磬

（2）山西平陆前庄特磬

1990年，山西平陆县坡底乡前庄村一商代遗址出土了1件石磬（图4-106），平陆县文物管理所将其存放于县公安局，至1992年移交至中国历史博物馆②磬为商代器，以泥质沉积大理石磨制，表面光平，已初具后世磬形，但尚不甚规范，特别是尚未分化出石磬重要的"倨句"设施。磬底边平直，倨孔两面对钻而成。股博较阔，鼓部尖窄。通长101.7厘米、宽19厘米、厚3.8～4.1厘米。音高为#f¹–28音分。

① 中国社会科学院考古研究所、中国历史博物馆、山西省考古研究所：《夏县东下冯》，北京，文物出版社，1988年，第98～99页。

② 卫斯：《平陆县前庄商代遗址出土文物》，《文物季刊》1992年第1期，第18～19、97～98页。

该石磬为商代前期石磬的重要标本之一。

图 4-106　山西平陆前庄特磬

（3）山西灵石旌介特磬

1976 年 11 月山西灵石旌介村村民发现一墓葬，省文物工作委员会即派员进行了清理。①墓葬为长方形土坑竖穴墓，有棺、椁。随葬遗物置于墓室南侧棺椁之间，有石磬 1 件（图 4-107），现藏于山西博物院。该石磬为商代前期石磬标本之一。同出青铜器鼎、爵、尊、卣、戈等 17 件。

根据墓葬形制及出土器物特征，判断该墓为商代晚期墓葬。1985 年 1 月再次发掘此墓，发现残留遗物，并编为 3 号墓。

石磬略呈长方形，扁平，素面，以白色石料磨制，由两边对合锯割而成。造型总体呈现较大的随意性。一端平直为股，另一端略敛成鼓端；上下两边基本平行，无磬折（倨句）意识。磬有一穿，为单面钻孔。通长 38.8 厘米、宽 18 厘米、厚 0.25 厘米。敲之有声，音响清脆，测音结果为 g^1 音分。

图 4-107　山西灵石
旌介特磬

3. 陶埙

在目前所见考古发掘出土的商代吹奏乐器中，陶埙值得关注。在经历了漫长的史前时期之后，陶埙在殷商时期，无论从造型外观，还是从内在音乐与音响性能方面，均到达了该种乐器发展史上的辉煌时期。

迄今考古发现的商代的陶埙，大多出土于河南北部，重点集中在安阳（殷墟）一带。与其邻近的河北南部和山东西北部也有少量发现。早期的商埙少见，大多属商代晚期遗物。商埙形制趋向规范，工艺精细，音乐性能

---

① 戴尊德：《山西灵石县旌介村商代墓和青铜器》，载文物编辑委员会编：《文物资料丛刊》第 3 期，北京，文物出版社，1980 年，第 46～49 页。

也有了很大的提高，特别是河南安阳殷墟妇好墓、刘家庄北121号墓、后岗12号墓出土的一些陶埙，造型趋向完全规范：商代晚期陶埙的形制，多见设计为平底卵形，吹口被设在顶端。正面中腰下部有3个音孔，呈倒品字形排列，左上一孔较小，余两孔稍大。背面设按孔2个，也位于中腰下部，呈一字形横列。这5个按音孔前三后二，位置固定，可以吹出较为复杂的音列，这应该是陶埙这种乐器形制进入成熟期的标志。而且，商代晚期的陶埙，多见大小3件编组使用的情形，如河南辉县琉璃阁第150号殷墓、安阳殷墟妇好墓等地出土的陶埙，均是如此。这些墓葬的规格极高，墓主的身份为王室成员、诸侯以上的高级贵族。结合殷商流行的王室重器编铙、编磬乐器也均为3件成编的规范的情形分析，陶埙的编列绝非巧合，应为当时流行的一种乐器通制。这也从侧面证明了，陶埙已完全突破了孩童手中的玩具、一种随意性很强的乐器属性，而被正式纳入殷商宫廷礼乐规范，成为国家层面音乐活动的固定成员。殷商陶埙规范的形制、精细的工艺，表明此时乐器音乐性能的提高、演奏技艺的成熟，均进入了其历史的顶峰时期。

表4-40为考古出土商代陶埙一览表，数量已达21件。

表4-40　考古出土商代陶埙一览

序号	名称	来源	时代	出处
1	郑州二里岗陶埙（残）	1952年出土于河南郑州二里岗遗址	商代前期	河南省文化局文物工作队第一队：《郑州商代遗址的发掘》，《考古学报》1957年第1期，第53~73、210~219页
2	郑州铭功路陶埙（残）	1955年出土于河南郑州铭功路商代制陶遗址	商代前期	河南省文物研究所：《郑州市商代制陶遗址发掘简报》，《华夏考古》1991年第4期，第1~19页
3	郑州张寨南村陶埙（残）	1974年出土于河南郑州张寨南村	商代前期	河南省文物考古研究所、郑州市文物考古研究所编著：《郑州商代铜器窖藏》，北京，科学出版社，1999年，第79~80页
4	安阳侯家庄西北冈M1001白陶埙（附骨埙1件）	1935年出土于河南安阳侯家庄西北冈M1001	殷墟二期	梁思永、高去寻编著：《中国考古报告集3·侯家庄2·1001号大墓》，"中央历史研究院"历史语言研究所，1962年
5~8	安阳刘家庄M121陶埙（4件）	1988年出土于河南安阳刘家庄M121	殷墟二期	中国音乐文物大系总编辑部：《中国音乐文物大系·河南卷》，郑州，大象出版社，1996年，第20页
9~11	河南辉县琉璃阁M150陶埙（3件）	1950年出土于河南辉县琉璃阁M150	殷墟二期	中国科学院考古研究所编著：《辉县发掘报告》，北京，科学出版社，1956年，第23页

续表

序号	名称	来源	时代	出处
12~14	妇好墓陶（3件）	1976 年出土于河南安阳小屯 AXTM5（妇好墓）	殷墟二期	中国社会科学院考古研究所编著：《殷墟妇好墓》，北京，文物出版社，1980 年，第 100~101 页
15	1991 年河南安阳后冈M12 陶埙	1991 年出土于河南安阳后冈 M12	殷墟二期	徐广德：《1991 年安阳后冈殷墓的发掘》，《考古》1993 年第 10 期，第 880~903、961~964 页
16	河南安阳小屯西地墓GM237 陶埙	1959 年出土于河南安阳小屯西地墓 GM237	殷墟后期	中国社会科学院考古研究所安阳工作队：《1976 年安阳小屯西北地发掘简报》，《考古》1987 年第 4 期，第 295~302、374、385 页
17~18	河南安阳小屯西地墓GM263 陶埙（2 件）	1959 年出土于河南安阳小屯西地墓 GM263	殷墟后期	中国社会科学院考古研究所安阳工作队：《1976 年安阳小屯西北地发掘简报》，《考古》1987 年第 4 期，第 295~302、374、385 页
19	山东禹城邢寨汪陶埙	山东禹城邢寨汪遗址出土	商代晚期	中国音乐文物大系总编辑部：《中国音乐文物大系·山东卷》，郑州，大象出版社，2001 年，第 17 页
20	南京安怀村陶埙	南京安怀村湖熟文化遗址出土	商代晚期	中国音乐文物大系总编辑部：《中国音乐文物大系·江苏卷》，郑州，大象出版社，1996 年，第 166 页
21	江西樟树营盘里陶埙	1956 年江西樟树营盘里遗址出土	商代	中国音乐文物大系总编辑部：《中国音乐文物大系·江西卷》，郑州，大象出版社，2009 年，第 9 页

商代的陶埙，除了上文已介绍的殷墟所出之外，还有辉县琉璃阁第 150 号殷墓陶埙等一些出土标本应该提及。

（1）河南辉县琉璃阁 M150 陶埙

辉县琉璃阁陶埙（图 4-108、图 4-109）于 1950~1951 年河南辉县琉璃阁第 150 号殷墓出土，年代属商代中期。[①]1959 年由中国科学院考古研究所拨交北京历史博物馆收藏。琉璃阁陶埙与殷墟妇好墓所出相同：均由大小 3 件成组；器均为卵形，小平底，顶端有 1 吹孔，腹部前三后二置设

---

① 中国科学院考古研究所：《辉县发掘报告》，北京，科学出版社，1956 年，第 23 页；袁荃猷主编：《中国音乐文物大系·北京卷》，郑州，大象出版社，1996 年，第 14 页。

图 4-108　河南辉县琉璃阁 M150 陶埙

图 4-109　河南辉县琉璃阁 M150 陶埙背面

5 个按音孔。对陶埙的复制和演奏实践表明，这种 5 音孔陶埙的制度比较合理，演奏最为方便。通过指法和口风的配合，用这 5 个音孔已经可以吹全十二律，可以吹奏各种音阶的乐曲，音孔更多或减少均已无必要。陶埙的制作工艺精细，造型十分规范。2 件稍小的埙形制及尺寸极为相似，发音也相近。大埙吹孔残，已不能试吹。各埙尺寸及音乐性能可参见表 4-41、表 4-42。

表 4-41　河南辉县琉璃阁 M150 陶埙形制数据　　　　　　单位：厘米

编号	通高	腹径	底径	吹孔径	音孔径				
					1	2	3	4	5
150：43	7.3	5.1	3.1	0.9	0.3	0.7	0.7	0.6	0.6
150：37	4.2	3.1	2.0	0.8	0.3	0.5	0.6	0.6	0.6
150：38	4.3	3.1	2.0	0.8	0.3	0.6	0.6	0.6	0.6

表 4-42　　河南辉县琉璃阁 M150 陶埙测音数据　　　　单位：音分

奏法		筒音	开1孔	开2孔	开3孔	开4孔	开5孔	开1、2孔	开1、3孔	开4、5孔	开2、5孔	开1、2、3孔
150：38	第一次	f^2+13	$\#a^2-15$	d^3+25	d^3-52	d^3-8	d^3-8	e^3-17	e^3-1	f^3+25	—	g^3-25
	第二次	$\#f^2-8$	$\#a^2-3$	—	—	d^3-14	—	—	—	$\#f^3-31$	—	—
	第三次	$\#f^2+22$	$\#a^2+22$	—	—	—	$\#c^3+12$	$\#d^3+47$	—	—	$\#f^3+44$	—
150：37	第一次	$\#f^2-5$	$\#a^2+7$	—	—	—	$\#c^3-39$	$\#d^3+14$	f^3+10	—	$\#f^3+37$	

　　辉县琉璃阁第 150 号殷墓规格极高，墓主为商代大贵族无疑。墓中出土的这套陶埙一大二小 3 件成组，形制规范，为商代陶埙已以正式宫廷乐器的身份登场的重要标志，也是这种来自远古的吹奏乐器发展史上的顶峰之作。

　　（2）江西樟树营盘里陶埙

　　1956 年发掘于江西樟树营盘里遗址的陶埙（4234，图 4-110），出土于一灰坑内，为较罕见的商代东南方越人的标本，现藏于江西省博物馆。[1]埙泥质红陶，保存完整。器形似无头的鸟身，颈部有一椭圆形吹孔，无按音孔。通长 5.5 厘米、通高 3.9 厘米、最大腹径 3.8 厘米、孔径 0.6～0.7 厘米。据其造型，应还停留于孩童玩具一族，俗称鸟埙者。

　　（3）郑州铭功路陶埙

　　郑州铭功路陶埙（原编号 C—9—T：110，图 4-111），1958 年 5 月出土于河南郑州铭功路商代遗址中的一条灰沟内，现藏于郑州博物馆。[2]埙灰褐色，陶制，残存半个。高 8.5 厘米、腰径 4.2～6.3 厘米、壁厚 0.4～0.7 厘米。从残断痕迹看，埙体为扁圆形。顶部有吹口，口径 1.5 厘米。埙体一侧中腰以上近吹口处有倒品字形音孔 3 个，孔径 0.35～0.4 厘米。下部为小圆底。埙表面光洁，工艺较为精致，但音孔开在埙体上部，颇为特殊。与殷墟及辉县琉璃阁等殷商大贵族墓中所出陶埙相比，其作为乐器的造型设计的合理性和科学性均略逊一筹。

---

[1] 彭适凡、王子初主编：《中国音乐文物大系·江西卷　续河卷》，郑州，大象出版社，2009年，第 9 页；江西省文物管理委员会：《江西清江营盘里遗址发掘报告》，《考古》1962 年第 4 期，第 4～7、172～181 页。

[2] 河南省文化局文物工作队第一队：《郑州商代遗址的发掘》，《考古学报》1957 年第 1 期，第 53～73、210～219 页；赵世纲主编：《中国音乐文物大系·河南卷》，郑州，大象出版社，1996年，第 20 页。

图 4-110　江西樟树营盘里陶埙　　　　　图 4-111　郑州铭功路陶埙

4. 排箫

排箫这种编管吹奏乐器出现很早，它发现于世界上很多的古文化中。曾有学者怀疑甲骨文中的"龠（籥）"的初文是一种"编管"之状，因此其很可能就是后世的排箫、笙竽一类吹奏乐器的象形字。这类研究，还仅是一种猜测。商代这些排箫、笙竽等编管乐器是否存在，单纯从中国传统的先秦文献分析，答案应该是肯定的，但却始终拿不出实质性的证据。以往中国最早的排箫标本是淅川下寺 1 号墓出土的石排箫，时代已是春秋晚期。河南鹿邑长子口墓出土的 4 件骨排箫，应该是商代的文物。长子口墓排箫的出土，把这种历史上重要吹管乐器流行的时代，至少提前到商代晚期。由此雄辩地证明，中国人早在距今 3400～3100 年前，已经发明并熟练地使用了排箫这种编管乐器。何由得知他们已经"熟练地"使用了这种乐器？请看鹿邑长子口墓出土的排箫，其造型规范，结构合理，音乐性能优良。其箫管已经采用 13 管制，与后世数千年中人们习用的排箫完全一致。即是说，考古发现的商代排箫，已经是这种乐器发展史上成熟时期的产物。成熟的器物形制构造，必定依托着成熟的演奏技术。因此而论，鹿邑长子口墓排箫，已经在中国这片古老的土地上，经历了一个相当漫长的发明、发展阶段。长子口墓这 4 件骨排箫，可为这种乐器在世界上最早、最完整、年代最可靠、音乐文化水平最高的实物标本。

5. 商代乐器的分类

目前国际通行的萨克斯-霍恩博斯特尔乐器分类法，又称"萨-霍分类体系"，为德裔美籍音乐家萨克斯（C. Sachs，1881～1959 年）和奥地利音乐家霍恩博斯特尔提出的一种乐器分类原则，即根据乐器的声学振动体特性，将乐器分为"弦鸣""气鸣""体鸣""膜鸣"四大类。[1]这种乐器的分类体系，具有逻辑清晰、涵盖范围广的特点。因此，在民族音乐学研究领域得到广泛应用。但这种分类体系需要一些基础性的声学理论知识，所以在民族音乐学以外的领域应用者并不多，也不甚适合中国的乐器考古：显然，对于远古乐器标本的留存，自然环境并不顾及其声学性能的完备和系统性，也不会按照人们理想的逻辑方式进行选择；而乐器的考古发现和发掘，更带有巨大的偶然性。中国商代的乐器考古若应用"萨-霍分类体系"，其结果在分类上难以形成合理体系，分类结果的支离破碎可以想见。表4-43初步统计了出土的商代乐器为295件。其中"体鸣"者达264件，"膜鸣"者7件，"气鸣"者24件，"弦鸣"者则完全不见。这一"四大类"分类法的不均衡，恰如其分地印证了这一认识。

表4-43　商代出土乐器的种类及数量统计

八音名	商代出土乐器的种类及数量	合计/件	统计资料来源
金	编铙59件，大铙51件 镈3件，铜铃102件	215	《中国上古出土乐器综论》；《中国音乐文物大系》（河南卷、北京卷、上海卷、山东卷等）；相关考古发掘报告
石	石磬49件	49	
革	鼍鼓2件，蟒皮大鼓1件（附：铜鼓2件，陶鼓形器2件）	7	
土	陶埙20件（附：石埙1件）	21	
竹（骨）	（附：骨埙2件，骨管1件）	3	
合计		295	

中国的音乐文明起源极早，乐器的历史悠久且极其丰富。因而，在先秦时期，中国人已经广泛流行一种特有的乐器分类法——八音分类法。所谓"八音"，即根据制作所用的主体材料，将乐器分为金、石、土、革、丝、木、匏、竹八大类。商代乐器的制作材料种类繁多。从传世文献和考古出土的资料分析，商代乐器八音齐全，应该没有疑问。不过，商代毕竟距今3500余年，时代久远。八音之中，除了金、石、土等材质耐保存、有实物

---

① 据美国学者考夫曼的考证，早在公元前1世纪，一本出自古印度的名为《乐舞论》的书中，就已经把当时人们所用的乐器概括为"弦鸣""气鸣""体鸣""膜鸣"这四大类。他认为，萨克斯和霍恩博斯特尔提出的乐器分类法"也是以这四种类型为出发点的"（〔美〕瓦尔特·考夫曼：《古印度的音乐文化》，载联邦德国汉斯·希克曼、〔伊拉克〕苏比·安韦尔·拉辛德、〔美〕瓦尔特·考夫曼：《上古时代的音乐：古埃及、美索不达米亚和古印度的音乐文化》，王昭仁、金经言译，北京，文化艺术出版社，1989年，第160页）。

出土外，革、丝、木、匏、竹材质制作的乐器因不易保存，所剩无几。即便有遗物出土，也大都已经腐朽殆尽，只剩如漆皮颜料之类残痕遗迹。从目前的考古发现来看，商代乐器的种类有鼓、磬、编铙、大铙、镈、埙、铃及排箫等，主要是金、石、土等材质制作的乐器；革（主要指革木结合的鼓属乐器）、竹（实为骨质的特殊器类）等类乐器偶有所见，但数量极少，且除骨质乐器之外也仅以残痕为主。应用八音分类法，对于出土商代乐器来说，同样会出现较大的不平衡性。

不过相比"萨-霍分类体系"，八音分类法为实践总结所得，具有显而易见的实用性，也具有很好的科学性：对于乐器考古来说，无论这种乐器在古代称谓如何，功用如何，面对出土实物，唯有制作这种乐器的材料是看得见、摸得着的。考古学的主要研究对象，正是发掘出土的实物资料。既是乐器的实物资料，必定是由某种材质构成。于是不论何时何地何种乐器，都有其材质依据，都可以将其纳入八音分类法。故本书出土商代乐器的分类，拟以"八音分类法"为主，"萨-霍分类体系"可为对照。具体分述如下。

（1）"金"属乐器

考古出土的商代"金"属乐器，是指采用铜、锡等成分，按照一定比例的合金铸造的青铜质乐器。由于这种材质在地下的自然环境中具有较好的耐久性，商代的青铜乐器遗留至今的考古发掘标本最为丰富，不仅数量较大，而且种类繁多。主要有编铙、大铙、镈、铃、铜鼓等，主要分布在中国北方的河南、山东，南方的湖南、江西及西南部少数地区。

编铙：中国北方中原地区较早使用的一种青铜击奏体鸣乐器，常以顺次递减的大小 3 件合为一套组合使用，因被称为编铙。文献又有钲、执钟之名。编铙出现于商代中晚期，主要流行于殷商王朝政权统治区域内（主要是王都）。王朝周边受商文化影响较大的一些方国或部落也有使用，但出土编铙数量最多、最具代表性的，还是安阳的殷墟。周代初年，编铙在少数地区仍有沿用。

编铙的形制，腔体似铃，合瓦形。口部弧曲内凹，两铣角尖锐。舞面正中置有一中空管状的短甬，与体腔内相通，甬中可置木柄。编铙的用途及奏击方法，未见诸文字流传，但文献中有些记载，可能与之有关，如《周礼·地官·鼓人》载："以金铙止鼓。"郑玄注曰："铙如铃，无舌，有秉（秉通柄——笔者注），执而鸣之。"[①]《周礼·夏官·大司马》载："乃退鼓，鸣铙且却，及表乃止。"郑玄注曰："铙所以止鼓，军退，卒长鸣铙

---

① 参见《周礼注疏·地官司徒·鼓人》，载（清）阮元校刻：《十三经注疏》，北京，中华书局，1980 年，第 721 页。

以和众，鼓人为止之也。"①这些文献记载表明，铙主要用于军旅之中，其作用是发出收军时的信号，所谓"鸣金收军"的"金"。这里的"金铙""铙"，于商代是否就是考古所发现的 3 件套编铙，还有待研究。考古所见 3 件套"编铙"之名，为今人所加，迄今未见有自铭验证。从上述文献记载中的"金铙""铙"，与殷墟所出甲骨文中的"庸"，用法上可能有所对应。李纯一据此认为今日考古发现的 3 件套编铙就是甲骨文中的"庸"。②此可备一说。

编铙从 1935 年殷墟侯家庄西北冈 M1083 墓考古出土第一套至今，殷墟及其周边范围内出土且保存较好的编庸已达 14 套以上，主要为商代王室或高级贵族的墓葬中所用。殷墟以外，河南的焦作、鹿邑，山东的惠民、苏埠屯、前掌大等地均有编铙出土。据初步统计，近年来北方地区出土的编铙已达 16 套之多。各地出土编铙与殷墟所出在基本形制上存在高度的一致性。经测音研究，这些编铙虽大小不同、音高有异，但尚难以演奏完整的乐曲，只能跟其他的乐器配合，作节奏性乐器使用。

大铙：殷商时代在南方长江流域盛行的一种青铜击奏体鸣乐器。造型结构与北方河南、山东等地出土的编铙相近，但其体量要大得多，而且为单件使用的非旋律乐器。考古界一般称之为"大铙"，陈梦家先生将其定名为"镛"。③大铙于今湖南、湖北、江西、安徽、江苏、浙江等地均有发现，多为晚商时期的遗留物。镛多出土于山顶、山麓、河边或窖藏，从其出土地点来看，有学者推测镛的用途"可能是为一个广大的群体如宗族、聚落等所公用，在集体活动时，起着号令、警示集体成员之类的作用"，或者"用于祭祀山川、湖泊、风雨、星辰等场合中"。④南方长江流域出土的大铙偶有出土于墓葬的，如上述江西新干大洋洲墓曾出土的 3 件，并同出有 1 件铜镈。

大铙以湖南出土的数量最多。在湖南的浏阳柏家镇遗址灰坑、宁乡黄材三亩地、宁乡唐市陈家湾楚江河岸、宁乡月伞铺龙泉转耳仑、望城高塘岭高冲、湘乡狗头坝商代遗址、益阳赫山千家洲三亩土、岳阳黄秀滨湖费家河河床边、株洲黄龙乡兴隆村小山包脚下等地，均出土了大铙，宁乡枫木桥师古寨顶和湖南宁乡老粮仓北峰滩山腰两地均一次性出土了 2 件。1959 年，湖南宁乡老粮仓师古寨山腰一次性出土了 5 件。而湖南宁乡老粮仓栗山坡山腰，则一次性出土了 10 件，是出土大铙数量最多的。目前，考

---

①　《周礼注疏·夏官司马·大司马》，载（清）阮元校刻：《十三经注疏》，北京，中华书局，1980 年，第 838 页。

②　李纯一：《中国上古出土乐器综论》，北京，文物出版社，1996 年，第 105 页。

③　陈梦家：《西周铜器断代（三）》，《考古学报》1956 年第 1 期，第 65～144、156～171 页。

④　关晓武：《青铜编钟起源的探讨》，《文物保护与考古科学》2001 年第 2 期，第 35～41 页。

古所见最大的大铙为 1983 年湖南宁乡月山铺所出，通高 103.5 厘米，重达 221.5 千克。

镈：镈为青铜所制的击奏体鸣乐器，形体较大，单件使用。镈于口平齐，腔体形状接近于铃，但体量要比铃大得多。器身的横截面更接近于椭圆形。关于镈的起源问题，至今依然存在多种说法，有搏拊说、甬钟说、大铙说、铜铃说。其准确的起源时间，也没有确切的结论。1989 年江西新干大洋洲程家村商代晚期墓葬中出土了 1 件铜镈，为迄今唯一考古发现的铜镈，也是迄今发现的铜镈时代最早的标本，具有较高的学术价值。由此，镈在殷商中晚期时候已经出现的认识，学界趋于一致。依目前的考古资料，北方地区尚未发现这种特别的乐器。考古发掘出土的商代镈有 3 件，即新干大洋洲铜镈、1985 年湖南省邵东县毛荷殿乡民安村出土的铜镈及 1988 年湖北省石首市桃花山镇九佛岗村出土的铜镈①，均出于南方地区。由此也可以大致判定，镈这种乐器应为南方居民扬越人的创造。镈的器身非为明确的合瓦形，其横截面更接近于椭圆形，而且于口平齐，故其发音较为嘈杂。正鼓音稍强，音高往往不甚清晰；侧鼓音更是十分柔弱而不稳定。由此判断，镈的音乐性能较差，并非双基频的双音钟类乐器，仅可作为号令所用的节奏性乐器。

铜铃：铃为铜制带舌摇晃自击的体鸣乐器，是中国最早出现的金属乐器，其起源可追溯到旧石器时代的陶铃。商代铜铃的使用已经十分普遍，考古所见的实物也比较多。殷墟西区 M701 墓出土铜铃 14 件、M1125 墓中出土铜铃 10 枚，妇好墓中出土的带舌槌的大小铜铃达 18 枚之多。除殷墟有大量铜铃出土外，山东、山西、四川等地的商代文化遗址中也有大量铜铃出土，如山东青州苏埠屯 8 号墓出土了 8 件形制相同、大小不等的铜铃。殷墟出土的铜铃，多件见于墓葬或祭祀坑中，使用上有两种用途。一种为装饰铃，主要出土于墓葬棺椁底部的腰坑或墓葬附近的陪葬车马坑中，常位于狗、马、象等动物的颈部，不具备作为音乐活动中的乐器的功能；另一类铜铃也出于墓葬中，形制与前者基本相同，但大小有别，可能为宗教、巫术的乐舞活动所用，显露出铜铃与音乐舞蹈一定程度的相关性。

另外，因地域文化的不同，属于西南的四川广汉三星堆出土的铜铃，造型与中原一带迥殊。三星堆二号祭祀坑中出土各式铜铃达 43 件，并有铃架及铜挂饰出土。这些铜铃更注重了其造型工艺，精细地模仿了花、鹰及不同筒体的形状，并显示出较良好的乐音音响性能。加上其挂载的青铜神树及出土时的场景，这些铜铃分明为当时重大祭祀活动所用，应为功能明

---

① 王秀萍：《考古出土商代乐器研究》，苏州，苏州大学出版社，2015 年，第 36 页。

确的乐器，在中国青铜乐器发展史上具有特别的意义。

此外，1958 年和 1976 年先后在山西石楼地区发掘出土的两件形制十分独特的铃类乐器，均为商代晚期的器物。器物形体较大，器身长圆筒形，连柄，中空。器身为饰方格纹和旋纹，挂有许多小铃铛和金属饰物，摇晃碰击发声，明显是专为宗教、祭祀等活动制作的法器，一种摇奏使用乐舞器具。

（2）"石"属乐器

考古出土的商代乐器中属于"石"类的磬，为石制打击体鸣乐器。有特磬和编磬。早在新石器时代，石磬就已经出现。目前所知最早的石磬是山西夏县东下冯遗址出土的石磬，山西襄汾陶寺遗址也有石磬出土。商代考古发掘中出土的石磬从早商到晚商，不同时期均有出土，数量较多，分布也比较广泛。商代磬不仅有单件使用的特磬，在商代晚期还出现了 3 件一套、成组使用的编磬。

特磬：特磬是单件使用的磬。目前考古出土特磬的地域分布极不平衡，主要集中在北方地区，山东、山西、河北、辽宁、内蒙古等地出土特磬相对较多，殷墟则最为集中。殷墟一带出土特磬的数量达 30 件以上，制作材质多样、形制各异。其中，虎纹石磬是殷墟出土特磬中最具代表性的一件。西南四川地区仅有 2 件出土，而南方长江流域广袤的区域内也仅有湖北五峰土家族自治县、湖南石门皂市出土过石磬。

考古出土特磬的墓葬规格有别，既有商王一级的大墓，也有中高级贵族、职官等的墓葬。内蒙古喀喇沁旗曾出土大致为早商时期的打制石磬，长 37 厘米、高 19 厘米。河北藁城台西遗址一中商墓葬出有一件磨制石磬，长 55.4 厘米，上作倨句型。湖南石门皂市遗址出有一件打制石磬，残长 26 厘米、高 18 厘米，时代约为晚商时期。殷墟武官大墓出有一件青白大理石虎纹石磬，长 83 厘米、高 42 厘米。1973 年小屯宫室区也发现一件类似的石磬，长 88 厘米、高 28 厘米。从各地考古发现来看，特磬在商代流行比较广泛。四川金沙遗址编号为 7607 的探方中出土了一大一小两件石磬，大者长 1.1 米，是目前考古发掘出土的最大的商代特磬。

编磬：编磬是在商代晚期出现的一种成编使用的旋律乐器，仅见于安阳殷墟，殷墟之外的地区至今未有发现。随着商人音乐认识水平的不断提高，磬由单件使用的特磬发展为按音列组合使用的编磬。目前，殷墟出土的编磬仅见 1 例，3 件成组，即 1935 年殷墟侯家庄西北冈的一座商王墓（HPKM1004）中出土的一套编磬，3 件石磬造型基本一致，磬体上分别刻有铭文"永咸""永余""天余"。1976 年，妇好墓出土 3 件石磬，白色、泥质灰岩，材质、造型相近，同出一处，置于妇好墓墓底的东北角，是殷墟二期的遗留物，是否为编磬，存疑。1977 年，殷墟西区 72M93 墓葬中曾出土 5 件石磬，也有学者认为是编磬，但笔者认为是 5 件特磬。这 5 件石磬除了同出于一墓之外，无论从外形，还是从音列关系看，还难以找出成套成"编"、相互关联的证据，因此笔者主张按特磬分类。

（3）"土"属乐器

八音中的土属乐器，主要指是用陶土制作的埙，还有一部分陶缶。河北藁城台西商代遗址和福建闽侯石佛头村黄土仑 M17 墓中各出土了 1 件陶制鼓形器。

陶埙：陶埙为陶制吹奏气鸣乐器，新石器时代已经出现。进入商代，考古发掘中屡见有埙出土。河南早商时期的偃师二里头遗址、郑州商城遗址均有一音孔的陶埙出土，郑州商城遗址还出土有三音孔的石埙。殷墟所出埙多为平底卵形。殷墟妇好墓、小屯西地 58M263 墓及新乡辉县琉璃阁 51M150 墓均出土有陶埙，形制规范，音乐与音响性能优越，为这种乐器成熟时期的代表作品。

埙原为民间自娱的常见乐器或孩童手中的玩具，因此除高级贵族墓葬外，在一般中等权贵和一些平民的墓葬中，也有少量陶埙发现。商人"尚鬼神"，祭祀活动异常频繁，娱神的歌舞是重要的仪典之一。埙以其极为感人的特殊音色，逐渐进入宫廷，被作为祭祀乐器广泛使用。在诸多乐器中，被提高到祭祀法器的地位。在乐器的形制和音乐性能上，获得了快速发展。商埙成为一种相当成熟的旋律乐器。殷墟妇好墓等考古发现的陶埙，制作上均已完全规范化。

石埙：埙为吹奏气鸣乐器，一般为陶质。石制者可看作陶埙的石制替代品。殷墟出土的埙数量较多，有陶质、石质、骨质等，以陶质的最多，石埙仅见一例，出土于殷墟侯家庄西北冈 1550 号商王墓中。[①]

（4）"革"属乐器

考古出土的商代乐器中属于"革"类乐器的，主要是采用动物皮膜制作的皮鼓，即一种敲击膜鸣乐器。鼓类乐器自古就被世界各民族普遍使用。各种祭祀、军事乃至日常生活中的娱乐、庆典聚会，均少不了鼓这种声音洪大、极易激励人们情绪的重要乐器。自新石器时代起至商代，鼓类乐器便被用作宫廷礼仪重器。鼓腔有木腔和陶（土）腔，分别被称为木鼓和陶

---

① 王秀萍：《考古出土商代乐器研究》，苏州，苏州大学出版社，2015 年（引自梁思永、高去寻：《侯家庄第八本·1550 号大墓》，《中国考古报告集之三》，台北，"中央研究院"历史语言研究所，1976 年），第 137、261 页。

（土）鼓。因鼓腔材料的耐久性问题，木鼓较为少见。鼓面分鳄鱼（鼍）皮、蟒皮和兽皮等类。其中鳄鱼皮鼓，即所谓的"鼍鼓"，在中国古文献中屡有提及，并带有特殊的神性。

鼍鼓：商代以来，由于年代久远，考古发现的商代鼍鼓仅 3 例，都已残毁，仅留遗迹。1976 年山西灵石旌介的一座商墓及 2003 年冬到 2004 年春殷墟西区 M1 大墓中各出土鼍鼓 1 例，已完全朽腐，仅存残痕；殷墟西区 M1 大墓同出有鼓架，鼓架旁边还有若干根髹黑漆的小木棍，疑为鼓架的构件或鼓槌。

蟒皮鼓：1935 年殷墟侯家庄西北冈王陵区 1217 号大墓出蟒皮鼓 1 例，鼓体已朽尽，尚留有遗痕，可分辨桶状鼓身，横置于鼓架上，鼓身与鼓架均饰兽面纹，通高 68 厘米，属殷墟前期的遗物。

陶鼓：1973 年河北藁城台西商代遗址和 1978 年福建闽侯石佛头村黄土仑一座编号为 M17 的墓葬中，各出土了 1 件陶制鼓形器。两器时代约为殷墟早期，形制与湖北崇阳出土的铜鼓形制相似。

铜鼓：商代的"铜鼓"，仅是以铜为材质、仿照木鼓形制制作的一种"鼓"，实为一种具有木皮大鼓之象征意义的摆设。因为用青铜这种材料来制作这种鼓的"皮"膜，并不能真如皮鼓那样发声，音响效果显然远远逊于木皮之鼓；既用青铜制鼓，更无须去惟妙惟肖地模仿木腔皮面大鼓的种种纹理细部。所见这种铜鼓 2 件，即湖北崇阳铜鼓和双鸟饕餮纹铜鼓。据考，后者可能为日本侵华期间，在安阳殷墟通过非法盗掘途径获得，现存于日本京都泉屋博古馆。

（5）"竹（骨）"属乐器

严格地说，考古出土的商代乐器中，并未发现八音中的"竹"属乐器，只发现了音乐性能类似的"骨"质吹奏乐器。中国古代乐器的八音分类中，并无"骨"属。按其使用方法和乐器性质分析，其可看作竹属乐器的骨质替代品，因其材料有较好的耐久性而在地下留存至今，成为研究商代使用更为广泛的竹属乐器的重要参考。

骨管（埙）：主要为采用动物肢骨制作的吹奏气鸣乐器。1935 年，安阳侯家庄西北冈 M1001 一座商王大墓的翻葬坑（早期盗掘坑）中出土 1 例，橄榄形，深棕色，形状和结构如"陶埙"，体腔中空，上端有一个吹孔，体一面有两孔，另一面三孔，两面均刻兽面纹，"目"字形眼，短足短尾，额间有菱纹，线条精细、流畅，底部中心刻有"右"字，长 5.3 厘米，底径 1.56 厘米。[①]安

---

① 中国社会科学院考古研究所编著：《殷墟的发现与研究》，北京，科学出版社，2001 年，第 391 页。

阳大司空村 SM103：3 号墓中也出土 1 例骨管乐器。器用兽类动物的肢骨制成，上端磨平，下端残折，近上端处有孔 3 个，自上而下有一定的间隔，另一面有一孔，与正面顶端的第一孔相对，残长 20.5 厘米。[①]

综上所述，考古出土的商代乐器，八音中金、石、土、革四类均有发现。其中金类乐器最为丰富。丝、木、匏、竹四类乐器，因其所用材质的耐久性问题，难有实物标本发现。竹类乐器，有骨质的替代物。按"萨-霍分类体系"对照，考古出土的商代乐器，同样因自然环境的制约，所见绝大多数为青铜质、石质的体鸣类乐器，少数为气鸣、膜鸣乐器。膜鸣乐器往往仅剩遗痕残迹。弦鸣乐器阙如。

第五节　商代音乐考古与音乐史

商代是中国第一个可以纳入信史，却仍然是一个神话意味浓厚的朝代。相比远古及夏代，古代文献中有关商代音乐的传说要丰富得多。这些传说史料，曾一度成为以往中国古代音乐史著作描述商代社会音乐生活的主要参照。《史记·殷本纪》载："有娀氏之女名简狄，吞玄鸟之卵而生契。"契为商人供奉的始祖。所以《诗经·玄鸟》曰："天命玄鸟，降而生商。"[②]《吕氏春秋·音初》论述音乐的发生，其中的"北音之始"实与商代有关：

> 有娀氏有二佚女，为之九成之台，饮食必以鼓。帝令燕往视之，鸣若谥隘。二女爱而争搏之，覆以玉筐。少选，发而视之，燕遗二卵。北飞，遂不反。二女作歌，一终曰："燕燕往飞！"实始作为北音。[③]

尽管这些文献记载大致一致，仍不过是神话传说，难为信史。

就今日考古发掘所见的商代资料而言，关于商人早期的资料还较为贫乏。故上述古传神话意味很浓的文字材料，我们难以从考古学角度来加以理想的分辨。不过从古代留存的、反映商代上层社会举行的盛大祭祀仪式的诗章中，不乏对宏大的乐舞表演场面的描述，同时记述的当时所演唱文学性、艺术性

---

① 中国社会科学院考古研究所编著：《殷墟的发现与研究》，北京，科学出版社，2001 年，第 391 页。

② 《毛诗正义·商颂·玄鸟》，载（清）阮元校刻：《十三经注疏》，北京，中华书局，1980 年，第 622 页。

③ 参见（秦）吕不韦：《吕氏春秋·季夏纪·音初篇》，载《诸子集成6》，上海，上海书店，1986 年，第 59 页。

均很高超的祭祖诗篇，也让人如同身临其境。这些文献，应该具有很强的写实性、可信性。这从大量发掘出土的殷墟贵族大墓之中，也不难找到丰富的物证。

一、商代音乐的文献记载

相对远古（史前）而言，商代毕竟要晚近一些，特别是商代后期已经出现了较为成熟的文字。我们有理由相信，今日还能一见的先秦文献确实保留着一些来自商代，或与商代有关的音乐文字资料，当然这需要加以甄别和分析。以往这类甄别和分析，多侧重于文字内证的逻辑分析，更多的是历代研究者的主观认识。所以一个问题往往聚讼千年而不得其解，孰是孰非，难求其真。通观先秦文献可能与商代音乐生活相关者，大致可以分为 3 个层次加以定位，即难为信史的神话传说、"半信半疑"的历史传闻和写实性较强的情景描绘。

1. 难为信史的神话传说

从历史学的角度看，这类有关音乐的神话与传说，难以信史看待。

上述商代历史的最早记述——《诗经·玄鸟》，内容显然是叙述商代的创世，带有神话及史诗的性质。关于商人的始祖契及其母有娀（音 sōng）氏的传说，在屈原、吕不韦时代也仍有流传，如《天问》有"简狄在台，喾何宜？玄鸟致贻，女何喜？"[1]以及上引《吕氏春秋·音初篇》中的"北音之始"。此后司马迁的《史记·殷本纪》、王充的《论衡》及刘向的《列女传》均有记载。从《诗经》到《楚辞》，从中原抵江南，从商周跨两汉，这些传说流传广泛且绵延千年，故事的最初应有所本；只是在长期的流传之中，被传承者根据需要和想象层层加工，不断地神话化了，即如学者顾颉刚所言，他在《与钱玄同先生论古史书》中阐述了"层累地造成的中国古史"的观点，推翻了由"盘古开天""三皇五帝"等观念构成的旧有古史系统。[2]顾颉刚理论的独创性，主要表现在它既是一种历史观，又是一种方法论体系。可以说明：为什么时代越靠后，传说的古史期越长，其中的人物的功绩越放越大？通过这些传说，即使不能知道某一件事的真相，至少可以知道那件事在传说中的最早面貌。当人们还没有掌握考古学方法之前，运用"古史层累说"理

---

[1]　参见北京市朝阳区双桥人民公社、北京第二外国语学院注释小组：《〈天问〉〈天对〉新注》，北京，人民出版社，1976 年，第 87 页。

[2]　参见顾颉刚：《与钱玄同先生论古史书》，载顾颉刚：《古史辨》第一册，北平，朴社印行，1926 年；上海，上海古籍出版社，1982 年，第 59～66 页。

论研究远古历史，也是可以一用的工具。所谓"层累"就是"堆积"，有"只增不减"之嫌。其实，传承者在根据需要和想象加工历史传说时，应该是有所选择的。另外，即便是有了今日考古学的方法，要借《诗经·玄鸟》美丽故事背后的"历史影子"找到历史的真实，还是无能为力的。

2. "半信半疑"的历史传闻

有些商代音乐的传说，如所谓"桑林"之乐，在历史上很有影响。

《桑林》又名《大濩》，为周代仍存留于世的六大乐舞之一。相传商汤即位之初，王畿之内 7 年大旱，汤祷雨时引咎自责，以身充任牺牲，坐到柴堆上。就在巫祝点火之际，大雨骤至，万民欢呼。因作大乐颂扬商汤之德，名为《桑林》。一说汤灭夏，建立了商王朝，命相国伊尹作《大濩》，以歌颂其开国功勋。"桑林"本是一种国家级的重大祭祀活动，性质与祭"社"（土地神）同。时至公元前 5 世纪的墨子时代，"桑林"仍是万人瞩目的祭祀活动。①庄子描绘庖丁解牛时动作、节奏、音响的流畅，谓"莫不中音，合于《桑林》之舞，乃中《经首》之会"②。据庄子的间接描述，桑林之舞应该节奏鲜明、音乐流畅。当然这样的史料，还难与"信史"等同，但却可以与出土的甲骨文字中的相关描述相互参照：说是汤的后代占卜，问是否用濩来祭祀其先祖？从而大大提升了商代这些文献史料的可信性、实证性。

3. 写实性较强的情景描绘

《诗经》大约成书于公元前 6 世纪中叶，载有自公元前 11～前 6 世纪的古代诗歌。其中的《商颂》，一般看作传自殷商的祭祀乐歌。《商颂》的首篇《那》，与《颂》中的大多数篇章不同，《那》直接描述的是祭祀祖先时的场景及音乐舞蹈活动。诗中虽未直接提及《桑林》《大濩》等乐名，当也不无关系。诗云：

　　猗与那与！置我鞉鼓。奏鼓简简，衎（音 kàn，快乐）我烈祖。汤孙奏假，绥我思成。
　　鞉鼓渊渊，嘒嘒管声。既和且平，依我磬声。於赫汤孙！穆穆厥声。

---

① （清）孙怡让：《墨子间诂·三辩》，载《诸子集成4》，上海，上海书店，1986 年，第 23 页；（秦）吕不韦：《吕氏春秋·仲夏纪·古乐》，载《诸子集成6》，上海，上海书店，1986 年，第 53 页。
② 《庄子集解·养生主第三》，《诸子集成3》，上海，上海书店，1986 年，第 19 页。

　　　　庸鼓有斁（音 yì，声音洪大），万舞有奕。我有嘉客，亦不夷怿（音 yì，
　　喜欢）。自古在昔，先民有作，温恭朝夕，执事有恪，顾予烝尝，汤孙之将。

　　郑觐文的《中国音乐史》认为："《那》祀成汤，按此为祭祀用乐之始。"[①]
诗文生动地描绘了商王宫廷一次祭祀礼乐的盛大场面，而其文明确提及，
主持这次祭祀礼仪的，正是商汤的子孙，即所谓"汤孙奏假（祭享）""於
赫汤孙""汤孙之将（佑助）"的"汤孙"。这次祭祀的对象"烈祖"，自然
就是商显赫的祖先汤。《诗》的大量细节描写，难以作假，如出现至少 5
种乐器："置我鼗鼓""鼗鼓渊渊"的鼗鼓、"嘒嘒管声"的管、"依我磬声"
的磬、"庸鼓有斁"的庸和鼓等，且多为考古发掘资料所证实。诗中对这些
乐器的音乐效果，也不乏身临其境的描绘，如鼗鼓的"渊渊"、击鼓的"简
简"、管声的"嘒嘒"、石磬音乐的"既和且平"，以及"庸鼓有斁"——钟
（庸）鼓和鸣的生动情貌。这些乐器，除了有些竹木类材质不易耐久之外，
其余半数以上可从今天的音乐考古发现中得到证实。由此可以认定《商颂》
内容的可靠性。张松如、夏传才的《商颂研究·思无邪斋诗经论稿》也说
《那》："细详诗义，似是一组祭歌的序曲，所谓《商颂》十二，以《那》为
首。诗中没有专祀成汤的内容，却描述了商时祭祀的情形和场面，大约是
祭祀包括成汤在内的烈祖时的迎神曲。"[②]虽说言语有些音乐专业的隔膜，
但认定为"商时祭祀的情形和场面"还是不错的。从音乐史研究的角度看，
《那》比其他《诗经》作品具有更重要的意义。该诗不但本身就是配合乐舞
的歌词，而且其诗文内容正是描绘了这些乐舞情景。特别值得注意的是，
《那》还具体地叙述了祭祀乐舞的礼仪和程式：先是置奏鼗鼓。这种鼗鼓既
须置奏，说明它并非后世所谓手持的"拨浪鼓"，而是须设鼓架置地演奏的
较大型的鼗鼓。"鼗鼓渊渊"之后是"嘒嘒管声"，管乐器当含箫笛笙竽之属，
是主要的旋律乐器。之后是玉磬彰彰，紧接着是钟鼓和鸣，颂歌齐唱，盛大
的万舞徐徐拉开帷幕，献给先祖以无上的尊崇。这应该就是《那》所描述的
商人当时祭祖的真实场面。《诗经》中的《商颂》，一般看作传自殷商的祭祀
乐歌，《那》更是直接描绘祭祀时的音乐舞蹈活动，具有很高的史料价值。
　　诗中提及的万舞，也见于《诗经》的《邶风·简兮》《鲁颂·閟宫》等
篇章。《简兮》篇生动地记述了"万舞"表演的盛况：

---

① 郑觐文：《中国音乐史》，载郑觐文著，陈正主编：《郑觐文集》，重庆，重庆出版社，2017
　　年，第 25 页。
② 张松如、夏传才：《商颂研究·思无邪斋诗经论稿》，天津，南开大学出版社，1995 年，
　　第 11 页。

简兮简兮，方将万舞。日之方中，在前上处。

硕人俣（音 yǔ）俣，公庭万舞。有力如虎，执辔如组。

左手执龠，右手秉翟（音 dí）。①

该诗描绘了商王宫廷中举行的大型乐舞。可贵的是，它明确交代了舞名为"万舞"，时间为"日之方中"，地点在"公庭"，领舞者"硕人"的位置"在前上处"；其后写舞师武舞时的雄壮勇猛，突出他高大、魁梧的身躯和表演驾驭执辔时的健美；接着描述舞师"左手执龠，右手秉翟"，即一手持奏乐器龠，一手舞动美丽的雉尾，舞姿雍容优雅。

《鲁颂·閟宫》也有"万舞洋洋，孝孙有庆"②的描述。这是至东周时期的鲁国尚在流行的万舞实况。东周的鲁，原为周初周公之子伯禽的封国。因周公辅佐幼年登基的成王姬诵（前 1055～前 1021 年）并在其成年后还政于他，又东征叛乱，制礼作乐，大大加强了西周王朝的声威，故有其子伯禽的鲁国之封，特别是鲁国还因此获得享用与周天子同等礼乐的特权。至春秋之时，周室衰微、天子礼乐不存，而鲁国的礼乐尚完好无损。史册因有吴公子季札北上鲁国观乐之名篇。季札见舞《韶濩》者，就说："圣人之弘也，而犹有惭德，圣人之难也！"《韶濩》正是赞颂商汤的乐舞。见舞禹的《大夏》者，就说："美哉！勤而不德。非禹，其谁能修之！"见舞舜的《韶箾》者，就说："德至矣哉！大矣，如天之无不帱也，如地之无不载也！虽甚盛德，其蔑以加于此矣。观止矣！若有他乐，吾不敢请已！"③不用说，在季札生活的春秋时代，他的论乐名篇，无意中透露出大量关于这些传说中古代帝王的乐舞内容的细节、表演场面的实景，无论如何这都不像是季札所能杜撰的。这些颂扬古帝功德的、场面恢宏的祭祀大乐，确实存在过。鲁之礼乐，也就是周天子之礼乐。人们不仅可以从季札的口中略窥这些史迹的存在；也从另一个角度为《诗经·商颂》所描绘祭祀乐舞的内容、形式、人物、场景乃至所用的各种乐器，以及商代音乐史的相关研究，提供了很有价值的旁证。加之考古所见各种实证，可以进一步让人们跳出《诗经》中的文学性描写，获得对于古代社会音乐生活的真切认知，音乐考古之无穷魅力，即在于此。

---

① 《毛诗正义·邶风·简兮》，载（清）阮元校刻：《十三经注疏》，北京，中华书局，1980 年，第 308 页。

② 《毛诗正义·鲁颂·閟宫》，载（清）阮元校刻：《十三经注疏》，北京，中华书局，1980 年，第 615 页。

③ 《春秋左传正义·襄公二十九年》，载（清）阮元校刻：《十三经注疏》，北京，中华书局，1980 年，第 2006～2008 页。

当然，考古学并非万能，也有一定的局限性，毕竟考古发现的本身存在偶然性和不确定性：历史上与社会音乐生活相关实物资料，能保存至今的不过是千不及一、万不及一。而又正好能被考古学家发现并发掘出土的，大概又是千不及一、万不及一。另外，从商代音乐考古发现的现状来说，大量的资料多集中在商代晚期，而关于商代早中期的发掘资料，至今还十分贫乏。目前相关商代音乐史的研究，应该基于这样的客观认识。

二、商代的考古与音乐史

关于商代音乐史的研究，杨荫浏在其首部中国音乐通史著作《中国音乐史纲》（以下简称《史纲》）①中的"上古时期的乐器"及"周前的乐器"等篇章，已经引用了当时殷墟的一些发掘资料②，为殷商时期流行的乐器，提供了雄辩的实证。不过在书中并没有设立关于商代社会音乐生活研究的独立章节，仅以"周前"一语以蔽之。在其后著《中国古代音乐史稿》（以下简称《史稿》）中，"夏、商"已有条件作为专门章节列出，并从"概况""从残存的诗歌看当时人民的生活""奴隶主对音乐的利用""汉民族与四周民族的音乐文化交流""乐器和乐律"五个方面进行了论述。③但一如其前"远古"章，"夏、商"的内容仍十分简略，其史料的来源也仍是以先秦、两汉文献，如《易经》《尚书》《史记》及诸子所载为主。《史稿》中，有关殷墟的音乐考古发掘的资料，重点仍应用在"乐器和乐律"一节。但有一点很值得关注，即在该章的"奴隶主对音乐的利用"一节中，除了通过殷商出土的甲骨文字资料对当时上层社会的祭祀用乐做了描述之外，还特别引述了1950年发掘的殷墟武官村大墓的资料，从墓中出土乐器、3件小铜戈及24具女性骨架的现象，对商代社会贵族的音乐生活，以及当时的音乐艺术发展水平、专业音乐家的出现等，做了有一定说服力的描述和推演。这与单纯地引用文献史料所做似是而非的文学性描述相比，已是中国古代音乐史研究方法上一种值得肯定的进步。

现代关于商代音乐史的研究，较之史前音乐史又有所发展。历史文献中的神话传说，虽有采纳，但已失去了作为"正史"叙述的地位④，如李纯一先生的《先秦音乐史》，为一部以考古学史料为主构写的音乐史，在中国音乐史学的发展史上有着首创之功。其"商代音乐"章中，以"相传"

---

① 杨荫浏的《中国音乐史纲》有1944年1月油印本，以及上海万叶书店1952年版和1953年版等。
② 中国艺术研究院音乐研究所编：《杨荫浏全集》第1卷，南京，江苏文艺出版社，2009年，第51～52、54、56、61页。
③ 杨荫浏：《中国古代音乐史稿》，北京，人民音乐出版社，1981年，第15～26页。
④ 王子初：《太古神游——音乐考古与史前史》，《人民音乐》2017年第8期，第81～86页。

的口吻，提及上述有娀氏之女简狄吞玄鸟之卵而生契的事迹，得到的是"因知玄鸟即商的图腾"的较为合理结论。作者浓墨重彩于这一章中的第三节"商代乐器"的叙述，运用了丰富的音乐考古发现及研究成果，对这一历史时期音乐用器，首次做了全面、详尽的介绍与分析。而在其前的两节中，仅论述了"商代乐舞"和"商代统治者的纵声色"，内容相对简略。对于商代的音乐史研究来说，整个商代社会音乐文化的分布格局，以及国家的音乐制度、社会音乐生活的主流表演形式和基本面貌及其对社会生活各个层面的影响和作用，似难完全阙如。可以看出，作者虽不屑于以往单纯着眼于文献中相关音乐传说的做法，但要完全以考古实证来构筑相对完整的商代音乐史，史料不够丰富，条件尚待成熟。①

1. 考古所见商代的宫廷音乐

今日所掌握的音乐考古资料，主要来源于商代晚期的中上层贵族的墓葬及宫室遗址；所反映的历史信息，主要集中在殷商贵族的社会音乐生活上；所掌握的出土音乐文物，也主要集中在当时宫廷流行的乐器上。这与上述古代传承至今的文献记载相一致，但与文献记载却不能完全等同。

如在殷墟的妇好墓中，人们可以看到各种乐器的组合，以及乐器的形象和构造，能看到这些乐器的使用场合和社会功能，甚至还能推演出其使用的方式和演奏的方法，体验到乐器的音乐与音响性能；可以身临其境，亲手触摸甚至当场击奏，聆听其动人的音乐和音响；通过仪器设备，我们可以分析其材质的构成等一系列的技术和科学数据，如青铜编铙的合金配比、金相特色、铸造模式及相关的冶金工艺，音乐与音响性能方面的频谱构成特点和振动模式等，不一而足。考古的实证，可以让人们跳出《诗经•那》中关于各种乐器的文学性描写，使人们获得对于古代社会音乐生活更为真切的认知，呈现了其无穷魅力！

可能音乐史学家更关注的是有关商代社会音乐生活的主流形态。不仅包括妇好墓，还包括从殷墟发掘出土的近 20 个贵族大墓甚至王墓，如殷墟王陵遗址的 M1217、M1001、50WKGM₁，殷墟西区遗址的 M699、AGM765、M93、AGM1769、M701，大司空村遗址的 M539、M991、M51、M663、M288，小屯遗址的小屯西地 M1，郭家庄遗址的 M160、M26 以及刘家庄和戚家庄遗址的墓葬等。这些墓葬的音乐考古资料，特别是其中未经盗扰、保存完好的墓葬，犹如一面面擦拭铮亮的镜子，映照着这些商代上

---

① 李纯一：《先秦音乐史》，北京，人民音乐出版社，1994 年，第 34～59 页。

层贵族的宫廷音乐生活。

今日所获得的音乐考古资料，时间上主要集中在商代的中后期，即殷商时期。

2. 商代音乐文化的分布格局

从现今所掌握的音乐考古资料可以看到，中国在商代的音乐文化主要集中分布在三大地区，即以今河南安阳为中心的中原及其周边地区，以湖南、江西赣-鄱流域为中心的南方地区和以四川广汉三星堆为中心的西南地区。中原地区有着明显的音乐文化上的强大优势，这与这里历来作为华夏民族政治、军事、文化上中心的地位息息相关。以赣-鄱流域为核心的南方地区，似乎是当时一个经济、文化实力均较为强大的南方国，文化上展示了与中原地区明显的不同风格；四川广汉一带的西南地区，其文化上与中原、南方相比，也有着鲜明的特色。

著名古史专家、考古学家徐旭生的《中国古史的传说时代》一书，是对中国上古史进行综合性研究的专著。他主要结合相关民间传说，从古代文献和考古发掘两方面入手，力图考证有文字记载历史之前的部落分布、彼此关系及社会发展水平等。其中着重对学界聚讼不已的中国古族三集团等问题进行了剖析，并提出了他的著名论断：古代中国部族的分野，大致可分为华夏、东夷与苗蛮三大集团。[①]华夏族地处黄河中游两岸的中原地区，东夷族地处山东、安徽境内及东部沿海地区，苗蛮族地处长江中游两岸的两湖及江西地区。三大族不断接触，始而相斗，继而相安，血统与文化逐渐交互错杂，终于同化，形成一种因融合而更高的民族文化——华夏文化。经考证，其与考古学上仰韶文化、大汶口文化与屈家岭文化的分布、交流与融合的情况，大致是相符的。他的论述，为中国古史传说时代的研究创立了一个新体系。

自盘庚迁殷，商朝社会的经济得到进一步发展。直至武丁即位以后，商四处讨伐，征服了周围许多小国，扩大了领土，国力达到鼎盛。从今日有关商代音乐考古学研究的成果看，至少到了商代后期，徐旭生提出的华夏与东夷两大集团，已有相当程度的融合，如山东青州苏埠屯的音乐考古发现，尤其是出土的乐器，很大程度上已与中原一般无二。青州苏埠屯 8 号商代大墓出土的 3 件编铙、1 件特磬、8 件铜铃，应是典型的中原音乐文化的产物[②]，特别是其中的编铙，无论其造型纹饰，还是 3 件套的组合，及至音乐与音响

---

① 参见徐旭生：《中国古史的传说时代·序言》（增订本），北京，文物出版社，1985 年，第 3～4 页。

② 周昌富、温增源主编：《中国音乐文物大系·山东卷》，郑州，大象出版社，2001 年，第 21 页。

性能，无一不与中原殷墟所出吻合。考古界将苏埠屯墓地发掘出的十余座商墓，以及相邻的东阿、长清、齐河、平阴等地发现的十四五座商墓命名为"苏埠屯类型"，无论它们的墓葬形制和风格，还是出土的器物及其组合，均鲜明地打上了中原文化的烙印。中原殷商文化的势力，已深入到黄河下游的东夷人腹地。

殷商时期，民族分布格局出现的改变，也表明了此时中国音乐文化的格局已经形成。其中以河南安阳殷墟为核心的中原华夏民族，在大融合中获益颇多，且越发强大。这一支音乐文化的影响所及，在武丁（第二十三商王）以前，北至易水，南至淮河流域，西至太行、伏牛山脉，东至大海。武丁以后疆域更为扩大，东北波及了辽河流域，南方直抵大江两岸（湖北黄陂盘龙城即为归附商朝的一个方国），西北越过太行山进入山西，成为古代东方的强大奴隶制国家。所以，殷商音乐文化的强大影响，已不仅仅是东夷了。当然，殷商王朝是一个由邑土国家逐步向领土国家过渡的早期国家，并非一个完全拥有四土之境的领土国家，更不是一个中央集权的奴隶制大帝国。商朝的周围或版图的缝隙间，还有许多部族和方国（即已归属的部落国家）。在今东北的有肃慎，滦河下游的有孤竹，内蒙古东南部和山西境内的有鬼方、方、土方，陕西北部的有羌方、犬戎、熏育（又作獯鬻、荤粥），西部的有周、氐，西南的有巴、蜀，长江中游的有濮、楚，淮河流域的有淮夷等。这些方国或部族，均有着相对的独立性。位于赣-鄱流域的扬越族文化，位于四川广汉三星堆一带的古蜀国文化，应该都是这种性质的商文化，并在当时有着特殊的影响。

赣-鄱流域的扬越文化，是当时与中原殷商并立的一支地方青铜文化。它以一种被今人称之为"大铙"的巨型青铜乐器为代表。这种乐器无论在形体造型上，还是在音乐与音响性能上，均与中原殷商的代表性青铜乐器3件套的"编铙"难以等同，鲜明的文化特色跃然而出。三星堆一带的古蜀国文化的揭示，被称为20世纪人类伟大的考古发现之一。它昭示了长江流域与黄河流域一样，同属中华文明的母体，因有"长江文明之源"之誉。商朝的历史距今不过3000余年，这与中国作为文明古国的形象不甚相称。而一度名不见经传的小地方三星堆，却将中国的文明推至4800年前。其与中原的殷商文化，无论在时代上、地理上，还是在文化的影响上，均存在较为遥远的距离，其音乐文化上的个性也更为鲜明。

总之，从音乐考古的角度来看待商代音乐文化的分布，其地理格局已与以往传统文献记载所示大相径庭。商代考古学文化的分布与其音乐文化上的分布格局，应该是基本一致的。中原的殷商文化、赣-鄱流域的扬越文化及四川广汉三星堆一带的古蜀文化，应该是今后撰写商代音乐的断代史必须要直面并认真研究的三大对象。

3. 殷商考古中的"礼乐"意义

商代的音乐考古资料，对于了解商人上层社会的音乐生活来说，显得越来越重要。中国历来自诩"礼仪之邦"，其说源自西周以来的礼乐制度。作为一个历史概念，"礼乐制度"特指历史上自周初"周公制礼作乐"，推行的一整套国家礼仪规范及与其相配套的"乐悬"制度。礼乐制度明确了西周社会各级贵族的身份、地位、权益和等级，又借用了悬挂使用的大型乐器编钟和编磬，构成所谓"乐悬"的形式和制度来体现它。自此，历代帝王无一不是"功成作乐"，推崇西周礼乐，建立新政权的"礼乐"规范。

西周的礼乐制度并非凭空而来，而是有着对前代制度的批判和继承。正如春秋孔子之言："殷因于夏礼，所损益可知也；周因于殷礼，所损益可知也！"[1]所谓"殷礼"，可解作"殷商礼乐制度"。"殷礼"是如何"因于夏礼"再"损益"而成的呢？迄今出土的商代礼乐器如编铙、石磬、鼍鼓、大铙、镈已达200余件。这些礼乐器就是"商代政治制度——礼乐制度的物化形式"[2]，它们从诸多方面折射出有关殷礼的可靠信息，如殷墟妇好墓的考古资料，出土乐器、乐人配置的信息均较为完备。目前为止，在出土礼乐器的商代墓葬中，绝大多数仅见特磬或编铙，少数墓葬特磬和编铙或鼍鼓伴出，有的还伴出其他乐器。

分析西周礼乐制度的基本功能可以发现，自远古至殷商的音乐考古，均表明了各个历史时期的社会上层，应该都有过类似的上下尊卑的礼仪规范及相应用乐制度。上述孔子所言，描述的正是这样的一种现象。只是，历代之礼在传承之间，后代并非照单全收，而是有所取舍的，所谓"所损益可知也！"以迄今考古所掌握的资料，还难以完全确认考古学上的夏代遗址所在，也就难以确认夏代礼乐配置的真实情形。很可能，如山西襄汾陶寺遗址及河南偃师二里头遗址所反映出来的情形，大中型墓葬中出土的乐器大型特磬与鼍鼓相配，应该就是夏礼的代表性的乐器配置形式。认为属龙山文化晚期的山西襄汾陶寺遗址与传说中的夏墟不无关联的学者不在少数。在陶寺遗址众多的大型墓葬中，均发现了特磬和鼍鼓（包括土鼓和木鼓）的配置。显然，这应该是陶寺社会上层人物的特权与身份的象征，可以看作孔子所谓"夏礼"——夏代的"礼乐制度"吧！初见于陶寺遗址的铜铃，以红铜铸制，工艺上极为粗陋，还是孤例，一时还很难将其与礼乐

① 《论语注疏·为政》，载（清）阮元校刻：《十三经注疏》，北京，中华书局，1980年，第2463页。
② 徐良高：《文化因素定性分析与商代"青铜礼器文化圈"研究》，载中国社会科学院考古研究所编：《中国商文化国际学术讨论会论文集》，北京，中国大百科全书出版社，1998年，第227～236页。

联系在一起；但在偃师二里头遗址，有三座较为大型的墓葬，即 4 号、11 号和 57 号墓，均出土了铜铃。此时铜铃已经采用了青铜合金铸制，形制统一，造型规范，铸制工艺上有了很大的提高，因铜铃的体量已有所放大，其音乐与音响性能也大有进步。当然，在二里头的社会生活中，铜铃是否已被赋予了一定的"礼乐"含义，仍难以确认，但把它看作殷商礼乐的代表性乐器编铙的萌芽或前身，应该是无可怀疑的。

处于中国青铜时代初始的二里头的铜铃，相比青铜文化繁荣时期的殷商编铙，当然不可同日而语，中间有很长的路要走。至于这条路是如何走来的详情，至今尚不甚清楚，有待今后的考古研究来填补其中间留存的空白，但是以乐器编铙和石磬的组合作为中原殷商文化"殷礼"的代表性乐器，似乎也已经没有多大疑问。

在商代，史前时期的特磬、鼍鼓依然沿用，史前打制而成的粗陋的特磬，逐渐被磨工精细、纹饰华美并造型别致的同类作品取代，至殷商末期终于蜕变为成组成编、具备一定旋律性能的编磬。殷商末期出现的编磬还仅是个案，远没有被当时社会所广泛应用。编磬于周公制礼作乐后，约至西周早中期才纳入周礼的"乐悬"，其后获得了大规模的发展。

鼍鼓于史前早已出现。当时的实物标本，难以经历数千年岁月的沧桑而留存至今，故考古发掘中难得一见；但也不是完全杳无踪影，1935 年殷墟侯家庄西北冈王陵区 1217 号大墓出土了一例蟒皮鼓，属殷墟前期的遗物。虽然鼓体已朽尽，尚留有的遗痕，可分辨桶状鼓身，横置于鼓架上，鼓身与鼓架均饰兽面纹。[1]另外，前述商代的湖北崇阳铜鼓及现存于日本京都泉屋博古馆的双鸟饕餮纹铜鼓，正是以铜为材质、模仿木腔皮面大鼓制作而成的一种铜鼓。可以想见，这种声音宏大而威严、性能优良的大型鼓类乐器，在殷礼中自然难以割舍，当仍有应用。

通观商代的音乐考古发现，最为引人注目的，自然是青铜乐器的出现。商代编铙、大铙及镈等三种青铜乐器，是最早出现的青铜乐钟。古代文献中，关于乐钟的传闻已可见于黄帝时代。《吕氏春秋·古乐》载："黄帝又命伶伦与荣将，铸十二钟，以和五音。"[2]按中国传说时代的帝王世系，炎、黄当早于尧、舜、禹。考古资料表明，中国所见最早的青铜乐器，为陶寺遗址和河南偃师二里头遗址出土的铜铃。远在黄帝时代，中国尚未进入青铜时代，何

---

① 梁思永、高去寻：《侯家庄第六本·1217 号大墓》，《中国考古报告集之三》，台北，"中央研究院"历史语言研究所，1968 年，第 16、61 页。

② 参见《中国古代乐论选辑》（内部资料），中央音乐学院中国音乐研究所，1961 年，第 100 页。

来伶伦与荣将造钟一说？又何来能"铸十二钟"之说？可见黄帝时代的造钟传说为后人所附会。黄帝之后的各个帝王，也多有造钟的功德，如《礼记正义·明堂位》有尧命共工垂作钟的说法。[①]《山海经》也说，炎帝之孙伯岐生鼓延，"鼓延是始为钟"[②]。而较为丰富的音乐考古学资料所描绘的，才是历史的真实面貌：上述山西襄汾陶寺及河南偃师二里头遗址出土的铜铃，是目前所见中国最早的青铜乐器，时代不晚于传说中的夏代（陶寺铜铃应更早些）。具有一定旋律功能的、真正的青铜乐钟，出现于商代后期——殷商时期。中国南方赣-鄱流域扬越人的大铙，大致也在这一时期。

编铙、大铙和镈为商代的礼仪重器。这些乐器分属于当时南、北两个不同的音乐文化区。从出土这些乐器的墓葬反映出来的社会信息判断，它们已不能单纯地被作为乐器来使用，而是具有相当丰富的礼仪含义。据统计，目前所见的商代礼乐器中，编铙有 109 件，大铙有 51 件，镈有 9 件，石磬有 63 件[③]，鼍鼓有 2 件[④]，且资料十分丰富。

其中，中原殷商文化区流行较广的编铙，是商代标志性的礼乐重器。其一出场，便成了殷礼之中最为耀眼的角色。前述孔子所谓的"殷礼"，即可理解为商代的"礼乐制度"。从其社会学意义上讲，是一种规定社会等级的政治制度，它首先与殷商社会各级贵族个人相关。编铙的出土，主要见于贵族的墓葬，一般一墓仅为一套，如妇好墓等超过一套的较为罕见。编铙的出土资料表明，其与使用者个人紧紧相随的现象，进一步说明了这种乐器已经成为使用者的社会地位、身份和政治权力的象征。这就是"殷礼"的真正含义。

前述有关殷商编铙的考古学统计和相关分析研究已可充分说明，编铙已成为中原殷商文化区及其周边方国贵族普遍使用的礼器，至于南方的大铙和镈，则是南方赣-鄱流域扬越人使用的礼仪乐器。从考古发现的资料分析，大铙在这一文化区内十分流行，出土标本数量极多，而镈的流行尚不普遍，时段也偏晚。而且，这些大铙大部分出土于山岭冈阜，只有少数发现于江河岸边，而且几乎都是单件出土，多系农民在无意中发现，因而缺少系统的考古学资料，但从已知的几件大铙出土时的地理情形来看，多数未见有明确的墓葬迹象，与贵族个人的直接相关性尚不密切。故这种大铙

①　《礼记正义·明堂位》，载（清）阮元校刻：《十三经注疏》，北京，中华书局，1980 年，第 1491 页。

②　袁珂校译：《山海经校译·海内经》，上海，上海古籍出版社，1985 年，第 300 页。

③　数据见王清雷：《西周乐悬制度的音乐考古学研究》，北京，文物出版社，2007 年，"附录四 附表"，第 208、215、219、222 页。

④　即前述河南安阳殷墟西区 1 号大墓和山西灵石旌介 1 号墓所出土。

很有可能主要是用来祭祀日月星辰、风雨雷虹等自然神的礼器，其是否与中原的编铙一样，具有与社会成员个人的身份、地位和权力相关的普遍社会学意义，尚有待更多的资料论证。江西新干大洋洲墓中 3 件大铙和 1 件镈的考古发现，不仅解决了以往有关这两种青铜乐器的时代和族属问题，也为这两种乐器的"礼乐"意义提供了重要的佐证：显然，大铙和镈在江西新干大洋洲商墓中的发现，一定程度上证明了它们与墓主身份的密切关系。镈在当时扬越族中的使用尚不普遍，江西新干大洋洲墓葬的发现也仅为个案，有关其作为礼仪乐器的功能尚有待研究。扬越人是否沿用鼓？应该是可以肯定的，只是在迄今的考古发掘中未有明确的发现。当时也未见扬越人使用石磬。故较之史前，扬越人增加的礼仪乐器主要是青铜大铙和镈。

地处西南的另一个音乐文化区——四川广汉三星堆一带，迄今考古发现的青铜乐器唯有铜铃。其社会学意义似与赣－鄱流域扬越人的大铙相近。铜铃之于三星堆古蜀文化，是否与某种礼仪活动相关？这似乎没有什么疑议。资料表明，仅广汉三星堆的 2 号祭祀坑，同坑出土的铜铃就达 43 件。[1]出土时，一些铜铃挂在青铜树枝上，一些铜铃散在坑内。有的铜铃附有铜铃架。多数铜铃为简朴的直筒形，部分为制作精美、造型惟妙惟肖的鹰形、花朵形等。广汉三星堆遗址的 1 号坑年代相当于商代中期，2 号坑相当于商代晚期。两坑明显采用了燔燎祭礼，然后将祭祀坑进行瘗埋，其与商代甲骨卜辞所载"燎祭"大致是一回事。两个祭祀坑出土器物，构成了一幅生动祭礼图景，也呈示了原始艺术的某种重要形式，包括道具、化装、舞蹈、音乐等。[2]因这些铜铃迄今仅见于祭祀坑内，同样只能确定它们在当时祭祀礼仪中的功能，而与使用者个人并不存在特殊的关联，即三星堆的铜铃，还不完全具备"殷礼"意义上的功能，与上述中原殷商文化区的编铙，有着社会学意义上的区别。

总之，较之史前，殷商时期出现了具备孔子所说的"殷礼"——殷商礼乐制度意义的新型礼乐器，即中原的青铜编铙和南方的大铙、镈，是一个值得音乐史学家，尤其是音乐考古学家关注的现象。它们与沿用于史前时期的特磬、鼍鼓之属，在殷商社会的主流音乐生活之中，起着不可忽视的政治和音乐艺术意义上的双重作用。中国青铜时代青铜乐器的出现及"殷礼"的南北分流，成为殷商"礼乐制度"最重要的特色。

---

① 四川省文物管理委员会、四川省文物考古研究所、广汉市文化局，等：《广汉三星堆遗址二号祭祀坑发掘简报》，《文物》1989 年第 5 期，第 1～20、97～103 页。

② 四川省文物管理委员会、四川省文物考古研究所、四川省广汉县文化局：《广汉三星堆遗址一号祭祀坑发掘简报》，《文物》1987 年第 10 期，第 1～15、97～101 页。

第五章 西周考古与音乐史（上）

　　周，是位于岐、渭至河、洛之间的一个"小邦"。大约在公元前 1046 年，周文王之子周武王推翻了商朝的统治，成功取代"大邑"殷商王朝后，以镐京和丰京（今陕西西安市西南）为都，建立了一个新的王朝，史称西周。西周历 11 代 12 王，约 275 年。西周建立后，境内各个民族与部落，包括夷、蛮、越、戎狄、肃慎、东胡等诸多少数民族，开始了一个不断融合的过程，促进了华夏民族的逐步形成，成为汉族的前身。西周后期对土地及政权的争夺，加剧了各种社会矛盾，国人暴动动摇了王朝统治的基础。公元前 771 年，周幽王被犬戎杀死，西周灭亡。翌年，申侯等诸侯立幽王之子姬宜臼（一作宜咎）（前 770～前 720 年）为国王，是为周平王。平王将周王朝的都城从镐京迁至成周洛邑（今河南省洛阳市），史称东周。

　　西周初年，原商朝大部分地区的民众，与周人无论在文化上还是在其他方面，都有很大的差异。周的势力难以有效控制商朝所有的领土，为了进一步稳固地控制东方地区，周初的摄政者周公旦在军事上借东征摧毁了殷商残余及其同盟淮夷的势力，继而在全国的要冲及新占领的东方地带，大封同姓、异姓和古帝王之后为诸侯，主要有齐、鲁、燕、宜（吴）、蒋等数十个国家，作为周的"藩屏"。周初这种分封，形成中国历史上最为典型的"国野之制"。周朝所分封之贵族及其所率领的部族进驻新占领的区域后，首先是建立一个军事据点，称之为"城"或"国"，"国"之外围的广大区域称之为"野"，王朝的畿内和诸侯国都有这种国野之分。国野之制的实质，是一种武装统治制度，对于实现战后一统及社会环境的稳定，起到了重要作用。西周末期至春秋，随着统治集团内部矛盾日趋激化，国野之制开始瓦解。

　　为了巩固周王朝的统治，与周初的国野之制互为表里、同时推行的是政治上的"礼乐制度"。史传周公旦在总结殷商各种典章制度的基础上，制订了一套十分严密的社会等级制度，这就是历史上"制礼作乐"的典故。

自此以后的近 3000 年间，"西周礼乐"成为中国历代帝王无不效仿的治国方略，最高的理想典范。从西周的礼乐制度中可以看出，周人对音乐的社会功能已有了充分的认识。他们首先严格地规定了各级贵族的社会地位和相应的权益，还借用"乐"作为"礼"之表，将他们的礼仪用乐制度化，建立了一整套相应的用乐制度。由此给"乐"赋予了重大的政治意义，与"礼"同等，提高到了国家根本大法的地位。根据这套制度，西周的各级贵族在使用配享、列鼎之外，还在乐器、乐曲、舞队规格、用乐场合等方面，均做出了严格的规定，特别是建立了以钟磬类大型编列乐器的配享为内容的"乐悬"制度，成为周代礼乐制度的重要组成部分。这在西周的音乐考古学研究中，也是最值得关注的内容。

第一节　西周音乐考古综述

关于周文化的探索，考古工作者在中华人民共和国成立前，已经展开沣水沿岸的考古学调查及陕西、河南等地两周墓地的发掘工作，如陕西宝鸡斗鸡台墓地、河南浚县辛村墓地等。中华人民共和国成立后更是成果丰硕，如沣水西岸长安客省庄、张家坡、西王村的"丰邑"发掘，沣水东岸长安的普渡村、斗门镇及汉代所挖的昆明池范围的"镐京"的发现等，比比皆是。此外，在山西、河南、河北、辽宁、江苏、山东、安徽、浙江、湖北、甘肃等地，西周考古均取得了很大的收获。从西周时期的考古发现来看，各地原有的地域文化与周文化结合以后，表现为既有与周文化的共同性，又有明显的地方特色。当然，最能体现周文化面貌的，还是沣水沿岸的京畿地区和周族的发祥地周原一带。这是西周王朝的政治中心，所以它具有周文化的典型性。近年西周考古的重大发现，如 1993 年十大考古发现之一的山西曲沃天马-曲村遗址，以及北赵晋侯墓地的第四次发掘、2005 年 4 月的陕西韩城梁带村芮国贵族墓的考古发掘等，对于西周音乐考古学的研究都起到了重要的推进作用。

西周的音乐考古发现较为丰富，主要集中在陕西、山西、河南和湖北等地，其中不乏引人瞩目的重大成果。今先以岐周区、晋豫区、江汉区三大区为重点做逐一概述。

一、岐周区

岐周区大致包括陕西省一带西周时期较为重要的音乐考古遗址，主要有周原遗址、宝鸡强国墓地、长安普渡村遗址、韩城梁带村芮君墓地、宝鸡贾村遗址、岐山周公庙遗址等。另外还有多处零星墓葬的发现，如陕西扶风黄堆 4 号墓、临潼南罗西周墓等。

1. 周原遗址

周原，属先周的重要考古遗址，是周文化的发祥地和灭商之前的周人聚居地，其中心在今陕西省宝鸡市扶风、岐山一带。公元前 12 世纪末至前 11 世纪初，古公亶父率领周人迁至此地，开始营建都邑城郭。公元前 11 世纪后半叶，周文王迁都于丰都后，作为周人重要的祭祀天地、祖宗、神祇的圣地，一些重大国事活动都在周原举行，故周原乃是周人的重要政治中心。西周末年，由于西戎入侵的破坏，遂成废墟，但周人在周原的活动遗迹被保留下来。

20 世纪 50 年代后期起，中国科学院考古研究所、北京大学、西北大学、陕西省文物管理委员会、陕西省考古研究所（今陕西省考古研究院）等单位先后在此调查、试掘。从 1976 年开始，陕西省文物管理委员会、北京大学考古系、西北大学考古系联合对遗址进行了大规模的考古发掘，初步查明宫殿建筑（或宗庙）的遗址分布在岐山凤雏和扶风召陈两处。1982 年，周原遗址被国务院认定为全国重点文物保护单位。1988 年在周原遗址的基础上建立了周原博物馆，馆内收藏周原遗址出土的公元前 11 世纪到前 8 世纪的卜骨和卜甲、国宝青铜器及大量珍贵音乐文物万余件。周原遗址 2015 年度被列为全国十大考古新发现。周原重要的音乐考古发现，主要有扶风县法门寺任村、庄白村，长安县河壖（音 ruán，音义古同"壖"）窖藏，扶风县的齐家村、召陈村、强家村及眉县马家镇杨家村等窖藏；相关的考古发掘，有宝鸡强国墓地、长安普渡村遗址与长由墓、韩城梁带村芮君墓地、宝鸡贾村遗址、岐山周公庙遗址等。

（1）窖藏

在历史上，陕西扶风多次发现西周青铜器窖藏，并间有重要文物出土。

克钟、克镈：清光绪十六年（1890 年），法门寺任村发现了西周窖藏，出土了克钟（图 5-1）、克镈（图 5-2）等青铜礼乐器。今传世的克钟共 5 件：2 件藏于上海博物馆，2 件分别为日本宁乐美术馆和藤井有邻馆所藏，天津艺术博物馆除存克钟 1 件之外，另藏克镈 1 件。

克钟的钲间及左鼓部均有铭文，内容谓：周孝王十六年九月庚寅日，王在康烈宫命士智（音 hū，古通"忽""笏"）召见克，亲命克循泾水向东巡察，至于京师。①克很圆满地完成了任务，王因此赏赐给克车马。克因此

---

① 参见马承源主编：《中国音乐文物大系·上海卷》，郑州，大象出版社，1996 年，第 42 页。

作钟，以追念祖宗，祈求福佑长命。与钟同时出土的有大克鼎和小克鼎 7 具及盨等器。其中的大克鼎有 290 字铭文，内容更为丰富。它较完整地记录了西周膳夫（宫廷厨师长）"克"的事迹，可在一定程度上补克钟、克镈铭文内容之不足。克虽为膳夫，却享有诸侯级别使用的七件列鼎，可以确认克是一位权重一时的人物。克所作之器，历来被认为属西周厉王时期，但根据克钟铭文的纪年推以历法，合孝王时历朔，可证克所铸之器应在孝王时期。克钟上所饰重环纹和变形兽纹，孝王时相当流行，可为克钟断代之旁证。

图 5-1　克钟

图 5-2　克镈

梁其钟：1940 年，同在扶风法门寺任村，出土了梁其钟（图 5-3）等重要音乐文物，后流散各地。目前上海博物馆所收集有 3 件，南京博物院、法国巴黎吉美博物馆各 1 件。梁其钟的各钟钲部及鼓部有铭文，内容记梁其的祖父有美好的品德，臣事于先王。梁其以祖父为仪型，夙夜虔诚，辟事天子，天子任命梁其为邦君大正之职云云。其属西周晚期编钟中铭文最长之器，其年代应在夷、厉王时期。根据其铭文、形制，与著名的虢叔旅钟、邢人钟相似。

虢叔旅钟：虢叔旅钟（图 5-4），传清末出自陕西长安县河壖之中[①]（一说出自宝鸡虢川司），传世共有 7 器。其中 4 器全铭，3 器合铭，完整的铭文应为 91 字。该钟又名虢旅钟。铭文中之虢叔旅与𫗧从鼎铭之

----

① 容庚：《商周彝器通考》，上海，上海人民出版社，2008 年，第 373 页，图九四七；郭沫若：《两周金文辞大系图录考释》，北京，科学出版社，1957 年，第 127 页，图 214、215a/b；中国社会科学院考古研究所编：《殷周金文集成》第一册，北京，中华书局，1984 年，第 238～244 页。

"虢旅"为同一人，鼎为西周厉王三十一年器，则此钟的年代应与之相当。

图 5-3 梁其钟（上博 27222） 图 5-4 虢叔旅钟（北京故宫博物院藏）

柞钟、中义钟、师咢钟：1960 年，扶风县齐家村南发现藏有 39 件铜器的窖藏，其中的柞钟、中义钟、几父壶、中友父簋、白邦父鬲等 28 件均铸有铭文。1963 年，齐家村东发现了日己方尊、日己方彝、日己觥等器物。1978 年，扶风齐家村发现即簋等器物。1960 年，扶风召陈村发现散车父器等 19 件器物。1974 年，扶风强家村又发现师咢钟（图 5-5）、即簋等 7 件器物。其中的柞钟、中义钟、师咢钟均具有重大音乐考古学价值而为音乐考古学界屡屡引述。

痶钟：1976 年 12 月，扶风县原法门公社庄白村南发现有西周窖藏，出土器物 103 件，74 件铸有铭文，主要是微氏家族四代所铸的铜器。其中的史墙盘有铭文 284 字，记述了文、武、成、康、昭、穆诸王的功业和史墙的家史，具有重大史料价值。许多器物的造型和纹饰极为精美。其中的音乐文物有青铜乐器痶钟及无铭甬钟 21 件，铜铃一组 7 件，均为西周中期重器。

逨钟：陕西眉县马家镇杨家村地处关中渭河北岸的台地上，这里属大周原的组成部分。早在 1955 年和 1972 年，这里就曾发现西周铜器窖藏，出土驹尊、方彝、编钟等珍贵文物。1985 年 8 月 26 日，眉县马家镇杨家村发现西周青铜器窖藏，出土的重要音乐文物有甬钟 15 件（其中 5 件已佚）、编镈 3 件。[①]据铭文，器主为"逨"（一作"徕"），可称为逨钟（图 5-6）。

————————

① 刘怀君：《眉县出土一批西周窖藏青铜乐器》，《文博》1987 年第 2 期，第 17～25、97～99 页。

图 5-5 师㝬钟　　　　　　　　图 5-6 逨钟之一组 1 号

　　2003 年 1 月 19 日，当地 5 位农民又一次发现了西周晚期青铜重器窖藏。陕西省考古部门对该窖藏进行发掘，除铜器窖藏外，共发掘先周及西周墓葬 16 座。窖藏出土的 27 件青铜器件件有铭文，铭文总字数达 4048 字。其中除去盂以外，26 件均为同一器主"单逨"所作之器。"单"为此人的族氏，"逨"为其名。逨盘与叔五父匜为一个组合。"叔五父"之"叔"为此人排行。逨自作匜，称"叔五父"；为其夫人孟祁作鬲则称"单叔"；为祖考作祭器壶、盉、鼎、盘，则自称"单五父"或"逨"。这批器物可分别名之逨盘、逨鼎、逨盉、单叔鬲、单五父壶、叔五父匜、"天"盂。其为 1985 年窖藏出土的 15 件逨钟提供了重要的注解。

　　逨盘、鼎的铭文，记述了文王、武王至厉王、宣王计 12 位周王的业绩和单氏家族 8 代人辅佐王室伐商纣、建周邦、征荆楚、讨猃狁、管山林，致和天下，因功受册封赏赐等重要事迹，为研究西周历史和音乐礼制提供了重要的实物资料，对西周青铜乐器的断代研究也具有重要的意义。眉县杨家村西周铜器窖藏获评 2003 年度全国十大考古新发现。

　　（2）考古发掘

　　周原遗址是周人灭商前的都邑，是周文化最具代表性的遗址，在全国西周文化遗址中面积最大、文化内涵最丰富、已出土文物包括大量青铜乐器等，音乐文物数量最多且多为精品。无论就地理位置还是就遗址性质而言，周原遗址都是周文化的核心、周音乐文化的核心地区。

　　宝鸡上官村编磬：1973 年陕西宝鸡市上官村出土编磬一批 10 余件，但因大多破碎不堪而被村民丢弃，仅保存了 1 件相对完整的磬块。与石磬同出的有"矢（音 cè）王作郑姜簋"盖。

周原召陈乙区编磬：1980 年，陕西周原遗址召陈乙区西周建筑基址发掘出土编磬（图 5-7）一批①，时代属西周中晚期。

图 5-7 周原召陈乙区遗址编磬之一

长安张家坡 163 号墓钟磬：1984 年，陕西长安张家坡 163 号墓出土编钟 3 件②，同出编磬残件多块，数量不明。根据编钟铭文可知其时代为西周中期的懿王之世。③该墓是一座较大的竖穴墓，无墓道，被盗掘。通过骨骸鉴定，为一位年龄在 25～30 岁的女性。此墓紧靠 157 号大墓井叔墓的东侧，推测该墓主人应为 M157 墓主第一代井叔的夫人。

齐镇、云塘石磬：1987 年，周原博物馆在陕西扶风的齐镇及云塘各征集到石磬 1 件（图 5-8）④，时代分属西周早期及晚期。

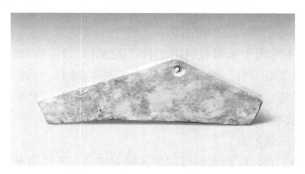

图 5-8 陕西扶风云塘编磬之一

① 罗西章：《周原出土的西周石磬》，《考古与文物》1987 年第 6 期，第 84～87 页。
② 中国社会科学院考古研究所沣西发掘队：《长安张家坡西周井叔墓发掘简报》，《考古》1986 年第 1 期，第 11、22～27、97～100 页；中国社会科学院考古研究所编著：《张家坡西周墓地》，北京，中国大百科全书出版社，1999 年，第 164～167 页。
③ 张长寿：《论井叔铜器——1983～1986 年沣西发掘资料之二》，《文物》1990 年第 7 期，第 32～35、102 页。
④ 方建军主编：《中国音乐文物大系·陕西卷》，郑州，大象出版社，1996 年，第 16 页。

2. 宝鸡𢁬国墓地

西周𢁬国墓地主要分布在今陕西宝鸡市区的茹家庄、竹园沟、纸坊头等地。1974～2003 年，这里共发掘墓葬 29 座，车马坑 2 座，马坑 4 座，出土文物 3000 余件。其中包含了极为珍贵的西周早期音乐文物编钟、铙等。出土遗物从各个侧面揭示出商周时期周文化同中原地区的商文化、西南地区早期巴蜀文化及西部甘青地区寺洼文化等的联系，展现出五彩缤纷的历史画卷。这个史料失载的小方国也因此为人们所关注，展示了它独特的文化和历史价值。

（1）竹园沟𢁬伯墓

古𢁬国的国都位于宝鸡市中心偏南 8 华里（1 华里=0.5 千米）的常羊山下，姜水之畔，与常羊山和蒙峪沟一沟之隔，离竹园沟 2 华里。1976 年 10 月，当地村民在距离茹家庄 3000 米外的竹园沟村发现了竹园沟 4 号墓。墓中青铜礼器铭文表明墓主叫𢁬季，墓年代大约在西周昭王时代，即西周早期稍微偏晚一点。1980 年 5 月，考古工作者又在陕西宝鸡市南郊竹园沟分别发掘了编号为 7 号和 13 号的西周墓葬。[①]竹园沟所发掘出土的青铜器，是茹家庄村考古的延续，且均有重要音乐考古发现。

竹园沟 7 号墓出土西周编甬钟 3 件（BZM7：12、BZM7：11、BZM7：10）。经考古专家鉴定墓主为𢁬伯各。该墓没有墓道，共出土铜、玉等器 400 余件（组）。从墓主𢁬伯各所做礼器和同出的丰公鼎、目父癸鼎等器看，其时代应为西周早期的康、昭之世。[②]

竹园沟 13 号出土乐器有铜铙 1 件（BZM13：9）。该墓没有墓道，出土器物数量有 230 余件（组）。其中青铜礼器有 26 件，包括鼎 7 件、簋 3 件和虎纹铜钺等。经专家鉴定，墓主人应为𢁬国国君，墓葬时代为西周早期的成、康之世。[③]

（2）茹家庄𢁬伯墓

1974 年 12 月，陕西宝鸡市渭滨区神农镇茹家庄村民平整土地时挖出了青铜器、马骨架及大量朱砂，由此发现了一处古𢁬国国君的墓地。1975 年初，宝鸡市博物馆派员对命名为"茹家庄 1 号墓"的古墓进行了发掘，出土了一大批的青铜礼乐器、兵器、玉器及生活用品。墓葬保存良好，为拥有一条墓道的甲字形大墓。墓中有两个椁室：主椁室葬的是一名仰身直

① 卢连成、胡智生：《宝鸡𢁬国墓地》，北京，文物出版社，1988 年，第 49～50 页。
② 卢连成、胡智生：《宝鸡𢁬国墓地》，北京，文物出版社，1988 年，第 415 页。
③ 卢连成、胡智生：《宝鸡𢁬国墓地》，北京，文物出版社，1988 年，第 414 页。

肢的男性，身旁有大量的随葬兵器；在主椁室的西部并排安置有一间略小的椁室，内葬一名女性，衣着华贵。出土的青铜器铭文表明，男性墓主为 弜伯㫒，女性姓"儿"。从墓葬的形制及陪葬有车马坑、墓室中有青铜礼器五鼎四簋的组合判断，弜伯㫒应是西周丰镐畿内一个诸侯国的国君。墓葬的墓室中两个椁室没有搅乱和相互打破，可断定两人同时下葬。考古队员在 1 号墓边上又发现了茹家庄 2 号墓，从出土的 10 件有铭铜器上得知：弜伯的正室名井姬。井，是周公的后裔。西周金文经常见有井伯、井叔、井姬，尤其井伯和井叔从西周中期就是周王朝的执政大臣，地位显赫的卿士。这 2 号墓的井姬，应是井伯或井叔家族中的一代女儿，弜国的国君夫人。它略晚于一号墓，属于二次合葬。由此判断，1 号墓不是夫妻合葬墓，墓中的儿姓女子属陪死殉葬、地位低于井姬的妾。茹家庄 1 号墓的乙室出土青铜器 42 件，有鼎 8、簋 5、豆 4、尊 5 件等，特别是编甬钟 3 件（BRM1乙：28、BRM1 乙：29、BRM1 乙：30）及铜铎 1 件，为罕见的西周早期的音乐考古发现。1 号墓在弜国墓地中随葬青铜礼器数量最多。两墓都有殉葬人，弜伯墓殉 7 人，井姬墓殉 2 人。根据墓中出土的礼器分析，墓葬时代可以定在西周早期的昭、穆之世。[①]

纸坊头弜国墓地： 1981 年秋，当地村民偶然发现了纸坊头的弜国墓地。从铭文的体例，器型、花纹，墓葬的形制规范的情况看，墓主应是迄今宝鸡地区弜国墓地中最早的第一代国君。他的活动年代基本是文王晚期到武王时期，估计墓葬下葬的年代可能到成王的初年。虽然其与 1976 年发现的竹园沟 4 号墓均未有音乐文物出土，但墓中的大量考古资料，对于认识西周早期弜国的社会历史面貌，仍有重要的参考意义。陕西宝鸡弜伯及夫人墓具体信息见表 5-1。

表 5-1 陕西宝鸡弜伯及夫人墓一览表

序号（田野号）	墓主	发掘时间	时代	出土乐器	同出青铜礼器
1. 纸坊头弜伯墓	弜伯	1981 年秋	成王初年（前 1042 年稍后）	无	墓中出土的青铜器庄重雄伟，铭文自称弜伯作器、弜伯自作用簋等
2.（BZM4）竹园沟 4 号墓	弜季	1976 年 10 月	昭王（前 995～前 977 年）	无	墓中青铜礼器铭文表明墓主叫弜季
3.（BZM13）竹园沟 13 号墓	弜伯	1980 年 5 月	成、康（前 1042～前 996 年）	编铙 1 件	鼎 7（圆鼎 5、方鼎 2）、簋 3 件等

---

① 卢连成、胡智生：《宝鸡弜国墓地》，北京，文物出版社，1988 年，第 415 页。

续表

序号（田野号）	墓主	发掘时间	时代	出土乐器	同出青铜礼器
4.（BZM7）竹园沟 7 号墓	弜伯各	1980 年 5 月	康、昭(前 1020～前 977 年)	编甬钟 3 件	圆鼎 3、簋 2 件等
5.（BRM1）茹家庄 1 号墓	弜伯��	1975 年初	昭、穆（前 995～前 922 年）	编甬钟 3 件，铜铎 1 件	鼎 8（方鼎 3、圆鼎 5）、簋 5 件等
6.（BRM2）茹家庄 2 号墓	弜伯�夫人井姬	1975 年初	昭、穆（前 995～前 922 年）略晚	无	鼎、鬲及羊尊等十余件，多数有"弜伯作井姬用器"的铭文

3. 长安普渡村遗址

陕西长安县（今西安长安区）滈河东岸的普渡村，位于斗门镇北约 2 华里的丰镐遗址范围内。这里曾多次发现西周墓葬，屡有重要文物出土。

1954 年 10 月，当地农民发现长甶墓[①]，出土编甬钟 3 件（图 5-9）。同出器物很多，不少被农民挖掉，可能有缺失。后经由考古工作者清理发掘，陕西历史博物馆现存青铜器一批。器物中有鼎 4 件、簋 2 件、盉 1 件及西周中期墓葬中罕见的觚 2 件和爵 2 件。长甶墓有腰坑和殉狗，应是殷文化的显著特征，墓葬形式也与殷墓相似。

图 5-9　长甶墓编甬钟

根据同墓出土的铜盉铭文可知，其时代为穆王后期，墓主长甶为长国的后裔。长国与商关系密切，周灭商后臣服于周。该墓的随葬器物包括食

---

①　陕西省文物管理委员会：《长安普渡村西周墓的发掘》，《考古学报》1957 年第 1 期，第 75～85、220～225 页。

器、酒器、水器和乐器，这种礼器组合在穆王时期等级较高，属中、上等
级贵族享用，与茹家庄**強伯**墓（BRM1）和其妻井姬墓（BRM2）等方
国国君及其夫人相当。[①]

4. 韩城梁带村芮君墓地[②]

2005 年 4 月至 2007 年 1 月，陕西省考古研究院对陕西韩城梁带村芮
国贵族墓地进行了考古发掘。这是一片西周晚期至春秋时期的芮国贵族墓
地，其中埋葬有数位芮国国君和夫人。近 30 年来，陕西省考古研究院首次
遇上如此高等级且未被盗掘的墓葬，发掘成果斐然，被评为 2005 年全国十
大考古发现之一。

（1）墓地考古

墓地出土了大量玉器、金器和青铜器，尤其是金器，无论是数量还是
精美程度均超过了河南三门峡虢国国君之墓及山西曲沃晋国国君之墓。在
27 号芮国国君墓中，出土了数枚陕西龙山文化时代的玉琮，它们的制式和
工艺均与陶寺遗址出土的玉琮相一致，墓中还出土了两支商代晚期的大玉
戈及凸缘环。在 26 号芮国国君夫人墓中，赫然出土了一只红山文化时代的
玉猪龙，令人匪夷所思。据出土玉器的纹饰特征等推断，梁带村墓地西区
2007 年发掘的 10 座中小型墓葬，年代为春秋早期偏晚阶段，这批等级较
低的墓葬普遍有棺椁或单棺作葬具，但均不随葬陶器而有少量玉器的现象，
在其他地区同时期墓地中是很少见的。故从另一层面揭示了周代芮国墓葬
的突出特点。中型墓多见有铜翣及串饰，也较有特色，是研究周代墓葬制
度的重要资料。M18 出土铸有"虢季"字样铭文的铜鼎，反映出芮国与虢
国的联系交流情况，或可印证有关文献的记载。

（2）芮君墓的音乐考古发现

第 27 号墓（M27）是梁带村遗址中唯一带有南北两条墓道的长方形竖
穴土坑墓。也是梁带村两周墓地遗址中 4 座带墓道的大型墓葬之一（除此
之外有 M19、M26、M28）。该墓保存完好，出土器物种类丰富，位置准确，
出土器物有礼器、乐器、兵器、玉器、车马器，包括鼎、簋、方壶、盘、
铍、戈、矛、编钟、编磬、钲、衡轭、銮铃、玉璧、玉琮等。M27 出土的
部分青铜礼器带有铭文，如簋标本 M27：1007 捉手内铸一周铭文"内（芮）
公作为旅簋"。联系墓中出土器物的规模分析，M27 墓主人应为芮国的君

---

① 卢连成、胡智生：《宝鸡**強国**墓地》，北京，文物出版社，1988 年，第 517 页。

② 参见陕西省考古研究院、渭南市文物保护考古研究所，韩城市景区管理委员会编著：《梁带
村芮国墓地：二〇〇七年度发掘报告》，北京，文物出版社，2010 年。

主芮公。M27 出土的青铜器，从年代上可分 3 期，分别是：商周之际、西周早中期、西周晚期或春秋早期。通过对墓中出土的所有器物的综合分析，其中有些器物的时代可早至商周之际和西周早中期，应为墓主人保存的传世之物。而 M27 的年代，在西周晚期至春秋早期的可能性最大。

陕西省考古研究院泾渭基地藏有梁带村遗址 M27 出土的乐器，共 29 件，包括编钟一套 8 件、钟钩 7 件、编磬一套 10 件、镎于 1 件、钲 1 件、建鼓 1 件（残剩鼓椌）及另 1 件鼓类乐器。梁带村 M28 出土乐器共 19 件，包括编钟一套 8 件、编磬一套 10 件、笙 1 件。

5. 宝鸡贾村遗址

贾村镇位于宝鸡市北部的渭北台塬——贾村塬中部，镇域面积 69.43 平方千米，辖贾村、上官、灵龙、扶托等 16 个行政村。整个贾村塬周边，至少在商晚期至西周初期就有村落城垣。原东部的灵龙、上官、扶托村，南部的戴家湾墓地，西部的金河，北部的桥镇都有西周早期的青铜器、玉器、兵器和石器出土。1965 年贾村出土的何尊，被视为镇国之宝。尊内有铭文 122 字，记叙了周文王、武王和成王传承的序列以及筑造"成周"（今洛阳）的历史。铭文中首次出现"中国"一词。1969 年上官村出土了矢王簋等 4 件重要青铜器，1973 年又发现了青铜器"矢王簋盖"，1983 年浮托村出土了青铜器"矢腊盨"。这些矢器和其他器物在贾村塬不断被发现，引起了学界的关注，一部分学者认为汧（音 qiān）河流域是矢国封地，贾村塬一带应是西周时期矢国势力范围的一部分。或说贾村塬及其西北部的吴山，属于西周早期的矢国封地。有学者根据西周"太伯奔荆蛮"认为，泰伯就是逃到了岐山以西的吴山一带，故为吴国。周立国后，康王改封其地为江苏宜地，也就是春秋战国时的吴国。吴国姬姓，故后有与姬姓晋国结亲不允的记载。

1974 年 5 月 16 日，贾村塬上官村生产队农民交给宝鸡市博物馆 3 件铜器。博物馆多次派人到出土地点调查，收集到同一处出土残编磬 10 余件[①]，包括 1 件完整石磬和一些编磬碎块。在生产队附近和新开渠道两岸发现很多绳纹陶鬲足碎片，其特征表明这个地区应是西周至春秋时期的一处遗址和墓葬区。

6. 岐山周公庙遗址

周公庙遗址位于岐山县凤凰山南麓，面积约 8 万平方米，为规模宏大、

---

① 王光永：《宝鸡县贾村塬发现矢王簋盖等青铜器》，《文物》1984 年第 6 期，第 18～20、100 页。

内涵丰富的大型商周时代遗址，有"西周殷墟"之称。岐山县位于陕西省西部的宝鸡市，因地处岐山（今箭括岭）得名，是西周王朝的发祥地，从周太王迁岐至周平王东迁的 400 多年间，岐邑（也称宗周）是周朝的都城所在。都城东迁后，西周王朝的宗庙仍在岐山，仍然是王室进行祭祀及一些重大政治活动的场所。周公庙遗址是一处先周至西周时期的重要聚落遗址。周公名旦，周文王之子，是西周初年著名的政治家，他制礼作乐，建立了周代的礼乐制度。周公庙最早建立于唐代，是用来褒扬周公功绩的纪念性建筑。周公庙考古历时多年，迄今为止考古专家大致探明了遗址的规模和布局，已经发现了 7 处近千座先周、西周时期不同等级的墓葬。从 2004年开始发掘以来，陕西省考古研究所和北京大学考古文博学院联合组成的周公庙考古队，对这一带进行了大面积的考古钻探和抢救性发掘，先后发现了大中小型墓葬区、居住区、铸铜作坊等遗迹及大量遗物，包括刻字甲骨，即 2008 年的重要发现，在大型宫殿基址前面倾倒垃圾的灰坑中发现了7651 块卜甲，且多有刻字，字数达到了以往发现的先周、西周时期有字甲骨的两倍。经初步辨识，有人名、地名、方国名、祭祀、战争、占梦、计时、月相等内容，出现亶王、王季、文王等周王称谓，还有"毕公""叔郑""周公""召公"等重要历史人物及数字、卦辞等内容。其中"王季"是首次发现，"王季"为文王的父亲季历，对进一步完善西周诸王年表有重要意义，对研究周族历史和先周至西周早期周人的社会结构是不可多得的珍贵资料。周公庙遗址考古对认识周人社会的礼乐文化及构成有重要意义。

二、晋豫区

晋豫区主要包括山西省的南部、河南省的西北部，这里发现过丰富的西周音乐考古遗址，如山西曲沃晋侯墓地、闻喜上郭村西周墓，河南平顶山应国墓地、三门峡虢国墓地、洛阳东周王城遗址等。下以山西曲沃晋侯墓地、河南平顶山应国墓地、河南洛阳东周王城遗址为例。

1. 山西曲沃晋侯墓地

天马-曲村遗址位于山西省南部曲沃和翼城两县的交界处，东距翼城县城 12 千米，西南距侯马城区（新田遗址）约 30 千米，总面积近 11 平方千米，是目前发现全国最大的西周遗址。遗址发现于 1962 年，翌年由北京大学历史系考古专业（1984 年改为北京大学考古学系，今北京大学考古文博学院）与山西省文物工作委员会（1980 年改为山西省考古研究所）联合进行小规模试掘。此后，自 1979 年初至 1994 年底的 16 年间，上述单位的相关业务人员在邹衡先生的带领下，展开了 12 次大规模的考古发掘工作，发掘了近千座西周至战国时期的中小型晋国墓葬及数万平方米居住区。大量珍贵遗物的出土及丰富的文化遗存的发掘，为研究者寻找晋国始封地提供了资料。

（1）天马-曲村遗址的发掘

晋侯墓地位于天马-曲村遗址中心部位偏北处，其所在地今属北赵村。首次发掘于 1992 年 4 月开始，6 月结束，清理了 M1、M2 共 2 座被盗的大型西周墓与 1 座小型汉墓。西周墓的上面普遍被东汉文化层覆盖，墓底局部打破西周早期底层。尽管盗掘导致随葬器物所剩不多，但此次发掘的重大收获在于对墓葬的年代与性质的认识。

同年 10 月 16 日，开始第二次发掘。此次发掘共探明西周时期甲字形大墓 7 座，车马坑 2 座，由于时间所限，只对其中 M9、M13、M6、M7 与 M8 共 5 座大墓及 8 座暴露出来的祭祀坑进行发掘，同时探明了 2 座西周大墓。

1993 年 4～7 月，考古工作者对墓地进行了第三次发掘，发掘了 M31、M32 共 2 座大型墓葬以及 M38、M39 与 M40 共 3 座小型墓葬。

第四次发掘工作自 1993 年 9 月 11 日起，至次年 1 月 6 日结束，共发掘由东向西一字排开的 3 座大墓：M62、M63 与 M64，以及该组墓附属的 20 余座祭祀坑。

1994 年 5～10 月，又进行了第五次较大规模的发掘，清理已探明的 5 座大型墓葬，分别为 M33、M91、M92、M93、M102，并对附属的 20 余座祭祀坑进行清理。此组墓葬中，除 M33 因盗扰受到破坏外，其余均保存完好。

2000 年 9 月上旬，曲沃县公安局在审理一起盗墓案件时，获知又有晋侯墓葬在 1998 年春季惨遭盗掘。专家迅速前往现场察看，确定此处为另外一组晋侯及其夫人的墓穴。遂于 10 月 14 日至次年 1 月 15 日，对这两座编号为 M113 与 M114 的墓葬进行了正式发掘。

经过 1992 年来近 10 年时间的发掘，共清理晋侯及夫人墓葬 9 组 19 座、陪葬坑 20 座、祭祀坑数十座，探明车马坑 10 座，并对 M8 附属的车马坑进行了局部清理。

（2）音乐考古发现

晋侯墓地已发掘的 9 组墓葬中，有乐器出土的共 7 座，分别为 M9、M33、M91、M1、M8、M64、M93，共出土乐器 129 件。时期从西周早中期至两周之交，跨度较大，其墓葬资料清晰，墓主身份明确，保存情况较好，为西周音乐历史的研究提供了不可多得的全新资料。

发掘出土的甬钟 51 件，多为实用器。截至晋侯墓地发掘以前，考古发掘出土的西周甬钟实物为数不多，尤其是集中出土于同一墓葬群、各墓主之间世系相连的标本更是微乎其微。晋侯墓地这些甬钟的出土，为西周甬钟的形制、音乐性能、礼乐功能及礼乐制度的发展等方面的研究，注入了丰富的资料。多件甬钟铭文的内容保留了史籍无载的历史信息，也正在受到国内外学者的热切关注，成为中国音乐史学、西周史、西周历法学、古代地理学、古文字学等诸多学科研究的重要资料。

发掘出土的石磬多达 78 件，十分丰富，由于受到质地等因素的影响，部分成套石磬的保存现状不尽人意，有的几乎无法发出明确的音高，甚至在出土时仅留下一堆灰粉，但总的来说，还是有不少保存较好的标本留存至今。晋侯墓地出土的这些石磬，是已知成编石磬中时期较早、相对保存情况较好的实物，填补了西周时期石磬资料的多处空白。特别值得一提的是，有几套石磬音高明确、音质尚好，不仅展现了西周至两周之交的音阶、音律发展演变的轨迹，更成为西周晚期"礼崩乐坏"的生动写照，同时也成为晋国音乐长足发展的有力佐证，为认识西周重要诸侯国的礼乐文化，构建起一条难得的物证链。

2. 河南平顶山应国墓地

应国墓地位于河南省平顶山市西部新华区（现为新城区）滍阳镇北滍村西一道南北向的滍阳岭上，隔河与伏牛山的余脉应山相望，南濒白龟山水库。沙河（即古滍水）自西向东经由水库流向汝河，尔后汇入淮河。这里自古就不断有青铜器和玉器出土，也常有人在岭上盗挖古墓。1979 年，北滍村砖厂在取土时挖出一件铜簋，卖给了废品收购站。几经周折，铜簋被平顶山市文物管理委员会收回。根据铜簋上的铭文得知，其是邓国国君之女适嫁应国的陪嫁礼器，应国贵族墓地由此发现。

平顶山的应国墓地，是西周、东周时期应国的大型贵族墓葬区。1986～1997 年，省、市文物部门对这一地区进行了长达 11 年的考古发掘，共发掘墓葬 310 多座，其中发现了应国国君及夫人墓近 20 座，出土各类文物 1 万多件，包括有铭文的青铜器 200 多件，被评为"1996 年度全国十大考古新发现"之一。近年为配合平顶山市庙洪公路建设工程，河南省文物考古研究所与平顶山市文物局联合对应国墓地进行了考古发掘，共清理战国至西汉时期的墓葬 63 座。2006 年，应国墓地被国务院批准列入第六批全国重点文物保护单位名录。

1986 年，河南平顶山市考古工作者于平顶山滍阳第 95 号墓中发掘出土编钟 7 件，是较为重要的西周应国的音乐考古发现，现藏于河南平顶山市文物管理委员会（滍阳 M95：1～M95：7）。其中 3 件在墓室西壁填土中发现，钟周围尚有黑色印痕可辨，可能是埋葬时曾用箱盒类装载遗迹。另 4 件出土于墓底。该墓为应国墓地中一座大型墓葬，出土青铜礼器、乐器、车马器、玉石器等 400 余件。从青铜器铭文记载看，应为西周晚期的应伯之墓。

柞伯簋，1993 年出土于河南平顶山应国墓地 M242。柞伯簋的铭文记录了周康王在周都举行大射礼的过程，同时又赏赐一套乐器枔见（通"棘"，音 yǐn，一种小鼓；"枔见"一说为"枔敔"）。柞伯因此铸器祭祀其父周公。铭文对研究西周时期贵族的音乐教育制度有重要意义。

3. 河南洛阳东周王城遗址

公元前 770 年，周平王东迁洛邑。由平王至赧王，先后有 25 王在此执政达 500 余年之久。20 世纪 50 年代初，中国科学院考古研究所为寻找东周王城的踪迹，在今王城公园一带、涧河两岸进行了大规模的考古调查和发掘工作，很快在其外围触摸到沉睡中的东周王城遗址，拉开了东周王城大规模考古发掘的序幕。考古发现，作为王城核心建筑物的宫殿群落位于城内的西南隅，大致范围在今天的涧东路以西、凯旋路以南的城内，甚至包括城外的部分区域。这个范围内，先后有多处大型建筑群基址被发现。

1957 年，中国科学院考古研究所洛阳发掘队在小屯村东北，发现了 5 座大型的战国墓葬。一号墓出土的一件石圭，其上残留有墨书"天子"字迹。后来的四号墓发掘出土文物达 1637 件之多。2001 年 9 月，洛阳市文物部门在市 27 中学校园内清理出土的鬲、鼎 2 件青铜器上，都有"王作宝尊彝"的铭文。2002 年 7 月，配合东周王城广场建设，考古工作者发现了"驾六马"的"天子之乘"。在该车马坑内共清理出马车 26 辆、马遗骸 70 具，其中一辆马车前面，对称摆放着 6 匹马的骨骸，印证了古文献中"天子驾六"的记述。虽然经过了 3000 多年的时间，车辕、车身构件以及马的骨骼仍清晰可见，"天子驾六"保存之完好、规模之宏大，独一无二。

考古工作者逐步确认了洛阳东周王城的四面城垣和 3 个城角，其城址的大致范围和今天洛阳的西工区相当。多年来，河南洛阳市文物工作队在西工区一带的多次发掘，获得了丰富的音乐文物资料。其中，出土重要音乐文物的发掘有 3 次。第 1 次是 1981 年 3 月，洛阳市文物工作队于洛阳市西工区中州路北侧的东王城遗址 131 号墓内，发掘出土编钟 16 件。编钟出土时分两组，作曲尺形排列。一组 9 件，另一组 7 件，时代属战国。第 2 次是 1982 年洛阳市文物工作队发掘的洛阳西工解放路北段西侧（即东周王城北中部）的一座战国墓，其陪葬坑中出土编镈 4 件，纽钟 18 件，石编磬

23 件及青铜礼器 100 余件。第 3 次，即 1986 年洛阳市考古工作者于洛阳西工航空工业部 612 研究所（位于东周王城内东部靠南）发掘的一座西周墓。该墓被两座战国墓所打破，墓中发掘出土编钟 4 件。按当时礼制 8 件成套的常理分析，墓内仅出土此 4 件甬钟，应该有所缺失。

三、江汉区

近年长江中游的江汉地区多次发现西周时期的重要文化遗址，并均有重要音乐文物出土，其中主要有湖北随州叶家山遗址、湖北宜昌万福垴遗址等。

1. 湖北随州叶家山遗址

叶家山墓地是江汉地区乃至长江流域最为重要的西周考古发现，它的发掘是中国首次对一处完整的西周早期曾国墓地进行全面科学的考古发掘。叶家山墓地出土的文物数量多、保存好、价值高，尤其是获得的青铜器铭文达 400 余字，为西周早期曾国的历史研究带来重大突破。

（1）考古发现

2010 年 12 月 28 日，随州开发区淅河镇蒋寨村叶家山的村民发现了一批青铜器。2011 年 1 月上旬，湖北省文物考古研究所派员到现场调查，对两座残墓进行了抢救性发掘，并初步确定这是一处新发现的西周家族墓地，是江汉地区乃至长江流域规格最高、规模最大的西周古墓之一。也是自 1978 年曾侯乙墓发掘后，又一和曾国或曾侯相关的考古发现，对研究西周早期的曾国历史具有重大意义。叶家山墓地与曾侯乙墓与之相隔 20 余千米。2011 年 1～6 月，湖北省文物考古研究所对该墓地的第一阶段发掘工作，发现墓葬 65 座，车马坑 1 个。出土陶、铜、瓷、玉石、漆木等各类质地器物 739 件。在多座墓葬的青铜器上见有"曾侯"和"曾侯谏"的铭文。叶家山墓比已知曾侯乙墓要早出 500 余年，墓主应是曾侯乙的祖辈。

从叶家山墓地的平面观察，所有墓葬自北向南有规律地分布，以大墓为中心，中小型墓则围绕大墓排列，符合《周礼·春官·冢人》所载"昭穆"制度："父曰昭，子曰穆；昭居左，穆居右。"显然这是一处保存完整、经过统一规划和合理布局的西周早期高等级贵族公墓地。从所出青铜器组合分析，礼器有鼎、簋、鬲、甗，酒器有觚、爵、觯、斝、尊、卣、觥。这批遗物具有西周早期姬周文化特征，国属应为曾。其年代大体应在西周的成、康、昭之世（前 1042～前 977 年）。当时的曾侯被埋葬于此，说明作为其政治中心的国都当离此地不远。叶家山墓地的发现与发掘，对曾侯乙编钟及其未解之谜的音乐考古学研究，将产生重大影响。

（2）M111 的音乐考古发现

自曾侯乙墓发现以来，有关曾国的来源和始封问题纷纷扬扬，难成定论。西周早期，曾、鄂应是同时并存于随州的两个古国。随着鄂被周消灭，姬姓曾国迅速扩展至汉北及河南新野一带，成为替代鄂国的汉东第一大国。本次叶家山墓地发掘的 65 号墓，从出土的铜器铭文与伴出的铜钺、铜面具等重器分析，墓主极有可能是曾侯谏。

在叶家山西周曾侯墓葬群中，规模最大的为 111 号墓。根据墓葬出土铜器的铭文，墓主应该是曾侯犺。

由于墓葬的保存不是很好，M111 墓室已经腐蚀得只剩下痕迹，但墓中出土的编钟，包括 1 件镈和 4 件甬钟，保存相当完好。其为极其重要的西周早期的音乐考古发现，它们比曾侯乙编钟早了 500 多年。这组编钟仍可正常发音，4 个甬钟具备了双音钟性能，每个能发出两个音，其中 2 件的右侧鼓部还铸有作为侧鼓音敲击点标志的云纹，镈钟也可以较好地发出正鼓音。这套编钟应是墓主曾侯犺生前使用的乐器。编钟 5 件成编，数量在目前西周早期墓葬中是最多的，为后续的音乐学考古学研究提供了重要的信息。

2. 湖北宜昌万福垴遗址

万福垴遗址位于湖北宜昌市高新技术开发区，南北长约 980 米、东西宽约 575 米，面积约 56 万平方米。2012 年 6 月，在当地的基建工程中发现铜鼎 1 件、编钟 12 件。同年 6～8 月，考古工作者先后对万福垴厢涵工程线段内进行了粗略勘探，并对所发现的 H1、H2 和 H3 三座灰坑进行清理，发现该地是一处楚文化性质的西周遗址。其中的 H1 位于遗址的偏东处的厢涵工程线路内，距长江北岸边约 250 米处。灰坑内出土了很多陶器残件，器形有鬲、尊、豆、罐、瓶等，推测铜钟和铜鼎也都出土于该坑之内。灰坑土质干燥坚硬，加之陶器火候较低，大多破碎，之外夹杂很多黑木炭和灰烬，致其不易清理。出土的编钟均为甬钟，大小无太多悬殊。据其纹饰的不同，可分为三种形制。其中 1 件钲部有铭文，为"楚季宝钟厥孙乃献于公公其万年受厥福"，初步研究判断，编钟的时代为西周中晚期。

万福垴遗址一次性出土西周编钟达 12 件，在湖北还是首次，一次性出土如此多的西周楚编钟，在全国也是首次。万福垴遗址为近年值得关注的音乐考古发现。

第二节　重要音乐考古发现及研究

陕西宝鸡的斗鸡台周人墓地被发现以后，不断有学者根据出土器物的演变情况进行了分期的尝试。目前，根据迄今较为丰富的考古发掘资料及研究成果，尤其是有明确纪年的有铭铜器屡屡出现，考古界把以陕西地区为代表的西周文化分为早、中、晚三期，即穆王以前为早期，约公元前 11 世纪中叶至公元前 10 世纪中叶；穆王至夷王时期为中期，约公元前 10 世纪中叶至公元前 9 世纪中叶；厉王至幽王为晚期，约公元前 9 世纪中叶至公元前 8 世纪中叶。①

迄今考古发现的西周早期的音乐遗存，主要是编钟，稍后有编磬。这一时期出土的青铜乐钟数量有限，所见的西周时期青铜乐钟可参见本书附表 1-3 中"二、甬钟（附纽钟）"统计的目前所见西周早期的甬钟，除去一些出土地难以辨明的传世品，尚有 12 例。其中 6 例出土于中原地区，多为考古发掘所得，资料较为丰富翔实；另有 6 例出土于南方，多为乡间的零星发现，考古发掘资料相对缺乏，出土文物的铸造工艺及保存品相也较差。虽说考古发现带有一定的偶然性，但从该表反映出的直观现象，大致可以看出在黄河流域与长江流域，西周早期甬钟的数量南北大抵相近。这也许让人们获得这样的印象：即便是在西周早期，殷商时期的一支重要的青铜音乐文化所在的赣-鄱流域，也是当时的新型青铜钟类乐器甬钟的重要分布地区。更大的可能是，西周甬钟的源头，应该就在江南的赣-鄱流域。

西周早期的重要音乐考古发现，主要有山西曲沃县天马-曲村遗址 8 号墓的晋侯苏钟磬礼乐，陕西宝鸡市 3 座強国墓出土的编钟等乐器。

西周中期的重要音乐考古发现主要有山西晋侯墓地 9 号墓、陕西长由墓、扶风庄白一号窖藏的痶钟、长安张家坡 163 号井叔夫人墓、法门寺任村窖藏克钟等。

西周晚期的重要音乐考古发现较多。比较有代表性的标本，有河南洛阳西工周墓、平顶山滍阳 95 号墓，山东临沂花园村编钟，山西晋侯墓地 91 号墓、64 号晋侯邦父墓，陕西眉县杨家村窖藏逨钟等，现分述如下。

一、晋侯墓地

晋侯墓地是山西曲沃县曲村镇北赵村西南的天马-曲村遗址的重要组

---

① 蔡凤书、宋百川主编：《考古学通论》，济南，山东大学出版社，1988 年，第 197 页。

成部分。1992 年 10 月至 1993 年 1 月，北京大学考古系与山西省考古研究
所联合对天马-曲村遗址进行了抢救性发掘，确认这里是西周早中期之际的
穆王前后至西周晚期宣王之世的晋侯墓地。①其中的 8 号墓（Ⅰ 11M8）即
晋侯苏墓，是这次发掘的 5 座大墓中规模最大的一座。

　　墓葬虽经盗掘，仍然出土了金、铜、玉、牙、陶等器 239 件。其中的 2
件编钟尤可注意：形制与上海所购藏的晋侯苏墓编钟 73631～73640 完全一
致。其中，Ⅰ 11M8：33 通高 25.9 厘米，有铭文 7 字 "年无疆，子子孙孙"；
Ⅰ 11M8：32 通高 22.3 厘米，有铭文 4 字 "永宝兹钟"。铭文与上海博物馆
藏钟 76340 相接，应为这套编钟的最后两钟，晋侯苏墓编钟全套应为 16 件。
从两钟的测音结果看，确切地说应为这套编钟的第二组的最后两钟。同时发
掘的还有 M9、M6、M7 与 M13。其中的 M9 出土了编钟一组 4 件。

　　按晋侯苏墓编钟的铭文，墓葬的年代为周厉王三十三年（前 846 年）
之世，墓主应即晋献侯苏。墓中出土乐悬一套，包括晋侯苏墓编钟 16 件，
编磬 10 件以上，为西周早期至中期重要的音乐考古发现。晋侯苏墓于 1992
年 8 月 31 日被盗掘，墓中的 14 件编钟（图 5-10）随同数十件青铜器被走私
至香港；同年 12 月 22 日，由上海博物馆购回入藏。另有两件编钟（图 5-11）
未被盗墓者发现，即于 1992～1993 年，为北京大学考古学系和山西省考古
研究所清理发掘该墓时出土②，现存于山西博物院。编钟呈灰褐泛黄绿色，

图 5-10　上海博物馆藏晋侯苏墓编钟

① 北京大学考古学系、山西省考古研究所：《天马-曲村遗址北赵晋侯墓地第二次发掘》，《文
　物》1994 年第 1 期，第 1、4～28、97～98 页。

② 北京大学考古系、山西省考古研究所：《天马-曲村遗址北赵晋侯墓地第二次发掘》，《文
　物》1994 年第 1 期，第 1、4～28、97～98 页。

图 5-11　山西博物院藏晋侯苏墓编钟

基本无锈蚀。同出文物主要有晋侯苏鼎 1 件、晋侯邸簋 2 件、晋侯邸壶 2 件、兔尊 3 件、金带饰 1 组 15 件及大量玉饰。

1. 晋侯苏墓①

晋侯苏墓出土了编钟和编磬各一套。编钟一套 16 件，可分为音列基本相同的 2 个 8 件组。编钟保存了丰富的铭文资料，是近年中国考古学上的重大发现。李学勤在《夏商周年代学的新希望》一文中指出："根据金文重构西周历谱的工作，多年由于'月相'的解释分歧不清，陷于各执一说，没有公认的结果。最近的一些发现，如出自山西曲沃北赵晋侯墓地的晋侯苏墓编钟，为解决这项难题投射了光明。由之出发，有可能达到突破。"②充分肯定了晋侯苏墓编钟对西周共和元年以前的历史研究所具有的极为重要的学术意义。

（1）编钟的形制与断代

编钟保存较好，少有锈蚀。其中，钟 73627 与钟 73628 分别缺损 3 枚和 1 枚。钟 73629 破裂，有修补。钟 73630 断裂 1 枚。钟 73631 缺损 1 枚、断裂 1 枚。钟 73632 甬端变形，有缺损。钟 73636 缺损 2 枚，于口有一处锉痕。钟 73637、钟 73638 各缺损 1 枚，钟 73638 数枚磨蚀，一铣磕缺。各钟基本都能较好发音，这为该套编钟的音乐学研究提供了极其宝贵的有利条件。

从形制上分析，16 钟均为西周才出现的新型编钟——甬钟。钟形有所差异，明显可分三式。

---

① 王子初：《晋侯苏钟的音乐学研究》，《文物》1998 年第 5 期，第 23～30 页。
② 李学勤：《夏商周年代学的新希望》，载中国文物报社编：《大考古 考古·文明·思想》，济南，济南出版社，2004 年，第 114～119 页。

Ⅰ式编钟 2 件，即钟 73627 与钟 73628，是 16 件编钟中最大的 2 件。Ⅰ式钟的甬把作椭圆管形。根据表 5-2 中所录形制数据可以看到，其甬端与甬基的外径之差仅为 0.4～0.7 厘米，基本上可看作上下同径。甬管与腔体相通，有旋无斡是Ⅰ式钟最值得注意的特征。钟体作合瓦形，正视呈梯形。于口弧曲内凹，设有三棱状内唇。钟体两面各置 36 枚，枚端呈圆球形。枚、篆、钲间以圈带纹分隔，鼓部、篆间、旋上有阳线构成的云纹，纹饰纤细。舞部素面无文。铭文刻书于镈体正面的钲间及右铣。

Ⅱ式编钟 2 件，即钟 73629 与钟 73630。Ⅱ式钟的形制、纹饰及钟甬、内唇、铭文部位等与Ⅰ式基本相同，但钟甬已是斡旋具备。其与Ⅰ式钟的主要区别有：甬部旋上增添了钟斡，舞面有纹饰，枚端设为平面。

Ⅲ式 12 件，即钟 73631～钟 73640 及 M8∶33、M8∶32。其甬中空与腔体相通，不封衡，但大多数甬内留存泥芯。甬与腔体相通之处（即舞底面）口有大小，个别钟几乎铸没。甬呈椭圆柱形或圆角方柱形，锥度较大，斡旋具备。于口无内唇。鼓部纹饰为左右对称的云雷纹。篆间纹饰略同鼓部，但为适合篆间狭长的空间改变了云雷纹的结构形式。较之Ⅰ、Ⅱ式钟，其纹饰要精致、清晰得多。铭文刻于钲间，钟 73631、73632 右铣也有铭文。

16 件钟形制数据见表 5-2。

表 5-2　晋侯苏墓编钟形制数据

编号	通高/厘米	中长/厘米	舞修/厘米	舞广/厘米	甬长/厘米	甬上径/厘米	甬下径/厘米	鼓厚/厘米	鼓间/厘米	侧厚/厘米	铣长/厘米	铣间/厘米	枚长/厘米	重量/千克
73627	50.0	30.4	24.2	20.0	14.8	5.6～7.2	6.2～7.6	1.2	23.5	1.2	35.5	30.9	3.1	21.4
73628	51.9	32.0	25.5	20.1	15.2	5.7～6.2	6.2～6.9	0.8	23.5	0.9	36.9	32.3	3.3	20.0
73629	50.1	30.0	24.0	20.0	15.5	5.3～5.6	6.4～6.7	0.9	24.2	1.0	35.3	30.2	2.8	17.4
73630	49.8	30.2	24.1	20.2	15.1	5.4～5.6	6.3～6.9	1.0	23.0	1.1	34.8	31.1	2.7	19.0
73631	50.4	29.8	25.5	18.8	15.7	5.7	7.1	1.3	21.7	1.2	35.0	30.5	2.6	22.7
73632	49.8	29.3	25.0	18.8	15.7	4.8～6.0	6.3～7.0	1.3	21.6	1.2	34.8	30.3	2.6	22.1
73633	47.2	26.8	23.8	17.4	15.5	5.5～4.8	5.8～6.8	1.5	20.5	1.2	32.0	27.8	2.0	21.6
73634	45.1	26.4	22.7	17.3	14.4	4.2～4.8	6.0～6.3	1.4	19.4	1.2	31.1	27.5	2.2	17.5
73635	34.7	19.5	16.8	13.0	12.5	4.2～3.7	4.8～5.1	1.2	14.5	1.1	22.5	20.2	2.1	7.5
73636	34.7	19.5	16.6	12.7	12.7	3.8～4.3	4.6～5.0	1.4	14.4	0.9	22.5	20.0	2.1	9.1
73637	30.6	16.8	14.9	12.2	11.0	3.3	4.3	1.1	12.8	1.1	20.3	18.3	1.4	6.2
73638	30.2	16.4	14.4	12.1	10.7	3.2	4.3	1.0	12.7	1.1	19.8	17.7	1.5	6.5
73639	26.2	14.0	12.3	9.6	9.6	2.7	3.6	1.1	10.8	1.1	16.7	14.6	1.5	4.8
73640	22.4	12.2	10.6	8.3	8.7	2.6	3.3	0.9	8.9	1.0	14.0	12.8	1.2	3.4
M8∶33	26.0	14.5	12.6	9.7	8.9	2.8	3.7	1.1	11.0	—	17.1	14.9	—	—
M8∶32	22.5	12.4	11.0	8.4	8.2	2.4	3.3	1.0	9.1	—	14.3	12.7	—	—

Ⅰ式钟（图5-12）的形制结构对中国青铜钟类乐器发展史的研究有着极为重要的意义，其关键特征在于有旋而无斡。斡，即甬钟的吊纽，今人也有叫"干"，显然是因"干"的繁体"幹"与"斡"形近而产生的分歧。甬钟不设斡，说明其并未按吊挂演奏的方式设计。Ⅰ式钟重达 20 余千克，也无用手执奏的可能。其必如商铙一样，使用时钟口朝上，将其空甬套植于柱架之上演奏，即所谓"植奏"。

图 5-12　晋侯苏墓Ⅰ式编钟（73627）

甬钟是始自西周初年的新型编钟，甬钟源自商铙，似为公论，但它究竟如何演变为甬钟，学界向有纷争。殷商时期，首次出现了带有一定旋律性能的青铜钟类乐器，即以河南安阳殷墟为中心广泛流行的 3 件套编铙。与此同时，在中国南方赣（赣江）-鄱（鄱阳湖）地区杨越人的青铜文化中，也出现了一种单件使用的"大铙"。南、北系统的铙，在形制的发展上均已呈现出一定的稳定性。例如，同为合瓦形腔体，管状甬，与腔体相通，并带一定锥度（甬端稍粗，向甬基渐细）；于口弧曲内（口朝上为正）凹，二铣角上叉；在纹饰方面，饕餮纹或云雷纹十分流行。与殷商编铙相比，晋侯苏Ⅰ式钟在形制上，与南方杨越人的一种钟枚式大铙基本一致，可见它们之间有着显而易见的渊源关系，而不同于以北方殷墟为中心流行的编铙。其中，较大的差异如下。

一是体量较大。Ⅰ式 2 钟的重量均超过 20 千克，通高达 50 厘米以上。相比目前所见数十件年代较为可靠的商铙，其中最大的为 1990 年出土于安阳郭家庄 160 号墓亚龏止铙（现藏于中国社会科学院考古研究所安阳工作站），通高 25 厘米、重 3.25 千克[①]；最小的为出土于妇好墓的亚弜编铙，其中最小的一枚通高 8.1 厘米，重量仅为 0.1 千克[②]。从这点上看，商代南方的大铙与西周的甬钟的钟体的大小相仿，在形制上更为接近。

二是出现了"枚"。Ⅰ式的 2 钟均设有带锥度的二截圆柱枚 36 个。枚布钟体两面，每面分左右 2 区，区 3 行，行 3 枚。这种形式的钟枚设置被

① 中国社会科学院考古研究所安阳工作队：《安阳郭家庄 160 号墓》，《考古》1991 年第 5 期，第 390~391、481 页。
② 中国社会科学院考古研究所编辑：《殷墟妇好墓》，北京，文物出版社，1980 年，第 100~101 页。

一直保持，到编钟的衰亡再无改变。不过，Ⅰ式钟枚区宽疏，挤占了钟面的 3/4，致使鼓部显得比较狭窄，形成了早期乐钟的一种主要特征。而殷商编铙尚无枚的设置。从这点上看，商代南方的一些大铙与西周的甬钟有着共同的钟枚设置，甬钟钟形的来源应与之密切相关。

三是甬的变化。不仅其锥度减小，还出现了"旋"的结构。殷商编铙甬端渐扩，这种带锥度的设计，是为了在演奏时套植于柱架上方便，但这种带锥度的甬的套植，对铙体的自由振动显然会有较大的约束，影响乐器的发音。Ⅰ式钟缩小了甬的锥度，并增加了旋的设施，在很大的程度上解放了这种约束，有利于改善编钟的音色。一些商代南方的大铙也已出现了"旋"的设施，与西周的甬钟吻合。

四是形制的进一步规范化。如Ⅰ式钟于口弧曲的减小，铣棱斜直，钲、篆、枚、鼓、铣、甬、于、舞、衡的布局分明，钟体的合瓦形更加明确，等等。Ⅰ式钟已处于由商铙向甬钟转化的临界点上。因为斡的出现，象征着这种青铜乐器的演奏方式由植奏向悬奏过渡的彻底完成。实际上，类似这种Ⅰ式钟造型的商代大铙，在赣-鄱地区屡屡发现。不难看出，西周甬钟的形制，与商代南方大铙有着更为直接的关系。根据以上分析，可以进一步来讨论Ⅰ式钟的时代问题。

有关西周编钟的实物，早期的资料不多。人们把 1980 年 5 月出土于宝鸡市南郊竹园沟西周**㝬伯各**墓的 3 件编钟看作目前年代最早的一组西周编钟，其时代约当在西周康、昭之世。[①]**㝬伯各**墓编钟的形制与晋侯苏Ⅰ式钟几乎完全相同：空甬、平舞、直铣棱、枚篆疏朗、狭鼓、于曲平缓、鼓部饰以左右对称的 2 组云雷纹等。尽管仍保留着商铙的空甬结构这一尚未退尽的尾巴，但它甬上斡、旋的设计，清楚地表明它已经可以算得上是名副其实的早期甬钟了。

1974 年 12 月出土于宝鸡市南郊茹家庄**㝬伯**墓编钟也为 3 件一组，形制与**㝬伯各**墓编钟（图 5-13）基本一致，唯其第三器（宝鸡市博物馆 BZM1 乙∶30）枚区明显上缩，鼓部扩展至钟腔面的 2/5 处，显示了此钟的一种进步。[②]从年代上来看，**㝬伯**墓编钟的确稍晚于**㝬伯各**墓编钟。根据此墓所出的礼器，墓葬的时代可以定在昭、穆之世。既然出现于西周早期康、昭、穆之世的**㝬**国编钟已经从根本上完成了商铙向甬钟的革命，那么尚处于这种变革过渡阶段的晋侯苏Ⅰ式编钟的年代，无疑应该早于（或

①　卢连成、胡智生：《宝鸡**㝬**国墓地》，北京，文物出版社，1988 年，第 96 页；方建军主编：《中国音乐文物大系·陕西卷》，郑州，大象出版社，1996 年，第 29 页。

②　卢连成、胡智生：《宝鸡**㝬**国墓地》，北京，文物出版社，1988 年，第 281 页。

稍早于）強国编钟。晋侯苏Ⅰ式编钟的年代至少应在康王之世以前的西周初期。当年成王继位、周公摄政并"制礼作乐"之时，应是西周甬钟应运而生的最佳时刻，也是作为礼乐重器的晋侯苏Ⅰ式（可能还有Ⅱ式）编钟被制造出来的最合理的时刻。

　　根据以上对Ⅰ式钟时代的推断，晋侯苏Ⅱ式钟（图5-14）的时代已不难推定。Ⅰ、Ⅱ式钟的钟体结构几乎完全一致，甚至连纹饰都一样，唯一重要的区别在于钟甬的无斡或有斡。不难看出，Ⅱ式钟是由Ⅰ式钟直接发展而来的，它增加了斡的设施，从而可以悬挂起来进行演奏，但又保留了Ⅰ式钟空甬结构，使其仍可以套植演奏。显然，其年代应略晚于Ⅰ式钟，但离西周初期又不会太远。另外，从其形制发展的程度分析，其正处在強国编钟的同一水平上，其年代也应与強国编钟相当。由此而论，将Ⅱ式钟的年代定在康王之世前后，应是顺理成章的。

图5-13　強伯各墓编钟之一　　　　图5-14　晋侯苏墓Ⅱ式编钟（73629）

　　Ⅲ式钟（图5-15）与Ⅰ、Ⅱ式钟相比，其由商铙遗留下来的空甬特征，被消除殆尽：不仅甬管中的泥芯仍旧留存，有些钟的甬底（即与舞部相接之处）几乎铸没。钟甬的外形也出现了相应的变化。与商铙相比，钟甬的锥度被做了相反设计，即甬基向甬端渐尖细的形制。这一点，在Ⅱ式钟上已有所体现，它在Ⅰ式钟钟甬锥度极微（甬端与甬基的外径之差为0.4～0.7厘米）的基础上，渐增到0.9～1.3厘米，而Ⅲ式钟又有了进一步加大的趋势。钟甬锥度的变化，扩大了甬基与舞面铸接的面积，从而使其结构更为牢固。同时，锥度的改变引起乐钟重心的相应改变，加强了乐钟悬挂时的稳定性，使其更适合于悬奏。不言而喻，Ⅲ式钟已不存在套植的必要，甬钟唯一的悬挂演奏的方式由此确立了。钟的这种演奏方式被沿用于整个先秦时期，直到青铜时代的终结。Ⅲ式钟的总体造型较之Ⅰ、Ⅱ式钟，出现了明显的发展，其产生的年代应在其后，这应没有什么疑问。但从另一角度分析，Ⅲ式钟无论在其平舞直甬、铣棱斜直、于曲平缓、枚区疏朗等方面与Ⅰ、Ⅱ式钟完全一致，清楚地体现了一脉相承的关系，故其在时代上也不会相隔过远。统观已知的与Ⅲ式钟形制相同或形近的西周编钟，大都为西周中期、晚期器。其中年代较早的有应侯见工钟（图5-16），已知的有2件，一件收藏于日本东京书道博物馆，另一件于1974年3月出土于陕西蓝田县红星村。①后者器型完整，甬内留存泥芯，钟腔内壁有调音凹槽3条，舞、篆、鼓皆饰云纹，右鼓部饰一小鸟纹。这些特征与晋侯苏Ⅲ式钟几乎完全一致。应侯钟被认为是西周恭王时期器，Ⅲ式钟当也应在这一时期的前后。

图 5-15　晋侯苏墓Ⅲ式编钟（73632）　　　　图 5-16　应侯见工钟

以上有关晋侯苏钟的分析表明，西周编钟的出现并非一蹴而就，而是有着一个发展的过程。它最初由晋侯苏钟的 2～4 件成套、強国编钟的 3 件成套，逐步发展到西周中期的多件成套，如后来的默钟，已知的至少有 5 件。1976 年陕西扶风县法门庄白一号窖藏的痰钟，多达 14 件同时出土。至于西周晚期的编钟，较著名的如 8 件成组的中义钟、柞钟，至少 7 件的兮

---

① 韧松、樊维岳：《记陕西蓝田县新出土的应侯钟》，《文物》1975 年第 10 期，第 68～69 页；韧松：《〈记陕西蓝田县新出土的应侯钟〉一文补正》，《文物》1977 年第 8 期，第 27～28 页。

仲钟、虢叔旅钟等，多件成套已是屡见不鲜。①可见，把下限为厉王三十三年（前846年）的晋侯苏Ⅲ式钟的年代推前至恭王时期是有理由的。16件晋侯苏墓编钟并非同一个时期的产品，它们应该是自西周初期至恭王世前后的百余年间二次增扩形成。晋侯苏墓编钟产生的时代，正是西周乐悬制度从草创经历重要变革的时代。它们生动地展示了西周初期采用了南方赣-鄱流域大铙的基本造型，同时吸收了中原殷商编铙的音乐内涵——这样一条西周甬钟演变出世的典型轨迹。

（2）编钟的长篇铭文

16件编钟铭文长达355字，内容可连接成篇，完整记载了晋侯苏于厉王三十三年（前846年）正月八日受命讨伐夙夷的全过程。

73629号钟钲间、右铣：隹（惟）王世又三年，王寴（亲）遹省东或（国）、南或（国）。正月既生霸，戊午，王步自宗周。二月既望，癸卯，王入各（格）成周。二月。

73630号中钲间、右铣：既死霸，壬寅，王债往东。三月方死霸，王至于甫，分行。

王寴（亲）令晋侯苏：逹（率）乃𠂤（师）左洀蕿北洀□，伐夙（宿）夷。晋。

73632号钟钲间、右铣：侯苏折首百又廿，执嘼（讯）廿又三夫。王至于匍䣙（城），王寴（亲）远省𠂤（师），王至晋侯苏𠂤（师），王降自车，立（位）南卿（向）。

73634号中钲间：寴（亲）令（命）晋侯苏：自西北遇（隅）𩫏（敦）伐匍䣙（城）。

晋侯逹（率）氒（厥）亚旅、小子、或人先敓（陷）。

73636号钟钲间：入，折首百，执嘼（讯）十又一夫。王至。

73638号钟钲间：淖淖列列（烈烈）夷出奔。王令（命）晋侯苏。

73639号钟钲间：逹（率）大室小臣。

73640号钟钲间：车仆从。

73628号钟钲间、右铣：遒逐之，晋侯折首百又一十，执嘼（讯）廿夫。大室小臣车。

仆折首百又五十，执嘼（讯）六十夫。王隹（唯）反（返），归在成

① 中国社会科学院考古研究所编：《殷周金文集成》第一册，北京，中华书局，1984年，虢钟：第11～12、77～81页；瘐钟：第32～33、214～283页；中义钟：第3～4、16～21页；柞钟：第17～18、136～140页；兮仲钟：第8～9、52～58页；虢叔旅钟：第31～32、265～272页。

周。公族整钌（师）。

73627 号钟钲间、右铣：宫。六月初吉，戊寅，旦。王各（格）大室，即立（位）。

王乎（呼）善（膳）夫曰：召晋侯苏，入门，立（位）中廷，王亲（亲）易（锡）驹四匹，苏拜旨页（稽）首，受驹以。

73631 号钟钲间、右铣：出，反（返）入，拜旨页（稽）首。丁亥，旦，王邮（御）于邑伐宫。庚寅，旦，王各（格）大室，嗣工（空）扬父入右（佑）晋侯苏，王亲（亲）侪（齎）晋侯苏鬯鬯一卣。

73633 号钟钲间：弓、矢百，马四匹。苏敢扬天子不（丕）显鲁休，用乍（作）元和。

扬（锡）钟，用邵（昭）各（格）前前。

73635 号钟钲间：文文人人其严在上，虞（翼）在下，豉豉

73637 号钟钲间：橐橐，降余多福。苏其迈（万）

M8：33 号钟钲间：年无疆，子子孙孙

M8：32 号钟钲间：永宝兹钟。

铭文记载的周厉王亲率晋侯苏征伐东夷并取得胜利的事迹，是对西周史料的重要修正和补充，也是西周青铜器铭文中半个多世纪以来最为重要的发现。它纠正了以前所谓的厉王在位 23 年的谬传，使厉王在位 37 年的记载得到了证实。铭文还证明《史记》有关西周晋国世家的排列有问题：晋侯苏不在宣王而在厉王时，由此反推，对以前的世次也颇有重新认识的必要。铭文中所记载的年代为西周厉王三十三年（前 846 年），战事从该年的正月初八发动，三月投入战斗并击溃凤夷，至六月对晋侯苏论功行赏，总共为半年时间。由此推测，编钟刻铭的时间应在这一重大事件之后不久，很可能即在这一年的下半年或稍晚。但是，这套编钟的铸造时间，却与其未必同时。编钟的刻铭本身，已经说明铸钟在前，刻字必在其后，中间应有较大的时间差。另外，上述事件的发生在前，对事件的追述也必在其后。编钟自身所透射出来的信息已表明，其铸造年代可能要大大早于厉王三十三年。

（3）编钟的双音性能与调音手法

中国青铜乐钟的双音性能主要由其合瓦形的钟体结构所决定，而这种结构早确立于商铙，但是由于这种双音结构的乐钟铸造工艺复杂，给铸钟的工匠提出了极高的技术要求。要使铸成的钟完全符合其音高的设计十分困难，故铸成钟坯后的微调工作就显得尤为重要，其方法是在钟腔内壁加以锉磨，以使钟体的发音完全合律。同时，调整乐钟的音准只是一个方面，为使同一

乐钟上正、侧鼓部的 2 个音的音量均衡，音色统一，这道锉磨调音工序也是必不可少的。因为后者的原因，在中国青铜乐钟发展中期终于出现了音梁（又称音脊、音塬）结构，它大大改善了乐钟双音性能。音梁出现的时间大约在春秋早中期。乐钟音梁的结构形态，可以成为先秦乐钟断代的一条重要标准。

晋侯苏墓编钟的钟体结构上未设音梁，其内腔除了因调音锉磨而成的凹槽之外，余部平整，符合西周编钟的基本特征。根据这些凹槽的数目不等、形状有异的情况可以判定，凹槽确非铸制，而是铸后锉磨所形成的。各钟的调音锉磨情况很值得研究。

Ⅰ、Ⅱ式钟　晋侯苏Ⅰ、Ⅱ式钟的调音锉磨情况较为简单，分述如下：

钟 73627 背面正鼓处内唇上有锉磨缺口，正好将内唇锉断，余部无明显的修磨；

钟 73628 于口内唇上两正鼓处有 2.7 厘米宽的锉磨槽，将内唇锉断并及钟壁，向腔内延伸至约 10 厘米处，渐浅渐平；

钟 73629 内腔有音槽两条，长约 28 厘米、宽 1.5 厘米，自于口两正鼓处直通舞底，渐浅平，未见其他明显的锉磨痕迹；

钟 73630 内唇上稍有锉磨痕，深度约为唇厚的一半。

Ⅰ、Ⅱ式钟的调音手法体现了如下特点：调音锉磨的部位基本集中在于口内唇的正鼓处，这具有音响学方面的深意。晋侯苏墓编钟具有"一钟二音"的双基频的特性，已是明确的双音钟，这是中国先秦音乐科技方面的一项重大发明。当击奏双音钟于口的正鼓部位时，钟体振动的节线在两铣处；钟体的合瓦形结构，使得乐钟两铣的节线较容易形成。当击奏于口的侧鼓音部位时，振动的节线除了在钟体两铣部位之外，又增加了沿钟面中轴线上的一对节线。同时，为使于口不易开裂，Ⅰ、Ⅱ式钟的于口内沿都设计有三棱状内唇。于是，钟体虽然得到了加固，却限制了钟面中轴线上节线的形成，影响了侧鼓音的振动。编钟的调音锉断了钟面中轴线上的内唇部位，显然有利于其振动节线的形成，从而使得侧鼓部位正常发音，一定程度上改善了编钟的双音性能。所以，正鼓部位是中国青铜乐钟调音中最基本的锉磨位置，在调音顺序中仅次于两铣角处。

Ⅲ式钟　在给编钟调音时，于口内两铣角处内唇上的锉槽，可使编钟的正、侧鼓音都得到改善。这一点在Ⅲ式钟上被充分地体现出来了。较之Ⅰ、Ⅱ式钟，晋侯苏Ⅲ式钟的 12 钟调音情况较为复杂，手法要成熟得多。具体情况如下：

钟 73640 较典型，两正鼓、四侧鼓、两铣角内，各有 1 条纵向凹槽，自于口向舞底延伸，至近舞底处渐浅平消失。槽的弧形内凹长约 8～9 厘米、宽 0.9 厘米。腔内余部保留了铸制砂面；

　　钟 73631 与 73640 相比，除正面左鼓、背面右鼓无槽外，余部有调音槽 6 条，槽内有锉磨痕，较浅，长约 25 厘米；

　　钟 73632 有音槽 8 条，情况同钟 73640，槽较深，长约 25 厘米；

　　钟 73633 有音槽 9 条，两正鼓、背面右鼓各 1 条，正面两侧鼓、背面左鼓各 2 条并列；两铣内无明显槽痕；

　　钟 73634 唯正面左鼓有音槽 1 条，腔内平整；

　　钟 73635～73637 音槽情况同钟 73640，两铣角内有明显的锉磨痕，槽长约 15 厘米；

　　钟 73638 仅有音槽 5 条，位于两正鼓、两铣角及正面右鼓内，槽长约 8～14 厘米不等；

　　钟 73639 正面两侧鼓内无槽，余部有音槽 6 条。

　　分析Ⅲ式钟的调音手法，发现有如下规则。

　　1）多数钟内腔的纵向凹槽，集中于两铣角、两正鼓、四侧鼓这 8 个部位。这些凹槽起自于口内沿，向舞底延伸，至近舞底处渐浅平消失。凹槽横断面呈半圆形，于口较宽深，向内渐窄浅。位于两铣角、两正鼓的 4 条凹槽主要出于乐钟产生双基频的需要。振动时节线的位置与编钟的锉槽完全重合。

　　2）两铣的节线对编钟正、侧鼓音都有影响，所以，在调音时首先锉磨的应该是两铣，其次是两正鼓，最后是四侧鼓。一般铣角内的槽更宽深、磨砺痕更明显些。偶有例外，是因为钟坯本身已有较好的双音性能，故无须多作加工了。

　　3）侧鼓部锉磨槽多少、大小、长短的差异最大，往往被省略。它的作用很可能在于调准乐钟的音高。乐钟的基本音高已在铸前设计其体量和形制时决定了，此时只能是微调。钟体铸成后，其实际音高往往与原先的设计音高存在一定的误差，钟匠技术的好坏，决定了误差的大小，也就影响微调时锉磨量的多少，即影响凹槽的数量和锉磨的程度。部分钟凹槽不足 8 条，被减省者多为侧鼓内的凹槽。个别钟也有在同一部位 2 条凹槽并列的情况。当然，其每一条锉槽所隐含的声学原理，还可以运用现代科技手段做进一步的定量分析研究，但它较之Ⅰ、Ⅱ式钟体现了一种调音工艺上的进步，已是明白无误。这种进步，正与编钟的形制结构从Ⅰ、Ⅱ式钟到Ⅲ式钟的演进相吻合，可为上文关于晋侯苏钟的年代推断之旁证。曾侯乙编钟所反映出来的调音锉磨的基本规律是："两铣角内不似腔外有棱，成为光滑的凹槽；正鼓音也有凹槽，但比铣角处的槽浅；侧鼓部约从枚篆底缘鼓起，由上而下逐渐宽厚，直至钟口的圆凸带（音脊），已不见坯状时的凸面，被磨成与钟腔适合的反凹状。"①曾侯乙编钟是中国青铜乐钟发展的顶峰，所体现出来的已完全规范化了的调音工艺，已可从晋侯苏Ⅲ式编钟上找到其滥觞。

《周礼·考工记》在论述乐钟结构时，有"于上之攠谓之隧"②的说法。何谓"攠"，何谓"隧"，众说纷纭。清人冯水在其《钟攠钟隧考》中，误将钟腔内铸范芯撑遗孔认作隧，侧鼓部内的音梁（或音塬）凸起认作攠；今人李京华、华觉明则认为"攠即隧"，即为铣内和正鼓内的几条凹槽。③冯光生主张将钟腔内的四条凸带（即音梁）释为"攠"，"隧"则是"攠"上的凹槽。④诸家的聚讼在于求之过深。其实，《考工记》凫氏章句通畅明白，说的就是"于上之攠谓之隧"，关键在于对"攠"的解释。同是《考工记》的磬氏章句云："磬氏为磬……已上则摩其旁，已下则摩其专"，意为音偏高则修磨磬面，音偏低则修磨磬端。说的是磬的调音问题。"摩"即是"磨"。"攠"应即指"锉磨"，于上的锉磨（处）叫作"隧"。隧，指的正是西周乐钟于口内因调音锉磨而形成的凹槽。从这一点上来看，《周礼·考工记》所记载的的确是西周时期的制度。西周乐钟内腔无音梁，锉磨形成的凹槽"隧"一目了然，且名副其实。春秋以往，青铜乐钟出现了音梁设施，人们对西周的磨隧调音方法逐渐模糊起来，尤其进入战国以后，音梁由原先的长条形向板块状凸起发展，"隧"的形状已往往名不副其实，"隧"的概念也就不再那么清楚。应该说，李京华、华觉明二人"攠即隧"的说法并不错。站在春秋以后有音梁的乐钟的立场上看，冯光生把音梁上因调音锉磨形成的凹槽叫作"隧"，也是正确的。此"隧"与彼"隧"，其形未必一致，本质却并无区别。

（4）编钟的音律分析

晋侯苏16钟中，除了73629一钟已哑之外，其余15钟均能很好发音。尤其以后较小的12钟（Ⅲ式）音质较佳。12钟正面右鼓部均铸有一凤鸟纹，为侧鼓音的敲击点标志。击鸟纹处，可得较清楚的正鼓音上方的小三

---

① 冯光生：《曾侯乙编钟若干问题浅论》，"中国古代科学文化国际交流·曾侯乙编钟专题活动"论文，1988年，武汉。又载湖北省博物馆、美国圣迭戈各加州大学、湖北省对外文化交流协会编：《曾侯乙编钟研究》，武汉，湖北人民出版社，1992年，第139页。

② 《周礼·考工记》原文："凫氏为钟，两栾谓之铣，铣间谓之于，于上谓之鼓，鼓上谓之钲，钲上谓之舞，舞上谓之甬，甬上谓之衡，钟县谓之旋，旋虫谓之干，钟带谓之篆，篆间谓之枚，枚谓之景，于上之攠谓之隧。"

③ 李京华、华觉明：《编钟的钟攠钟隧新考》，载中国科学院自然科学史研究所技术史研究室主编：《科技史文集》第13辑（金属史专辑），上海，上海科学技术出版社，1985年，第40～46页。

④ 湖北省博物馆、美国圣迭戈各加州大学、湖北省对外文化交流协会编：《曾侯乙编钟研究》，武汉，湖北人民出版社，1992年，第139页。

度音，较击其周围其他部位时的音质更纯，不易被正鼓音所干扰。可见铸造此 12 钟的工匠已基本掌握了编钟正、侧鼓音的设计和铸造方法。Ⅰ、Ⅱ式钟音质较差，正、侧鼓音的均衡性也不如Ⅲ式钟。与其形制特征、调音手法相一致，此二式钟的音乐、音响性能也尚处于过渡时期。编钟的形制特征、调音手法、音乐与音响性能均反映出此套编钟并非一次设计完成，而是经历了西周甬钟的铸调工艺由初创至大致成熟的两次增扩，才形成了如今所见的规模。

　　笔者与中国艺术研究院音乐研究所视听实验对晋侯苏墓编钟做了测音研究，并发布如表 5-3 所示的正式报告。

表 5-3　晋侯苏墓编钟测音报告

组次	序号	1	2	3	4	5	6	7	8
	编号	73629	73630	73632	73634	73636	73638	73639	73640
第一组	正音高/音分	哑	B3−33	♯D4+5	♯G4+35	E5−20	A5+11	E6+0	A6+36
	频率/赫兹		242.19	312.01	423.83	651.37	885.74	1317.38	1796.88
	侧音高/音分	B3⁺	♯D4+0	G4−38	C5−2	G5+22	C6+39	G6+41	♯C7−47
	频率/赫兹	251	311.04	383.30	522.46	793.95	1070.31	1605.47	2156.98
组次	序号	9	10	11	12	13	14	15	16
	编号	73628	73627	73631	73633	73635	73637	M8：33	M8：32
第二组	正音高/音分	♯G3+3	C4−24	♯D4−19	♯G4+45	♯D5+34	A5−22	♯D6−28	♯G6+32
	频率/赫兹	208.01	257.81	307.62	426.27	634.77	868.16	1224	1692
	侧音高/音分	B3+45	♯D4+37	♯F4+23	C5+9	G5−29	C6−10	♯F6+24	B6+46
	频率/赫兹	253.42	317.87	375.00	525.88	770.51	1040.04	1500	2028

　　注：时间：1996 年 9 月 20 日；地点：中国艺术研究院音乐研究所视听实验室；温度：25℃；电脑操作：赵文娟（签名）；监测：王子初（签名）、实验室主任韩宝强（签名）

　　从以上测音报告可以看出，钟 73631 与钟 73632 的尺寸及音高均近，应为重复钟。同样的情况又可见钟 73633 和钟 73634、钟 73635 和钟 73636、钟 73637 和钟 73638，若加上现存山西的 2 钟分析，还可看到钟 73639 和Ⅰ11M8：33、钟 73640 和Ⅰ 11M8：32 较为接近的现象。由此可以判断，这套编钟可以分为音列相同的 2 组，每组 8 枚。马承源先生根据铭文文义将编钟分为 2 组，与此套编钟的音列关系完全吻合。这说明，当年钟匠在刻铭时，完全没有打乱编钟原有的音阶编列。这也是晋侯苏墓编钟的一大可贵之处，今将研究结果制成表 5-4。

表5-4　晋侯苏墓编钟音列表　　　　　　单位：音分

第一组	编号	73629		73630		73632		73634	
	鼓音	正鼓音	侧鼓音	正鼓音	侧鼓音	正鼓音	侧鼓音	正鼓音	侧鼓音
	耳测音阶	（羽　宫）		宫↓*	角↓	角↓	徵	羽↓	宫↑**
	测音数据	（哑）		b-33	#d¹+0	#d¹+5	g¹-38	#g¹+35	c²-2
				(c¹-133)	(e¹-100)	(e¹-95)		(a¹-65)	
	换算音阶			宫-93	角-60	角-55	徵+2	羽-25	宫+38

第二组	编号	73628		73627		73631		73633	
	耳测音阶	羽↓	宫	宫	角↓	角↓	徵↓	羽	宫↑
	测音数据	#g+3	b+45	c¹-24	#d¹+37	#d¹-19	#f¹+23	#g¹+45	c²+9
		(a-97)	(c-55)		(e¹-63)	(e¹-119)	(g¹-77)	(a¹-55)	
	换算音阶	羽-57	宫-15	宫+16	角-23	角-79	徵-37	羽-15	宫+49

第一组（续）	编号	73636		73638		73639		73640	
	耳测音阶	角↑	徵↑	羽↑	宫↑	角↑	徵↑	羽↑	宫↑
	测音数据	e²-20	g²+22	a²+11	c³+39	e³+0	g³+41	a³+36	#c⁴-47
									(c⁴+53)
	换算音阶	角+20	徵+62	羽+51	宫+79	角+40	徵+81	羽+76	宫+93

第二组（续）	编号	73635		73637		M8：33		M8：32	
	耳测音阶	角↓	徵	羽	宫↑	角↓	徵↓	羽↓	宫
	测音数据	#d²+34	g²-29	a²-22	c³-10	#d³-28	#f³+24	#g³+32	b³+46
		(e²-66)				(e³-128)	(g³-76)	(a³-68)	(c⁴-54)
	换算音阶	角-26	徵+11	羽+18	宫+30	角-88	徵-36	羽-28	宫-14

↓　*表示音偏低幅度较大；↑　**表示音偏高幅度较大

对表5-4的说明如下。

1）《测音报告》所提供的数据为物理学的表述方式，需作音乐学的换算，换算的结果即表中"测音数据"一栏。

2）测音数据为借助物理仪器所得到的定量分析的依据，而音乐是一门艺术，本身具有极强的主观性。故再列"耳测阶名定性"一栏，以为定性分析的依据。

3）测音数据以国际标准音 a¹=440赫兹为标准，采用十二平均律，半音为100音分，八度为1200音分。显然，这并非当时铸钟乐人所采用的音律标准。西周乐钟的音律标准还是一个有待研究的课题。现用统计学的方法，取得原始测音数据中全部补正音分数的平均数，约为-40音分。然后结合耳测结果，设定以 C-40 音分为宫音标准，并以此换算全部测音数据，得到第三栏"换算后的结果"。现在，可就"换算后的结果"进行分析。

从换算后的结果可以看出，编钟的音准与今人的听觉有所差别。究其原因有四。

第一，古代的钟师调音是"以耳齐其声"，即完全凭人的听觉进行的。钟师听觉的好坏，音准的习惯，以及调钟的经验丰富与否，直接决定了调音的质量。显然，晋侯苏墓编钟的铸造工匠的调音技术还未成熟。

第二，人耳对音高的感受并不与物理学上的音频变化完全吻合。假定调琴师把一架钢琴上所有八度音凭仪器调成精确的频率倍半关系，音乐家的听觉会感到不适，他会希望高音再高一些。此例可以解释这套编钟何以会高音偏高、低音偏低的现象，因为这符合人耳听觉的习惯，也是先秦编钟的一种常见现象。

第三，因年代久远，钟体难免会有不同程度受损而导致音频的改变。不过，这一点在晋侯苏墓编钟上并不严重。

第四，上文已证，这套编钟并非一次铸就，而是百余年间增扩而成。后钟的设计铸造与前钟存在音准差异，合于情理。

第四，上文已证，这套编钟是在百余年间增扩而成，并非一次铸就。后钟的设计铸造与前钟存在音准上的差异，合于情理。

考虑到以上因素，表 5-4 中将那些偏高或偏低了将近半音的音级，如钟73630、钟73638、钟73640 中的那几个音，隶定为宫音。真将它们简单地判定为变宫或变商音，很难在绝大多数西周编钟的实例中得到逻辑上的支持。殷商的编铙已经有了演奏旋律的要求和实践。如妇好墓出土的亚弜铙[1]、河南安阳大司空村 312 号墓出土的亚㠱姆编铙等，正、侧鼓音已可构成完整的五声或五声以上的音阶。[2]不过，中国青铜乐钟有着明显的"先天不足"。先不说其造价昂贵、技术复杂、享用等级森严等方面的因素，单以其发音性能来说，也并非性能最好的旋律乐器。青铜乐钟的发音绵长，若数钟连续击奏，不同音频相互干扰，易造成"混响"的现象。当乐曲的

---

① 中国社会科学院考古研究所编辑：《殷墟妇好墓》，北京，文物出版社，1980 年，第 100～101 页。

② 马得志、周永珍、张云鹏：《一九五三年安阳大司空村发掘报告》，《考古学报》1955 年第 1 期，第 25～90、211～248 页。

音符进行速度较快时，这种现象尤为突出。从统治者的角度来看，青铜乐钟的功能，更在于利用其宏大、悠长的声响，造成一种庄严、崇高甚至肃穆、可怖的气氛。而在实际音乐演奏场合，如《国语·周语下》中所说："钟不过以动声"，"金石以动之，丝竹以行之"。①早期编钟的功能，主要是演奏旋律中的骨干音，用以加强节奏，烘托气氛。演奏旋律的主体乐器，是琴瑟笙管类丝竹乐器。文献所载和西周甬钟的考古实践证明，西周编钟的音律，的确戒用商音，局限于宫、角、徵、羽四声。这可能源自周人对商的敌视，以致在乐钟的音律上也体现了严明的政治意识。表 5-4 清楚地说明，尽管晋侯苏墓编钟已发展到 16 件成套、8 件成组的庞大规模，音域自小字组的 a 至小字四组的 c⁴，从低到高跨越三个八度又一个小三度（表 5-5），却仍恪守不用商音的准则。它与编钟铭文所载晋侯苏为周王出征夙夷、冲锋陷阵的忠心相吻合，恰如其分地体现了晋侯苏对周王室的恭谨态度。即便是西周中晚期的柞钟，规模同为 8 件为一套，音域扩展至三个半八度，其于五声中仍只用宫、角、徵、羽四声。②五声缺商，其音乐表现力无疑受到很大的限制。故至西周末期"礼崩乐坏，编钟不用商音的情形被打破，如在山西闻喜上郭村 210 号墓的编钟上，已增设了正、侧鼓音分别为商—变徵的第 4、第 7 两钟，全套钟在两个八度上构成了规范的、带变徵音的六声音阶，商声得到了肯定和巩固。③

表 5-5 晋侯苏墓编钟的四声音列

* 白符头表示正鼓音

** 黑符头表示侧鼓音

晋侯苏墓编钟第一组	侧鼓音：（宫）—角—徵—宫—徵—宫—徵—宫
	正鼓音：（羽）—宫—角—羽—角—羽—角—羽
晋侯苏墓编钟第二组	侧鼓音：宫—角—徵—宫—徵—宫—徵—宫
	正鼓音：羽—宫—角—羽—角—羽—角—羽

---

① （春秋）左丘明：《国语·周语下》，北京，华龄出版社，2002 年，第 46 页。

② 陕西省博物馆、陕西省文物管理委员会编：《扶风齐家村青铜器群》，北京，文物出版社，1963 年，第 4～5 页。陕西省考古研究所、陕西省文物管理委员会、陕西省博物馆编：《陕西出土商周青铜器（二）》，北京，文物出版社，1980 年，第 189～200 页。

③ 王子初：《晋侯苏墓编钟的音乐学研究》，《文物》1998 年第 5 期，第 29 页。

（5）晋侯苏墓编磬

　　晋侯苏墓另出土有编磬 10 余件（图 5-17～图 5-26），与编钟共存，呈土黄色，均为实用器。因此墓被盗的缘故，目前所见这 10 件编磬并非为完整的一套，一些破碎的磬块多有散佚。编磬中，6 件较为完整并可敲击发音，测音数据可参看表 5-6：余 4 件中，2 件已断裂音哑，2 件残损近半。编磬均经精工磨制，造型一致，规范分明，大小有序。磬块为五边形平板状，素面，磬体作股二鼓三比例，倨句分明，倨孔位置固定于倨句一侧，磬底平直，体现了典型的西周编磬的规整器形。

图 5-17　晋侯苏墓编磬之一

图 5-18　晋侯苏墓编磬之二

图 5-19　晋侯苏墓编磬之三

图 5-20　晋侯苏墓编磬之四

图 5-21　晋侯苏墓编磬之五

图 5-22　晋侯苏墓编磬之六

图 5-23　晋侯苏墓编磬之七

图 5-24　晋侯苏墓编磬之八

图 5-25 晋侯苏墓编磬之九　　　　　图 5-26 晋侯苏墓编磬之十

表 5-6 晋侯苏墓编磬测音数据　　　　　单位：音分

序号	12	13	14	15	53	57	余残不测
音高	g^2+35	b^2+22	b^2-28	f^2-16	a^3+43	$^\sharp a^2-15$	

2. 晋侯 9 号墓

M9 发掘于 1992 年，与 M13 两两相对，为同组夫妻并穴合葬中的大型墓葬。女性居左（东），男性居右（西），均为带有斜坡的甲字形墓葬，东面可见车马坑。墓中随葬器物可分为陶器、铜器与玉石器、部分棺饰等。陶器置于墓室东北角的木匣中，铜器置于棺椁之间，其分布大致为：礼器放于椁室南北两端，乐器放于南端，兵器放于西侧，车马器散布于四周。玉石器多置于棺内。此外，外棺南端有成排海贝组成的棺饰，在棺椁之间也散布着海贝、龟甲、包金器等。墓中可见殉车 7 辆，分别置于墓道及墓室中，现藏于山西省考古研究所侯马工作站。

乐器有甬钟 4 件（图 5-27），出土时被置于墓室南端棺椁之间。根据墓

图 5-27 晋侯 9 号墓编钟

中的考古资料分析，其时代为西周早中期之际的穆王前后。[1]编钟形制相同，大小相次。甬实心封衡，有斡、旋。于口无唇，内腔无调音槽、音梁。腔面置36个圆柱状长枚，枚间饰小乳钉纹框格篆带。鼓部饰兽面纹，其余部分纹饰锈蚀不清。

各钟的保存情况及形制特征分述如下。

286号钟：保存基本完整，圆柱形甬，甬端略残，斡旋具备，舞面沿舞修中轴线向两边微微坡下，两截圆柱形枚，直铣。通体腔壁较薄，锈蚀严重。考察时尚未经除锈，纹饰无法辨明。

312号钟：甬上端略残。造型、锈蚀情况与286号钟基本相同，舞部隐见云纹，余部不辨，1枚有残。

287号钟：圆柱形甬，甬端残，背面3枚残缺。通体未经除锈，纹饰隐约不清，尚可辨认的纹饰有界隔枚、篆、钲间的乳钉纹，篆间的目纹，正鼓部的两组对称云纹，正面右侧鼓有敲击点标志，似穿山甲纹样。

285号钟：表面锈蚀严重。造型、纹饰与287号钟基本相同，腔体厚重，形制略显宽扁，圆柱形甬，甬端有2个对称的凹口，斡旋具备。舞面沿舞修中轴线向两边微微坡下，两铣斜直。腔体表面置有二截圆柱状枚，枚、篆、钲、鼓部均以乳钉纹界隔。舞部饰阴线云纹，旋上有4个乳钉，甬素面，篆间和鼓部有较纤细的云纹。由于锈蚀较重，纹饰较为模糊。正面右侧鼓有穿山甲形敲击点标志。

形制数据详见表5-7。

表5-7　晋侯墓地 M9 甬钟形制数据

编号	通高/厘米	甬长/厘米	甬上径/厘米	甬下径/厘米	舞修/厘米	舞广/厘米	中长/厘米	铣长/厘米	铣间/厘米	鼓间/厘米	枚长/厘米	壁厚正（侧）/厘米	重量/千克
286	35.5	12.9	3.2	4.1	15.15	12.25	9.0	22.8	18.7	15.4	1.5	0.9/0.8	5.1
312	33.6	10.5	3.05/3.1	3.55/3.7	14.4	11.45	19.6	23.0	18.2	14.3	1.3	0.7/0.85	4.9
287	32.3	11.4	2.7/3.1	3.6/3.75	14.3	11.7	17.2	20.8	16.8	13.6	1.5	0.95/0.85	5.1
285	30.6	11.1	3.0/3.5	3.85/3.9	14.35	10.3	16.0	19.4	17.1	11.2	1.5	0.9/0.8	4.4

4件甬钟的内腔均较平整，未见明显的内唇与任何调音锉磨凹槽。

---

[1] 北京大学考古学系、陕西省考古研究所：《天马-曲村遗址北赵晋侯墓地第二次发掘》，《文物》1994年第1期，第1、4～28、97～98页；北京大学考古系、山西省考古研究所天马-曲村遗址考古队：《天马-曲村遗址晋侯墓地及相关问题》，载山西省考古研究所编：《三晋考古》第一辑，太原，山西人民出版社，1994年，第18～26页。

　　《中国音乐文物大系》总编辑部相关人员曾多次赴山西省考古研究所与曲村工作站，对 4 件甬钟进行测量与测音，M9 甬钟测音结果详见表 5-8。

表 5-8　晋侯墓地 M9 甬钟测音数据

编号		287	285	286	312
正鼓音	频率/赫兹	526.03	635.25	907.53	1101.15
	音高/音分	C5+1	♯D5+27	A5+45	♯C6−20
侧鼓音	频率/赫兹	626.13	779.84	（1149.58）	（1449.26）
	音高/音分	♯D5+2	G5−18	（D6−46）	（♯F6−45）

　　测音结果显示，4 件甬钟的音质情况略有差异，285 号、287 号钟相对较好，286 号、312 号钟的侧鼓音可辨度不强，正、侧鼓音之间的隔离度较差。各钟正、侧鼓音基本保持在三度关系之内，但宽窄度不一，其音列骨干音分别为宫、角、徵、羽。依照原始测音数据并结合耳测结果，《中国音乐文物大系》总编辑部对晋侯墓地 M9 甬钟的调高进行分析，结果见表 5-9。

表 5-9　晋侯墓地 M9 甬钟音分补正数表　　　　单位：音分

阶名	宫	角	徵	羽
音高	C+1 C+164 C+80	E−98 E−73 E+155	G−18	A+45
平均值	C+82	E−16	G−18	A+45

　　分析表明，徵、羽两音出现各 1 次，频度较低。宫、角两音出现频率相同，角音的音分补正数较为均匀，可为当时调高设定的基本参照。由此推算出其他音阶的相对高度，并对甬钟音阶结构做出推断，具体见表 5-10。

表 5-10　晋侯墓地 M9 甬钟音列的推定

编号	287	285	286	312
正鼓音	宫	角	羽	宫
侧鼓音	角	徵	宫	角

3. 晋侯 33 号墓

1993 年下半年至次年 1 月，北京大学考古学系和山西省考古研究所对晋侯墓地进行了第四次抢救性发掘。在晋侯 64 号墓中，出土了礼仪乐器一批。1994 年 5～10 月，他们又在晋侯墓地进行了第五次发掘。本次发掘的有 5 座大型墓葬：M33、M91、M92、M93、M102，均位于整个晋侯墓地的西北部。其中唯有 M33 因曾被盗掘而遭破坏，其他完好。其中的 M33、M91、M93 中，均有重要的音乐考古发现。M33 处于北排墓葬的西部偏中位置，为单墓道长方形竖穴土圹墓，与西部的 M32 为一对夫妻异穴并葬墓。在保存较差的劫余器物中，目前可知 1 件铜方壶铸有铭文，器身因锈蚀严重已破碎，器盖完整，底、盖均有内容相同但行款略异的铭文："隹（唯）正月初吉晋侯䴏（音 bó）马既为宝盂则乍（作）尊壶用尊于宗室享用考（孝）用祈寿考子子孙孙其万年永是宝用。"[1]

该器物的铭文内容、形制、纹饰均与 M91 方壶相同，属成对器物。依据对未经盗掘的 M91 墓葬级别、墓主身份的推定及铜器铭文中所提供的相关信息，推测 M33 墓主与 M91 墓主为父子关系，铭文中出现的"晋侯䴏马"，应即《史记·晋世家》中的晋厉侯，年代约相当于西周中期晚段孝、夷之世。由于墓葬严重被盗，棺、椁内的随葬品大多遭劫掠，仅余椁室东、西两侧的部分物品。墓主骨架无存，葬式不清。出土随葬品大致可分铜礼器、石器、兵器、工具、车马器及陶、瓷器等几类。铜礼器可见鼎、簋、壶、盂等，多破损严重，残缺不全。车马器可见有銮铃、辖，以及散布于墓室东、北、西三侧二层台上与墓道尾部的西壁的车轮、车舆等。另可见剑、戈、斧、原始瓷豆、盗洞中的陶鬲残片等。

墓葬椁室的东南角，出土有乐器石磬 10 余件。

4. 晋侯邦父墓和楚公逆钟

1993 年发掘清理了 3 座大型墓葬与附属的 20 余座祭祀坑，墓葬由东至西依次为 M64、M62、M63。M64 为一座带斜坡墓道的甲字形墓，与同期的 M63、M62 应为一夫二妻并列埋葬形式。葬具为一椁二棺。椁四周积石，上下积炭。墓中可见到的随葬器物大致有玉器、铜器、兵器等，分别放置于椁内、棺内与棺椁之间。东西椁壁内侧可见已散落的铜鱼、蚌贝、铜铃等物，棺内可见墓主的玉覆面与金饰带。铜礼器、兵器则共同陈列于

---

[1] 北京大学考古学系、山西省考古研究所：《天马-曲村遗址北赵晋侯墓地第五次发掘》，《文物》1995 年第 7 期，第 1～2、4～39、97～98、100 页。

外棺北面。铜礼器有 5 鼎、4 簋、4 尊，以及壶、盘、匜、爵等铜器。兵器有戈、剑各 1 件，另有镞若干枚。墓中有重要乐器发现。乐器被置于棺外东、南两侧，可见 8 件有铭青铜甬钟（图 5-28）、14 件石磬、1 件铜钲。①

图 5-28　晋侯邦父墓编钟（缺残件）及铜钲

墓中所出鼎 M64：130 有铭文为："晋侯邦父作□鼎其万年子孙永宝用。"

邦父不见于文献典籍，学术界多认为即《史记·晋世家》中的穆侯费王。"费王"即"邦"字之缓读，在位于周宣王十七至四十三年（前 811～前 785 年）。所出编甬钟铭文中的"楚公逆"，孙诒让已考定为《史记·楚世家》中的熊鄂。熊鄂即位于周宣王二十九年，卒于周宣王三十七年，二者同时期且晋穆侯在位时期更长，可见 M64 墓主为晋穆侯的说法可信。8 件楚公逆钟出现在晋穆侯墓中，不外乎为馈赠或战事劫掠所得。②

（1）编钟

墓中出土的 8 件甬钟，均为合瓦形腔体，斡旋具备，有 36 个二截圆柱状枚。

92 号钟：甬端未封衡，圆角方柱形甬，中空，不与体相通，甬端有对称的 4 个凹口，靠近甬端处有铸造缺陷。平舞，两铣略微外凸。舞部饰有云纹，旋带饰云纹和 4 乳钉，枚、钲、篆间以圈带纹界隔，篆间饰有蝉纹，鼓部为龙、凤、虎纹，正面右侧鼓饰有麟类小兽纹。钟体变形，经锯解修复，音已哑，钟体表面有氧化层覆盖。

93 号钟：形制、纹饰基本同 92 号钟。甬端有泥芯可见。

94 号钟：形制基本同 92 号钟，钟体较 92 号、93 号厚实，钲、篆、枚、鼓间以犬牙状乳钉纹界隔，其他部位纹饰大体与前两件相同。

① 山西省考古研究所、北京大学考古学系：《天马-曲村遗址北赵晋侯墓地第四次发掘》，《文物》1994 年第 8 期，第 1、4～21 页。

② 李学勤：《晋侯邦父与杨姞》，《中国文物报》1994 年 5 月 29 日；李学勤：《续说晋侯邦父与杨姞》，《宝鸡文理学院学报（社会科学版）》2005 年第 6 期，第 51～52、56 页。

95 号、96 号、97 号钟的形制与纹饰基本同 94 号钟。

98 号钟：圆角方柱形甬，甬端封衡。合瓦形腔体，枚、篆、钲间以阴线界隔，鼓部、篆间、舞部均饰有云纹，正面右侧鼓有凤鸟纹。

99 号钟：纹饰、形制同 98 号钟。

8 件甬钟多有铸铭，92～97 号钟钟体均有铭文 68 字，分别位于正面钲间、左鼓、篆顶及篆右侧，内容如下：

> 隹八月甲午，楚公逆祀厥先高祖考、大工、四方首。楚公逆出，求厥用祀四方首，休，多擒。鍆鼉内乡赤金九万钧，楚公逆用自作龢燮锡钟百□。楚公逆其万年用，保□大邦，永宝。①

98 号钟钟体铭文的内容与位置与上述 6 钟不同，分别位于正面钲间与左侧鼓，共 8 字；99 号钟的钟体锈蚀严重，铭文无法辨明。

从钟铭可知，此钟为楚公逆生前所做自用钟，是至今所知年代较早的重要楚青铜器，也是目前为数不多的成编出土的早期楚钟。其对于早期楚国世系、楚文化、楚晋关系的研究，以及辨伪宋代著录中楚公逆钟等，均有重要意义。

8 件编钟的形制，92～97 号钟的甬部与 98～99 号钟存在些许差异。在纹饰方面，二者存在明显差异：前 6 钟的鼓间、篆间、旋带以及舞面纹饰基本一致，铭文内容、字数均同，只在枚、篆、钲间纹饰出现小异；后 2 钟各部位纹饰相对统一，铭文字数、内容与前者有异。形制数据详见表 5-11。

表 5-11　晋侯邦父墓编钟形制数据

编号	通高/厘米	甬长/厘米	甬上径/厘米	甬下径/厘米	舞修/厘米	舞广/厘米	中长/厘米	铣长/厘米	铣间/厘米	鼓间/厘米	枚长/厘米	壁厚正（侧）/厘米	重量/千克
92	54.0	18.8	4.9	6.4	24.0	19.5	29.8	35.4	30.9	21.0	3.0	1.1/1.1	16.55
93	50.6	17.3	4.5	5.9	22.7	18.2	28.4	33.5	27.8	20.3	3.0	1.1/1.2	16.7
94	50.9	18.9	4.9	6.8	24.0	18.0	27.0	32.3	28.9	20.2	2.9	1.3/1.2	19.8
95	47.6	16.9	5.1	6.4	22.8	17.2	25.4	30.7	27.1	18.9	2.8	1.2/1.2	21.0
96	35.7	13.1	3.5	4.4	15.3	12.9	18.6	22.5	19.5	14.5	1.7	1.2/0.9	8.83

---

① 李学勤：《试论楚公逆编钟》，《文物》1995 年第 2 期，第 69～72 页；黄锡全、于炳文：《山西晋侯墓地所出楚公逆钟铭文初释》，《考古》1995 年第 2 期，第 170～178 页；参见刘绪：《晋侯邦父墓与楚公逆编钟》，载高崇文、安田喜宪主编：《长江流域青铜文化研究》，北京，科学出版社，2002 年，第 56～60 页。

续表

编号	通高/厘米	甬长/厘米	甬上径/厘米	甬下径/厘米	舞修/厘米	舞广/厘米	中长/厘米	铣长/厘米	铣间/厘米	鼓间/厘米	枚长/厘米	壁厚正(侧)/厘米	重量/千克
97	31.4	12.5	3.1	4.1	14.8	11.7	16.1	19.4	17.2	12.5	1.5	1.0/1.0	7.0
98	24.0	8.1	2.3	3.0	10.7	7.9	13.0	15.5	12.8	9.1	1.1	0.9/0.8	2.7
99	22.3	7.7	2.2	2.9	10.1	7.5	11.3	13.9	12.0	8.5	1.0	0.9/1.0	2.54

　　从内腔结构看，只有 92 号钟平整，余 7 件均留有明显调音锉磨遗痕，且位置各异。

　　92 号钟：平整，无明显锉磨。

　　93 号钟：有调音槽 1 条，位于背面正鼓处，较浅宽。

　　94 号钟：背面左鼓有 1 条较深的音槽，在几乎接近舞底处渐浅平。

　　95 号钟：有较深的调音槽 6 条，分别位于两正鼓、四侧鼓，均在接近腔体舞底处渐渐浅平，两铣角未见明显的调音痕。

　　96 号钟：正面两侧鼓各有 1 条调音槽，背面正鼓与左鼓各有 1 条调音槽，4 条调音槽均沿钟体内腔向内延伸，至舞底处渐渐浅平。

　　97 号钟：正面正鼓和两侧鼓各有 1 条调音槽，右侧鼓的调音槽较深、长，延至舞底渐浅平，正鼓和左侧鼓的调音槽均较短。

　　98 号钟：有调音槽 5 条，分别位于两铣角、正面正鼓和右侧鼓、背面右侧鼓。两铣角的调音槽较宽、深，其他部位的调音槽较浅。

　　99 号钟：两正鼓各有 1 条较深的调音锉磨槽，几近舞底，其他部位不很明显。

　　根据对甬钟内腔锉磨加工遗痕的分析可知，此套甬钟均经过细致的调音，手法成熟，应为实用于演奏之证。93～97 号钟锉磨位置多集中在正、侧鼓部，未涉及铣角，可视为此套楚钟内腔的基本特征。98 号钟的正、侧鼓与两铣部均有锉磨，位置与余钟不同。

　　《中国音乐文物大系》总编辑部对上述 8 件甬钟进行测音分析，测音数据见表 5-12。

表 5-12　晋侯邦父墓编钟测音数据

编号		92	93	94	95	96	97	98	99
正鼓音	音高/音分	不测	b³+37	#d¹−43	#g¹+50	#d²+6	#g²+24	#d³+30	#g³+2
	频率/赫兹	不测	252.25	303.63	427.60	624.50	842.54	1266.28	1663.54

续表

编号		92	93	94	95	96	97	98	99
侧鼓音	音高/音分	不测	E^1–47	$^\sharp f^1$+27	c^2+14	g^2–22	c^3–6	$^\sharp f^3$+47	a^3+5
	频率/赫兹	不测	320.86	375.87	527.58	774.14	1043.43	1520.88	1765.83

　　92 号钟出土后曾经锯解修复，音哑，原始音高资料不存；93 号钟的侧鼓部音较弱。余各钟音高明确，音质良好。测音结果表明，此墓甬钟的音阶骨干为宫、角、徵、羽，正、侧鼓音之间为三度关系。现依照原始测音结果，结合耳测听觉感受，对这套甬钟的各音级的音高做如表 5-13 所示的分析。

表 5-13　晋侯邦父墓编钟音分补正数表　　　　单位：音分

阶名	宫	角	徵	羽
音高	B+37 B+114（C+14） B+94（C–6） B–195（A+5）	$^\sharp$D+53 $^\sharp$D–43 $^\sharp$D+6 $^\sharp$D+30	$^\sharp$F+27 $^\sharp$F+78 $^\sharp$F+47	$^\sharp$G+50 $^\sharp$G+24 $^\sharp$G+2
平均值	B+13	$^\sharp$D+12	$^\sharp$F+51	$^\sharp$G+25

　　从上表音分补正数据的平均值看，角音的音分差数相对均匀，可作为这套甬钟调高的参照，并由此对各钟音阶结构做出定位，音列完全符合西周"羽、宫、角、徵"戒用商声的规制（表 5-14）。

表 5-14　晋侯邦父墓编钟耳测音阶结构参考

编号	92	93	94	95	96	97	98	99
正鼓音	（羽）	宫	角	羽	角	羽	角	羽
侧鼓音	（宫）	角	徵	宫	徵	宫	徵	宫↓

　　注：宫音=B+12；音叉校正：A4+0（440.25）。92 号钟未能测音，括号中的阶名为依照西周同时期甬钟音阶发展序列做出的推断

　　附：楚公逆镈

　　宋代政和年间，"鄂州嘉鱼县"出土"楚公逆镈"，为迄今所知楚文化中年代最早的铜器之一。早年为王室所藏，后不知去向。见于著录 4 件[①]，

[①]　（宋）王厚之辑：《钟鼎款识》，北京，中华书局，1985 年，第 26 页；中国社会科学院考古研究所：《殷周金文集成》第一册，北京，中华书局，1984 年，第 106 页；张亚初：《论楚公豪钟和楚公逆镈的年代》，《江汉考古》1984 年第 4 期，第 95～96 页。

1 件下落不明。今存日本 3 件，为陈介祺旧藏。"逆"为孙诒让所释，以为其人即文献所载的熊咢（噩）。继得王国维、郭沫若赞同。王国维云：

> 按《楚世家》言，熊绎居丹阳，至文王熊赀始都郢，中间无迁都事。惟言周夷王时，熊渠甚得江汉间民和，乃兴兵伐庸、杨粤至于鄂，乃立其长子毋康为句亶王，中子红为鄂王……熊挚红立后六世至熊咢。今熊咢之器出于武昌者，武昌即郢……楚之中叶曾居武昌，于史无闻，惟赖是器所出知之耳。[①]

郭沫若云：

> 楚公宋人未识，孙诒让释为逆，谓即熊咢。熊咢元年当周宣王二十九年，故此器作在宗周末年。[②]

（2）铜钲

铜钲体呈合瓦形，平舞，直铣。銎中空，与腔体相通，以穿木柄。上附四个扉棱，饰 S 形云纹，舞部饰云纹，腔体饰兽面纹，圆目、张嘴、耸耳。内腔平整，于口处有三棱状内唇。正面于口处有较多的铸造砂眼（图 5-28）。形制数据详见表 5-15。

表 5-15　晋侯邦父墓铜钲形制数据

编号	通高/厘米	銎长/厘米	銎上径/厘米	銎下径/厘米	舞修/厘米	舞广/厘米	中长/厘米	铣长/厘米	铣间/厘米	鼓间/厘米	枚长/厘米	唇高/厘米	重量/千克
100	19.8	4.6	3.8	3.7	—	7.8	12.8	14.9	13.3	9.3	—	1.0	2.5

晋侯邦父墓另有编磬 18 件与楚公逆钟同出，因其造型已经具备明显的春秋时代特征。本部分暂略。

5. 晋侯 91 号墓

墓葬为 1994 年 5～10 月发掘的晋侯墓地 5 座大墓之一。其他 4 座分别为 M33、M92、M93 与 M102，墓葬位于整个晋侯墓地的西北部，其中

---

① 王国维：《观堂集林·卷十八·夜雨楚公钟跋》（全四册），北京，中华书局，1984 年，第369 页。

② 郭沫若：《两周金文辞大系图录考释》，北京，科学出版社，1957 年，第 177 页。

M91 与 M92 位于 M32 西南约 20 米处，其南端紧邻 M64 与 M62，其位置介于整个墓地南、北两排墓葬之间。①

M91 与 M92 为同组夫妻异穴并葬墓。未经盗扰，葬具为一椁双棺，墓主骨骼已朽。葬式尚可辨认，头向南，面朝上，仰身，下肢伸直，双手置于腹部，骨架上下均有朱砂。随葬品分别置于棺椁之间、棺内，以及外棺顶部。棺椁之间可见青铜器、车马器、兵器与石器等。可辨青铜礼器 35 件，包括 7 鼎、5 簋、2 爵、2 鬲，方壶、圆壶、盘、匜、盂、尊等器物各 1 件。音乐考古发现有编钟 7 件（图 5-29～图 5-33），石磬 19 件。石磬分置于椁室西、南两侧。车马器多见銮铃。在墓室东侧偏北的二层台上还可见到殉狗 2 只，颈部系串贝和铜铃。

图 5-29　晋侯 91 号墓编钟之一

图 5-30　晋侯 91 号墓编钟之一舞部

图 5-31　晋侯 91 号墓编钟之一甬端部

图 5-32　晋侯 91 号墓编钟之一于口部

---

① 北京大学考古学系、山西省考古研究所：《天马-曲村遗址北赵晋侯墓地第五次发掘》，《文物》1995 年第 7 期，第 1～2、4～39、97～98、100 页。

图 5-33　晋侯 91 号墓编钟之一枚篆

　　墓中出土的 7 件甬钟保存基本完整，铸造工艺相对较为粗陋，形制纹饰略有差异。

　　无号钟：钟体形制较大，铜胎厚重，锈蚀仅作简单处理。圆角方柱形甬，甬端未封衡，腔内舞底处均可见较硬的泥芯。从甬端到甬基有明显的锥度。甬有旋无斡，甬上未见明显的斡脱落的痕迹。平舞，两铣略向外弧形凸起，两截圆柱状枚，枚端呈平面，枚、篆、鼓部以阳线界隔，篆间饰阳线夔纹，舞部为阳线云纹，旋带有圈点纹，钟体一面的正、侧鼓均有纹饰，但因锈蚀无法辨明，另一面鼓部素面。

　　145 号钟：甬端留有铸疣残渣，舞修留有铸缝，可见错范痕迹。圆柱形甬柄，甬内可见泥芯，甬斡旋具备。腔体合瓦形，平舞。枚、篆、鼓部以阳线圈带纹界隔，枚呈两截平端圆柱状。钟腔面正鼓部饰有云纹，侧鼓部有纹饰，但因锈蚀无法辨明，舞部素面。内腔舞底处可见圈形的凹陷，当中可见泥芯。

　　144 号钟：钟腔面有八九个枚残蚀。扁圆柱甬，甬端可见泥芯。甬斡旋具备，斡残。平舞，舞面有错范痕迹，枚、篆、钲间以细阳线乳钉纹界隔，篆间饰有目纹，旋部饰有四个乳钉纹。正鼓部饰有两组对称云纹，侧鼓部有纹饰，因锈蚀无法辨明。

　　146 号钟：钟整体铸造粗糙，工艺拙劣，通体可见多处铸造砂眼与缺陷，钟体背面中部留有约近 8 厘米的内凹缺陷与裂纹，右铣有小块残缺，正面的正鼓部有约近 6 厘米的裂纹。造型、纹饰与 144 号钟基本相同。

　　204 号钟：纹饰因锈蚀严重无法辨明。甬端与数个枚有残缺。造型与 144 号钟基本相同。

　　87 号钟：位于斡左侧的甬柄可见多处铸造缺陷。造型、纹饰与 144 号钟基本相同。

　　92 号钟：钟壁较薄，残缺严重，通体锈蚀。钟体正面仅存右半部与鼓部，背面钲间右侧残缺，经锯解修复。圆角方柱形甬，中空，可见泥芯，斡旋具备。造型、纹饰与 145 号钟基本相同。形制数据详见表 5-16。

表 5-16　晋侯墓地 M91 编钟形制数据

编号	通高/厘米	甬长/厘米	甬上径/厘米	甬下径/厘米	舞修/厘米	舞广/厘米	中长/厘米	铣长/厘米	铣间/厘米	鼓间/厘米	枚长/厘米	壁厚正（侧）/厘米	重量/千克
无号	40.7	14.9	4.75/5.0	5.7/6.2	19.25	15.0	22.6	26.4/26.9	22.3	16.7	2.1	1.0/1.5	13.5
92	26.0	8.6	2.7/3.3	3.1/4.2	11.3	—	14.0	16.9/16.6	13.9	10.5	1.2	0.5/0.6	1.8
144	25.0	9.8	2.5/3.4	3.15/3.7	10.4	8.2	13.1	15.3	13.0	19.5	1.55	0.5/0.7	2.2
145	24.7	8.5	2.5/3.1	3.05/3.75	10.4	8.1	9.8	15.7/16.1	13.2	12.8	1.2	0.45/0.6	2.0
146	22.6	8.4	2.45/2.8	2.85/3.5	9.55	7.8	11.8	14.2	12.2	8.2	1.0	0.85/0.75	1.7
204	17.2	6.65	2.1/2.4	2.5/3.0	7.6	6.0	9.1	10.5	9.1	7.3	0.8	0.75/0.6	1.2
87	15.4	6.3	2.1/2.2	2.35/2.7	6.5	5.5	7.9	9.2	8.2	6.9	0.7	0.8/0.75	0.9

7 件甬钟的内腔均经过不同程度的调音锉磨。内腔均留有明显的锉磨槽，位置集中在正鼓、侧鼓，以及两铣角。锉磨的深度、长度各异，有的仅在于口处做较浅的锉磨，有的自于口处向内延伸至 2/3 处或触及舞底，深度随延伸情况逐渐递减，锉磨手法符合已知西周甬钟的"挖隧"法规范。

无号钟：钟体内腔共有 6 条凹槽，分别位于两正鼓、两铣以及有纹饰一面的右侧鼓与无纹饰一面的左侧鼓。凹槽均集中在于口处，未向腔内延伸。

145 号钟：两正鼓近于口处有较浅的凹槽，正面的相对明显并略向腔内延伸。

144 号钟：两正鼓部可见凹槽，分别延伸至内腔2/3处。

146 号钟：正面右侧鼓与背面左侧股各有 1 条凹槽，分别向内延伸至舞底处，渐浅平。

204 号钟：内腔可见 6 条凹槽，分别位于两铣、两正鼓、正面右侧鼓以及背面左侧鼓处，均向内延伸，至舞底处渐浅平。

87 号钟：两铣处留有锉磨圆弧，较浅，未向内延伸，四个侧鼓部各有 1 条向内延伸的浅显凹槽。

92 号钟：两铣与两正鼓各有 1 条凹槽，余部未见。

《中国音乐文物大系》总编辑部对 91 号墓编钟进行测音分析，刊布于表 5-17。

表 5-17　晋侯墓地 M91 编钟测音数据

编号		无号	145	144	146	204	87	92
正鼓音	频率/赫兹	1504.38	619.51	—	718.3	1580.34	2082.7	
	音高/音分	b^1+28	$\sharp d^2-16$	残缺不测	f^2+40	g^3+5	c^4-17	残缺不测
侧鼓音	频率/赫兹	602.95	800.88	—	864.95	1939.59	2450.98	—
	音高/音分	d^2+37	g^2+29	残缺不测	a^2-38	b^3-40	$\sharp d^4-35$	残缺不测

　　M91 出土器物的锈蚀较严重，未除锈，铸铭一时难以分辨。1 件铜方壶与 1 件铜器的器底铭文可识读如下：

　　M91：57（方壶）：隹（唯）正月初吉晋侯僰马既为宝盂则乍（作）尊壶用尊于宗室用享用考（孝）用祁寿考子子孙孙其万年永是宝用。

　　M91：169（器底）：隹（唯）五月初吉庚寅晋侯喜父乍（作）朕文考剌（厉）侯宝□子子孙孙其永宝用。

　　铭文中出现两位晋侯的名字，即方壶上之"僰马"与未知铜器底上之"喜父"。方壶的形制、纹饰及其铭文均与 M33 所出方壶相同，二者应为成组的一对，依照对 M33 墓主世系及其年代的推断，M91 出土的这件"僰马"方壶可能为 M33 中器物。

　　器 169 号有"喜父"铭文的器底，因器体破碎严重，器种暂未辨明。铭文内容与 M92 出土铜盘（M92：6）相同，根据墓葬、随葬器物等信息推断 M92 为夫人墓，M91 的墓主可能为"喜父"。2 件"喜父"铜器的铭文内容均表明是为其父"剌侯"而作，据多位学者的分析考证，"剌"通"厉"，"剌侯"可能为《史记·晋世家》中的晋厉侯，由此推定 M91 墓主可能为晋厉侯之子晋靖侯。《晋世家》载晋靖侯在位共 18 年，卒于共和二年（前 840 年），时为西周厉王时期。

　　晋侯墓地 91 号墓出土编磬 19 件，保存情况不很好。编磬大致可分为二型：Ⅰ型 7 件（图 5-34），以 111 号石磬为代表，以弧形拱背、无倨句为基本特征的不规则造型的编磬；Ⅱ型 12 件（图 5-35），以 184 号石磬为代表，已经形成了规范的倨句五边形，但各磬之间造型差异较大。

图 5-34　晋侯 91 号墓Ⅰ型磬之一　　　图 5-35　晋侯 91 号墓Ⅱ型磬之一

6. 晋侯 93 号墓

　　晋侯 93 号墓发掘于 1994 年，北京大学考古学系和山西省考古研究所对晋侯墓地进行第五次发掘。①此墓位于北排墓葬的最西端，可能与 M102 为一夫妻异穴并葬墓。M102 可能是妾属，M63 墓主可能为此墓墓主的正室。墓葬为双墓道"中"字形竖穴土圹墓，保存完好，一椁双棺。随葬品大致可分为铜器、玉器、石器、蚌器与骨器五类，分放于不同位置。棺椁之间放置铜礼器两套。一套为明器，共 8 件，放于偏北处；另一套为实用器，共 16 件，自南向北摆放，依次为盘、匜、壶、鼎、簋等。乐器置于椁室西侧，有青铜乐钟与石磬两类。乐钟共有 16 件（图 5-36～图 5-40）：大型钟 8 件，南北排列，甬均朝东；小型钟 8 件，位置偏南，被大钟所压；石磬位于椁西侧偏南，分两摞叠放，南边一摞 6 件，北边一摞 4 件。除上述大量随葬器物以外，还可见到不同位置的棺椁饰物，包括铜铃 23 件，有 3 件放于椁东侧，4 件放于椁西侧，南侧 7 件，北侧 9 件。南部墓道及附近

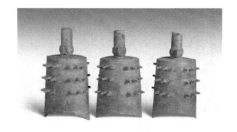

图 5-36　晋侯 93 号墓编钟 1、2 号　　　图 5-37　晋侯 93 号墓编钟 3～5 号

---

①　北京大学考古学系、山西省考古研究所：《天马-曲村遗址北赵晋侯墓地第五次发掘》，《文物》1995 年第 7 期，第 1～2、4～39、97～98、100 页。

图 5-38　晋侯 93 号墓编钟 6～8 号

图 5-39　晋侯 93 号墓编钟 9～12 号

图 5-40　晋侯 93 号墓编钟 13～16 号

有大量的祭祀坑和殉牲，坑口可辨者 14 座。"夏商周断代工程"课题组相
关研究人员对此墓祭牲进行碳十四年代测定，拟合此墓的年代为公元前
789～前 768 年，推断墓主为晋文侯，墓葬时代已在西周末年至春秋初年，
但所出钟磬礼乐用器当历经前代传世，具有明显的西周特征。

（1）晋侯 93 号墓编钟

墓中所出编钟 16 件，形制、纹饰大致相同，均为甬钟之制（图 5-41～
图 5-46）。腔体呈清楚的合瓦形，圆柱状甬，斡旋具备，平舞，直铣。钟
腔表面置 36 个二截圆柱状枚。枚、篆间以阴线分隔，篆间饰夔纹，鼓部饰
相背夔纹，舞部为云雷纹。编钟的铸造手法不很规范，缺肉、砂眼、铸疵
等瑕疵较多。如 2 号钟甬部有砂眼，正面鼓部周围可见铸造缺陷；3 号钟
甬端有铸疵，略微凸起；4 号钟甬端与舞面的一侧有砂眼，正面左侧鼓有
铸造缺陷。形制不够规整，部分钟体略显不对称等。

图 5-41　晋侯 93 号墓 1 号编钟

图 5-42　晋侯 93 号墓 1 号编钟鼓部纹饰

图 5-43　晋侯 93 号墓 1 号编钟枚篆

图 5-44　晋侯 93 号墓 1 号编钟铣角内

图 5-45　晋侯 93 号墓 1 号编钟甬部

图 5-46　晋侯 93 号墓 1 号编钟于口部

　　编钟的纹饰基本相同。1～8 号、12～16 号钟纹饰较为清晰，9～11 号钟的钟体锈蚀严重，纹饰相对模糊。侧鼓部纹饰存在差异，只有 5 号、6 号、9～16 号钟正面的右侧鼓处铸有云纹，余 6 件钟的右侧鼓部尚未发现明显的纹饰标记。多数西周甬钟的正面右侧鼓设凤鸟纹、团龙纹、云纹等，作为甬钟侧鼓部第二基音的敲击标志，说明双音钟的发音原理早为西周甬钟的铸造实践广泛应用，但晋侯墓地 M93 编钟的侧鼓部纹饰略显杂乱，无规律可循，与晋侯墓地其他各墓出土编钟相比，铸造粗疏，形制不够规范，与实用乐器尚有距离。

形制数据详见表 5-18。

表 5-18 晋侯墓地 M93 编钟形制数据

序号	通高/厘米	甬长/厘米	甬上径/厘米	甬下径/厘米	舞修/厘米	舞广/厘米	中长/厘米	铣长/厘米	铣间/厘米	鼓间/厘米	枚长/厘米	壁厚正（侧）/厘米	重量/千克
1	46.8	14，2	5.3	5.6	20.1	15.3	27.0	33.3	24.6	18.1	2.8	唇 1.15	12.1
2	47.0	13.3	5.3	5.4	22.0	15.7	27.2	33.4	25.4	17.8	2.9	唇 1.1	13.85
3	46.2	12.8	5.1	5.6	19.1	14.8	26.3	32.2	23.0	17.7	2.9	唇 1.3	11.65
4	45.0	13.3	5.1	5.5	18.4	14.7	26.0	30.7	23.8	17.6	2.8	唇 1.2	11.5
5	残 43.8	残 12.8	残	5.4	18.8	14.5	25.0	30.8	21.8	16.8	2.8	1.0/1.2	12.4
6	43.9	12.4	4.9	5.4	18.7	14.6	25.3	30.8	21.8	16.6	2.8	0.8/0.8	10.9
7	39.3	11.2	4.6	5.2	17.5	13.7	24.0	28.1	20.9	15.7	2.7	0.8/0.8	8.4
8	39.8	11.1	4.6	5.3	17.2	13.3	23.6	28.0	20.5	15.7	2.7	0.9/1.0	11.1
9	30.4	10.5	3.6	4.0	12.1	9.4	16.0	19.2	14.0	11.0	1.9	0.7/0.7	4.0
10	30.0	10.2	3.6	4.1	12.1	9.6	16.0	19.2	14.9	11.0	1.9	0.5	3.4
11	28.4	9.9	3.5	3.8	11.5	8.8	14.9	17.8	14.2	11.1	1.8	0.7	3.1
12	28.2	9.6	3.6	3.8	11.6	8.7	15.2	18.3	14.0	11.0	0.8	0.6	3.7
13	23.2	8.1	2.8	3.2	11.8	14.6	11.7	14.5	11.5	8.6	1.7	0.6	2.3
14	23.4	8.3	2.7	3.2	9.7	7.5	11.8	14.5	11.7	8.7	1.5	0.5	1.9
15	21.5	7.5	2.4	2.7	8.6	6.9	11.0	13.5	10.4	7.7	1.3	0.5	1.5
16	21.4	7.4	2.7	2.9	8.6	6.8	11.0	13.3	10.2	7.9	1.4	0.5	1.7

编钟腔内近于口部位（图 5-47、图 5-48），可见调音时留下的锉磨遗痕，但其数量、程度各异，体现出较为随意的特征。分述如下。

1～4 号钟：内腔于口处有较低窄的三棱状内唇，仅在唇上留有调音锉磨痕，分别位于两个正鼓、四个侧鼓处，未向腔体内部延伸。

5 号钟：未见音唇，钟壁较厚，腔体内有调音锉磨痕，分别位于两个正鼓、四个侧鼓处，共有 6 条。

6 号、7 号、11 号、15 号钟：未见于唇，腔体内没有调音锉磨痕。

8 号钟：未见于唇，腔体正面正鼓处有较长、较深的锉磨痕，背面正鼓和两侧鼓处均有较短、浅的锉磨痕。

9 号钟：未见于唇，除正鼓部有少量短小的凹痕外，余部平整。

10 号钟：正面正鼓处有长约 1 厘米的短小锉槽，背面正鼓和四个侧鼓处均留有较浅短的锉磨痕。

12 号钟：于口处有低矮的内唇，在两正鼓、四侧鼓部均有锉磨留下的痕迹。

13 号钟：未见音唇，但在四个侧鼓部都有明显的锉磨痕，两个正鼓也有轻微的锉磨。

14 号钟：于口处可见内唇，但没有锉磨痕。

16 号钟：未见内唇，内腔可见 6 条调音锉磨痕，分别位于两正鼓和四侧鼓，调音手法不是很规范，位置较随意，大多向内延伸 1～2 厘米。

图 5-47　晋侯 93 号墓 1～8 号编钟于口

图 5-48　晋侯 93 号墓 9～16 号编钟于口

此套甬钟的内腔锉磨情况可大致归纳为：

1）多数甬钟内腔没有内唇，仅有少数甬钟内腔有较低矮的内唇，锉磨仅在于口处进行，未向腔内延伸。

2）锉磨位置集中在正、侧鼓部，未涉及铣角。

西周甬钟的调音多借助于在内腔"挖隧"，即锉磨出浅弧形的凹槽，位置集中于正、侧鼓与两个铣角，与合瓦形甬钟振动产生的两组节线位置相吻合。有学者通过研究认为，在一组节线上锉磨，对该节线上的音高影响最小，而对另一组节线上的音高影响较大，达到较好的调音目的。具体而言，正鼓部受击振动时，振动节线位于两个铣角；侧鼓部受击后，除保留两铣角部位的对称节线外，另增设钟体中轴线上的对称节线，可见两铣角部位的节线可同时作用于正、侧鼓音，这也是大量西周甬钟铣角锉磨较深的原理所在。此外，甬钟铸造成型后的音高不可能一步到位，需进一步微调，以求与预设音高精密吻合。晋侯墓地 M93 甬钟内腔保留的调音锉磨未及铣角的情形，可能是出于实际音高的需要。

《中国音乐文物大系》总编辑部对这套甬钟进行了测音分析，并刊布测音数据于表 5-19 中。

表 5-19　晋侯墓地 M93 编钟测音数据

序号		1	3	6	2	4	7	5	8
正鼓音	音高/音分	♯G3−10	C4−47	C4+2	C4+29	C4+42	♯C4+2	♯D4−29	♯G4−42
	频率/赫兹	206.36	254.49	261.99	266.09	268.09	277.55	306.09	405.58
侧鼓音	音高/音分	♯A3−17	D4−23	♯C4+36	D4+0	D4+0	♯D4+26	F4−8	A4+29
	频率/赫兹	230.72	289.88	283.03	293.78	293.78	315.84	347.62	447.60
序号		10	11	9	12	14	15	13	16
正鼓音	音高/音分	♯G4+14	C5−8	♯C5+26	♯D5+47	G5−31	♯G5+28	♯G4−21	A5−16
	频率/赫兹	418.72	521.13	562.96	639.39	770.45	844.44	410.34	872.15
侧鼓音	音高/音分	♯A4−45	♯C5+24	♯D5−29	♯F5−19	♯G5+46	♯A5−38	A4+28	B5+29
	频率/赫兹	454.37	562.29	612.18	732.18	853.31	912.27	447.24	1004.92

测音结果表明，此墓甬钟的音高杂乱无章，不成序列。依照物理音高的次序来看，音高与甬钟形制大小之间无法形成统一规律，即使打乱形制大小序列以应和音高次序的话，16 件甬钟之间仍旧很难形成音阶序列。

各钟的双音性能，除 5 号、12 号钟的正、侧鼓音之间的音程关系为三度外，其余各钟两音之间均为二度关系。同为晋侯墓地出土的甬钟，M9、M91、M8 及 M64 甬钟，正、侧鼓音之间无一例外是三度关系；同为西周晚期的中义钟、柞钟等，正、侧鼓两音之间多保持在三度关系之内。甬钟正、侧鼓两音的三度关系，与振动产生的自然谐音列有关，也与律制关系紧密。M93 编钟显然与正常双音钟发音规律不符。

通过对这套甬钟的形制、纹饰、内腔锉磨以及音律情况进行分析，推测晋侯墓地 M93 甬钟不能实用，可能为明器。

（2）晋侯 93 号墓编磬

晋侯 93 号墓出土编磬 10 件（图 5-49～图 5-58），整体保存基本完好，无断裂现象。形制大小基本成序，鼓股分明，有倨句和倨孔规范，孔为两边对钻。磬底边基本平直，具备西周编磬的基本特征。

图 5-49　晋侯 93 号墓 78 号编磬

图 5-50　晋侯 93 号墓 79 号编磬

图 5-51　晋侯 93 号墓 80 号编磬

图 5-52　晋侯 93 号墓 81 号编磬

图 5-53　晋侯 93 号墓 82 号编磬

图 5-54　晋侯 93 号墓 83 号编磬

图 5-55　晋侯 93 号墓 84 号编磬

图 5-56　晋侯 93 号墓 85 号编磬

图 5-57　晋侯 93 号墓 86 号编磬　　　　图 5-58　晋侯 93 号墓 87 号编磬

79 号、80 号、81 号、86 号、87 号等 5 件磬形制近似，磬体较窄长，鼓博、股博相对较短。79 号磬保存完好，股下角略微残损，底边微微向上弧曲，磬面较光滑；80 号磬两博均略有残损，底边有溶蚀；81 号磬在鼓上角、鼓下角和股下角处有溶损。86 号磬在倨顶、股部和一面的底边略有残缺，一面光滑，另一面稍有溶蚀痕迹；87 号磬股下角残损一块，磬的一面较光滑，另一面有溶蚀。

82 号、84 号磬较上述几磬显得短阔些，鼓股依然分明，鼓博、股博略高，两博接近等长。82 号磬鼓博和股下角略有溶损，一面较平整，另一面有较多的溶蚀点痕；84 号磬面光滑，其中一面的鼓上角微有残损。

85 号磬保存相对稍差，一面溶蚀严重，另一面光滑，鼓、股上边均在接近博的地方呈弧形下滑，底边略弧，不很平直。

78 号磬较特殊，鼓、股上边长度比值略接近，鼓博和股博较小，整体近于三角形。磬的一面鼓上边略有残损，后股残，有少量溶蚀。

83 号磬保存完好。鼓上边和股上边的差额较小，倨句较大，两博显长，形制不同于其他磬。股下角略残，一面较光滑，另一面略有溶蚀。底边略弧。

晋侯墓地 93 号墓编磬的测音结果及音阶分析参见表 5-20。

表 5-20　晋侯墓地 M93 编磬测音数据

序号	1	2	3	4	5	6	7	8	9	10
编号	M93：83	M93：84	M93：78	M93：85	M93：81	M93：87	M93：79	M93：80	M93：86	M93：82
音高/音分	F5−31 f^2−31	A5−38 a^2−38	B5+23 b^2+23	#C6+33 #c^3+33	E6+4 e^3+4	#F6+2 #f^3+2	#G6−16 #g^3−16	C7+14 c^4+14	D7−33 d^4−33	D7+29 d^4+29
音名	宫曾	↓宫	商	角	徵	羽	↓变宫	徵曾	↓和	和
频率/赫兹	686.41	861.37	1001.33	1130.54	1322.20	1482.53	1646.38	2110.43	2306.22	2390.25
备注	音高明确，音色佳	音高明确，音色佳	音高明确，音色佳	音高明确，音色佳	音高明确，音色佳	音高明确，音色佳	音高明确，音色佳	音高明确，音色佳	音高明确，音色佳	音高明确，音色佳

注：测音数据由王子初团队于晋侯墓地现场实测所得并作音列分析。时间：2012 年 11 月 22 日

晋侯 93 号墓编磬为整套保存较完好的西周编磬，而且墓葬未经盗扰，考古资料丰富而可靠。全套编磬不但没有缺失，而且均能正常发音：敲击音色清脆，音律整齐，高低有序，音域跨越十三度。测音结果的分析表明，晋侯墓地 93 号墓编磬的发音，与耳测的印象接近，基本上可以构成较为清晰的 A 宫七声音阶，极为难得。其音列为（简谱）：

♭6	↓1	2	3	5	6	↓7	♭3	↓4	4
宫	宫	商	角	徵	羽	变	徵	和	和
曾						宫	曾		

其中有几块磬发音有所偏低，以"↓"号表示。另有两磬，即 83 号、80 号磬的音位分别为宫曾、徵曾，与相邻磬块的发音不甚连贯，阶名的界定可能有疑：83 号磬的宫曾很可能为羽偏低所致，80 号磬的徵曾亦可能为角音偏低所致。考察 83 号磬有溶蚀，磬体宽薄；80 号磬也稍有溶蚀，磬体修长。磬体的宽薄或修长，是石磬音调偏低的条件，二磬分别具备了。总的说来，93 号墓编磬多数均有少许地下水溶蚀的痕迹，但不是很严重，虽对其音高产生一定的影响，但还保留了其基本的音阶格局，这在考古发现的西周编磬中可谓独一无二，很值得庆幸。它很可能说明了两个十分重要的事实：一是西周乐悬中的编磬与编钟不同，其并不在"戒用商音"之列，即当时允许其使用商音级构成完整的五声或七声音阶。93 号墓磬 M93：78，作为音阶的商声赫然在列。二是西周乐悬中编磬编列的 10 件成组，音列的七声齐全，很可能是当时编磬常用的规范之一，用以弥补编钟因"戒商"而造成的五音不全、难以演奏完整旋律的弊病。目前这尚为孤证，可待以后更多出土资料来印证。

二、強国墓地

陕西宝鸡強伯墓地的強伯各和強伯姞二墓所见青铜乐钟，经由考古发掘出土，在西周早期的音乐考古中具有标准器的意义，在西周礼乐制度和乐悬制度的研究方面，也有着特别的意义。

1. 強伯各墓[①]

1980 年 5 月，陕西省宝鸡市南郊竹园沟 7 号墓出土西周编钟 3 件（BZM7：12、BZM7：11、BZM7：10，图 5-59～图 5-64）。经考古专家鉴定墓主为強伯各。该墓无墓道，共出土铜、玉等器 400 余件（组）。从墓

---

① 卢连成、胡智生：《宝鸡強国墓地》，北京，文物出版社，1988 年，第 96 页；方建军主编：《中国音乐文物大系·陕西卷》，郑州，大象出版社，1996 年，第 29 页。

主**弜**伯各所做礼器和同出的丰公鼎、目父癸鼎等器看，其时代应在西周早期的康、昭之世①，编钟的时代应与之相当。**弜**伯各墓编钟是目前所见

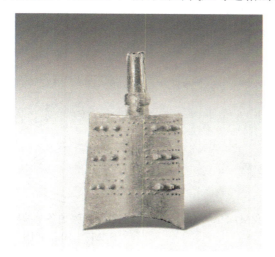

图 5-59　**弜**伯各墓编钟 BZM7：12

图 5-60　**弜**伯各墓编钟
BZM7：12 示意图

图 5-61　**弜**伯各墓编钟 BZM7：11

图 5-62　**弜**伯各墓编钟
BZM7：11 示意图

---

①　卢连成、胡智生：《宝鸡**弜**国墓地》，北京，文物出版社，1988 年，第 415 页。

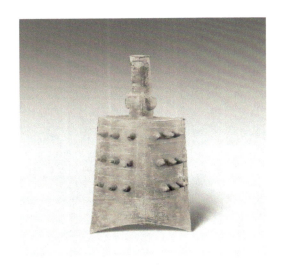

图 5-63 彊伯各墓编钟 BZM7：10

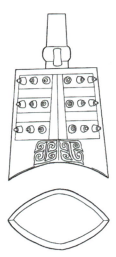

图 5-64 彊伯各墓编钟
BZM7：10 示意图

考古发掘出土的年代最早的西周编钟。同出其他礼器有圆鼎 3、簋 2、尊 2、卣 2、瓿 2、虎纹铜钺等。在 3 件**彊伯各墓编钟**当中，器 BZM7：12 最大，甬中空与体相通，内壁光平。旋饰四乳钉，舞素面，钲、篆四边以连缀小乳钉为界。篆、鼓均饰细阳线云纹；器 BZM7：11 形制、纹饰同 BZM7：12，唯甬稍长；器 BZM7：10 形制与 BZM7：12 大体相同，而纹饰有异。其钲、篆四边以阳线为界，而非连缀乳钉。旋和篆间均无纹饰。由此观之，此套编钟应为拼凑而成，原来也如晋侯苏墓编钟 I 式、II 式一样 2 件成编，BZM7：10 应为后配。甬钟的形制数据详见表 5-21。

表 5-21 彊伯各墓编钟形制数据

编号	通高/厘米	甬长/厘米	舞修/厘米	舞广/厘米	铣长/厘米	钲长/厘米	鼓间/厘米	铣间/厘米	正鼓厚/厘米	侧鼓厚/厘米	枚高/厘米	重量/千克
BZM7：12	34.0	10.0	18.0	12.5	23.8	15.3	14.6	21.0	0.9	0.6	1.8	7.3
BZM7：11	33.0	11.1	16.0	11.6	22.0	13.8	14.0	18.0	0.9	0.7	1.3	6.0
BZM7：10	28.8	9.8	13.2	9.3	19.0	11.9	10.6	16.2	1.2	1.1	1.7	4.4

根据**彊伯各**编钟的测音数据分析，编钟的正鼓音可以构成"宫—角—宫"音列，侧鼓音则为"徵曾—宫曾—角音列"。[1]详见表 5-22。

---

① 孔义龙：《两周编钟音列研究》，北京，文化艺术出版社，2018 年，第 53 页。

表 5-22　強伯各墓编钟测音数据　　单位：音分

编号	BZM7：12	BZM7：11	BZM7：10
正鼓音	b^1−35 宫	$^\sharp d^2$+28 角	b^2+35 宫
侧鼓音	d^2+16 徵曾	g^2+13 宫曾	e^3−47 角

2. 強伯𩑋墓[①]

強伯𩑋墓即 1974 年 12 月发掘于陕西宝鸡市的茹家庄 1 号墓。墓葬的乙室出土编甬钟一套 3 件（BRM1 乙：28、BRM1 乙：29、BRM1 乙：30，图 5-65～图 5-67）。经专家鉴定，墓主为強伯𩑋。该墓为带墓道的大墓，墓葬的乙室出土青铜器 42 件，是強国墓地中随葬青铜礼器数量最多的一座墓葬。有鼎 8（方鼎 3、圆鼎 5）、簋 5、豆 4、尊 5 件等，墓中同出有铜铎 1 件。根据同墓出土的礼器，墓葬时代可以定在西周早期的昭、穆之世[②]，编钟的时代亦应与此相当或稍早。

（1）強伯𩑋墓编钟

強伯𩑋墓编钟保存尚好，但锈蚀较严重。钟 BRM1 乙：28 器形完整。甬中空与体腔相通，甬端有一长方形对穿，内壁光平。舞素面，钲、篆四边以连缀小乳钉为界，鼓饰细阳线云纹。钟 BRM1 乙：29 鼓部微残。形制、纹饰与 BRM1 乙：28 相同。钟 BRM1 乙：30 器形完

图 5-65　強伯𩑋墓编钟 BRM1 乙：28

图 5-66　強伯𩑋墓编钟 BRM1 乙：29

图 5-67　強伯𩑋墓编钟 BRM1 乙：30

① 卢连成、胡智生：《宝鸡強国墓地》，北京，文物出版社，1988 年，第 281 页；方建军主编：《中国音乐文物大系·陕西卷》，郑州，大象出版社，1996 年，第 31 页。

② 卢连成、胡智生：《宝鸡強国墓地》，北京，文物出版社，1988 年，第 415 页。

整，形制与 BRM1 乙：28 基本相同，但纹饰有异。其钲、篆四边以阳线为界，而非连缀乳钉。正鼓部所饰云纹与前两钟也有不同。故此套编钟应为增扩而成：其原来也如晋侯苏墓编钟 I 式一样，以 2 件成编，第三件钟 BRM1 乙：30 应为后配。3 件甬钟的形制数据见表 5-23，测音数据见表 5-24。

表 5-23　强伯稻墓编钟形制数据

编号	通高/厘米	甬长/厘米	舞修/厘米	舞广/厘米	铣长/厘米	中长/厘米	鼓间/厘米	铣间/厘米	正鼓厚/厘米	侧鼓厚/厘米	枚高/厘米	重量/千克
BRM1 乙：28	31.7	11.2	14.6	12.5	21.0	12.2	12.3	18.0	0.8	0.6	1.5	4.7
BRM1 乙：29	30.5	11.4	13.3	11.0	19.3	11.2	11.6	16.5	0.8	0.6	1.4	4.4
BRM1 乙：30	23.3	9.3	10.1	7.8	14.0	6.8	8.4	12.1	0.7	0.5	0.9	1.9

表 5-24　强伯稻墓编钟测音数据　　　　　　　　单位：音分

编号	BRM1 乙：28	BRM1 乙：29	BRM1 乙：30
正鼓音	a^1+43 宫	$^\sharp c$+17 角	b^2+41 商
侧鼓音	—	f^2+32 宫曾	d^3−6 角
备注	侧鼓经修复，不测	鼓部略残	锈

根据强伯稻墓编钟的测音数据分析，编钟的正鼓音可以构成"宫—角—商"音列，侧鼓音则为"（徵曾）—宫曾—角"音列。[1]与强伯各编钟的音列结构相比，除了 BRM1 乙：30 有所偏高之外，其他有着明显的相似性。二者的调高分别为 b^1−35、a^1+43（b^1−57），仅差 22 音分，听觉上几乎可以等同，故 BRM1 乙：30 的商可以看作偏高的宫，为铸调误差所致。两座强伯墓的编钟，应该有着统一的音律规范。

（2）强伯稻墓铜铎

强伯稻墓出土铜铎（图 5-68、图 5-69）1 件，与编钟同于 1974 年出土于强伯稻墓，出土时铜铎与编钟置于一处。铎柄末端及铎体部有残破。圆管状柄细长，与体腔相通。腔体断面为菱形，内壁光平。腔内舞底近

---

① 孔义龙直接将编钟的正鼓音记成"宫—角—宫"音列。见孔义龙：《两周编钟音列研究》，北京，文化艺术出版社，2018 年，第 53 页。

柄处有一半环形鼻，用以吊挂梭形长舌。舞素面，腔面以细阳线饰兽面纹。其形制数据见表 5-25。

图 5-68　弜伯铠墓铎　　　　　　图 5-69　弜伯铠墓铎示意图

表 5-25　弜伯铠墓铎形制数据

编号	通高/厘米	舞修/厘米	舞广/厘米	正鼓厚/厘米	侧鼓厚/厘米	铣间/厘米	鼓间/厘米	柄长/厘米	柄内径/厘米	重量/千克
BRM12：28	20.4	7.2	5.0	0.3	0.4	10.0	6.6	8.5	2.2	0.55

3. 弜伯墓铙

弜伯墓铜铙（图 5-70、图 5-71）于 1980 年 5 月宝鸡市南郊竹园沟 13 号弜伯墓出土。此墓同出有子豪方鼎、戈鼎、秉作父辛鼎等铜器和玉器等，共计 230 余件（组），均系西周早期器，现藏于宝鸡市博物馆（BZM13：9）。铜铙出土时器形保存完整，胎体厚实，制作精良。铙平舞，侈铣，于口弧曲上凹。圆管状甬带锥度，至甬端渐扩，并与体腔相通。内壁光平，舞素面。铙体饰浮雕兽面纹。正鼓部有台。造型同商代编铙全同，应为殷商编铙于周初之孑遗，全套原应为 3 件（表 5-26）。

图 5-70　强伯墓铙

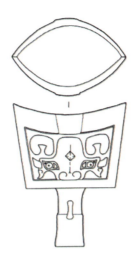

图 5-71　强伯墓铙示意图

表 5-26　强伯墓铙形制数据

编号	通高/厘米	舞修/厘米	舞广/厘米	正鼓厚/厘米	侧鼓厚/厘米	铣间/厘米	鼓间/厘米	柄长/厘米	柄内径/厘米	重量/千克
BZM13：9	19.5	11.5	8.3	0.6	0.5	14.4	10.3	8.0	3.6	1.7

三、陕西韩城梁带村芮君墓地[①]

　　2005 年 4 月，陕西省考古研究院开始对陕西韩城梁带村芮国贵族墓地进行的考古发掘，该墓之发掘被评为 2005 年全国十大考古发现之一。

　　M27 是梁带村两周墓地遗址中 4 座带墓道的大型墓葬之一（除此之外有 M19、M26、M28），是中华人民共和国成立以来陕西发掘的未被盗掘而又规模最大的周代墓葬。墓葬保存完好。M27 出土青铜簋标本 M27：1007 捉手内铸一周铭文"内（芮）公作为旅簋"。联系墓中出土器物的规模来看，M27 墓主人应为芮国的君主芮公。M27 出土有些青铜器的年代，可早至商周之际和西周早期，应为墓主人的传世之物。而 M27 的年代，应在西周晚期至春秋早期的可能性最大。

　　梁带村遗址 M27 出土的乐器共 29 件。包括编钟一套 8 件，钟钩 7 件，

---

① 　2008 年 7 月 28 日，笔者应陕西省考古研究院研究员、梁带村遗址 M27 考古发掘队队长孙秉君先生和张天恩博士之邀，率研究生陈婧雅、朱国伟、任宏等一行，前往位于高陵县的陕西省考古研究院泾渭基地，对近年韩城梁带村出土的音乐文物进行了音乐学考察。本节资料即源于此。

编磬一套 10 件，镈于 1 件，铙 1 件，木质鼓类乐器 2 件，其一应为建鼓（鼓已腐蚀只残剩鼓枹）。

1. 梁带村 27 号墓编钟的考察与研究

M27 出土的编钟（图 5-72～图 5-75）均为甬钟，一套 8 件。从编钟的形制上看，编钟的编列以 4 件为一组，明显分为二组。前一组形制较大，通高自 40.2～48.3 厘米，均在 40 厘米以上。后一组形制急剧缩小，通高自 19.6～29.9 厘米，均在 30 厘米以下。形制相近。钟的腔体呈合瓦形，两铣棱基本斜直，近于口渐内敛，于口弧曲上凹，两铣角下垂。腔体上部为平舞，舞面中心植甬。钟体内腔的四侧鼓部，均未见有音梁设施。但多数钟在于口内或多或少开有调音槽，直通至舞底处，其位置主要位于两铣角、两正鼓，以及四侧鼓处。甬一般呈圆角方柱形，甬上幹、旋具备，旋较宽厚。舞部、篆间、正鼓部均有纹饰。

图 5-72 梁带村 27 号墓编钟 1025 号、1027 号

图 5-73 梁带村 27 号墓编钟 950 号、949 号、1030 号

图 5-74 梁带村 27 号墓编钟 1026 号、1029 号、1028 号

图 5-75 梁带村 27 号墓编钟 1025 号舞部

（1）编钟形制考察

编钟的形制及保存情况分述如下。

1025 号钟。保存完好。圆角方形柱甬，幹、旋具备，旋带较宽厚。腔体上部舞平，直铣，两铣棱向于口处稍内敛。正鼓部饰凤纹，篆间饰目纹

（重环纹），舞部饰夔龙纹。于口可见内唇残痕，但大部被挫去，于口内两正鼓部各有调音槽 1 条，直通舞底。两铣角内也有明显的锉磨凹槽，从于口向内延伸至舞底，渐浅平，两铣角内的锉磨凹槽在于口部较宽，向内渐窄。钟枚为两截圆柱形，枚端攒尖状。钟腔面的钲部、侧鼓部均为素面。

1027 号钟。保存完好。于口内保留了完整的三棱状内唇，唇上未见调音锉磨痕。钟体内腔平整。

950 号钟。保存基本完好，仅有一枚残损。腔体厚实，铸造精良。椭圆柱形甬，甬端不封衡。腔体平舞，两铣斜直。阳线框隔枚、篆、钲区。枚端呈平面。于口无内唇。两铣、两正鼓、四侧鼓处各有一条调音凹槽，自于口向内延伸至舞底 1～2 厘米处浅平、消失。调音槽较宽。除舞面饰夔龙纹外，其余素面。

949 号钟。保存基本完好，仅残失枚 5 个：正面 4 个，背面 1 个。钟腔体、甬、斡、旋的形式，以及正鼓部、篆间、舞部纹饰均同 M27：1025 号。两截圆柱形钟枚，但枚端呈平面。钟腔两铣斜直，平舞。阳线框隔枚、篆、钲区。甬端封衡。于口无内唇。于口内两铣角、两正鼓以及正面两侧鼓处各有调音槽 1 条，向内延伸近舞底。背面仅左侧鼓有 1 条调音槽，右侧鼓则不见调音槽。

1030 号钟。保存完好，腔体厚实，铸造精良。椭圆柱形甬，甬端不封衡。腔体合瓦形，平舞。两铣棱略显内凹。阳线框隔枚、篆、钲区，但钲部上下开放，无阳线框隔。从于口可见内腔有 8 条调音槽，分别位于两铣角、两正鼓和四侧鼓处，较宽，并延伸至近舞底处。

1026 号钟。保存完好，但通体有较多砂眼，铸造质量稍差。椭圆柱形甬，甬端不封衡。腔体合瓦形，平舞。两铣略有内凹。阳线框隔枚、篆、钲区，枚端呈平面，但钲部上下开放，无阳线框格。从于口可见内腔有 8 条调音槽，分别位于两铣、两正鼓、四侧鼓，较宽，并延伸近舞底处。

1029 号钟。保存完好。椭圆柱形甬，甬端不封衡。腔体上部平舞，两铣略有内凹。阳线框隔枚、篆、钲区，钲部上下开放，无阳线框格。枚端呈平面。调音情况，从于口看，正面、背面之左鼓内均无调音槽，其余有 6 条调音槽，分别位于两铣角、两正鼓和正面、背面之右鼓等典型部位。

1028 号钟。保存完好，腔体厚实，铸造精良。椭圆柱形甬，甬端不封衡。腔体平舞，两铣略有内凹。阳线框隔枚、篆、钲区，钲部上下开放，无阳线框格。于口无内唇，仅有两铣内有调音槽，主要集中在于口部位，正面左铣的调音槽较宽大。

各钟的形制数据参见表 5-27。

表 5-27　梁带村 M27 编钟形制数据

编号	通高/厘米	甬长/厘米	甬上径/厘米	甬下径/厘米	舞修/厘米	舞广/厘米	重量/千克	中长/厘米	铣长/厘米	鼓间/厘米	铣间/厘米	枚长/厘米	唇高正/厘米	唇高侧/厘米
M27：1025	48.3	15.3	4.9	5.5	21.3	17.9	15.14	27.0	33.6	18.6	24.8	2.8	0.6	0.8
M27：1027	45.3	14.9	5.0	5.4	20.3	17.3	13.52	24.7	L31.1 R30.3	18.0	24.1	2.2	1.2	1.2
M27：950	43.1	15.2	5.0	6.1	20.6	16.9	13.96	21.8	28.1	17.5	24.1	1.8	0.9	1.2
M27：949	40.2	13.7	4.4	5.6	19.1	16.2	13.33	20.8	26.4	16.4	22.0	1.6	0.8	1.2
M27：1030	29.9	10.0	2.9～3.25	4.2	13.7	11.0	5.56	16.0	20.1	12.0	16.9	1.5	0.8	1.0
M27：1026	24.7	8.6	2.8	3.85	12.8	9.2	3.73	12.6	16.4	9.8	14.1	1.3	0.6	0.85
M27：1029	22.3	8.3	2.4	3.3	10.0	8.0	2.45	11.3	14.2	8.6	11.4	1.1	0.8	1.05
M27：1028	19.6	7.4	2.5	3.0	9.0	6.9	1.88	9.8	L12.4 R12.2	7.3	9.8	1.05	1.0	0.8

上述 8 件编钟从纹饰上分析，可分为三式。一式为 2 件最大的钟，即钟 1025 号、钟 1027 号。二钟的正鼓部饰对称相背双顾首凤纹，篆间饰目纹（重环纹）而有别于其余 6 钟。二式为 2 件次大的钟，即钟 950 号、钟 949 号。二钟的正鼓部及篆间皆素面，钲部上下封闭，有阳线框隔，而有别于其余 4 钟。三式即 4 件小钟。其纹饰与二式钟基本相同，但钲部上下开放，无阳线框隔。

（2）编钟的调音手法分析

细察梁带村 M27 出土的 8 件编钟，其内腔均平整，未见有音梁设施。这一点在编钟的断代上很有意义。音梁又有"音脊""音塬"之称，即编钟内腔靠近于口、位于四侧鼓部的 4 根条状凸起。从商铙到西周的甬钟，均无音梁结构，其内腔是平整的。音梁的雏形产生于春秋初期，其后逐渐发展和强化。至著名的曾侯乙编钟上，音梁演化为四侧鼓内板块状的凸起，达到了这一技术的顶峰。乐钟音梁的结构形态，是先秦乐钟断代的一条重要标准。梁带村 M27 出土的 8 件编钟全无音梁结构，是其产生的时代当不晚于西周之证。

梁带村 M27 出土的 8 件编钟中，除了 1027 号未做调音锉磨之外，其余 7 钟均留有清楚的调音锉磨凹槽。表 5-28 可以作为进一步确定它产生的时间范围参照。

表 5-28　梁带村 M27 编钟调音槽统计　　　　　　单位：条

编号	数量	位置
M27：1025	4	于口内两正鼓、两铣角内
M27：1027	0	于口内保留了完整的三棱状内唇，唇上未见调音锉磨痕
M27：950	7	于口内两铣角、两正鼓以及正面两侧鼓处、背面左侧鼓
M27：949	8	于口内两铣、两正鼓、四侧鼓处
M27：1030	8	于口内两铣、两正鼓、四侧鼓处
M27：1026	8	于口内两铣、两正鼓、四侧鼓处
M27：1029	6	于口内两铣角、两正鼓和正面、背面之右鼓
M27：1028	2	于口两铣内

　　甬钟出现于西周的初期，是可以确认的最早采用调音锉磨技术的中国青铜双音乐钟。当时的调音手法，是在编钟内腔自于口向里锉磨成纵向的凹槽。梁带村 M27 出土编钟的调音锉磨，存在如下几种情况。

　　1）在编钟于口内的两铣角、两正鼓和四侧鼓处各有一条调音凹槽，自于口向内延伸至舞底 1～2 厘米处浅平、消失，如 949 号、1030 号、1026号三钟（图 5-76、图 5-77），这是最规范的锉磨模式。

　　调音锉磨所隐含的技术意义是：为了使双音编钟钟体纵向中轴线和两铣处易于形成节线，产生较好的双音效果，首先必须锉磨两铣角、两正鼓处，如本套编钟中的 1025 号（图 5-78）。两铣角处为正鼓音振动时产生的节线所在，两正鼓处则为侧鼓音振动时产生的节线所在。

图 5-76　梁带村 27 号墓编钟 949 号、
　　　　　1030 号于口

图 5-77　梁带村 27 号墓编钟 1026 号于口

图 5-78　梁带村 27 号墓编钟 1025 号于口

　　如果编钟的音高已基本准确，就无须对编钟再做进一步的锉磨加工，但一般来说这是很难一步就做到位的。因为正、侧鼓音的音准还需要加以精调，这就需要对 4 个侧鼓部位进行锉磨。这样就自然形成了这 8 个位置上的调音锉磨凹槽。这一套编钟钟坯铸成后，为求得编钟的精确音高，而在钟腔内面进行的调音锉磨的技术规范，是在西周甬编钟产生以后才逐渐摸索出来的。这也是古代音乐科技方面一项重大发明——中国青铜双音乐钟技术的核心奥秘之一。

　　2）在编钟于口内的两铣角、两正鼓和四侧鼓处这 8 个典型位置的基础上，根据音高的实际需要减省一二锉磨凹槽，如本套编钟中的 950 号和 1029 号（图 5-79、图 5-80）。从以上第一种情况可知，在两铣角、两正鼓四处锉磨完成以后，如果编钟的音高已基本准确或误差不大，锉磨四侧鼓部的工作可以作一定程度的减省。本套编钟中的 950 号减省了背面右侧鼓处的调音锉磨，1029 号减省了编钟正面和背面之左侧鼓处的调音锉磨。

图 5-79　梁带村 27 号墓编钟 950 号于口　　图 5-80　梁带村 27 号墓编钟 1029 号于口

当然，如果有必要，古代的钟匠在编钟于口内的两铣角、两正鼓和四侧鼓处这 8 个典型位置的基础上，根据音高的实际情况，有时也会增加一二锉磨凹槽。在本套编钟上未见这种情况，但在以往发现的西周编钟上屡有所见。

3）本套编钟的 1028 号（图 5-81），仅在两铣角内有少许锉磨。这种情况在迄今发现的西周编钟中最小的一钟上多有所见，甚至有的编钟中最小的一钟没有任何调音锉磨痕迹。这最小一钟为一套编钟中的最高音，多数情况下，其音区范围已出人耳的敏感区域，在实际的演奏中用途也较小；故此钟仅在两铣角内有少许锉磨，有可能为古代钟匠的调音忽略所致。

4）本套编钟的 1027 号（图 5-82），于口内保留了完整的三棱状内唇，唇上未见调音锉磨痕。这是一种较为特殊的情况，需要结合其他因素做具体分析。

图 5-81　梁带村 27 号墓编钟 1028 号于口　　图 5-82　梁带村 27 号墓编钟 1027 号于口

分析表 5-28 可以看出，当时工匠调音锉磨的大概顺序如下。

在调音时锉磨的于口内的两铣角、两正鼓及四侧鼓的过程中，工匠首先锉磨的部位是两铣角，如钟 M27：1028 即是；其次锉磨的部位是钟腔正、背面的正鼓部，如 M27：1025 即是；最后锉磨的是四侧鼓——钟腔正、背面的左鼓和右鼓部。这种调音锉磨顺序，三门峡虢季编钟[①]与侯马的晋侯苏墓编钟相对照，它们之间存在一点重要区别：虢季钟调音时首先锉磨的是两铣的音槽，而后才是两正鼓；而晋侯苏钟首先锉磨的是两正鼓部的音槽，而后才是两铣。晋侯苏钟无论在造型方面，还是在纹饰等其他方面，都可证明编钟产生的时代要比虢季编钟晚，特别是它的 4 件空甬的编钟。

---

① 参见王子初：《虢季编钟的音乐学分析》，载河南省文物考古研究所、三门峡市文物工作队编著：《三门峡虢国墓》第一卷，北京，文物出版社，1999 年，第 582～591 页。

从声学角度分析，梁带村 M27 编钟与虢季编钟的先锉磨两铣的调音方法，应比晋侯苏钟先锉两正鼓更具合理性。锉两铣，首先要调整的是正鼓音的音乐性能；锉两正鼓，欲改善的是侧鼓音。在编钟的音列中，正鼓音明显比侧鼓音重要。这不仅因正鼓音的音乐性能较侧鼓音好，还在于正鼓音演奏方便，用处更大。梁带村 M27 编钟与虢季编钟先调试正鼓音的手法，可以看作西周编甬钟在调音方法上的一种重要的进步。也是这两套编钟时代上要较晋侯苏Ⅰ、Ⅱ式钟更晚近的重要旁证。

（3）编钟音律分析

中国艺术研究院音乐研究所《中国音乐文物大系》总编辑部发布 M27 出土编钟的正式测音报告见表 5-29。

表 5-29　梁带村 M27 编钟测音数据

编号		1025	1027	950	949
正鼓音	频率/赫兹	253.43	302.82	376.84	494.08
	音高/音分	b+45	$^\sharp d^1$−47	$^\sharp f^1$+31	b^1+0
侧鼓音	频率/赫兹	306.37	360.20	456.52	603.92
	音高/音分	$^\sharp d^1$−27	$^\sharp f^1$−47	$^\sharp a^1$−37	d^2+48
备注		侧鼓音音高含混	侧鼓音高感不强，听到的主要是杂音	正鼓音音高清楚，侧鼓音基频柔弱，仍以正鼓音音高为主	音质好
编号		1030	1026	1029	1028
正鼓音	频率/赫兹	749.76	1002.52	1571.98	2073.23
	音高/音分	$^\sharp f^2$+22	b^2+25	g^3+4	c^4−17
侧鼓音	频率/赫兹	902.29	1230.11	1895.94	2471.79
	音高/音分	a^2+43	$^\sharp d^3$−21	$^\sharp a^3$+28	$^\sharp d^4$−13
备注		击侧鼓音时较清楚地听到正鼓音	音高清晰	音质好	音质好

注：测音报告发布单位：中国艺术研究院音乐研究所《中国音乐文物大系》总编辑部（盖章）；《中国音乐文物大系》总编辑部主任（签字）：王子初；测量时间：2008 年 7 月 28 日上午；测量地点：陕西省高陵县陕西省考古研究院泾渭基地；温度/电压：34℃/220V；项目主持/监测/操作（签字）：王子初/任宏/朱国伟；测量软件：通用音乐分析系统（数据分析）/cool edit pro 2.0（音频和频谱）；制表/校对：朱国伟、任宏/王子初；测音系统误差＜0.1%

根据以往对西周编钟的研究，8 件套的西周编钟的音律规范十分严格，其正鼓音音列可用简谱形式表示为：

6̣ 1̣ 3̣ 6̣ 3 6 3̇ 6̇

其正侧鼓音音列合为：

6̣ 1̣ 3̣ 5̣ 6̣ 1 3 5 6 1̇ 3̇ 5̇ 6̇ 1̈

根据在本套编钟的测音现场获得的印象，笔者听到了一个明确的以 B 为羽的羽调骨干音列，除了高端两个音有一定的偏离之外，其音列完全符合 8 件套西周编钟的音列规范。详见表 5-30 和表 5-31。

表 5-30　梁带村 M27 编钟耳测音列

编号	1025	1027	950	949
正鼓音	羽	宫	角	羽
侧鼓音	宫	角	徵	宫
备注	侧鼓音音高含混、柔弱	侧鼓音高感不强	正、侧鼓音音高明确	正、侧鼓音音高明确
编号	1030	1026	1029	1028
正鼓音	角	羽	角	羽
侧鼓音	徵	宫	徵	宫
备注	正、侧鼓音音高明确	正、侧鼓音音高明确	正、侧鼓音音高明确	正、侧鼓音音高明确

注：羽＝b↑（宫＝#d¹−47）

表 5-31　梁带村 M27 编钟简谱形式音列图表

编号	1025		1027		950		949		1030		1026		1029		1028
侧鼓音列		1		3̇		5̇		1		5		1̇		5̇		1̈
正鼓音列	6̣		1̣		3̣		6̣		3		6		3̇		6̇	
整体音列（羽＝B↑）	6̣		1̣		3̣	5̣	6̣	1	3	5	6	1̇	3̇	5̇	6̇	1̈

注：6＝b↑

无论从听觉上，还是从测音数据上，根据西周编钟的一般规范，这套编钟的高端 2 个音都出现了明显的偏离。出现这种情况，不外乎两种可能。其一即是上文所说的西周编钟常见情形：西周钟匠对待编钟中最小一钟，甚至连带倒数第二钟不做调音，这种情况在以往出土的西周编钟上常常可以看到。这可能与其位于编钟音列的最高端，在听觉上已超出了人耳的敏感区有关，加上当时人们对待乐悬编钟的要求，更侧重于其礼仪的功能，而不在其音乐性能上。其二，因为随葬所用，而非实际用于音乐演奏，当时工匠未做认真调音或因听觉不佳而造成音高的偏差。

要确定这套编钟的绝对音高，首先要找出其音阶主音"羽"的位置。羽在 8 件编钟的正鼓音上出现最多，1025 号、949 号、1026 号、1028 号的正鼓音均为羽音。根据上述理由，1028 号因其音高已有明显的偏离，这里仅以音高较为可信的 1025 号、949 号、1026 号加入统计分析，三钟的平均音高为 b+23.3（音分），这可以看作当时调钟工匠所采用的调钟音律标准的近似值。以此作为标准，即将 b+23.3（音分）作为标准音"羽"的绝对音高，来重新换算测音所得的原始数据，大致可以推断出这套编钟的音律关系。表 5-32 是换算以后的音律情况。

表 5-32　梁带村 M27 编钟的音列　　　　单位：音分

编号	1025	1027	950	949
正鼓音	羽=b+21.7	宫=#d¹−70.3（d¹+29.7）	角=#f¹+7.7	羽=−23.3
侧鼓音	宫=#d¹−50.3	角=#f¹−70.3	徵=#a¹−60.3	宫=d²+24.7

编号	1030	1026	1029	1028
正鼓音	角=#f²−1.3	羽=b²+1.7	角=g³−19.3	羽=c⁴−40.3
侧鼓音	徵=a²+19.7	宫=#d³−44.3	徵=#a³+4.7	宫=#d⁴−36.3

注：以羽=b+23.3 换算原始测音数据而得

从表 5-32 中，可以对编钟的正鼓音做如下分析。

1）编钟的正鼓音音列明确为"羽、宫、角"三声构成，羽为主音。未见商、徵二声出现。末钟 1028 号因上述原因，基本未做调音，偏离其正确音高 93.7 音分，接近半音（100 音分）。但由于倒数第二钟 1029 号已出现较大幅度的偏高，音列顺势而上，故其"羽—宫"的音位感还是比较明确的。

2）正鼓音音列中设为主音羽的 1025 号、949 号、1026 号的音准较好，误差为−23.3～21.7 音分，还没有超出最大音差的范围。

3）正鼓音设为属音角的 950 号和 1030 号，音准也很好，误差为−1.3～7.7 音分，几乎可以忽略不计。钟 1029 的误差为 80.7，明显偏高接近半音。原因可能也如以上所述，为当时编钟音列高端调音潦草的惯例所致。

4）正鼓音设为宫的 1027 号的音准尚好，误差为 29.7 音分，略略偏大。上述对编钟调音锉磨情况的考察表明，此钟的内唇上未见锉磨遗痕，即钟坯铸成以后未做调音，当与其音高已基本接近有关。至于此钟的侧鼓音为角−70.3 音分，似乎偏差太大了一些，但参考西周编钟对编钟首两钟的侧鼓音音高较为随意的惯例，1027 号的侧鼓音不在规定使用的音列之内。其偏差大小，应该没有什么实际意义。①

从表 5-32 中，可以对编钟的侧鼓音做如下分析。

1）除了西周编钟的首两钟侧鼓音一般不作为设计音高使用，末两钟因调音潦草，其误差偏大。其余 4 钟，即 950 号、949 号、1030 号和 1026 号的音高误差分别为 39.7 音分、24.7 音分、19.7 音分、-44.3 音分。其中 949 号和 1030 号基本准确，950 号和 1026 号误差有所偏大，但其中最大的音高误差为-44.3 音分，亦未超过半音之半的 50 音分，故还不至于影响听觉对其音位的判断。所以从总体上看，编钟的侧鼓音音位清楚。

2）在编钟的侧鼓音中，950 号、1029 号、1030 号上均出现了"徵"声，并且其与该钟的正鼓音之关系，也一无例外，均为"角—徵"。这种关系反复三次出现，无疑为当时铸钟的技师有意而设。可以确认，三钟的"徵"声为设计音律之一。另外，反复测听这套编钟的发音，完全可以确认其不存在"商声"的应用。故这套编钟的完整音列，应为"羽、宫、角、徵"四声构成无疑。这正是我们在西周编钟上多次证明了的"五声缺商"——西周编钟最典型的"羽、宫、角、徵"音律规范。

总之，这套编钟的音律关系清楚，音位明确，其正鼓音音列为"羽、宫、角、羽"，加上侧鼓音的"徵"声而构成"羽、宫、角、徵"五声缺商的情形，完全符合西周编钟的音列规范。如文献所载，周钟不用商音。甬钟自西周初期出现以来，始终是王室的一种礼乐重器，一种体现西周等级制度的工具，其政治意义在先，音乐性能在后。尽管梁带村 M27 编钟已为西周晚期作品，却仍是坚持不用商音，反映了芮作为周的一个诸侯国，此时仍然恪守着周在礼乐制度上的这一条重要政治准则，反映出芮国与西周王室较为亲密的联系。

我们可以对梁带村 M27 编钟的音乐考古学内涵做如下归纳。

1）梁带村 M27 编钟全无音梁结构，符合西周编钟的形制结构特征。全套编钟中除了 1027 号未做调音锉磨之外，其余 7 钟均留有清楚的调音锉磨凹槽，采用的也是西周编钟上最典型的挖隧调音法，因而这套编钟产生

---

① 8 件套西周编钟中的第 3～8 号（自大至小排列）六件编钟，其正面右鼓部多见铸有凤鸟一类的纹饰，用作侧鼓音敲击点的标志。这是西周出现双音钟的重要标志。由此处，可得较清晰的正鼓音上方的小三度音，并与敲击周围其他部位时相比，其音质更纯，更不易被正鼓音所干扰。而编钟的第 1、2 号钟的侧鼓部不见凤鸟纹标志，为西周工匠有意而为之。其明确含义应为：此两钟的侧鼓音并非在设计音列之中，也即表明此两钟不用双音。可见当时的铸钟工匠已掌握了编钟正、侧鼓音的设计和铸造方法，这是含有乐律学深意的现象。

的时代当不晚于西周。

2）梁带村 M27 八钟均有十分清楚的调音锉磨痕迹，说明编钟在当年经过调音，因此编钟是实用乐器而非明器。

3）梁带村 M27 编钟在调音锉磨中，先两铣、后两正鼓的程序，是西周编钟艺术的重要进步，在编钟断代上也有重要意义。

4）M27 编钟的音列结构与西周编钟常见的正鼓音音列"羽、宫、角、羽"，加上侧鼓音成五声缺商的常见情形完全相同，这是音乐考古学上多次证明了的西周编钟常规的音列模式。

2. 梁带村 27 号墓编磬

M27 同时出土了与编钟配套的编磬 10 件（图 5-83～图 5-92），构成"乐悬"。编磬的保存情况不是很理想，多件磬块断裂，发掘者在编磬出土时曾有过简单黏合。编磬形制统一，大小基本相次，均为倨句状五边形，磬体大致符合股二鼓三的比例，素面。

图 5-83　梁带村 27 号墓编磬 1047 号

图 5-84　梁带村 27 号墓编磬 1046 号

图 5-85　梁带村 27 号墓编磬 1049 号

图 5-86　梁带村 27 号墓编磬 1042 号

图 5-87　梁带村 27 号墓编磬 1048 号

图 5-88　梁带村 27 号墓编磬 1043 号

图 5-89　梁带村 27 号墓编磬 1044 号　　　图 5-90　梁带村 27 号墓编磬 1045 号

图 5-91　梁带村 27 号墓编磬 1041 号　　　图 5-92　梁带村 27 号墓编磬 1050 号

（1）编磬的形制考察

各磬的详细情况分述如下。

1041 号钟：保存基本完整。磬面有溶蚀痕迹，股下角略有缺损。

1042 号钟：保存基本完整。鼓上、下角略残，股下角有局部断裂。

1043 号钟：中部断裂，股上角可见轻微的分层和剥落的现象，鼓上边留有少量溶蚀痕迹。

1044 号钟：保存基本完整。鼓部近倨句处断裂，磬面以及股上角有少量溶蚀痕迹，鼓下角略有磨蚀。

1045 号钟：保存基本完整，磬的一面可见少量溶蚀和剥蚀层，股上角残缺。

1046 号钟：保存基本完整。鼓上角，以及股部两角均有少量残缺，磬的一面中部略显横向上凸。

1047 号钟：鼓部近倨句处断裂，鼓上角和股下角有少量残缺，股上角略有磨蚀，磬的一面中部略显横向上凸。

1048 号钟：断裂为多块，鼓部近角处有少量缺失。

1049 号钟：断裂为多块，鼓上、下角略残缺。

1050 号钟：鼓中部断裂，底部微向上呈弧曲状。

梁带村 27 号墓编磬形制数据见表 5-33。

表5-33　梁带村 M27 编磬形制数据

编号	通长/厘米	通高/厘米	最厚/厘米	最薄/厘米	倨句/度	孔径/厘米	鼓博/厘米	股博/厘米	鼓上边/厘米	股上边/厘米	底长/厘米	鼓上角/度	鼓下角/度	股上角/度	股下角/度	重量/千克
1047	83.7	28.2	股下角 3.65	鼓上角 2.55	156	1.8~2.1	残14.5	残18.5	49.7	26.9	残73.2	—	104	—	—	17.7
1046	76.0	28.6	鼓博 4.0	倨顶 3.1	154.5	1.8~2.1	19.1	残19.2	42.9	35.6	残63.0	92	99	92	—	17.5
1049	63.9	26.2	鼓下角 3.0	倨顶 2.65	151	1.9~2.2	残12.5	19.8	残33.0	26.8	残54.2	—	—	95.5	99.5	10.4
1042	63.2	25.9	鼓上角 3.75	倨顶 3.0	149	1.85~2.1	残13.9	20.8	39.8	25.5	残55.0	—	—	94	93.5	12.1
1048	58.5	23.3	股下角 3.7	鼓下角 3.05	146	1.85~2.2	13.9	17.6	35.1	26.0	48.4	85	112	89	108	9.0
1043	57.5	23.6	股上角 3.9	股下角 3.1	146	1.9~2.25	14.0	18.5	34.7	25.3	47.8	84.5	108.5	87	101.5	10.0
1045	47.4	17.7	鼓下角 3.5	股下角 3.05	147	1.4~1.72	8.9	残10.7	28.3	残18.6	42.5	95	100	—	106	5.7
1044	46.7	19.1	鼓下角 2.85	股下角 2.50	146	1.85~2.15	12.35	13.9	27.9	21.9	41.3	92	—	92	104	5.1
1041	42.7	18.0	股下角 3.3	倨顶 2.9	148	1.65~1.9	10.8	残11.5	26.0	19.0	残34.6	89	106	94	—	4.9
1050	38.9	15.5	股上角 3.6	底 3.0	150	1.8~2.05	10.0	10.9	23.7	16.8	34.7	88	100	96	97	4.0

（2）编磬测音及音律分析

笔者对编磬进行了测音研究，结果见表5-34。

表5-34　梁带村 M27 编磬测音数据
（按音高顺序排列）

序号	编号	频率	实测音高	补正数换算 （−20 音分）	备注
1	1047	317.03	$^\sharp d^1+32$	$^\sharp d^1+12$	音高基本明确；发音稍短促
2	1046	401.96	g^1+43	g^4+23	保存基本完整，发音较好
3	1049	445.04	a^1+19	a^1-1	发音不清，音质很差
4	1042	538.35	c^2+49	c^2+29	保存基本完整，基音较清晰，可辨一泛音
5	1048	621.43	$^\sharp d^2-3$	$^\sharp d^2-23$	音质较差，但此音较明显，可辨
6	1043	729.99	$^\sharp f^2-24$	$^\sharp f^2-44$	发音好
7	1044	793.45	g^2-20	g^2+0	保存完整，基音可辨，一泛音较清晰
8	1045	969.02	b^2-34	b^2-54	保存完整，发音较好
9	1041	1075.02	c^3+46	c^3+26	保存完整，发音良好
10	1050	1281.26	$^\sharp d^3+50$	$^\sharp d^3+30$	发音较清晰

这套编磬的实测数据平均音差为 19.8 音分。今以整数−20 音分换算测音数据的补正数后，大致可辨别其音列为：

因 10 件编磬中有半数断裂，虽经修复，其音高无疑会出现较大的偏低现象，一般会达到 30～50 音分。不过尚有 5 件磬块保存基本完整，且发音不错，结合断裂修复、发音尚好的磬块测音参考，可以得到如下认识。

1）这套编磬是经过认真调音的实用乐器。

2）编磬与同墓出土的编钟调高（宫=d^1+29.7）不同，相差一个大二度，故难以一起演奏曲调。

3）编磬音阶的基本判断为七声齐全，与西周编钟的"五音不全"完全不同。西周礼乐制度戒用商声，乐悬中仅限于编钟而不涉及编磬，此又为一证。

3. 梁带村 27 号墓镎于

梁带村 M27 出土的镎于（M27：398）（图 5-93～图 5-95）1 件，是迄今所见年代最早的标本。镎于保存较为完整，仅底口一侧有约长 1 厘米的裂纹。通高 38.2 厘米、纽高 3.7 厘米、纽下宽 6.2 厘米，重 8.35 千克。腔体筒状，横截面呈圆角方形。上部寰首，无盘。顶上植一桥纽，可用以吊挂。胸膨突，束腰，底口略外侈。底口内勾呈内唇状，唇高约 0.6 厘米。通体素面无纹饰。

图 5-93　梁带村 27 号墓镎于

图 5-94　梁带村 27 号墓镎于寰首

图 5-95　梁带村 27 号墓镎于底口

图 5-96　山东济南洛庄汉墓镎于

以往所见这种寰首、无盘、桥纽形制的镎于，主要见于山东地区，时代集中于春秋中期至西汉早期。2000 年 2 月济南洛庄汉墓出土的，正是这种无盘圜首的环纽镎于（图 5-96），这已经是西汉早期的遗存。山东地区所见先秦的这类镎于，主要出土于齐国及其周围地区，如沂水刘家店子 1

号墓中出土的莒国镈于（图 5-97）①，造型基本一致：腔体为长筒形，横断面为椭圆形，圜首，无盘，束腰，于口稍外扩。顶部无盘，有绚索状环纽。通体素面无纹。通高 49 厘米。其造型与洛庄汉墓和梁带村 M27 所出完全一致。山东临淄齐王墓镈于（图 5-98）也与梁带村 M27 镈于的造型基本一致。这件镈于，1978 年于临淄大武乡窝托村汉初齐王墓 3 号随葬器物坑出土。②镈于横断面为椭圆形，圜首，束腰筒形，上大下小，于口稍外扩。顶部无盘，饰半环形纽。通体素面无纹，通高为 50 厘米。

江苏丹徒王家山所出的 3 件吴国镈于，虽然也是无盘圜首的环纽镈于，但它们的腔体向一侧弯倾，腰间也置有悬纽。据此推测，其在悬挂时，应该是顶纽和腰纽同时使用，呈斜向悬挂状。而梁带村 M27 所出土的镈于腔体正直，仅有顶纽。故其在使用时用顶纽垂直悬挂。两者之间应有着重要区别。同时，芮与吴远隔千里，两种镈于地望有别，两地的文化背景也完全不同。

图 5-97　山东沂水刘家店子 1 号墓镈于　　　　图 5-98　山东临淄齐王墓镈于

然而梁带村镈于与沂水刘家店子 1 号墓所出的镈于、临淄齐王墓和洛庄墓所出镈于，则完全一致，这不应该是巧合。沂水刘家店子 1 号春秋中期墓、临淄齐王汉墓和洛庄汉墓之地望，于东周一度属齐，汉初属济南国，均位于故齐都临淄数十千米的范围内。这些镈于出土地望相近，造型相同，应该是当地所出，镈于所体现的，当然就是齐地风格。不过，

① 山东省文物考古研究所、沂水县文物管理站：《山东沂水刘家店子春秋墓发掘简报》，《文物》1984 年第 9 期，第 1～10、98～99 页。

② 周昌富、温增源：《中国音乐文物大系·山东卷》，郑州，大象出版社，2001 年，第 130～131 页；王子初：《洛庄汉墓出土乐器述略》，《中国历史文物》2002 年第 4 期，第 4～15、92～94 页。

这种錞于在齐地生根，究竟始于何时？由于资料缺乏，以往学界未有定论。现在梁带村 M27 錞于的出现，使我们不得不来面对这个问题。考古发掘资料表明，梁带村 M27 的时代，应在西周晚期至春秋早期的可能性最大，墓中出土的錞于的时代，只能比墓葬时代早而不能比其晚。故产生于西周晚期至春秋早期之际的陕西梁带村錞于，是否可以看作齐錞于之源？从这些资料的时代先后看，可以作此推断。这将有待今后更多的资料来加以证实。

以往陕西地区出土的錞于资料，仅有 1978 年 11 月咸阳塔儿坡出土的战国錞于（图 5-99），现藏于咸阳市博物馆。塔儿坡錞于口部残，通高 69.6 厘米，重约 19 千克。形制比较罕见：龙纽、平盘、圆肩、束腰。底口比盘、肩大。肩、口两边均饰三角纹，中腰饰变形夔纹。纽上的龙形弯腰、尾上卷，张口，曲颈反转，下腭与腹背相连。龙首和龙尾卷曲对称，龙体阳雕双翼，阴刻鳞纹。四爪两两相并，被铸于平盘中心。①这种形制，在全国迄今发现的百余件錞于中，无一件与其相似，也包括梁带村出土的这件錞于。

图 5-99　陕西咸阳塔尔坡錞于

4. 梁带村 27 号墓铜钲

梁带村出土的 1 件铜钲（M27：399，图 5-100、图 5-101）保存基本

---

① 王丕忠：《咸阳塔儿坡出土秦代铜錞于》，《考古与文物》1981 年第 4 期，第 121 页。

完整，仅柄中部断裂，无缺失。柄呈八棱柱形，下端稍细，上部近舞部处有 2 个长方形穿，作十字形交叉。钲腔体厚实，铸造精良。腔体作合瓦形，平舞，于口有三棱柱状内唇。腔面有绿锈覆盖，一面留有较多的抛光面，有光泽。钲腔正、背两面纹饰相同，饰有较为精致兽面纹。

图 5-100　梁带村 27 号墓铜钲　　　　图 5-101　梁带村 27 号墓铜钲口部

铜钲的形制数据参见表 5-35。

表 5-35　梁带村 M27 铜钲形制数据

编号	通高/厘米	柄长/厘米	柄端/厘米	柄基径/厘米	舞修/厘米	舞广/厘米	中长/厘米	铣长/厘米	鼓间/厘米	铣间/厘米	唇高/厘米	重量/千克
399	39.3	19.7	2.0	2.5	10.6	8.7	16.2	9.3	9.4	11.9	1.1	2.88

"钲"在中国古代青铜钟类乐器中，其名实关系存在较大的疑问。历史文献对其的记载要么语焉不详，要么含糊其词，与其他一些钟类乐器循环互注。在迄今出土的一些青铜钟类乐器中，有些已经发现有自铭者，如铎、铃、钟、句鑃，其名实关系得到了确证。而钲之属，虽也已见自铭之器，如上海博物馆所藏徐韹尹钲（自铭为"征城"）和同为徐器的冉钲即是。不过，其名实关系仍存疑惑。今按目前文史界的一般说法，将这一种握在手中用小锤敲击演奏的小型青铜钟类乐器，皆冠以"钲"之名。

今谓"钲"所属，有早至西周晚期的钲。如前述 1993 年出土于山西天马–曲村遗址北赵晋侯墓地的晋侯邦父墓铜钲。饰兽面纹，圆目、张嘴、葺耳。銎上附 4 个扉棱。中空与腔相通，可以穿木柄。舞部与扉棱饰云纹[1]，出现于战国，甚至沿用至两汉时期，如 1962 年陕西西乡县城西望耕台发现的 2 件铜钲和 1985 年 7 月旬阳县烟厂工地楚墓出土的铜钲，三器皆为战国时期遗存。前者器形完整，但锈蚀严重，钲体虽有纹饰和铭文，但已不可辨识，只能依稀看出虎纹图案。钲体为合瓦形，平顶、凹口、侈铣，棱柱柄，柄顶有冠，内壁光平。通高 39.5 厘米。后者器形完整，平顶、凹口、直铣，八棱柱形长柄，柄末铸一伏兽，肢间有孔。通高 28 厘米。从这些钲的基本造型分析，其与鄂西、川东一带屡见出土的同类器物相符，应为古代巴楚习用之器，还有多见于古代南方湘（江）赣（江）流域的、形制特异的铜钲，如出土于湖南新化的春秋钟形钲。[2]此钲形制纹饰特殊，是楚器中少见的品种。腔体作合瓦形，平舞直铣。于口弧曲极微。甬呈扁柱状，顶部有双股绚索状环纽。舞部在云雷纹地上饰粗云纹，在粗云纹上还有重环纹、云纹。以阳纹分隔钲、鼓部，不分篆。腔面置有 10 个乳头形枚，分两组列在钲间左右，作梅花状分布，全器两面共 20 枚。枚上有云纹和细点纹，枚间地纹与舞部纹饰相同，为近较细密的散虺纹。鼓部上方、钲部下缘的弦纹下饰有复线三角形垂叶纹。通高 31.5 厘米。又如 1969 年 11 月湖南慈利县城关镇掘出战国中期墓，出土有铜钲。体呈扁圆筒形，四合范。内壁有 4 条音脊，平舞平于，直铣。甬作 8 棱柱状，近环首处渐尖削，实心。通体素面。通高 20.7 厘米[3]，特别是柄端置有扁环纽，当与古越族的风习密切相关。

梁带村 M27 中，有一个值得注意的现象，即两件战争中常用的军乐器镈于和钲，同出土于一墓。这是我国考古发掘中多次见到的情形，于文献、实物均有所证，如《国语·吴语》载："（吴）王乃秉枹，亲就鸣钟、鼓、丁宁、镈于，振铎，勇怯尽应，三军皆哗，扣以振旅，其声动天地。"[4]一般认为，所谓的"丁宁"就是铜钲一类的乐器。1984 年，江苏镇江市丹徒县（今丹徒区）的大港北山顶春秋晚期吴国贵族墓葬，与镈于同出乐

① 山西省考古研究所、北京大学考古学系：《天马-曲村遗址北赵晋侯墓地第四次发掘》，《文物》1994 年第 8 期，第 1、4～21 页。

② 高至喜、熊传薪主编：《中国音乐文物大系·湖南卷》，郑州，大象出版社，2006 年，第 133 页。

③ 高中晓、袁家荣：《湖南慈利官地战国墓》，载湖南省博物馆、湖南省考古学会合编：《湖南考古辑刊》第二集，长沙，岳麓书社，1984 年，第 78～80 页；高至喜、熊传薪主编：《中国音乐文物大系·湖南卷》，郑州，大象出版社，2006 年，第 134 页。

④ （春秋）左丘明：《国语·吴语》，北京，华龄出版社，2002 年，第 268 页。

器，除了有编纽钟一套 7 件、编镈一套 5 件及悬鼓环、石桴头各 1 件之外，也有丁宁 1 件。墓中所出镎于 3 件编组，同出一穴，亦属少见。北山顶镎于和编钟、丁宁、悬鼓、鼓桴同出，正与《国语》中吴王所用一套军乐器相符，使历史文献得到印证。

　　铙和镎于同墓共存，这在以往巴文化的考古发掘中多有所见，如 1972 年，涪陵小田溪战国土坑墓群 2 号墓出土了有巴蜀图符的铜铙、虎纽镎于和扁钟各 1 件。[①]1981 年 1 月 7 日，秭归县城归州镇天灯堡一战国墓中，同出乐器有虎纽镎于、铙和虎头甬扁钟各 1 件。[②]1985 年 5 月 27 日，同在秭归县城归州镇天灯堡的另一座战国墓中，出土了虎纽镎于、铙和扁钟各 1 件。可以看出，以往铜铙和虎纽镎于同出，主要在古代巴人生活的地域（以清江流域为核心的鄂西、川东和湘西北地区），并且都与作为典型巴器的扁钟（一种腔体特别扁薄的不定音的青铜钟类乐器）相伴出土。在洛庄汉墓中，铙和镎于共同出现，并有一个铜铃相伴，是考古发掘中首次见到的现象。

　　以上发掘资料表明，春秋战国时期，地处蛮荒的吴和巴的军乐器镎于、铜铙相配，可能已是当时的一种流行较广的组合规范。与铜铙、镎于相配的，或是扁钟（巴），或是铜铃（齐），很可能只是一种地域文化上的差异。梁带村 M27 的铜铙、镎于的共出，加深了人们对古代军乐器的编配及使用方法的认识。

　　根据以上梁带村 M27 的铜铙、镎于共出的情况分析，它们与编钟、编磬同出于一个墓葬，这是否暗示着，这两件青铜乐器不仅在军队中使用，也可能是与钟、磬合奏的礼仪乐器？此问题值得注意。它们是否已经不仅仅是没有固定音高的军中响器，也不仅仅是一种专用于战争或集体活动，用来节制进退的号令之具，而是一种与音乐活动有着直接关系，甚至具有一定乐音性能的乐器？测音资料表明，敲击铜铙可发正、侧鼓二音，音高明确、稳定，音质相当好。正、侧鼓音呈明确的大三度音程，正鼓音为 $^{\#}a^2$–16 音分（频率 924.01 赫兹），侧鼓音为 d^2–10 音分（频率 1168.32 赫兹）。铜铙虽非定音乐器，但其采用的这种音程，从音乐声学角度看为一种半协和音程，发音既和谐，又不致空洞单调，具备了良好的音乐

---

① 严福昌、肖宗弟主编：《中国音乐文物大系·四川卷》，郑州，大象出版社，1996 年，第 49、59、67 页。

② 参见王子初主编：《中国音乐文物大系·湖北卷》，郑州，大象出版社，1996 年，第 50～51、66、90 页。

与音响性能。

5. 梁带村 27 号墓建鼓楄首

此器应为梁带村 27 号墓出土的建鼓楄柱上端的铜套（M27：1024，图 5-102、图 5-103）。青铜铸造，内腔同鼓楄为椭圆柱形，外作八棱柱状。楄首通长 18.7 厘米、上径 5.1～5.9 厘米、下径 5.45 厘米，壁厚。楄首中尚套有残留的木质楄柱柱体局部，已朽残。

图 5-102　梁带村 27 号墓建鼓铜楄首　　图 5-103　梁带村 27 号墓建鼓铜楄首銮口

梁带村 M27 出土的建鼓，已是残朽不堪，但填补了西周、春秋之际这一历史时段建鼓实物的空白，也是一次音乐考古学上的重要发现。建鼓是中国古代一种历史悠久的鼓类乐器，也是文物和文献中屡屡出现的乐器。建鼓又称"楄鼓"，得名可能与其形制有关，"'建'，犹树也；'楄'，为柱也。其义为用木柱贯通、树立的鼓"[1]。建鼓的起源较早，文献记载为起源于殷代："革之属五：一曰建鼓，夏后氏加四足，谓之足鼓。殷人柱贯之，谓之楄鼓。周人悬之，谓之悬鼓。近代相承，植而贯之，谓之建鼓。盖殷所作也。又栖翔鹭于其上，不知何代所加。或曰鹄也，取其声扬而远闻。或曰鹭，鼓精也。"[2]河南山彪镇出土铜鉴的纹饰中有周代建鼓图案，形制较简单，有长柱贯穿鼓腔，上装饰羽葆。[3]但由于文献叙述不详，故对于建鼓的具体形象，以往音乐史著述多有含糊之处。直至人们在著名的曾侯乙墓中首次见到了基本完整的建鼓实物，才对这种古老的乐器有了比较直观的认识。

建鼓舞未见于文献记载，但在汉代音乐画像石所反映的乐舞表演中屡屡出现，建鼓舞已成为一种表现乐舞内容的定式。在当时大型乐舞百

---

① 萧亢达：《汉代乐舞百戏艺术研究》，北京，文物出版社，1991 年，第 89 页。

② （唐）魏徵等撰：《隋书·音乐志》，北京，中华书局，1973 年，第 376 页。

③ 郭宝钧：《山彪镇与琉璃阁》，北京，科学出版社，1959 年，第 74 页。

戏中，建鼓通常出现在画像石的显要位置，其他的各种表演，往往都以建鼓为中心，甚至有一些画像石，单纯表现建鼓演奏的主题，如徐州青山泉建鼓图画像石，画像石中心为一建鼓，鼓座置地作回首虎形，一楹穿鼓而出，上植羽葆，羽葆上立长颈异兽和立鸟。鼓两边各有一击鼓者，手执双桴，边奏边舞。建鼓虽然在文献中有所提及，人们却并不知道它在当时的应用竟然会如此广泛，社会地位是如此重要。汉画像的研究表明，建鼓舞在汉代社会音乐生活中几乎是无处不在、不可或缺的娱乐形式。建鼓舞的舞姿生动，或刚健奔放，或温文尔雅。表演形式多样，一般是双人击鼓对舞，也有单人作舞，有男子舞、女子舞和男女合舞，甚至结合盘鼓、蹴鞠而舞。鲁南及徐州的与乐舞相关汉画像石中，有 32 幅汉画像表演建鼓，而且乐舞规模宏大。这一地区的鼓舞，最主要的是建鼓舞和盘鼓舞两类，如邹城金斗山建鼓乐舞图画像石，画面分上下两部。下部即为建鼓乐舞。建鼓羽葆飘扬，两侧各有 1 人手执双桴击鼓而舞。右羽葆上绘 3 人作长袖之舞，左羽葆上 1 人坐似吹排箫。中国另外两个汉画像较为集中的南阳和成都地区，建鼓的使用也十分普遍。可见建鼓在当时社会音乐生活中的重要地位。

梁带村 M27 出土的建鼓，虽然已残朽得只剩鼓楹的楹首部分，但也在一定程度上表明了这种乐器在使用方面的重要历史信息。梁带村 M27 建鼓的出土表明，建鼓舞流行得如此广泛这一现象，并不仅仅局限于两汉时期，至晚在两周之际已经显现。在以往的音乐史论著中，还没有相关的论述。故建鼓在当时人们的音乐生活中究竟有多大社会意义，值得音乐史学家认真研究。

在著名的曾侯乙墓中，人们首次目睹了先秦宫廷钟鼓之乐完整面貌。曾侯乙墓的发掘，是中国音乐考古史上的一次空前大发现。墓中所出乐器，大部分见于中室：计有编钟一架 65 件，编磬一架 32 件，建鼓等鼓类乐器 3 件，瑟 7 件，笙 4 件，排箫 2 件，篪 2 件，共 115 件。出土时，它们基本保持着下葬时的位置和状态，编钟靠西壁和南壁立架陈列。多数钟依旧悬挂在钟架上，两根彩绘撞钟棒斜靠在钟架上。编磬靠北壁立架。尽管此墓因早年被盗，洞中泥土坍塌，磬体被掩埋且毁损严重，但多数磬体保持着原来的悬挂形式和排列关系。而建鼓则树立在该室南部东壁旁，靠近编钟东端。瑟、笙、箫、篪和 2 件小鼓因椁室内积水有所漂移。但大体上仍可看出，这些丝竹乐器及小型鼓在当时，被陈列于钟、磬、建鼓所构成的长方形空间之内。三面悬金石，其间并陈丝竹，应是战国初诸侯宫廷乐队的基本建制及其演奏时的大体布局。梁带村 M27 建鼓与编钟一套 8 件，编磬一套 10 件同时出土，说明了这种礼仪乐器的使用方式和组合的基本模式，于曾侯乙墓的 300 年前已经在周室王畿一带实行。这对于人们进一步认识西周以来的礼乐制度，又提供了一个实实在在的参考例证。[1]

6. 梁带村 28 号墓编钟

梁带村芮君墓地 M28 共出土乐器 19 件，包括编钟 8 件、编磬 10 件、笙 1 件。有关编钟分析如下。

（1）编钟形制考察

梁带村 28 号墓编钟（图 5-104～图 5-109）一套 8 件，从大到小编号依次为 M28：310-1～M28：310-8。编钟保存基本完好，仅钟 M28：310-2 正鼓部有裂缝，长约 4 厘米。

图 5-104　梁带村 28 号墓 1 号编钟正面　　图 5-105　梁带村 28 号墓 1 号编钟背面

图 5-106　梁带村 28 号墓 1 号编钟舞甬　　图 5-107　梁带村 28 号墓 1 号编钟于口

---

[1]　参见王子初主编：《中国音乐文物大系·湖北卷》，郑州，大象出版社，1996 年，第 262～264 页。

图 5-108　梁带村 28 号墓编钟全貌

图 5-109　梁带村 28 号墓编钟于口全貌

各钟的造型、纹饰相同，大小相次。圆柱甬，斡、旋具备。甬端封衡，但留有粗糙铸砂面。合瓦形腔体，胎体厚实，平舞，直铣，应是实用乐器。于口有三棱状内唇，唇上无调音锉磨痕。内腔平整，不见调音锉磨槽。以阴线框隔枚、篆、钲区，枚布两面，枚端呈攒尖状。篆间云纹，正鼓部也为云纹，侧鼓部不见敲击纹饰，舞部也是云纹，甬、旋、斡、钲都为素面。编钟形制数据见表 5-36。

表 5-36　梁带村 M28 编钟形制数据

编号	通高/厘米	甬长/厘米	甬上径/厘米	甬下径/厘米	舞修/厘米	舞广/厘米	重量/千克	中长/厘米	铣长/厘米	鼓间/厘米	铣间/厘米	枚长/厘米	唇高正鼓部/厘米	唇高侧鼓部/厘米
M28：301-1	41.4	14.6	4.3	4.9	18.4	15.1	8.3	20.8	26.8	15.6	21.0	2.6	0.85	0.8
M28：310-2	38.0	13.6	3.7	4.4	16.8	13.1	6.4	19.1	24.4	14.1	19.2	2.23	0.89	0.8
M28：310-4	35.0	10.8	3.2	4.05	13.95	10.8	4.4.	5.9	20.9	11.8	16.35	1.8	0.9	0.8
M28：310-5	27.5	9.1	2.8	3.3	12.1	9.25	3.45	14.1	18.1	9.7	13.3	1.6	0.75	0.7
M28：310-6	26.5	9.5	2.7	3.4	11.4	8.35	2.7	13.2	L16.6 R17.1	8.4	12.15	1.75	0.8	0.75
M28：310-7	23.5	8.8	2.5	3.1	9.4	6.9	2.55	11.4	14.6	6.95	10.5	1.1	0.8	0.7
M28：310-8	19.9	7.4	2.0	2.5	7.7	5.65	1.2	10.2	12.4	6.1	8.5	1.0	0.75	0.65

（2）编钟测音及音律分析

笔者对这套编钟做了测音研究，其相关测音数据见表 5-37、表 5-38。

表 5-37　梁带村 M28 编钟测音数据

编号		M28：309-01	M28：309-02	M28：309-03	M28：309-04
正鼓音	频率/赫兹	328.88	315.18	453.10	535.41
	音高/音分	E4−4	♯D4+22	A4+50	C5+39
侧鼓音	频率/赫兹	359.22	（364.73）	496.35	627.17
	音高/音分	F4+48	（♯F4−25）	B4+8	♯D5+13
备注		音质不大好，侧鼓音基频不明显	钟破裂，音高不明显，侧鼓音出不来	音高可辨	音高较清晰
编号		M28：309-05	M28：309-06	M28：309-07	M28：309-08
正鼓音	频率/赫兹	793.16	942.88	1256.66	1658.10
	音高/音分	G5+20	♯A5+19	♯D6+16	♯G6−4
侧鼓音	频率/赫兹	895.30	1086.64	1467.39	1951.57
	音高/音分	A5+29	♯C6−35	♯F6−15	B6−22
备注		音高可辨	音高可辨	音高可辨	音高可辨

表 5-38　梁带村 M28 编钟耳测音列

编号	M28：309-01	M28：309-02	M28：309-03	M28：309-04
正鼓音	和	角	变宫	商
侧鼓音	徵	无	↑宫	和
备注	音高含混	音高含混，无侧鼓音	正、侧鼓音音高较明确	正、侧鼓音音高较明确
编号	M28：309-05	M28：309-06	M28：309-07	M28：309-08
正鼓音	羽	↓宫	角	羽
侧鼓音	变宫	商	徵	宫
备注	正、侧鼓音音高较明确	正、侧鼓音音高较明确	正、侧鼓音音高较明确	正、侧鼓音音高较明确

注：宫=b−7（平均音差）

分析表 5-37 和表 5-38，参考同出 M27 编钟及以往对西周编钟的研究，M28 的编钟音列已约略呈现出西周 8 件套编钟的音律规范，即正鼓音的"羽、宫、角、羽"及侧鼓音的"宫、角、徵、宫"。只是编钟的调音工作由于某种原因并没有做到位，仔细考察编钟于口内遗留的调音锉磨痕已可以说明这一点。

7. 梁带村 28 号墓编磬

梁带村 M28 编磬（图 5-110～图 5-119）保存基本完好。石质均匀，硬度适中。

（1）形制考察

编磬造型大体相同，为较标准的倨句五边形，10 件成序，大小相次。磬体倨句明确，鼓、股分明，比例基本准确。倨孔多采用单面钻孔。磬均为素面。各磬保持情况分别叙述如下。

M28：309-1：磬保存完好。

M28：309-2：磬保存完好。磬的一面留有数磬叠压放置的痕迹。鼓博略呈圆弧。

M28：309-3：磬体中部近倨句处断裂，余部完整。

M28：309-4：前鼓断裂，磬的一面有少量溶蚀点。

M28：309-5：底部微向上弧曲。磬的一面留有溶蚀痕迹。

M28：309-6：磬背自倨句处沿磬面方向渐凸，鼓部有分层剥蚀现象。

M28：309-7：磬倨孔采用两面钻孔，一面倨孔有错位现象。磬面略显上凸。

M28：309-8：磬的一面留有剥层和溶蚀痕迹。

M28：309-9：保存完整。

M28：309-10：磬的一面有数磬叠压放置的痕迹，出现些许剥落层。

图 5-110　梁带村 28 号墓磬 309-5　　　图 5-111　梁带村 28 号墓磬 309-10

图 5-112　梁带村 28 号墓磬 309-9

图 5-113　梁带村 28 号墓磬 309-2

图 5-114　梁带村 28 号墓磬 309-7

图 5-115　梁带村 28 号墓磬 309-6

图 5-116　梁带村 28 号墓磬 309-4

图 5-117　梁带村 28 号墓磬 309-8

图 5-118　梁带村 28 号墓磬 309-3

图 5-119　梁带村 28 号墓磬 309-1

编磬详细形制数据参见表 5-39。

（2）编磬测音及数据分析

M28 编磬的保存情况较 M27 要好得多，全套 10 磬竟然全部保存完整，这在西周时期编磬的发掘史上极为难得，也留下了十分宝贵的测音资料。具体数据分析见表 5-40。

表 5-39　梁带村 M28 编磬形制数据

编号	通长/厘米	通高/厘米	最厚/厘米	最薄/厘米	倨句/度	孔径/厘米	鼓博/厘米	股博/厘米	鼓上边/厘米	股上边/厘米	底长/厘米	鼓上角/度	鼓下角/度	股上角/度	股下角/度	重量/千克
M28∶309-5	43.3	16.1	股上角 3.7	底 3.2	143	1.5~2.0	9.7	10.1	26.1	19.2	17.7	90	99	92	104	4.6
M28∶309-10	37.3	15.1	倨顶 3.4	股下角 3.3	141	1.4~1.8	8.9	9.1	23.5	16.4	32.0	91	105	92	111	3.7
M28∶309-9	32.3	12.8	鼓下角 3.2	倨顶 3.1	142.5	1.2~1.55	7.5	8.4	20.1	14.3	27.5	94	106	91	110	2.7
M28∶309-2	31.9	12.9	股上角 2.85	底 2.6	142	1.8~1.9	7.9	8.9	残18.9	14.9	27.0	残92	残111	91	111	2.3
M28∶309-7	28.8	11.3	股上角 2.72	倨顶 2.2	144.5	1.65~1.80	6.5	7.9	17.3	13.3	24.6	89	111	92	106	1.7
M28∶309-6	28.6	11.7	股下角 2.98	倨顶 2.6	141	1.2~1.98	7.15	7.3	17.6	12.9	24.4	93	106.5	92	110	1.9
M28∶309-4	24.4	9.9	股上角 2.5	倨顶 2.2	144.5	0.8~1.0	5.7	6.8	15.2	10.8	21.5	96	100	95	106.5	1.2
M28∶309-8	21.8	8.7	倨顶 2.05	股下角 1.78	142	1.1~1.2	5.1	5.6	13.2	10.1	19.2	92.5	106.5	96	102.5	0.7
M28∶309-3	20.0	18.5	股上角 2.12	鼓上角 1.85	141	0.9~1.0	5.0	5.8	12.6	8.8	17.7	93.5	101	80	102	0.75
M28∶309-1	16.9	7.1	鼓下角 1.95	倨顶 1.6	144.5	0.8~1.05	4.2	5.1	10.7	7.2	15.15	96	82	96.5	102	0.5

表 5-40　梁带村 M28 编磬测音数据

序号	编号	频率/赫兹	音高/音分	耳测音高	备注
1	M28：309-5	1134.86	♯C6+40	徵	音质不好，音高较清楚
2	M28：309-10	1582.75	G6+16	宫	音质差
3	M28：309-9	1701.18	♯G6+41	商	音色尚好，音高清楚
4	M28：309-2	1954.26	B6−19	角	音色一般，音高清楚
5	M28：309-7	2030.34	B6+47	和	音高清楚
6	M28：309-6	2294.98	D7−41	徵	音质较差
7	M28：309-4	2444.17	♯D7−32	宫曾（羽？）	余音短促
8	M28：309-8	2775.26	F7−12	商曾（闰）	音质尚好
9	M28：309-3	2997.71	♯F7+21	变宫	音质差，音高不明显
10	M28：309-1	4070.02	C8−49	和	音质差，音高很不明显

注：宫=G+16（按音高顺序排列）

磬序号：　①　②　③　④　⑤　⑥　⑦　⑧　⑨　⑩

音列：　　$\underset{.}{5}$　1　2　3　4　5　♭6　♭7　7　$\overset{.}{4}$

分析表 5-39 和表 5-40，不难发现梁带村 28 号编磬保存有较为清楚的音阶序列。音阶为 G 宫调式，基本七声齐全。各磬音级明确，唯第 7 磬（M28：309-4）为"宫曾"有些费解，很可能为"羽"声偏低所致。

前述 M27 因 10 件编磬中有半数断裂，虽经修复音高会出现较大偏移。因有 5 件磬块保存基本完整，且发音不错，结合断裂修复、发音尚好的磬块测音参考，可提出如下认识。

1）梁带村 28 号编磬是经过认真调音的实用乐器。M28 编磬同样如此。

2）编磬与同墓出土的编钟调高（宫=d¹+29.7）不同，相差一个大二度，故难以一起演奏曲调。M28 编磬调高为宫=G+16，与同墓出土的编钟调高（宫=b−7）相差一个大三度，同样难以一起演奏曲调。

3）编磬音阶的基本判断为七声齐全，与西周编钟的"五音不全"不同。M28 编磬也是如此。西周礼乐制度戒用商声，仅限于乐悬中的编钟而不涉编磬，此又为一证。M28 出土的编磬以更为可靠的资料，使以上的三点认识再次得到肯定。特别是最后一点：西周乐悬中戒用商声仅限于编钟而不涉编磬，为破解"周乐戒商"这一音乐史上的千古疑案提供了决定性证据。

所谓"周乐戒商"，一般是指"周代音乐不用商声"。这是一个聚讼千年的历史悬案，更是一个错误的命题。自汉儒郑玄为《周礼》作注起，历代凡论西周礼乐者几乎无不涉及，今天仍受到学者的不断关注。[1]关于周乐戒商的历史问题，远不止于人们热衷于讨论的"商声"还是"商调"的问题。如果不能全面地审视西周建立的礼乐制度，尤其是其中的重要组成部分——乐悬制度，这个问题难以解决。一切纷争的原因，来自古代文献的简略和语焉不详，来源于秦火之后文化断层的隔阂，也来源于传统历史学的从文献到文献的基本研究方法，从而造成了处处充斥着历代文人的大量臆说和猜测的局面。近几十年来考古资料日益丰富，具备了重新认识这一历史公案的基础。梁带村28号墓编磬是经过认真调音的实用乐器这一点，毫无疑问。在梁带村28号墓编磬测音资料面前，人们从古代文献的雾里看花，到运用考古学方法走近历史的真实，将会使周代礼乐的相关研究，挣脱旧有资料和传统方法的束缚，进而对历代文人的种种曲说，提出全新的认识。

1）周乐戒商是西周时期推行的一个政策，它是一个史实。其所谓的"商"，确指音阶中的"商声"，历史上"商声""商调"的无谓之争，是文人的曲解。西周编钟的大量考古资料，已屡屡证实其发音确为"宫、角、徵、羽"四声而不用商声。

2）"周乐戒商"中的"周乐"，并非泛指"周代音乐"。周代的"戒商"适用于西周礼乐制度的"乐悬"，更适用于"乐悬"中的编钟。同为乐悬的编磬都不受此限，不但允许应用商声，甚至可以七声齐全。

梁带村M28号墓这套编磬，加上同墓出土的编钟以及M27出土的钟、磬，为这一历史悬案画上了一个句号。

四、陕西长安张家坡墓地

陕西长安县（现西安市长安区）张家坡村位于沣河中游的西岸，是所传丰邑范围内的一处重要遗址，有着西周时期极为丰富的居住遗存和墓葬、车马坑等。1955年以来，考古工作者在这里连续进行了相当规模的发掘工作，并发表了有关工作的报告和简报。1964年10月上旬，考古工作者在陕西长安县原沣西公社张家坡村东北清理了一座西周墓。"文化大革命"期间，在丰镐遗址所在的张家坡和大原村之间、俗称"鄗坞岭"的高冈上，建立了一座机制砖瓦厂。由于连年挖土烧砖，破坏了很多西周时期的遗址和墓葬，大量文物被毁坏和流失。1983年，由于西安市文物管理委员会进行干预，砖瓦厂才停止生产。从1982年开始，考古工作者用了将近2年的

---

[1] 参见王子初：《周乐戒商考》，《中国历史文物》2008年第4期，第4～24页。

时间在这个砖瓦厂的周围进行普遍的钻探，共探明西周墓葬 1500 多座，其中包括几座带墓道的大型墓。1983～1986 年，中国社会科学院考古研究所在陕西长安县张家村发掘了 390 座西周墓葬、车马坑，其中包括 4 座墓道的井叔墓。

1. 陕西长安张家坡井（邢）叔墓

1984 年秋，中国社会科学院考古研究所沣西发掘队发掘了 157 号墓等 3 座大墓。M161 在 M157 的西侧 4 米处，M163 在 M157 的东侧 5 米处。3 座墓葬均多次被盗，但仍出土各种青铜器、陶器、釉陶器、玉石器、骨牙器 460 余件。礼乐器仅见于 M163 和 M157，二墓均发现有编磬残块。

M157 为双墓道中字形大墓，墓室为长方形竖穴，墓室底部中央有椁室，四壁由方木垒成，椁盖用木板横铺，椁盖上散置各种车器。南北墓道内也放置车轮、车舆等构件。据研究，墓主应为第一代井叔。[1]

M157 出土有编磬及残块数件，经拼对至少有 5 件可以确认，有 2 件磬基本完整。石磬由大理石精工磨制而成，造型相同，厚度相若而大小相次，应是若干件一套的编磬。石磬形制规范，倨句呈 138 度钝角，股端上角近直角，鼓端圆弧。磬底大致平直，略略上凹。2 件完整的石磬中，M157∶81 为五磬中次大者，股长（当为股上边）46 厘米、宽（当为股博）11.5 厘米、鼓长（当为鼓上边）65.5 厘米、宽（当为鼓博）约 12 厘米、弦长（当为磬底长）93 厘米、厚（当为磬体厚）5.6 厘米、孔径（当为倨孔内径）3 厘米；M157∶80 为五磬中最小者，股长（当为股上边）26 厘米、宽（当为股博）8 厘米、鼓长（当为鼓上边）38 厘米、宽（当为鼓博）约 8 厘米、弦长（当为磬底长）53 厘米、厚（当为磬体厚）4.4 厘米、孔径（当为倨孔内径）3 厘米。[2]

2. 陕西长安张家坡井叔夫人墓

1984 年，在发掘了 157 号井叔墓之后，又发掘了井叔家族墓地的其他几座墓葬，163 号墓就是其中之一。

M163 墓室也为长方形竖穴，有 5 个盗坑。盗墓者由盗坑下到椁顶，搬开椁盖进入椁室，盗取了棺椁中的财物。所幸在南面二层台上的青铜礼器得以保存，成为今日研究和推断墓主身份及墓葬年代的重要依据。青铜礼器计有编钟 2 件、牺尊 1 件、尊 1 件、爵 1 件及一些青铜礼器的散件。

---

[1]　中国社会科学院考古研究所沣西发掘队：《长安张家坡西周井叔墓发掘简报》，《考古》1986 年第 1 期，第 11、22～27、97～100 页。

[2]　中国社会科学院考古研究所沣西发掘队：《长安张家坡西周井叔墓发掘简报》，《考古》1986 年第 1 期，第 11、22～27、97～100 页。

其中的 2 件牺尊盖内有相同铭文："異中乍宝障彝"六字。M163 紧靠 M157，通过骨骸鉴定，M163 的墓主人为一位年龄为 25～30 岁的女性，推测其应为 M157 墓主井叔的夫人，二墓的年代相当，约在西周中期的懿王之世。[1]

163 号墓出土编钟 3 件[2]，同出编磬残件多块（图 5-120），数量不明。在 3 件编甬钟中，有 2 件完整，出土于墓底；另 1 件仅存钟甬，发现于盗洞之内，为 1 件较大的钟所属。井叔钟（M163：34）保存完好，通高 37.5 厘米、广 15.5 厘米，另一件钟形制相同而略小。

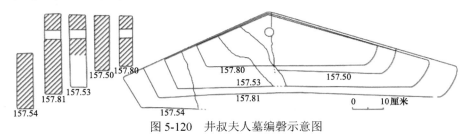

图 5-120　井叔夫人墓编磬示意图

井叔钟平舞，上置圆柱形甬，有旋有斡。旋上饰窃曲纹，双目突起，甬上饰环带纹与常见之环带纹稍异。钲、篆间以粗突棱线界隔，篆间饰环带纹，鼓部饰阴刻云纹，右鼓有莺鸟，铭文分铸于钲、两铣及左右鼓。于口内有调音锉磨痕迹。钟上有铭文 7 行 39 字，重文 2（图 5-121）。文曰：

井叔＝采作朕文祖穆公

大钟

用喜乐文神

人用旛福霖（禄）

寿礜其子永

宝用

孙＝永日鼓乐兹钟其

井叔为周公后裔，历代均为西周王室重臣。[3]有关井叔的情况，杨宽根据对曶壶和曶鼎铭文的分析提出："曶壶上的'右'者井（邢）公，当即

① 中国社会科学院考古研究所沣西发掘队：《长安张家坡西周井叔墓发掘简报》，《考古》1986年第 1 期，第 11、22～27、97～100 页。

② 中国社会科学院考古研究所沣西发掘队：《长安张家坡西周井叔墓发掘简报》，《考古》1986年第 1 期，第 11、22～27、97～100 页；中国社会科学院考古研究所编著：《张家坡西周墓地》，北京，中国大百科全书出版社，1999 年，第 164～167 页。

③ 卢连成、胡智生：《宝鸡𫑡国墓地》，北京，文物出版社，1988 年，第 522 页。

智鼎上的井（邢）叔。井公是他的爵称，井叔是他的字的简称。智鼎铭说明作者在王所，接受了井叔的赏赐，井叔受理了作者和匡的诉讼，并由井叔做了判决。可知井叔确是执掌大权的执政大臣。"[①]

图 5-121　井叔夫人墓编钟之一墨拓

该井叔贵为三公之一。西周初期的召公官为太保，周公官为太师，毕公官为太史，他们都因有太保、太师、太史的官职而尊称为"公"，是仅次于天子，位居六卿之上的朝廷重臣。[②]井叔墓被盗严重，仅存编磬，未见有编钟出土，但是井叔夫人墓（M163）都随葬有编钟和编磬。根据编钟上的铭文可知，所出这 3 件编钟就是井叔所铸。因此，李纯一推测井叔墓（M157）除随葬编磬外，应该"共存乐器有编甬钟"[③]，井叔的乐悬也应是钟磬俱全的，甚至第一代井叔的乐悬应该还配有镈。因为身为上卿的膳夫克都可以享用镈[④]，按照西周乐悬制度位列三公的井公享用镈应该也是符合周代礼制的[⑤]。相对来说，井叔夫人墓不带墓道，和带双墓道的井叔享用同样的乐悬配置，有悖西周礼制，故井叔墓的用器等级应该更高一些。

陕西长安井叔夫妇墓的发现，对于研究西周礼乐制度，以及其中的乐悬制度，具有重要的实证意义。

五、河南平顶山应国墓地

平顶山应国墓地位于河南省平顶山市新华区薛庄乡北滍村滍阳岭上。岭上不断有青铜器和玉器出土，也不断有人在岭上盗挖古墓。1979 年，北

① 杨宽：《西周史》，上海，上海人民出版社，1999 年，第 345～346 页。
② 王清雷：《西周乐悬制度的音乐考古学研究》，北京，文物出版社，2007 年，第 109～111 页。
③ 李纯一：《中国上古出土乐器综论》，北京，文物出版社，1996 年，第 47 页。
④ 陈邦怀：《克镈简介》，《文物》1972 年第 6 期，第 14～16 页；黄崇文主编：《中国音乐文物大系·天津卷》，郑州，大象出版社，1996 年，第 205 页；高至喜：《论商周铜镈》，《商周青铜器与楚文化研究》，长沙，岳麓书社，1999 年，第 38～47 页。
⑤ 王清雷：《西周乐悬制度的音乐考古学研究》，北京，文物出版社，2007 年，第 109～111 页。

滍村砖厂在取土时挖出一铜簋，被平顶山市文物管理委员会收回。铜簋高21厘米，器底内部有铭文 3 行共 12 字，即"邓公乍（作）应嫚毗媵簋其永宝用"，应为西周中晚期邓国和应国联姻时邓国国君的陪嫁礼器，因名"邓公簋"。①由此，应国贵族墓地得以发现。从 1986 年下半年起，河南省文物研究所与平顶山市文管会共同组成应国墓地考古队，对应国贵族墓地进行了长达 20 年的考古发掘，共发掘墓葬 310 多座，其中发现了应国国君及夫人墓近 20 座，出土各类文物 1 万多件，其中有铭文的青铜器多达 200 多件。

夏商时期，在今山西省朔州市应县一带有古应国。公元前 1046～前1043 年，西周武王姬发封四子姬达（出自雍妃）为应侯，尔后立国为应国，地望位于今河南省宝丰以东、鲁山东南及平顶山市区、叶县、郏县、襄城一带，并以鹰为族徽，子孙以国为姓。姬达更名为应叔，字儒林，号仁寿讳韩，即应氏太始祖。应叔等先祖在应国历经 350 余年的治国安邦，创造了西周时期应国的辉煌历史。

西周早期应为监国，故有应监、应公之称。《逸周书·王会解》载，周初，成周洛邑建成后，应侯曾参加了"成周之会"，位列曹叔、伯舅之前。应国在周王朝建立之初，充当了开疆拓土、平叛伐逆的重要角色，也得到了周王朝的不断嘉奖，以至《诗经》上所记有周王"媚兹一人，应侯顺德"的赞誉。但是，随着周王朝的没落和连年征讨，应国终于国力衰竭。被称为荆蛮的楚国在南方逐渐强盛起来，在很短的时间内，吞并了江淮诸国，如史籍所说"拓地千里，封畛于汝，江汉诸姬，楚尽有之"②。应国也是在这一时期被淹没在历史的长河里。

传说有 12 件应国文物传世，但流落在世界各地。

应国墓地的发掘被评为"1996 年度全国十大考古新发现"之一。2006年 5 月 25 日，应国墓地作为周至汉时期古墓葬，被国务院批准列入第六批全国重点文物保护单位名单。

1994 年 4～5 月，在平顶山应国墓地所在滍阳岭的北段，发掘了一座较大型贵族墓葬，编为十号墓（M10）。该墓是一座长方形竖穴土坑墓，木质单棺单椁，随葬器物 135 件（颗），可分为铜、陶、玉、石、水晶、玛瑙、兽角与纺织品等 8 类。墓葬年代介于蔡昭侯墓与侯古堆 M1 之间，在公元前 490 年～前 470 年，大致相当于楚惠王前期的 20 余年间。墓主人享用五鼎礼制，可能为下大夫级贵族夫人。

---

① 彭裕商：《西周铜簋年代研究》，《考古学报》2001 年第 1 期，第 1～42 页；徐少华：《邓国铜器综考》，《考古》2013 年第 5 期，第 62～72 页。

② 丁军伟：《应国考》，《天中学刊》2011 年第 6 期，第 105～107 页。

据黄益飞的研究[①]，应国具铭铜器有三个来源，即考古出土、传世及流散品，共计 84 件。

1）属应国国君器的传世具铭铜器中，应公尊 A 属成王时期，器主当即应国的始封君应公 I。应公簋 A、应公簋 B、应公卣 A、应公卣 B、应公鼎 A、应公鼎 B 以及十六字应公鼎等属昭王时期，其器主为应公 II，但不能确定其与应公 I 的关系。应公方鼎、应公觯属穆王时期，其器主为应公 III，乃应国墓地 M84 应侯再之父，应公 III 谥号釐公。

2）目前所见应国墓地出土应国国君器属于西周中期至东周初年，其中 M84 墓主应侯再的主体年代在穆王晚年至懿孝时期。M104、M105 墓主艺虎可能为一代应侯，主体年代在西周中期偏晚，其与应侯再的关系不能确定。应侯视工器绝大部分流散，应侯视工的主体年代在厉王早期，上限或可至夷王时期。M95 墓主为应侯敔，其主体年代在厉王晚年至宣王初年。M13 墓主为应侯叔诰父，其主体年代在宣王时期。M8 墓主为应公 IV，其主体年代在宣王末期至春秋早期。

3）非应国国君器的具铭铜器中，江西出土的应监甗属成王时期，当应公 I 时期。柞伯簋属昭王时期，当应公 II 时期。应国墓地 M51、M50 匍盉、M229 属穆王时期，当釐公时期。

4）对应国具铭铜器形制、纹饰、铭文特点进行了归纳，认为西周早期偏晚昭王时期至西周晚期，是应国形成独特青铜文化的时期。

黄益飞有关应国铜器及其器主世系的研究，可为认识滍阳 95 号墓编钟乃至西周应国礼乐信息的重要参照。

1. 河南平顶山滍阳 95 号墓编钟

编钟（图 5-122）于 1986 年出土于平顶山滍阳 95 号墓。这里是西周时期应国贵族墓地，自 1986 年以来发掘应国墓葬 130 余座。95 号墓为应国墓地中一座较大的墓葬，出土遗物除编钟外还有编铃及青铜礼器、车马器、玉石器等 400 余件。其中在盨、壶、盘等铜器上有"应伯"作器的铭文。可知此墓当为应国某国君之墓。依照上文黄益飞有关应国铜器及其器主世系的研究，M95 墓主为应侯敔，其主体年代在厉王晚年至宣王初年，时代为西周晚期。[②]编钟出土时，3 件编钟在墓室西壁填土中发现，钟周围尚有黑色印痕可辨，可能是埋葬时曾用箱盒类装载；另 4 件见于墓底。

---

① 参见黄益飞：《应国具铭铜器研究》，中央民族大学硕士学位论文，2010 年。
② 河南省文物研究所、平顶山市文物管理委员会：《平顶山应国墓地九十五号墓的发掘》，《华夏考古》1992 年第 3 期，第 92～103 页；赵世纲主编：《中国音乐文物大系·河南卷》，郑州，大象出版社，1996 年，第 81 页。

图 5-122　河南平顶山滍阳 95 号墓编钟

　　7 件编钟均为甬钟形制，虽有大小递减趋势，但不是很明显。除标本 M95：1 外，其余每两件的形制、纹饰、颜色相同。钟体均呈合瓦形，舞上有柱状甬，甬下部附旋及斡，旋部一周饰 4 个凸出的小乳钉。钲部两侧各有枚三行 9 个，单面 18 枚，两面共 36 枚。篆部与正鼓部均饰以纤细阳线构成的云纹，舞部饰窃曲纹，右鼓部除第 1 号钟外，均铸鸟纹。从该钟各部位尺寸的大小、钟体厚薄、花纹形式等方面看，此 7 件甬钟似非一次所铸，或为拼合而成。

　　各部位尺寸见表 5-41。

表 5-41　河南平顶山滍阳 95 号墓编钟形制数据　　单位：厘米

序号	1	2	3	4	5	6	7
编号	M95：4	M95：5	M95：6	M95：1	M95：2	M95：3	M95：7
通高	36.8	36.7	34.1	32.9	32.2	29.5	残高 23.0
身高	23.7	23.6	21.4	21.4	21.1	20.5	19.0
甬高	13.1	13.0	11.0	11.5	11.1	9.0	残高 4.0
铣间	18.0	17.5	17.2	16.7	17.0	16.5	15.6
鼓间	15.0	14.8	14.0	10.6	—	11.5	14.3

　　经测音，结果见表 5-42。

表 5-42　河南平顶山滍阳 95 号墓编钟测音数据　　单位：音分

序号	1	2	3	4	5	6	7
编号	M95：4	M95：5	M95：6	M95：1	M95：2	M95：3	M95：7
正鼓音	F6+46 1434	不测	C5+49 538	G4−38 383	破裂	C5−43 510	C5+21 530
侧鼓音	#G6+48 1708	不测	E5−15 653	A4−20 435	破裂	#D5+11 626	F5−24 688
备注	编钟由大到小排序						

　　7 件编钟中，仅一件于口内见有调音锉磨时留下的痕迹，其余 6 钟均保留

了钟坯铸成时的砂面。从测音结果看，其 M95：7、M95：3、M95：6 连续三钟基本上就是同音，完全不能形成音阶序列，加之形制、纹饰较杂，不仅加大了此套编钟为拼凑而成的可能，还可判断其仅为应付殉葬所需的非实用乐器。

2. 河南平顶山滍阳 95 号墓编铃

1988 年，该编铃（图 5-123）与编钟同出土于平顶山郊区薛庄乡北滍村西的 95 号墓中。编铃一组 9 件，均为青铜铸制，其中 1 件仅剩少许碎片。这组铃铛造型相近，大小依次递减，故原定为"编铃"。历来铜铃并非定音乐器，谈不上成"编"，但近年湖北郭家庙墓区 30 号墓出土了一套春秋早期的编纽钟，共 10 枚，它与目前所知春秋初期的编纽钟 9 件成套有所不同，均设有铃舌。30 号墓是郭家庙墓区已经探明的 70 多座大小墓葬中的一个，这套"编铃"出土于墓葬南室，造型相同，大小有序，音高稳定，宫调明确，是一套完整的实用青铜乐器。正鼓部的音高分别为徵（so）羽（la）宫（do）商（re）角（mi）羽（la）宫（do）商（re）角（mi）羽（la）。故严格地说，这是一套"编铃"或"铃钟"。因之河南平顶山滍村 95 号墓中的铃一组 9 件，这里仍称"编铃"。

图 5-123　河南平顶山滍阳 95 号墓编铃

滍阳 95 号墓这套编铃保存较差，锈蚀严重。1 件残失，部分铃残缺，虽然大小有序，但纹饰不一。M95：89 铃的正背两面均饰对称的云纹，有的则为素面。编铃最大者 M95：109，纽高 2 厘米、身高 12.1 厘米、铣间9.2 厘米；最小者 M95：24，纽高 1.5 厘米、身高 4.8 厘米、铣间 4 厘米。且每件铃体的上半部都有 3 个长方形的穿孔，应为铸造留下芯撑遗孔。铃内有槌形铃舌，原以皮革系之，已朽烂。最大的 3 件铃舌呈圆槌形，其余铃舌则呈半圆槌形。最长的 1 件铃舌为 10 厘米。[①]

① 河南省文物研究所、平顶山市文物管理委员会：《平顶山应国墓地九十五号墓的发掘》，《华夏考古》1992 年第 3 期，第 92～103 页；赵世纲主编：《中国音乐文物大系·河南卷》，郑州，大象出版社，1996 年，第 49 页。

3. 河南平顶山魏庄编钟①

1980 年出土于平顶山北渡乡魏庄的一组甬钟（图 5-124），是河南考古发现西周甬钟中最早的一例。编钟系 1986 年平顶山市郊北渡乡魏庄农民魏正在院内挖红薯窖时，距地表 3 米深处挖出此编钟 3 件，似为窖藏。其 1号、2 号钟大小相次，3 号钟大小悬殊，显然并非完整的一套。编钟的时代当属西周早中期。

图 5-124　河南平顶山魏庄编钟

魏庄出土的 3 件甬钟，具有早期甬钟的形制特点。1 号钟甬中空与钟体相通，横断面呈圆角长方形，无衡。枚呈圆柱状，高 2.5 厘米。甬下部有旋及斡，舞上阴刻云雷纹，边沿有阴弦纹一周。枚与篆及钲的边沿饰小乳钉，每行乳钉均以细线框边，篆间饰 S 状云纹。通高 41.7 厘米、甬长13 厘米、铣间 24.2 厘米、鼓间 16.6 厘米、舞修 20.5 厘米、舞广 14.5 厘米、重 9.5 千克。2 号钟比 1 号钟略小，形制花纹均与 1 号钟相同。3 号钟与前两钟相差较大，枚、篆、钲边均无乳钉。枚形较尖，高 1.4 厘米。枚、篆交界饰阳刻双弦纹，钲边饰单弦纹，正鼓部饰云雷纹，正面右鼓铸鸟纹。通高 25.8 厘米、甬长 9.7 厘米、铣间 12.9 厘米、鼓间 8.9 厘米、舞修 11.0厘米、舞广 8.5 厘米。长甶钟为西周早中期器，此钟年代亦应相当。②

3 件钟音梁皆不明显。钟口内唇不突出，无调音痕迹。测音结果见表 5-43。

---

① 魏庄编钟同出土于河南平顶山，但离应国墓地有一定距离。这里一并提及以作参照，并作此说明。

② 孙清远、廖佳行：《河南平顶山发现西周甬钟》，《考古》1988 年第 5 期，第 466 页；赵世纲主编：《中国音乐文物大系·河南卷》，郑州，大象出版社，1996 年，第 79 页。

表 5-43	平顶山魏庄编钟测音数据		单位：音分
序号	1（0771）	2（0770）	3（0769）
正鼓音	e^1+4	c^2-26	a^2+45
侧鼓音	g^1+5	e^2+35	b^2+23

4. 柞伯簋

柞伯簋（图 5-125）是考古发现的西周柞（即胙）国重要礼器。1993年出土于河南平顶山应国墓地 M242，当是作为礼物送给应国贵族及 M242墓主人的。应国和柞国同为姬姓，西周早期两国的关系应较为亲密。柞伯簋底部的铭文（图 5-126），记录了周康王在周都举行大射礼的重要事迹及具体过程，同时也较为具体地反映了西周音乐教育制度的一个侧面。

图 5-125 西周柞伯簋

图 5-126 柞伯簋铭文拓片

柞伯簋为敞口，斜方唇，短颈内束，浅腹外鼓且向下倾垂，腹部一对龙首形耳，耳作龙口吐长舌向下内弯曲状。浅圈足，上饰侧视的三角形凸目蝉纹一周，下一喇叭形支座。底有铭文：

惟八月辰在庚申，王大射在周。王命南宫率王多士，师𣄞父率小臣。王迟赤金十钣。王曰："小子、小臣，敬又决，获则取。"柞伯十称弓，无废矢。王则畀柞伯赤金十钣，诞赐柷见（棘，一读若"引"）。柞伯用作周公宝尊彝。①

释文：八月庚申这天，周王在都城宗周举行大射典礼。王命南宫

① 王龙正、姜涛、袁俊杰：《新发现的柞伯簋及其铭文考释》，载平顶山市文物管理局编（刘晟甫主编）：《应国墓地的发现与研究》，2006 年，第 154～157 页。

率领朝中各位卿、大夫、士，命师𤲞父率领小臣、仆人。王悬赏十块金饼，对柞伯说："小臣已经准备好扳指，你如能射中，就取走金饼。"柞伯 10 次举弓，箭箭中靶，王于是把十块金饼给了柞伯；另外又赏赐了枳、棘（读若引）等乐器。柞伯因此铸器祭祀其父周公，以为纪念。①

柞伯簋的制作年代在西周康王时期。形制与康王时期的臣谏簋、昭王时期的过伯簋、辨簋的较为接近。所饰兽面纹，是商末周初铜器常见纹饰。铭文字体属西周早期金文习见的"波磔体"，尤其近似于大盂鼎铭。其铭文中"辰在庚申"的纪日方式与康王时期的大盂鼎、宜侯夨簋及昭王时期的令方彝等铭文同。作为人称的南宫见于成康时期的保侃母簋，还有康王时期的中方鼎、中觯等铭文。这些器物的时代均比较接近，皆在成康时期，所以出现在不同器铭上的南宫与《尚书·顾命》中康王即位时的南宫毛当是同一个人。

器主柞伯。柞应是文献中的胙国，周公某一庶子的封地。《左传·僖公二十四年》云："凡、蒋、邢、茅、胙、祭，周公之胤也。"铭文末尾"作周公宝尊彝"印证了这一点。胙国地望，文献记载在今河南省延津县。伯是爵位。

柞伯簋的铭文记录了周康王在周都举行大射礼的过程，同时也反映了西周时期的贵族教育制度。举行射礼的目的大约有以下四种。

第一种是大射，即君臣相与习射，以鼓励倡导演练射技以备狩猎与战争。

第二种是宾射。天子、诸侯飨来朝之宾而与之射，也叫作飨射，是周天子与诸侯加强联系、联络感情的手段之一。

第三种是燕射。天子、诸侯燕其臣子或四方之宾，大夫、士燕其宾客，因而行射。天子在大祭之前挑选参与祭祀的人。

第四种是乡射。指州长与其众庶在州序习射，是对贵族大学及乡学学生所学射艺水平的检阅与考核，即文献记载的"视学"。

柞伯簋的铭文所记录的即是大射之礼。

周代的贵族子弟学习的主要科目为"六艺"，即"礼""乐""射""御""书""数"。射，位列第三。其既为"礼"之内容，更是军事技能的训练和培养，因而单列于六艺之中。大射礼大都在春、秋两季举行。柞伯簋记载八月举行大射礼，与静簋所记相同，两者记录的射礼是周天子每年定期于秋季举行的大射礼，即"秋射"。射礼的形式大致分为射牲和射侯，其射中

---

① 王龙正、姜涛、袁俊杰：《新发现的柞伯簋及其铭文考释》，《文物》1998 年第 9 期，第 53～58 页；王龙正、姜涛、袁俊杰：《新发现的柞伯簋及其铭文考释》，载平顶山市文物管理局编（刘晟甫主编）：《应国墓地的发现与研究》，2006 年，第 154～157 页。

者可称为"获"。射侯是一种射艺比赛，文献称"礼射"。除天子巡狩四方而临时举行的某些射礼外，射侯的地点一般设在学校。其中由天子或诸侯举行的大射礼一般在贵族大学的射宫（或称射庐）内举行。铭文中的"诞赐枊见"语，李学勤释为"遂赐枊虎"①。《吕氏春秋·仲夏纪》："饬钟磬枊敔。"高诱注："枊如漆桶，中有木椎，左右击以节乐；敔，木虎，脊上有锄铻，以杖擽之以止乐。"②枊虎即乐器枊和敔。大射必奏乐。因此，王在赐柞伯赤金十钣之外，又将现场的乐器赏赐给他。

《仪礼·大射仪》载：

前射三日……射人宿视涤。司马命量人量侯道与所设乏以狸步……乐人宿县于阼阶东，笙磬西面，其南笙钟，其南镈，皆南陈。建鼓在阼阶西，南鼓，应鼙在其东，南鼓。西阶之西，颂磬东面，其南钟，其南镈，皆南陈。一建鼓在其南，东鼓；朔鼙在其北。一建鼓在西阶之东，南面。簜在建鼓之间，鼗鼓倚于颂磬西纮。③

大射开始。先是"公升即席，奏《肆夏》"。主人献宾而乐阕（曲终）；宾献主人而乐又阕。乐宾时，"工六人，四瑟，仆人正徒相大师，仆人师相少师，仆人士相上工……升自西阶……乃歌《鹿鸣》三终……大师及少师上工皆降，立于鼓北；群臣倍于后；乃管《新宫》三终"。这是射前燕礼的情形。射时，奏《狸首》。射毕"无算爵……无算乐"。宾降，"奏《陔》。""公入，《骜》"。这里所说的是诸侯的射仪，所用音乐《肆夏》《狸首》，为诸侯规定的曲目。至于天子射仪，《周礼·大司乐》载："大射。王出入，令奏《王夏》；及射，令奏《驺虞》。"射时的伴奏音乐，根据地位高下按规定使用：天子用《驺虞》、诸侯用《狸首》、卿大夫用《采蘋》、士用《采蘩》为节，等级森严。《周礼》关于大射这些乐曲的使用，更规定了具体的繁文缛节：

射人……以射法治射仪：王以六耦，射三侯，三获，三容，乐以《驺虞》九节，五正；

诸侯以肆耦，射二侯，二获，二容，乐以《狸首》七节，三正；

孤卿大夫以三耦，射一侯，一获，一容，乐以《采蘋》五节，二正；

① 李学勤：《柞伯簋铭考释》，《文物》1998年第11期，第67～70页。
② 《吕氏春秋卷五·仲夏纪》，载《诸子集成6》，上海书店影印出版，1986年，第44页。
③ 郑玄注、贾公彦疏：《仪礼注疏》，上海，上海古籍出版社，2008年，第467～474页。

士以三耦，射犴侯，一获，一容，乐以《采蘩》五节，二正。①

周代天子的大射，如以上文献所载，是一种"帅瞽而歌射节"②，甚至有着笙管钟磬等乐器伴奏的重要仪式。而柞伯簋铭文所载，周王在宗周举行大射典礼，柞伯箭箭中靶。康王把 10 块金饼给了柞伯，另外又赏赐了现场所用的柷、楸等乐器，也可作为这一点的旁证。不过，2000 余年来有关西周礼乐制度的认识，传统皆以"三礼"为据。在周初周公制礼作乐之时，是否已经达到了如此细致烦琐的地步，尚可存疑。考古发掘出土的柞伯簋铭文所载，较之传统的先秦文献，应该具有更高的可信性。铭文所描述的大射场景和赏赐属下柷、楸（一种小鼓）细节，对于认识文献所载的西周早期的相关制度，应有着特别的史学价值。

六、陕西扶风庄白一号窖藏

陕西扶风庄白一号西周窖藏发现于 1976 年 12 月 15 日。窖藏所出器物多达 103 件，包括 21 件甬编钟在内，大多数为有铭铜器，达 74 件。这些器物主要是西周微氏家族四代所铸的礼乐器："微氏这一族，从高祖起，到痶，先后七代……痶钟二载'痶不敢弗帅且（祖）考，秉明德圉凤夕，左尹氏。'值得重视的是，高祖、亚祖和文考的职司都是'疋尹'的，痶继承祖考而担任的职司也是'左尹氏'。'疋尹'和'左尹氏'的意义相同。'尹氏'在西周就是史官之长'太史'，他是太史寮的长官，和作为卿士寮长官的'太师'，同为朝廷执政大臣，都是公爵。"③微氏一族从武王时代起，经成、康、昭、穆、共、懿，一直到夷王，七代都担任史官之职。青铜乐钟中的 14 件均有铭文，由铭文可知，编钟的器主为微伯，名为痶④。微伯痶活动于孝、夷之时，曾担任西周太史寮的长官"太史"，位列三公之一，是仅次于周天子的权臣。另有 7 钟多铭有徽记或铭文漫漶不辨，仅个别钟完全无铭。经测音分析，这些编钟的音列大致可以组成 3 个 8 件组套，因判断这 7 件无铭甬钟应同属痶钟系列。窖藏另同出铜铃一组 7 件，均为西周中期或之前器，历来为学界所重。从庄白一号窖藏出土的痶钟及

---

① 《周礼注疏·射人》，载（清）阮元校刻：《十三经注疏》，北京，中华书局，1980 年，第845 页。

② 《周礼注疏·大师》，载（清）阮元校刻：《十三经注疏》，北京，中华书局，1980 年，第796 页。

③ 杨宽：《西周史》，上海，上海人民出版社，1999 年，第 369～371 页。

④ 方建军主编：《中国音乐文物大系·陕西卷》，郑州，大象出版社，1996 年，第 37～50 页。

无铭甬钟出土于窖藏时，器物放置有序：四角各置一大铜壶，内装觚、爵、斗、铃、鬲等小件铜器。中间分三层放置器物。上层中间置大型编钟 3 件，中间的钟套有铜尊 1 件，周围空隙置其他铜器。中层中间仍置大型编钟 3 件，每件体内套小钟 1 件，四周空隙放置其他铜器。下层的中间，东西置编钟一排，系 3 钟相套，其余空隙放其他铜器。[①]在音乐考古学家加入之前，以往文史界的学者根据造型和纹饰的区别，将 21 件甬钟分为七式。显然，这一分类忽略了其作为乐器的本质内涵，故未能揭示其旋律乐器的音律特质。如从 6 件三式痪钟的形制和测音数据看，30 号和 16 号之间的体量相差过大，两钟的正鼓音相差一个八度又一个减四度，编钟的音列间明显有所缺环。所以蒋定穗根据西周乐悬中编钟的音阶惯例推测，这组钟在音阶序列上应构成角、徵、羽、宫的关系才正好补充一个八度的音域。李纯一[②]、陈双新[③]诸家也持此说。故 21 件甬钟的七式分类，并没有完全体现出编钟真正的组合关系。王清雷在总结前人研究得失的基础上，提出微伯享用的乐悬编钟至少有 3 肆 24 件，即主张 21 件编钟的编列归属应该为：

一式（1 件）、五式（3 件）、六式（2 件）为一组，一肆 8 件，应缺第七件、第八件；

二式（4 件）和四式（3 件）为一组，一肆 8 件，应缺第八件；

三式（6 件）和七式（2 件）为一组，是完整的一肆 8 件。[④]

相对来说，从窖藏中发现的器物，已是当时人们的收藏品，其归置及摆放未必能反映当时的礼仪规范。故以往关于编钟组别关系的探讨，主要依据还是墓葬中的发掘资料。唯有在墓葬，古人出于"事死如生"的观念，把死人在地下的世界安排得与其生前一样，能在较大的程度上反映当时的社会习俗和现实。这些编钟的分组，由于音乐考古学家的介入，人们在着眼于其形制、纹饰及铭文文意的布局与衔接的同时，对其作为乐器的音乐与音响性能，在研究中给予了应有的关注。编钟作为一种旋律乐器，其自有音律音阶的规范束缚。乐器的这种特质，用于其归组探讨，最有效验且不易被造假。

王清雷的主张，将痪钟的一式（1 件）、五式（3 件）与六式（2 件）归为一组；将二式（4 件）和四式（3 件）分别归为一组。从这 21 件编钟自身

---

① 陕西周原考古队：《陕西扶风庄白一号西周青铜器窖藏发掘简报》，《文物》1978 年第 3 期，第 1～18、98～104 页；陕西省博物馆、陕西省文物管理委员会、陕西省博物馆编：《陕西出土商周青铜器（二）》，北京，文物出版社，1980 年，第 108 页。

② 李纯一：《中国上古出土乐器综论》，北京，文物出版社，1996 年，第 191 页。

③ 陈双新：《两周青铜乐器铭辞研究》，保定，河北大学出版社，2003 年，第 89～90 页。

④ 王清雷：《西周乐悬制度的音乐考古学研究》，北京，文物出版社，2007 年，第 96～107 页。

的形制及测音结果分析，很合理。至于三式的（6 件）和七式的（2 件）是否可为一组，下文将再做进一步探讨。以下分别以甲、乙、丙三组称之。另外，这里所说的"肆"，最早记载是《周礼·春官·小胥》："王宫悬，诸侯轩悬，卿大夫判悬，士特悬，辨其声。凡悬钟磬，半为堵，全为肆。"[1]两汉以来，堵与肆纷争不已。其实质缘由是古之腐儒求之过深。所谓"堵"，是指编钟或编磬的摆列如墙一堵。一堵钟磬，编组可以有多有少，编列有大有小。"堵"之下分组，即所谓"肆"，肆亦无定数，今人不易通晓。不如借助"套"与"组"的通用概念，更明白易懂，如曾侯乙编钟 65 件成"套"，分三层八"组"悬挂使用。西周早期甬钟草创，2 件或 3 件编组，单组成套，如彊国编钟、晋侯苏墓编钟的 I 式，皆可为套。至西周中期前后发展为 8 件编组，如中义钟、柞钟，还有虢仲及虢季钟，8 件编组比比皆是，皆为 8 件单组成套。而如晋侯苏墓编钟，则最终发展为双组 16 件成套，成为西周乐悬成熟时期的一种定例。

1. 甲组痶钟

此组痶钟，包括一式 1 件、五式 3 件、六式 2 件。

（1）一式痶钟

一式痶钟 1 件（76FZH1：64，图 5-127、图 5-128），藏于周原博物馆。器形完整。甬中空与体相通，内壁有隧 4 条，两铣及前、后壁正鼓各一。绚索纹斡，舞饰粗阴线云纹，钲篆四边以细阳线夹圈点纹为界，篆、鼓饰细阳线云纹。

 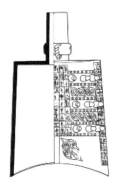

图 5-127　一式痶钟（76FZH1：64）　　图 5-128　一式痶钟（76FZH1：64）示意图

钲间、两铣有铭文 103 字，每字框以阳线方格，兹释读于下：

痶趄（音 yuán）䍐（凤）夕圣趚追孝于高且（祖）辛公文　且（祖）

---
① 参见《周礼注疏》，载（清）阮元校刻：《十三经注疏》，北京，中华书局，1980 年，第 795 页。

乙公皇考丁公龢鑰钟用邵（昭）各（格）喜侃乐 耆（前）文人用襟（拜）寿丐永令辥（绰）龤（綰）猶（发）录（禄）屯（纯）鲁弋皇且（祖）考高 对尔刺（烈） （严）才（在）上丰＝夔＝盩妥（绥）厚多福广启疢身剛于永令（命）裹（怀）受令（余）尔龖福疢其万年桥角 虁（炽）光 文神无疆飘（显）福用寓光疢身永令（余）

（2）五式疢钟

扶风庄白一号西周青铜器窖藏出土五式疢钟 3 件，藏于周原博物馆，编号分别为 76FZH1：61（图 5-129）、76FZH1：66、76FZH1：63（图 5-130）。

76FZH1：61：器形完整。甬中空与体相通，内壁有隧 4 条，两铣和前、后壁正鼓各一。纹斡，舞饰阴线云纹，钲篆四边以双细阳线夹联珠纹为界，篆、鼓饰细阳线云纹。钲间隐约可见字迹，磨损不清。

76FZH1：66：器形完整。形制、纹饰与 76FZH1：66 相同，唯内壁光平。

76FZH1：63：器形完整。形制、纹饰与 76FZH1：66 相同。

（3）六式疢钟

扶风庄白一号西周青铜器窖藏出土六式疢钟 2 件，藏于周原博物馆（编号分别为 76FZH1：60、76FZH1：58，图 5-131、图 5-132）。

76FZH1：60：器形完整。甬实心，不与体腔相通，内壁光平。绚纹斡，旋饰四乳钉，钲篆四边以阴线为界，舞、篆、鼓皆饰阴线云纹，右侧鼓饰小鸟纹。

76FZH1：58：器形完整。形制、纹饰与 76FZH1：60 相同。

图 5-129 五式疢钟（76FZH1：61）　　图 5-130 五式疢钟（76FZH1：63）

一式、五式、六式痳钟主要形制数据见表 5-44。

图 5-131　六式痳钟（76FZH1：60）　　图 5-132　六式痳钟（76FZH1：58）

表 5-44　一式、五式、六式痳钟形制数据

器型	编号	通高/厘米	重量/千克	正鼓音		侧鼓音	
				音高/音分	阶名	音高/音分	阶名
一式	76FZH1：64	46.1	—	a−49	角↓	c¹−20	徵
五式	76FZH1：61	48.0	13.8	c¹−77	徵↓	ᵇe¹−81	商曾
	76FZH1：66	41.4	7.8	d¹+48	羽	f¹−17	宫
	76FZH1：63	38.0	8.0	f¹+28	宫	a¹−11	角
六式	76FZH1：60	37.1	7.3	a¹+49	角	c²+96	徵↑
	76FZH1：58	35.7	7.1	d²+24	羽	f²+73	宫↑
缺失	第 7 钟	—	—	—		—	
缺失	第 8 钟	—	—	—		—	

资料来源：王清雷：《西周乐悬制度的音乐考古学研究》，北京，文物出版社，2007 年，第 103 页

　　庄白一式钟的造型纹饰与墓葬出土的同类器物相比，可见与晋侯苏Ⅱ钟基本相同，与晋侯苏Ⅰ式钟的区别，仅为已经设计了斡（挂纽）的构造。故庄白一式钟应为钟口朝下悬挂使用，为西周甬钟诞生后不久的作品，时间当在西周早期略偏后。庄白五式钟的造型纹饰与一式钟几乎完全相同，主要的一点区别在于甬把的锥度略略偏大，纹饰及铭文磨蚀漫漶；与晋侯

苏Ⅱ式钟一样，斡旋具备。五式钟同样应为西周甬钟诞生后不久的产品，时间在西周早期略偏后。庄白一式钟侧鼓部不著凤鸟标记，应为一套编钟的首、次两钟的特征。李纯一认为"此钟侧鼓无第二基音标志，铭文又似属后半部分，因知它当是编钟的第二件，其后所缺恐怕有四或六件"①，这是有道理的。

庄白2件六式钟的造型纹饰，与晋侯苏墓编钟的Ⅲ式钟几乎完全相同。其进步程度完全不同于一式、五式钟，应为西周乐悬中编钟基本成熟时期的产品。但编钟的体量，特别是音列，可与庄白一式、五式钟衔接。参照晋侯苏墓编钟，这一组编钟的组合关系成立的逻辑依据，可以理解为本组编钟是在一式、五式钟的基础上增扩了2件六式钟而成，这里定为甲组。根据西周中期编钟的编列和音阶惯例，甲组编钟全套（组）应有8件，所缺失2件，应为第7、8两钟。

2. 乙组痪钟

这组痪钟包括二式钟4件和四式钟3件。

（1）二式痪钟

二式痪钟4件，藏于周原博物馆，编号分别为76FZH1：29（图5-133）、76FZH1：10（图5-134）、76FZH1：9、76FZH1：32。

图5-133　二式痪钟（76FZH1：29）　　　图5-134　二式痪钟（76FZH1：10）

76FZH1：29：器形完整。甬中空与体相通，内壁有隧2条，两铣各一。

---

① 李纯一：《中国上古出土乐器综论》，北京，文物出版社，1996年，第190页。

斡饰鳞纹，旋饰四乳钉，舞、篆饰阴线云纹，钲篆四边以粗阳线为界，鼓饰顾夔纹。

钲间、两铣有铭文 104 字，兹释读于下：

痶曰不（丕）高且（祖）亚且（祖）文考克明氒心疋尹龕（叙）氒（厥）威义（仪）用辟先王痶 不敢弗帅且（祖）考秉明德圝氒（凤）夕左尹氏 皇王 对痶身㷴易（锡）佩敢乍（作）文人大宝鑾（协）龢（和）钟用 追孝盬（享）祀邵（昭）各（格）乐大＝神＝陟降嚴（严）祜璧妥（绥）厚多福其丰＝彔＝受（授）今（余）屯（纯）鲁通录（禄）永令（命）賏（眉）壽（寿）霝（令）冬（终）痶其万年永宝日鼓

76FZH1：10：形制、纹饰和铭文均与 76FZH1：29 相同，唯内壁有隧 1 条，位于左铣。

76FZH1：32：形制、纹饰和铭文均与 76FZH1：29 相同，唯右侧鼓增饰小鸟纹，内壁有隧 5 条，两铣、前壁正鼓、左侧鼓及后壁左侧鼓各一。

76FZH1：9：形制、纹饰和铭文均与 76FZH1：32 相同，唯内壁有隧 4 条，两铣及前、后壁正鼓各一。

二式痶钟 4 件，其中的 29 号与 10 号两钟的侧鼓部均不设作为侧鼓音敲击标志的凤鸟纹，符合西周编钟的首、次两钟的惯例。此两钟应为这套（组）编钟的首两钟。二式的另外两钟与之大小相次，音律衔接，可以为其紧挨着的两钟。亦即此二式痶钟 4 件为一套编钟的前 4 件。

（2）四式痶钟

扶风庄白一号窖藏出土四式痶钟 3 件，藏于周原博物馆，编号分别为 76FZH1：28（图 5-135）、76FZH1：31（图 5-136）、76FZH1：57。

图 5-135　四式痶钟（76FZH1：28）　　图 5-136　四式痶钟（76FZH1：31）

76FZH1：28：器形完整。甬中空与体相通，内壁有隧 4 条，两铣、前、后壁左侧鼓各一。旋饰窃曲纹夹乳钉，斡饰鳞纹，舞、篆饰阴云纹，鼓饰顾夔纹，右侧鼓均饰凤鸟纹。

钲间有铭文 8 字：痹乍（作）慈（协）钟万年日鼓

76FZH1：31：形制、纹饰和铭文与 76FZH1：28 相同。

76FZH1：57：形制、纹饰和铭文与 76FZH1：28 相同，唯内壁有隧 9 条，两铣各一，前壁正、侧鼓 3，后壁正鼓、左侧鼓各一，右侧鼓 2。

3 件四式痹钟，音律紧随二式钟之后，与之构成西周乐悬编钟"五声成商"的规范音阶。二者合成为乙组编钟。无论从音律上，还是从纹饰结构上看，几乎是天衣无缝。全组编钟应为 8 件，所缺失者应为第 8 钟。二式、四式痹钟形制和测音数据分析见表 5-45。

表 5-45　二式、四式痹钟形制和测音数据

器型	编号	通高/厘米	重量/千克	正鼓音		侧鼓音	
				音高/音分	阶名	音高/音分	阶名
二式	76FZH1：29	70.6	40.8	g–9	羽	^{b}b+133	宫↑
	76FZH1：10	64.0	37.8	^{b}b–12	宫	d^1–27	角
	76FZH1：9	63.0	40.7	d^1–24	角	f^1–8	徵
	76FZH1：32	61.2	44.8	g^1–20	羽	^{b}b^1+20	宫
四式	76FZH1：28	41.0	13.8	d^2+9	角	f^2+35	徵↑
	76FZH1：31	33.8	12.6	g^2+22	羽	^{b}b^2+54	宫↑
	76FZH1：57	27.9	5.6	d^3+57	角↑	f^3+161	徵↑
缺失	第 8 钟	—	—	g^1	羽	^{b}b	宫

资料来源：王清雷：《西周乐悬制度的音乐考古学研究》，北京，文物出版社，2007 年，第 103 页

注：原始数据来自方建军主编：《中国音乐文物大系·陕西卷》，郑州，大象出版社，1996 年，第 178 页（表 8、表 10）

3. 丙组痹钟

这组编钟可包括三式痹钟 6 件、七式钟 2 件。

（1）三式痹钟

三式痹钟 6 件，藏于周原博物馆，编号分别为 76FZH1：8（图 5-137）、76FZH1：30（图 5-138）、76FZH1：16、76FZH1：33、76FZH1：62、76FZH1：65。编钟造型一致，大小有序。胎体厚实，铸造精良。圆柱甬，斡旋具备。合瓦形腔体，平舞直铣。旋饰窃曲纹夹乳钉，舞饰阴云纹，钲

篆四边以粗阳线弦纹为界，篆饰对角双头兽纹，鼓部一对团体相背顾夔纹。
各钟调音情况及铭文内容如下。

图 5-137 三式痶钟（76FZH1∶8）　　图 5-138 三式痶钟（76FZH1∶30）

76FZH1∶8：内壁有调音槽 4 条，两铣及前、后壁正鼓各一。
钲间有铭文 33 字，兹释读于下：

曰古文王初鰲（庚）龢于 政上帝降歌（懿）德大彁（粵）匐（敷） 有
三 （四）方旬（会）受万邦雪 武王既梅戈殷瓜 （微）史刺（烈）

76FZH1∶30：钟腔内壁光平，无调音槽。钲间铸铭文 35 字，释读于下：

且（祖）□来见武＝王＝勖 （则）令（命） 周公舍寓（宇）吕（以）
五十颂处 今痶瓞（凤）夕虔苟（敬）恤乎（厥） 死事肇乍（作）劒（和）
镭（林）钟用

76FZH1∶16：右侧鼓部增饰凤鸟纹。钲间有铭文 12 字，释读于下：

鼗妥（绥）厚多福广 启痶身勖于永

76FZH1∶33：右侧鼓部增饰凤鸟纹。钟腔内壁有调音槽 3 条，前壁左、
右侧鼓及后壁右侧鼓各一。钲间有铭文 12 字，释读于下：

令（命）裹（怀）受令（余）尔龙 福霝（令）冬（终）痶其万

76FZH1∶62：右侧鼓部增饰凤鸟纹。钟腔内壁有隧 3 条，前、后壁正
鼓及前壁左侧鼓各一。钲间有铭文 10 字，释读于下：

年羊角义文 神无彊（疆）覬（显）福

76FZH1：65：右侧鼓部增饰凤鸟纹。钟腔内壁有隧5条，两铣、前壁正鼓、左侧鼓及后壁左侧鼓各一。钲间有铭文8字，释读于下：

用寓光疢 身永令（余）宝

（2）七式疢钟

扶风庄白一号窖藏出土的七式疢钟2件，藏于周原博物馆，编号分别为76FZH1：59（图5-139、图5-140）、76FZH1：67。

图5-139 七式疢钟（76FZH1：59） 图5-140 七式疢钟（76FZH1：59）墨拓

76FZH1：59：器形完整。甬中空与体腔相通，内壁有隧8条，两铣各一，前、后壁正、侧鼓各三。绹纹幹，舞饰阴线云纹，钲篆四边以连缀小乳钉为界，篆、鼓饰细阳线云纹，钲间有可能为族徽符号。

76FZH1：67：器形完整。形制、纹饰与76FZH1：59相同。

6件三式疢钟的首两钟——76FZH1：8、76FZH1：30，侧鼓部皆不著凤鸟纹，可判定为这组编钟的首、次两钟。其后四钟与首两钟造型纹饰完全一致，应为一组无疑。但此四钟侧鼓均设凤鸟纹，从西周中期以后编钟音列的排序惯例来说，只能位于这组编钟的后第三至六号钟之中。但其与首、次两钟之间，无论在形制上还是在音列上，均存在明显空缺，不能衔接，其间应该还有两钟。参见表5-45，若将2件七式钟嵌入，根据编钟的体量及音高均可以顺利衔接，但还有问题需要分析。三式、七式疢钟主要形制和测音数据见表5-46。

表 5-46　三式、七式痪钟形制和测音数据

器型	编号	通高/厘米	重量/千克	正鼓音		侧鼓音	
				音高/音分	音阶	音高/音分	音阶
三式	76FZH1：8	68.4	38.8	a−49（#g+51）	羽	c¹−15	宫
	76FZH1：30	65.5	36.5	#a±0	宫↓	#c¹+43	角↓
七式	76FZH1：59	46.0	18.8	#d¹+14	角	#f¹+17	徵
	76FZH1：67	44.0	19.0	#g¹+9	羽	c²−43	宫
三式	76FZH1：16	41.6	13.8	d²+42	角↓	f²+38	徵
	76FZH1：33	39.2	12.5	g²+17	羽	#a²+44	宫
	76FZH1：62	28.8	5.6	d³+60	角	#f³+11	徵
	76FZH1：65	24.1	4.1	#g³−22	羽	b³−8	宫

资料来源：方建军主编：《中国音乐文物大系·陕西卷》，郑州，大象出版社，1996 年，第 42、178 页（表 9）

注：王清雷按表中 76FZH1：8 正鼓音原始数据为 a¹−49 音分。从该钟的侧鼓音（c¹−15）来看，正鼓音应为 a−49，原来的 a¹−49 应该是工作疏漏所致，特此说明

　　七式痪钟的造型纹饰，与 1954 年陕西长安普渡村长由墓出土的 3 件编钟基本相同。①根据同墓出土的铜盉铭文可知，其时代为穆王后期。因长由墓编钟在考古发掘前墓葬已遭破坏，3 件编钟是否为全套，不好定论。但西周早期的强伯各、强伯殆墓编钟皆为 3 件成套，已是明证。扶风庄白一号窖藏出土的七式钟与之相比，造型纹饰基本相同，通高、重量也相近，应是同一时期、同一地区的产品，特别是枚、篆、钲间均以等距排列的小乳钉为界的特征，十分醒目。故七式钟与三式钟合二为一，不仅在其产生的时代上悬殊太大，编钟的造型纹饰难以相容，也无这类编钟出土的通例作为佐证。参照强伯各墓编钟先由 2 件增扩为 3 件成套的迹象，庄白七式钟很可能为 2 或 3 件单独成组（套），推测七式钟的时代也比三式钟要早，应与强伯各编钟同时或稍晚，约在西周的康、昭之世。还有，七式钟的侧鼓部未见作为侧鼓音敲击标志的凤鸟纹。由之可以确定，其在一组编钟中的序列，无论是二件组还是八件组，只能排在首、次之位。

　　考虑到西周前期，乐悬制度尚在发展完善之中，不排除如下可能性的存在，即编钟本身多为传世重器，前代的编钟被后世子孙加以增扩利用，以使之符合乐悬在当时发展的需要。晋侯苏墓编钟最初即由无斡的 I 式钟

① 陕西省文物管理委员会：《长安普渡村西周墓的发掘》，《考古学报》1957 年第 1 期，第 75～86 页。

构成 2 件组，后增加了 2 件有斡的 II 式钟成为 4 件组，最后又加铸了 12 件 III 式钟，完成了 16 件套的规模，正鼓音音列也完成 2 组重复的"羽—宫—角—羽—角—羽—角—羽"模式，就是这样的例证。康、昭之世的庄白七式钟，到了微伯癫的手中，加铸了 6 件三式钟而成为一个完整的 8 件套钟组。根据当时音律的需要，2 件庄白七式钟被设计插入编钟的第三、第四位。这样，旧物新作，三式与七式编钟的合二而一，表 5-46 中音律逻辑的顺理成章，都有了一个合理的解释。

4. 陕西扶风庄白一号窖藏铜铃

铜铃一组 7 件，也是陕西扶风县庄白一号青铜器窖藏出土（图 5-141），藏于周原博物馆，编号分别为 76FZH1：76、76FZH1：77、76FZH1：81、76FZH1：103、76FZH1：78、76FZH1：80、76FZH1：79。同出乐器有癫钟及无铭甬钟共 21 件，时代为西周中期。[①]铜铃器形完整，内壁光平。舞上饰半环形纽，舞中有孔，以备悬舌。体饰细阳线组成的倒置兽面纹。[②]7 件铜铃每件可发一音，侧鼓音与正鼓音相同或不明显。铜铃虽大小有别，但并不构成严格编列。

图 5-141　陕西扶风庄白一号窖藏铜铃

陕西扶风庄白一号窖藏铜铃形制见表 5-47。

表 5-47　陕西扶风庄白一号窖藏铜铃形制　　单位：厘米

编号	76FZH1：76	76FZH1：77	76FZH1：81	76FZH1：103	76FZH1：78	76FZH1：80	76FZH1：79
通高	14.3	11.4	10.7	10.8	10.2	10.1	9.5

资料来源：方建军主编：《中国音乐文物大系·陕西卷》，郑州，大象出版社，1996 年，第 42、178 页（表 9）

---

① 方建军主编：《中国音乐文物大系·陕西卷》，郑州，大象出版社，1996 年，第 27 页。

② 陕西周原考古队：《陕西扶风庄白一号西周青铜器窖藏发掘简报》，《文物》1978 年第 3 期，第 1～18、98～104 页。

七、陕西眉县杨家村窖藏

1985 年 8 月 26 日，陕西眉县马家镇杨家村村民在取土时，又一次发现了重要的西周青铜器窖藏。出土的青铜器 27 件，件件有铭文，总字数达 4048 字。其中除去盉以外，26 件均为同一器主"单逨"所做器。所出乐器包括编甬钟 15 件（其中 5 件已丢失）（图 5-142），编镈 3 件[①]，为眉县博物馆所藏。所剩编甬钟 10 件，根据其形制、体量及测音所得数据及音律音阶分析，可分为甲、乙、丙三组。甲组编钟 2 件，乙组和丙组各 4 件。三组编钟均有较多缺失。

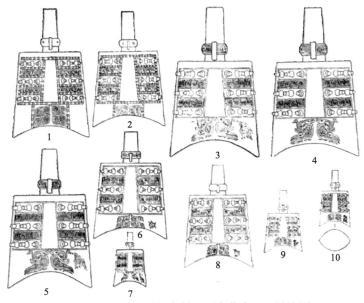

图 5-142 陕西眉县杨家村西周窖藏青铜乐钟线图

注：1、2 为甲组编钟；3、4、5、7 为乙组编钟；6、8、9、10 为丙组编钟

1. 甲组甬钟

甲组编钟 2 件（甲组Ⅰ、Ⅱ号），器形保存完整。甬封衡，但中空与体相通，斡旋具备。钟腔体合瓦形，平舞，两铣斜直，于口弧曲上凹。二节圆柱状枚，钟体两面 36 枚。腔面纹饰纤细。以圈点纹框格枚篆，舞、钲素面。篆、鼓皆饰细阳线云纹，篆饰勾连云纹，鼓部为两朵对称的四瓣云

---

① 方建军主编：《中国音乐文物大系·陕西卷》，郑州，大象出版社，1996 年，第 60～65 页；刘怀君：《眉县出土一批西周窖藏青铜器》，《文博》1987 年第 2 期，第 17～25、97～99 页。

纹。编钟的风格接近于晋侯苏Ⅱ式钟，但正鼓部出现纹饰，时代当稍晚，可定于西周早中期，在同出的 10 件编钟中，时代应最早。

甲组Ⅰ号钟（图 5-143）内壁有调音凹槽 8 条，即前、后壁正鼓，以及左、右侧鼓各一，两铣各一，为典型西周编钟的调音手法。

甲组Ⅱ号钟可见调音槽内壁有隧 4 条，即前壁左、右侧鼓各一，后壁正鼓 1，右铣 1。

图 5-143　陕西眉县杨家村西周窖藏甲组Ⅰ号钟

2. 乙组甬钟（逨钟）

眉县杨家村乙组甬钟即逨钟（图 5-144、图 5-145），共 4 件。胎质厚重，铸造精良。器形保存完整。圆柱形甬，甬内留有泥芯，为白色砂土。

图 5-144　陕西眉县杨家村西周窖藏乙组钟

图 5-145　陕西眉县杨家村西周窖藏乙组 I 号钟舞部墨拓

腔体合瓦形，平舞直铣，于口弧曲。甬斡旋具备，旋上、篆间均饰横向 S 形云纹。舞饰阴云纹，粗阳线框格枚、篆、钲区。置二节圆柱状长枚 36 个。鼓饰顾夔纹。除 II 号外，右侧鼓均饰凤鸟纹。

乙组 I 号钟内壁有调音槽 7 条：前壁两侧鼓各一，后壁正、侧鼓各一，两铣各一。

右侧鼓、左侧鼓和钲间铸铭文 117 字，重文 11 字。兹释读于下：

逨曰不（丕）显朕（朕）皇考 克咨（磷）明夆（厥）心帅用夆（厥）先且（祖）考政德高（享）辟先王逨卸（御）夆（厥）辟不敢夅（坠）虔夙（夙）夕敬夆（厥）死事天子巠（逊）朕（朕）先且（祖）服多易（锡）逨休令（命）毃（籍）嗣（司）亖（四）方吴（虞）替（林）逨敢对天子不（丕）显鲁休朌（扬）用乍（作）朕（朕）皇考 龏（龚）弔（叔）穌（和）钟鈴=息=难=鐎=用追孝邵各（格）喜侃前=文=人=严 才（在）上戲=泉=降令（余）多福 康虩屯右永令（命）逨其万年昬（眉）寿 畯巨天子=孙=永宝

乙组 II 号钟钟口有唇，内壁有调音槽 2 条，前、后壁正鼓部各一。纹饰与 I 号钟相同。铭文位置及内容也同于 I 号钟。唯右侧鼓无小鸟纹，其音位当在此组编钟的首两钟之内。

乙组 III 号钟内壁有调音槽 8 条，前、后壁正、侧鼓各一，两铣各一。纹饰和铭文均与 I 号钟相同。

乙组 IV 号钟内壁有调音槽 8 条，两铣各一，前壁正鼓 1，右侧鼓 2，后壁正、侧鼓 3。纹饰与 I 号钟相同。铭文为 I 号钟的最后 17 字及重文 2 字。

从乙组编钟的形制及音律分析结果看，乙组 II 号钟在编次上应排在 I

号钟之前，二者成为全套编钟的首、次两钟，与其侧鼓部不著凤鸟纹的特征正好相符。陈双新从铭文考证，认为此组编钟应是 8 件 1 肆[1]，很合理。现缺少第一、五、六、七钟。编钟的正鼓音可以构成完整的规范音列：羽—宫—角—羽—角—羽—角—羽；加上侧鼓音，整套编钟可以构成完整的 G 羽四声音阶：羽—宫—角—徵—羽—宫—角—徵—羽—宫—角—徵—羽—宫，音域达三个八度又一个小三度，与西周晚期多达 16 件一套的晋侯苏墓编钟的音域及音列结构相同。[2]眉县杨家村乙组甬钟形制及音律分析见表 5-48。

表 5-48　眉县杨家村乙组甬钟形制及音律分析表

序号	编号	通高/厘米	重量/千克	正鼓音		侧鼓音	
				音高/音分	阶名	音高/音分	阶名
1	缺失	—	—	g	羽	♭b	宫
2	乙组Ⅱ号	65.0	44.0	♭b+34	宫	d¹−14	角
3	乙组Ⅰ号	65.0	50.5	d¹−3	角	f¹+37	徵
4	乙组Ⅲ号	61.0	50.0	g¹−13	羽↓	♭b¹+35	宫
5	缺失	—	—	d²	角	f²	徵
6	缺失	—	—	g³	羽	♭b³	宫
7	缺失	—	—	d³	角	f³	徵
8	乙组Ⅳ号	23.2	5.0	g³+96	羽↑	♭b³+133	宫↑

资料来源：方建军主编：《中国音乐文物大系·陕西卷》，郑州，大象出版社，1996 年，第 64 页

3. 丙组甬钟

眉县杨家村丙组编钟 4 件（Ⅰ～Ⅳ）。

丙组Ⅰ号钟（图 5-146）。器形完整。甬中空与体相通，内壁有隧 4 条，前壁正鼓 1，后壁正、侧鼓 2，右铣 1。舞素面，钲篆四边以阴线弦纹为界，篆、鼓皆饰云纹，右侧鼓饰小鸟纹。

丙组Ⅱ号钟。器形完整。甬中空与体相通，内壁有隧 2 条，后壁正鼓及右侧鼓各一。纹饰与Ⅰ号钟相同。

---

[1]　陈双新：《两周青铜乐器铭辞研究》，保定，河北大学出版社，2003 年，第 88 页。
[2]　王子初：《晋侯苏钟的音乐学研究》，《文物》1998 年第 5 期，第 23～30 页。

丙组Ⅲ号钟。器形完整。甬封衡而中空与体相通，甬内有泥芯，为白色砂土。内壁有隧 5 条，两铣各一，前壁正鼓及左侧鼓各一，后壁正鼓 1。舞饰云纹，余纹饰同Ⅰ号钟。

图 5-146　陕西眉县杨家村西周窖藏丙组Ⅰ号钟

丙组Ⅳ号钟。器形完整。甬中空与体相通，甬内有泥芯，为黄土夯填。内壁有隧 8 条，两铣各一，前、后壁正、侧鼓各一。纹饰同Ⅲ号钟。

从丙组 4 件编钟的形制及测音结果来看[1]，此组甬钟也可以考虑为 8 件成组，正鼓音可以构成"羽—宫—角—羽—角—羽—角—羽"的规范音列；加上侧鼓音，可以构成完整的 B 羽四声音阶："羽—宫—角—徵—羽—宫—角—徵—羽—宫—角—徵—羽—宫"，音域达三个八度又一个小三度。所缺失的应为第一、第二、第五、第六钟。联系甲组的两件编钟，李纯一认为："依照发展期编甬钟的通例，只发单音（即正侧鼓同音）的首、次两钟侧鼓没有小鸟纹之类的第二基音标志；有此标志的是从发双音的第三钟开始。"[2]甲组两钟应为一组中的首、次两钟。而丙组编钟正好也缺首、次两钟，而且无论从形制数据，还是从测音数据分析，正好都能接上，甲组应该就是丙组的首两钟。如此，这一组编钟仅缺第五、第六两钟。眉县杨家村甲-丙组甬钟形制及音律分析见表 5-49。

① 王清雷：《西周乐悬制度的音乐考古学研究》，北京，文物出版社，2007 年，第 152～153 页。
② 李纯一：《中国上古出土乐器综论》，北京，文物出版社，1996 年，第 190 页。

表 5-49　眉县杨家村甲–丙组甬钟形制及音律分析

序号	编号	通高/厘米	重量/千克	正鼓音		侧鼓音	
				音高/音分	阶名	音高/音分	阶名
1	甲组 I 号	57.0	27.0	b−44	羽	d¹	宫
2	甲组 II 号	50.0	22.5	d¹−42	宫	♯f¹	角
3	丙组 I 号	44.3	25.5	♯f¹−120	角↓	a¹−47	徵
4	丙组 II 号	44.0	23.0	b¹−95	羽↓	d²−55	宫
5	—	—	—	f²	角	a²	徵
6	—	—	—	b²	羽	d³	宫
7	丙组 III 号	27.0	6.5	♯f³−70	角	a³−38	徵
8	丙组 IV 号	24.5	5.0	b³+8	羽↑	d⁴−22	宫

资料来源：方建军主编：《中国音乐文物大系·陕西卷》，郑州，大象出版社，1996 年，第 64 页

　　综上所述，陕西眉县杨家村出土的逨钟全套很可能就是两组 16 件，所缺 6 件也很可能包含了出土时丢失的 5 件编钟。有信息证实，这丢失的 5 件编钟被盗卖出境，现藏于美国俄亥俄州的克利夫兰博物馆。[①]不过这两组编钟与著名的晋侯苏墓编钟相比，还有所不同：晋侯苏墓编钟全套为两组，各 8 件，音阶及调高均相同；而以上杨家村出土的逨钟的音调不同，一组（乙组）为ᵇB 宫，一组（甲组及丙组）为 D 宫，相隔一个大三度。是否另有什么讲究，有待进一步研究。

　　4. 编镈

　　眉县杨家村窖藏出土的编镈 3 件，1985 年 8 月 26 日与编甬钟 15 件共出，时代为西周中期，现藏于眉县博物馆（眉总 1306、眉总 1307、眉总 1308）[②]。

　　3 件编镈均保存较好，仅眉总 1307 和眉总 1308 的棱脊略有残损。编镈的形制、纹饰均相同。1306 号镈（图 5-147、图 5-148）腔体横断面呈圆角长方形，平口，有内唇，唇上相应于正、侧鼓处有 4 个小缺口。透雕繁纽，以对鸟连接。腔体两侧各有一扉棱，饰二虎，虎头向下，卷尾；前后正中设中脊，脊饰以凤鸟。舞饰卷云纹，舞顶中央有一小圆孔。体饰大兽面纹，鼓部素面。

---

①　刘怀君：《眉县杨家村西周窖藏青铜器的初步认识》，《考古与文物》2003 年第 3 期，第 35～38 页。
②　方建军主编：《中国音乐文物大系·陕西卷》，郑州，大象出版社，1996 年，第 101 页。

图 5-147　陕西眉县杨家村西周窖藏 1306　图 5-148　陕西眉县杨家村西周窖藏 1306
　　　　　号镈　　　　　　　　　　　　　　　　号镈舞部墨拓

　　杨家村窖藏出土的 3 件编镈，其发音大致构成 C 宫的羽、宫、角音列，
与甬钟的乙组及甲、丙组均不合。因为窖藏所出，陕西眉县杨家村的这些
藏品，其来源的可能性太多，一时也无必要做过多的猜测。将来有机会得
到美国俄亥俄州克利夫兰博物馆另外 5 钟的测音资料，也许可再做进一步
研究。陕西眉县杨家村编镈形制及测音数据见表 5-50。

表 5-50　陕西眉县杨家村编镈形制及测音数据

序号	编号	通高/厘米	重量/千克	正鼓音	
				音高/音分	阶名
1	眉总 1306	63.5	32.5	a^1+36	羽
2	眉总 1307	57.5	22.5	c^2+34	宫
3	眉总 1308	51.5	21.0	e^2−90	角

　　资料来源：王清雷：《西周乐悬制度的音乐考古学研究》，北京，文物出版社，2007 年，第 154 页

八、陕西扶风法门寺任村窖藏

　　在历史上，陕西扶风一带多次发现西周青铜器窖藏或间有重要文物出
土。清光绪十六年（1890 年），扶风法门寺任村发现了一处西周窖藏，出
土克钟、克镈、大克鼎和小克鼎及盨等著名青铜礼乐器。由于出土铜器多
铭有长篇文字，特别是其中大克鼎的 290 个字铭文，较完整地记录了西周
的膳夫（宫廷厨师长）"克"的事迹。克作为"膳夫"，却享有七鼎规仪，

可见其权重一时。法门寺任村窖藏，也为西周乐器的一次重要发现，影响之大，百余年来始终为文史界所关注。

1. 克钟

扶风法门寺任村发现的克钟，传世共有 5 件。其中的 2 件藏于上海博物馆，天津艺术博物馆存克钟、克镈各 1 件。另有 2 件流落日本，分别为宁乐美术馆和藤井有邻馆所藏。

（1）上海博物馆藏克钟

上海博物馆藏克钟 2 件，编号沪博藏 41525、沪博藏 8107（图 5-149），为收购所得。[①]根据同出器物的铭文推断，此钟铸造于西周晚期。器保存均好。钟体合瓦形结构，甬不封衡，内存泥芯。舞底铸平，甬与钟腔不通。平舞，直铣棱，于口无内唇。斡饰重环纹，舞部饰对称龙纹，篆间为变形兽纹，鼓部为对称相背式卷龙纹。2 钟钲间及左鼓部均有铭文，为全文的上半篇。

钟 41525 铭文为 40 字：

隹（唯）十又六年九月初吉庚寅，王才（在）周康剌（烈）宫。王乎（呼）士詈召克。王亲令（命）克遹（音 yù）泾东至于京自（师），易（锡）克甸车，马乘。

钟 8107 铭文与钟 41525 相较，仅为 33 字，缺“自（师），易（锡）克甸车，马乘”七字。

（2）天津艺术博物馆藏克钟

天津艺术博物馆藏克钟（图 5-150）保存完好，仅甬部稍有残缺，器表有淡绿色薄锈。甬的横截面略呈方形，未封衡，甬腔与钟腔不相通，旋和斡上分别饰以变形兽纹及重环纹。钟腔较长，正背面各有 18 个二层台式枚。舞及篆饰窃曲纹，鼓部饰一对花冠龙纹，右侧有一凤纹。原为山东省日照县丁麿年（绂臣）旧藏，后为天津徐世昌收藏，1958 年徐世昌后代捐献给国家。[②]

① 马承源主编：《中国音乐文物大系·上海卷》，郑州，大象出版社，1996 年，第 45 页；马承源主编：《商周青铜器铭文选》（三），北京，文物出版社，1988 年，第 294 页。
② 黄崇文主编：《中国音乐文物大系·天津卷》，郑州，大象出版社，1996 年，第 203 页；罗振玉：《贞松堂集古遗文》卷一，上虞罗氏，1931 年，第 9 页；罗振玉编：《三代吉金文存》卷一，北京，中华书局，1983 年，第 44～50 页；邹安编著：《周金文存》卷一，台联国风出版社，1978 年，第 27 页；刘体智：《小校经阁金文拓本》卷一，庐江刘氏善斋，1935 年，第 61～64 页；郭沫若：《两周金文辞大系图录考释》，北京，科学出版社，1957 年，第 93～97 页；唐兰：《西周铜器断代中的“康宫”问题》，《考古学报》1962 年第 1 期，第 15～48 页。

图 5-149　上海博物馆藏克钟（8107）

图 5-150　天津艺术博物馆藏克钟

克钟正面钲部及左侧鼓铸铭为全铭的下半篇：

克不敢豕（坠），尃（溥）奠王令（命）。克敢对扬天子休，用乍朕（朕）皇且（祖）考白宝齘钟，用匄屯（纯）段（嘏）永令（命）。克其万年子子孙孙永宝。

与上海博物馆藏钟 41525 铭文相接，合为全篇铭文 79 字。铭文内容谓：

周孝王十六年九月庚寅日，王在康烈宫命士智召见克，亲命克循泾水向东巡察，至于京师。

克很圆满地完成了任务，王因此赏赐给克车马。克因作钟，以追念祖宗，祈求福佑长命。

克钟形制数据见表 5-51。

表 5-51　克钟形制数据

钟号	通高/厘米	甬长/厘米	舞修/厘米	舞广/厘米	铣长/厘米	钲长/厘米	鼓间/厘米	铣间/厘米	正鼓厚/厘米	侧鼓厚/厘米	枚高/厘米	重量/千克
上博藏 41525	53.9	17.0	27.0	19.7	37.7	32.0	23.2	32.5	1.4	1.3	2.8	30.7
天津艺术博物馆	50.6	16.8	24.8	18.6	34.5	29.0	21.7	29.4	1.3	1.3	2.5	27.0
上博藏 8174	38.5	14.4	17.2	13.4	24.7	20.5	15.5	21.0	1.4	1.1	1.9	11.2

上海博物馆藏克钟腔内壁见有凹槽，自于口通向舞底，钟 41525 多达 8 条。两钟均未见其他明显的调音锉磨痕迹。正面右鼓部均饰以鸾鸟纹，

为侧鼓音击点标志。音质佳。

天津艺术博物馆藏克钟腔内铸有 7 道调音槽。根据编钟的合瓦形腔体，且右鼓部也有一凤纹敲击点标志，可证其为双音钟无疑。钟尚能很好发音，音色清越。测音数据见表 5-52。

按西周晚期乐悬的规制成熟，克钟原应是 8 件或 16 件成套，此 3 钟应为其中之一部，但其音位应均非首、次两钟无疑。

表 5-52　克钟测音数据　　　　　　单位：音分

钟号	上博藏 41525	天津艺术博物馆	上博藏 8107
正鼓音	d^1+27	g^1+24	d^2+46
侧鼓音	f+33	b^1−16	$^\#f^2$−45

克所作之器的时代，历来被认为属西周厉王时期，有疑。根据克钟铭文的纪年推以历法，合孝王时历朔。在同出大克鼎铭文中，佑导克见王的傧相瀖季，又见于恭王五年的卫鼎，而铭文中云克之祖为恭王时人，可证克所铸之器应在孝王时期。克钟上所饰重环纹和变形兽纹，孝王时相当流行，可为克钟断代之旁证。

2. 克镈

传世名器克镈，1890 年与克钟同出土于陕西岐山法门寺任家村西周窖藏，原由天津张燕谋收藏，1981 年张氏之子张叔诚将其捐赠给天津艺术博物馆。[①]镈体保存完好，仅棱部有微残，通体覆盖淡绿色薄锈，腔体的横截面呈椭圆形，平于。镈顶有纽，旁设由镂空夔纹构成的扉棱，下连镈侧。正背两面的中央各有一条镂空夔纹中脊。舞部饰窃曲纹，中央有一小圆孔。镈体的正背面中央各有两个相对的大夔纹，上下均有绊带，绊带上饰云纹及 16 个菱形枚（图 5-2）。

鼓部右侧有铸铭，计 16 行 81 字。自铭为钟：

佳（唯）十又六年九月初吉庚寅，王才（在）周康剌宫。王乎（呼）士臽召克，王亲令（命）克遹泾东至于京自（屯），易（锡）克佃车，马乘。克不敢荥（坠），專奠王令（命）。克敢对扬天子休，用乍（作）朕关（朕）皇且（祖）考白（伯）宝劐钟，用匄屯（纯）叚（嘏）永令（命）。克其万年子子孙孙永宝。

---

① 黄崇文主编：《中国音乐文物大系·天津卷》，郑州，大象出版社，1996 年；第 205 页。

腔内无调音槽。根据同出器物的铭文推断，克镈铸于西周晚期。

郭沫若曾依据已出土克镈的全部铸器铭文中年月日的记载及西周时期各王在位的年限，推定铭文中的"十六年"为周夷王十六年，而唐兰参照对铭文中"剌宫"的考证，认为是周宣王十六年，克镈当为周宣王时期的器物。该器通高 63.5 厘米，重 38.3 千克。收录克镈的文献较多[①]，年代问题仍存歧说。

九、陕西扶风县齐家村窖藏

陕西扶风县齐家村南的铜器窖藏也是值得关注的音乐考古发现。1960年发现，出土青铜器达 39 件。其中的柞钟、中义钟、几父壶、中友父簋、白邦父鬲等 28 件均铸有铭文。编钟虽为窖藏出土，但因全套编钟均保存较好，为了解西周晚期乐悬保留了重要的音律信息，故对中国先秦音乐史的研究具有重大价值，为学界所重。

1. 柞钟

柞钟[②]一套 8 件（图 5-151），为西周晚期编钟的典型编列，保存状况较好，器形完整。编钟造型一致，大小有序。胎体厚实，铸造精良。圆柱甬，实甬不与体腔相通，斡旋具备。合瓦形腔体，平舞直铣。旋饰云纹夹乳钉，舞饰粗阴线云纹，枚、钲、篆四周以粗阳线弦纹为界，篆饰对角双头夔纹，鼓部一对团体相背顾龙纹。各钟的调音情况及铭文内容如下（图 5-152）。

器 60·0·175：钟腔内壁有隧 1 条，位于前壁正鼓部。钲间和左鼓有铭文 45 字：

佳（惟）王三年三（四）月初吉甲寅中（仲）大（太）师右柞＝易（锡）载朱黄（衡）䜌（銮）嗣（司）五邑佃人事柞撵（拜）手𪓐（对）𣃛（扬）

① 如罗振玉编撰：《贞松堂集古遗文》上册，北京，北京图书馆出版社，2003 年；罗振玉编：《三代吉金文存》卷一，北京，中华书局，1983 年；邹安编著：《周金文存》卷一，台联国风出版社，1978 年；刘体智辑：《小校经阁金文拓本》卷一，北京，中华书局，2016 年；李学勤主编：《中国美术全集》工艺美术编 4 青铜器（上），北京，文物出版社，1985 年；郭沫若：《两周金文辞大系图录考释》，北京，科学出版社，1957 年；唐兰：《西周铜器断代中的"康宫"问题》，《考古学报》1962 年第 1 期，第 15～48 页；陈邦怀：《克镈简介》，《文物》1972 年第 6 期，第 14～16 页；等等。
② 方建军主编：《中国音乐文物大系·陕西卷》，郑州，大象出版社，1996 年，第 55 页；陕西省博物馆、陕西省文物管理委员会编：《扶风齐家村青铜器群》，北京，文物出版社，1963 年，第 4～5 页，图 24～31；陕西省考古研究所、陕西省文物管理委员会、陕西省博物馆编：《陕西出土商周青铜器（二）》，北京，文物出版社，1980 年，第 189～200 页。

中（仲）大（太）师休用乍（作）大镈（林）钟其子=孙=永宝

器 60・0・176：钟腔内壁有调音隧 3 条，两铣及后壁正鼓各一。

器 60・0・178：钟腔右侧鼓增饰凤鸟纹，内壁有隧 6 条，两铣角及四侧鼓各一。

器 60・0・177：钟腔右侧鼓增饰凤鸟纹，内壁有隧 8 条，两铣、两正鼓、四侧鼓各一。

器 60・0・179：钟腔右侧鼓增饰凤鸟纹，钲间有铭文 21 字，释读于下：佳（惟）王三年四月初吉甲寅中（仲）太师右柞=易载朱黄（衡）戀（恋）銮。

器 60・0・180：钟腔右侧鼓增饰凤鸟纹，钲间有铭文 15 字释读于下：嗣五邑佣人事柞拜手对扬仲太师休。

器 60・0・190：钟腔右侧鼓增饰凤鸟纹。内壁有隧 4 条，两铣及前、后壁正鼓各一。钲间无铭文。根据 60・0・180 和 60・0・181 两钟铭文之间尚缺"用乍大林钟"五字看，此钟当系漏铸铭文。

器 60・0・181：钟腔右侧鼓增饰凤鸟纹，钲间有铭文五字"其子孙永宝"。

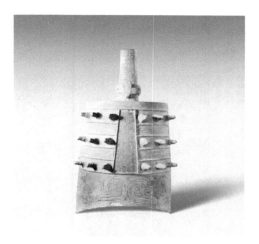

图 5-151　柞钟（175）

图 5-152　柞钟（175）铭文拓片

柞钟形制及测音数据见表 5-53。

表 5-53　柞钟形制及测音数据

编号	通高/厘米	重量/千克	正鼓音		侧鼓音	
			音高/音分	阶名	音高/音分	阶名
60・0・175	52.0	26.7	a−26	羽	同正鼓音	（宫）
60・0・176	50.0	22.1	c¹−30	宫	同正鼓音	（角）

续表

编号	通高/厘米	重量/千克	正鼓音		侧鼓音	
			音高/音分	阶名	音高/音分	阶名
60·0·178	46.7	26.3	e^1-25	角	g^1+2	徵
60·0·177	49.0	28.0	a^1-23	羽	c^2-15	宫
60·0·179	34.0	10.0	e^2-21	角	g^2+24	徵↑
60·0·180	29.0	6.6	a^2+34	羽↑	c^3+22	宫↑
60·0·190	25.5	3.3	e^3+64	角↑	g^3-16	徵
60·0·181	21.0	3.3	$^\sharp a^3-26$	羽	$^\sharp c^4-6$	宫

2. 中义钟

中义钟[①]与柞钟一样，也为一套保存较为完整的西周晚期编钟（图 5-153、图 5-154）。编钟造型一致，大小有序。胎体厚实，铸造精良。圆柱甬，甬中空与体腔相通，斡旋具备。合瓦形腔体，平舞直铣。旋饰云纹夹乳钉，舞饰粗阴线云纹，枚、钲、篆四周以粗阳线弦纹为界，篆饰对角双头夔纹，鼓部一对团体相背顾龙纹。

图 5-153　中义钟（187）

图 5-154　中义钟（185）

---

① 方建军主编：《中国音乐文物大系·陕西卷》，郑州，大象出版社，1996 年，第 52 页；陕西省博物馆、陕西省文物管理委员会编：《扶风齐家村青铜器群》，北京，文物出版社，1963 年，第 5、9～10 页。

各钟调音情况及铭文内容如下。

器 187：钟腔内壁有调音槽 2 条，前后壁正鼓部各一。钲间有铭文 10 字：中义乍（作）龢（和）钟其万年永宝。

器 182：于口内保留内唇。钟腔内壁有调音槽 4 条，前、后壁正、侧鼓部各一。

器 188：右鼓部增饰凤鸟纹。钟腔内前壁正鼓及右侧鼓、后壁正鼓部及左侧鼓各一。

器 189：右鼓部增饰凤鸟纹。钟腔内壁调音槽 2 条，较浅，前、后壁正鼓各一。

器 183：右鼓部增饰凤鸟纹。钟腔内壁有隧 8 条，两铣及前、后壁正、侧鼓各一。

器 184：右鼓部增饰凤鸟纹。钟腔内壁有浅调音槽 6 条，两铣和后壁正鼓各一，前壁正、侧鼓各一。

器 185：右鼓部增饰凤鸟纹。钟腔内壁有隧 4 条，前、后壁左、右侧鼓各一。其铭文同器 187，行款略异。

器 186：右鼓部增饰凤鸟纹。钟腔内壁有隧 6 条，两铣各一，前壁正鼓及左侧鼓各一，后壁正鼓及右侧鼓各一。铭文内容和行款与 185 相同。

中义钟形制数据见表 5-54。

表 5-54　中义钟形制数据

编号	通高/厘米	重量/千克	正鼓音		侧鼓音	
			音高/音分	阶名	音高/音分	阶名
187	49.0	21.0	#g−23	羽	不清	（宫）
182	46.0	19.0	b−0	宫	不清	（角）
188	46.0	22.5	#d^1−48	角↓	#f−15	徵
189	43.0	20.0	#g^1−41	羽↓	b^1+14	宫
183	32.0	8.5	#d^2−1	角	#f^2+16	徵
184	30.0	6.0	#g^2−4	羽	b^2+31	宫
185	24.5	3.1	#d^3−2	角	#f^3+6	徵
186	22.5	2.6	#g^3−45	羽↓	b^3−20	宫

从陕西扶风县齐家村南窖藏出土的柞钟、中义钟这两套编钟的测音分析看，两组编钟不在一个调内。一组调高为 C 宫，一组调高为 B 宫，二者相隔一个小二度甚至还略偏大一些（参见测音的补正数），故两组编钟不能

一起合奏。由此推测，它们应该各自单独成套，但编钟的音律结构完全一致，充分体现了以羽、宫、角、徵为骨干而戒用商音的严格规范，正是西周中晚期以后乐悬的一种成熟形态，因而这两套编钟成为学者屡屡引用的典型例证。

十、湖北随州叶家山曾侯墓地

湖北江汉地区多次发现西周时期的文化遗址，近年主要有随州叶家山墓地、宜昌万福垴遗址等，均有重要音乐文物出土，为音乐考古学者密切关注。

叶家山墓地位于湖北随州市淅河镇漂河西南一处南北走向的椭圆形岗地上，是江汉地区乃至长江流域最为重要的一次西周音乐考古发现。墓地与曾侯乙墓相隔 20 余千米，所出土的文物不仅数量多，而且保存好、价值高，尤其是发现青铜器铭文多达 400 余字，其对西周早期曾国历史的研究是一次重大突破。湖北省文物考古研究所分别于 2011 年、2013 年对叶家山墓地进行了两次考古发掘，发掘墓葬 140 座和马坑 7 座，出土各类文物千余件。其中的 M65、M28、M111 号三座大墓出土的许多青铜器上，分别出现了 "曾侯" "曾侯谏" "曾侯犺" 等铭文，应分别为三位曾侯的墓葬。2011 年 1~6 月，湖北省文物考古研究所所做的第一阶段发掘工作，出土陶、铜、瓷、玉石、漆木等各类质地的器物 739 件。从器物组合看，其年代特征明确，大体在西周的成、康、昭之世（前 1042~前 977 年），比已知的曾侯乙墓要早 500 余年，其墓主应是曾侯乙的祖辈。

叶家山曾侯犺墓出土的编钟，首先是自 1978 年曾侯乙墓发掘后又一和曾国或曾侯相关的重要考古发现。这套编钟是先秦 "双音钟" 的最早实证，对于探索先秦时期音乐科技的伟大发明——"双音钟" 奥秘意义重大。其次是镈这种乐器是进入西周 "乐悬" 的开山之作。此前所知明确属西周早期至穆王时期的甬钟标本，主要见于陕西、河南、山西等地，基本组合为单纯的甬钟 2 件或 3 件，未见有镈的加入。这组编钟 "乐悬" 中的镈，为西周早期之首例。再次，这套编钟也是 "周乐戒商" 的最早实例，其为研究西周 "周乐戒商" 的千年疑案，带来了破解的希望之光。最后，它是这一时期的编钟中数量最多的发现，是体现西周礼乐制度发展观的重要标本。

1. 曾侯犺的音乐考古发现

叶家山 111 号墓位于叶家山墓地最南端，规模最大，为带墓道的长方形竖穴墓。墓葬保存较差，墓室腐蚀得只剩下痕迹，棺椁及人骨已朽。墓中出土的青铜器铭文有 "曾侯犺" 字样（一说 "犺" 应隶定为

"狅"①）。曾侯犺当为该墓的墓主，即曾侯乙 500 年前的先祖。墓中出土编钟 5 件（下称"曾侯犺墓编钟"），包括镈 1 件、甬钟 4 件（图 5-155）。出土时被置于墓坑内西侧二层台上中间的位置，口皆朝下一字排开，自南往北依次为镈钟 M111：5、甬钟 M111：7、甬钟 M111：8、甬钟 M111：11、甬钟 M111：13。4 件甬钟的中间两钟斡朝下，两边两钟斡朝上。甬钟的造型可分为两式，M111：7、M111：11 为一式；M111：8、M111：13 为另一式，两式甬钟为交错排列。现场未见悬钟的篪篪构件及演奏所用的工具。

图 5-155　曾侯犺墓编钟的出土

　　编钟均以青铜铸制，保存完好。编钟胎体厚重，铸造较精良，通体覆盖绿锈，锈蚀不甚重，可正常发音。4 个甬钟具备了双音钟性能，每个钟能发出两个音，其中的 2 件右侧鼓部还铸有作为侧鼓音敲击点标志的云纹，镈也可以较好地发出正鼓音。这套编钟应是墓主曾侯犺生前使用的乐器，为后续的音乐学考古学研究提供了珍贵的资料。

　　甬钟可根据其有无云纹侧鼓音敲击点标志分为二式。

　　Ⅰ式两件，为 M111：7 号钟与 M111：11 号钟（图 5-156、图 5-157），正面右侧鼓部隐约可见作为侧鼓音敲击点的类云纹标志。二钟除了形制大小有别外，其造型、纹饰几乎完全相同，如二钟平舞直铣，舞面中心置甬。甬为带锥度的椭圆形管状，前后为长径，左右为短径。甬管不封衡，中空通腔，上小下大。钟甬斡旋具备。旋箍状环绕甬，上饰纤细云纹及 4 个乳钉，斡作瘦细斜环状。钟腔为标准合瓦形，于口弧曲上凹，铣棱清晰。钟腔两面纹饰

　　① 罗运环：《叶家山曾侯名狅 兼及亢字考论》，载湖北省博物馆、湖北省文物考古研究所：《叶家山西周墓地国际学术研讨会会议论文》，2013 年，第 85 页。

相同。腔面以纤细双阳弦纹夹乳钉纹框隔出枚、篆、钲各部。枚作二节犬牙状，布钟腔两面，每面以钲部分界，分两区，区三行，行三枚，计 18 枚。钟腔正背两面共 36 枚。两排枚间为篆带，饰纤细横向 S 形云纹。枚篆区下部至于口间为鼓部，两团四瓣云纹对称布置于鼓部正中，云纹纤细而规整。于口部外沿饰有一道极细的弦纹。从于口看钟内腔，十分平整，于口内沿无内唇、弦纹等构造或装饰性设施，更不见调音槽及其他因调音而产生的任何锉磨痕迹。

图 5-156　曾侯犺墓编钟（7 号）　　　图 5-157　曾侯犺墓编钟（8 号）

Ⅱ式两件，为 M111∶8 号钟与 M111∶13 号钟（图 5-158、图 5-159），正面右侧鼓部未见作为侧鼓音敲击点的类云纹标志。与Ⅰ式钟相比，除了形制大小和纹饰有所差别之外，造型基本相同，如二钟平舞直铣，舞面中心置甬。甬为带锥度的椭圆形管状，前后为长径，左右为短径。甬管不封衡，中空通腔，上小下大。钟甬斡旋具备。旋箍状环绕甬，上饰纤细云纹及 4 个乳钉，斡作瘦细斜环状等。又如二钟的钟腔为标准合瓦形，于口弧曲上凹，铣棱清晰。钟腔两面纹饰相同，每面以钲部分界，布钟枚于钟腔两面，面分两区，区三行，行三枚，计 18 枚。钟腔正背两面共 36 枚。枚篆区下部至于口间为鼓部，两团四瓣云纹对称布置于鼓部正中，云纹纤细而规整等。还有从于口看，钟内腔十分平整，于口内沿无内唇、弦纹等构造或装饰性设施，更不见调音槽及其他因调音而产生的任何锉磨痕迹，于口部外沿饰有一道极细的弦纹等。Ⅱ式钟腔面以纤细双阳弦纹夹圈点纹框隔出枚、篆、钲各部，是其最鲜明的特征。又其枚较Ⅰ式钟稍短，枚端为较圆润的乳头状，非Ⅰ式钟的二节犬牙或圆台状。两排枚间的篆带，纹饰与Ⅰ式钟有别，改纤细横向 S 形云纹而为勾连云纹。于口外沿内折为 1 厘米宽的斜面。

图 5-158 曾侯犺墓编钟（11 号）　　图 5-159 曾侯犺墓编钟（13 号）

M111：5 号钟是一件"四虎镈"（图 5-160）。镈体正面呈梯形，近于口处稍内敛。横截面为椭圆形，略带长方。平舞，舞素面，舞面中心为一较大的方形透孔，应为铸造时模范间芯撑遗痕。舞面植半方形环纽，作悬钟之用。纽两足间设一横杠，纽上以勾连云纹为饰。于口平齐。镈体两侧铣棱不显，各设宽扁扉棱，以倒虎两两相对，构成所谓"四虎"主题。虎张口卷尾，突目贴耳，口眼、四肢、躯干、斑纹及长尾一一列出，较写实。镈体两面正中各设中脊，为透雕凤鸟主题，凤鸟透雕，取鸽首联长羽勾尾五重，丰冠利喙，不失富丽。镈腔两面纹饰相同，满饰一兽面纹，突出中心一对巨目，间以简朴云纹为地。兽面上下各以火纹乳钉带框隔，肃穆狞厉。兽面两侧仍设凤鸟主题护卫。鼓部较窄，素面无纹。从于口看，口沿毛糙，未经修磨，浇冒口痕迹可辨。根据遗存范线分析，镈纽和扉棱当与镈体为一次浑铸而成；鸟形中脊与钟体联结部可见长方形凹槽，当为铸焊而成。方法是将鸟形中脊预先铸成，然后将预制件嵌入整钟的模范，再在浇注钟体时熔焊为一体。内腔平整，于口内沿饰宽带内唇，唇沿略略勾起，不见明显的调音槽及其他因调音而产生的任何锉磨痕迹，也无音梁之类设施。

上述五钟的形制数据参见表 5-55。

图 5-160 曾侯犺墓镈

表 5-55　曾侯乙墓编钟形制数据

| 编号 | 类别 | 通高/厘米 | 甬（钮）/厘米 | | | 舞修/厘米 | 舞广/厘米 | 铣长/厘米 | 中长/厘米 | 铣间/厘米 | 鼓间/厘米 | 壁厚/厘米 | | 枚/厘米 | | 重量/千克 |
			长（高）	上径（宽）	下径（宽）							正鼓	侧鼓	长	底径	
M111：7	甬钟	42.8	13.3	3.8~4.3	5.1~5.8	21.2	15.3	29.0	24.7	25.1	17.5	1.2	1.1	2.3	1.6	13.33
M111：8	甬钟	46.3	14.5	3.6~4.4	5.2~6.4	22.0	17.3	32.1	28.1	27.4	20.6	1.1	1.0	1.3	1.7	14.32
M111：11	甬钟	39.5	13.6	3.6~4.2	4.6~5.3	19.1	14.5	26.6	22.4	23.3	15.6	1.3	1.2	2.1	1.3	12.55
M111：13	甬钟	44.3	14.8	3.4~4.3	5.0~5.7	19.6	15.3	29.4	25.4	25.3	18.0	0.9	1.0	1.5	1.7	11.78
M111：5	镈	44.3	10.6	8.6	11.3	18.7	13.3	33.6	33.8	27.5	20.6	1.5	1.4	—	—	16.45
备注	四件甬钟的甬为带锥度的椭圆形管状。甬管不封衡，上小下大。前后为长径，左右为短径															

注：王子初 2019 年 1 月 17 日测于湖北随州博物馆

叶家山墓地的发现与发掘，尤其是曾侯犺墓编钟的出土，对曾侯乙编钟学术价值的进一步认识及探索有关曾国音乐的未解之谜，均带来重要影响。

2. 先秦"双音钟"的最早实证

曾侯犺墓出土的 5 件钟镈，特别是 4 件甬钟，已经是明白无误的双音钟。

所谓"双音钟"，又称"一钟二音"，说的是编钟的双音性能。其完整的表述应该是"中国先秦双基频青铜乐钟及其铸调技术"。这是古代中国在音乐科技上的一项伟大发明。1977 年，以吕骥为首的音乐学家一行 4 人，去甘肃、陕西、山西、河南 4 省进行了专门的音乐考古调查，并取得了重大收获。著名音乐学家黄翔鹏发现了先秦编钟的双音性能，这成为 20 世纪中国音乐考古学上的一项重大发现。

早在 1958 年，河南信阳长台关 1 号墓因出土瑟篪编钟而轰动一时。当时正处于中国第一颗人造地球卫星即将上天之际，有关部门决定用瑟篪编钟演奏乐曲《东方红》，完成随中国第一颗人造地球卫星上天播向太空的壮举。参加演奏和检测工作的中央音乐学院中国音乐研究所的王世襄等人发现，按一钟一音计，瑟篪编钟只能奏出一个五正声之外带清角音的六声音阶，无法奏全七声[1]；无奈之中，他们不小心碰响了第二枚编钟的钟枚，意外获得了所需的变宫音#e[2]。由之，一首完整的《东方红》旋律被演奏了出来。这一事件虽然已经接触到，甚至应用了双音钟的侧鼓音，但仅是当作一种偶然现象加以利用，并未真正认识到先秦编钟的双音性能，当时也没有对编钟的侧鼓音进行专门的研究和测量。

正是 1977 年的音乐考古调查，黄翔鹏发现了先秦编钟"一钟二音"的现象。当年 9 月，他以《新石器和青铜时代的已知音响资料与我国音阶发展史问题》为题，正式发表了相关的重要论文。[3]他指出：

成套的西周中、晚期编钟自第三钟以上的角—羽结构每组两钟，除它们的"隧"部（原注：隧，亦称"正鼓"，下同）音响之外，在隧部与铣边

① 中央音乐学院民族音乐研究所调查组：《信阳战国楚墓出土乐器初步调查记》，《文物参考资料》1958 年第 1 期，第 1、4、13～23 页。

② 黄翔鹏：《曾侯乙钟磬铭辞乐律学研究十年进程——1988 年曾侯乙钟国际学术讨论会文集〈曾侯乙编钟研究〉代序》，载黄翔鹏：《中国人的音乐和音乐学》，济南，山东文艺出版社，1997 年，第 57～76 页。

③ 黄翔鹏：《新石器和青铜时代的已知音响资料与我国音阶发展史问题（上）》，载《音乐论丛》第一辑，北京，人民音乐出版社，1978 年；黄翔鹏：《新石器和青铜时代的已知音响资料与我国音阶发展史问题（下）》，载人民音乐出版社编辑部：《音乐论丛》第三辑，北京，人民音乐出版社，1980 年。

之间近钟口处，一般都可以敲击出比"隧音"高小三度的音响。此处暂名"右鼓音"（左鼓一般同音）……

第三钟以上的"右鼓音"几乎无一例外的都是小三度，而且绝大多数都是倾向于纯律的小三度（只有极少的例外，比纯律小三度略小）……这样，隧音为"角"者，其右鼓音必然就是"徵"；隧音为"羽"者，其右鼓音必然就是"宫"，表面上的角—羽结构其实就暗含着"角—徵—羽—宫"结构。

黄翔鹏的这一结论，是在科学地分析了大量先秦编钟的测音资料后得出的系统性认识。他注意到西周编钟一个有趣的现象，即编钟的第三钟及以上各钟的右侧鼓部，均刻有一个富于想象的凤鸟图案。他在这个图案处敲击了一下，另一个不同于正鼓音高的乐音赫然跳出。他围绕这凤鸟图案周围反复试奏，发现这个点是侧鼓音发音的最佳敲击点。编钟的正、侧鼓音之间，呈规律地构成一个小三度音程关系。显然，这个凤鸟图案正是古人有意设置的侧鼓音敲击点标志。原来一钟二音这个千古之谜，古人已把"谜底"刻写在钟上，而 2000 多年来，人们却视而不见。他还注意到众多的西周编钟中，最大的第一、第二两钟，侧鼓部均不设凤鸟图案，经多次试奏发现，这两钟的正、侧鼓音的音程也无明显的规律。由之他做出了较为合理的判断，"第一、二两钟一般无右鼓音"[1]。他的研究，不仅清晰地揭示了先秦编钟的双音奥秘，而且已经从中找到了西周编钟的音律编组设计及一钟二音音程关系的基本规律。

黄翔鹏的观点一经提出，受到了当时学界的多方质疑。中国音乐史巨擘杨荫浏也不无忧虑地说："黄翔鹏呀黄翔鹏，你这个说法可是于史无据啊（大意）！"然而仅在他的重大发现公布的次年，曾侯乙编钟出土了，它以其 65 口青铜编钟正、侧鼓部明确无误的音响实证，加上每一个编钟上对应这些音响的阶名和律名的错金标音铭文，使得人们毫无悬念地确认了先秦"双音钟"这一伟大发明的存在。1978 年 7 月初，曾侯乙编钟每钟的双音数据被首次测定研究。[2]

双音钟的奥秘被发现之后，一个问题油然而生，曾侯乙编钟的铭文揭示的是双音钟（及其铸调技术）已被大量应用的事实，那么，古人竟在何时发明了双音钟？而湖北随州叶家山曾侯犺墓编钟的出土，特别是其中两件甬钟侧鼓音的敲击标志，将引领人们向问题的答案靠拢。西周早期的编

---

① 黄翔鹏：《新石器和青铜时代的已知音响资料与我国音阶发展史问题（下）》，载人民音乐出版社编辑部：《音乐论丛》第三辑，北京，人民音乐出版社，1980 年，第 159 页。

② 湖北省博物馆编：《曾侯乙墓》上册，北京，文物出版社，1989 年，第 109 页。

钟，今已有晋侯苏墓编钟的Ⅰ、Ⅱ式钟（图 5-12、图 5-13）、两座**強**国墓编钟（图 5-59～图 5-67）等标本，均未见有编钟被有意设计和使用侧鼓音的确证，唯到 1980 年出土于河南平顶山的魏庄甬钟，其 3 号钟正面右鼓铸就的一个凤鸟纹图案赫然映入人们眼帘，这应为其明确的侧鼓音敲击点标志（图 5-124）。平顶山魏庄编钟的时代，已属西周的早中期。今叶家山曾侯犰墓两件甬编钟的侧鼓音敲击标志的出现，明显地提前了双音钟铸调技术被发明、使用的时间。叶家山墓地的时代，不会晚于昭王时期而只能更早，即通过这一证据已可确认，中国先秦音乐科技上"双音钟"铸调技术的发明，应在西周早期的甬钟创立后不久甚至同时，就已经明白无误地确立了。

3. 镈入"乐悬"的开山之作

早期的乐器镈，所见皆为单件。曾侯犰墓出土的这件四虎镈（图 5-161）在西周早期即与 4 件甬钟形成编列，尚属首例。从曾侯犰墓编钟出土的情况可以看出，镈在出土时与 4 件甬钟放置在一起，且排列有序，说明其在当年下葬之时，已被人们看作一个整体。5 件钟镈的测音结果也表明，它们音列有序，共同构成了以 E 为宫的徵、羽、宫、角的四声音列，体现了最典型的西周编钟的音列规范。曾侯犰墓出土的 5 件钟镈，在当时无疑是作为成套的旋律乐器来看待的。由此可以确定，早在西周早期，镈这种乐器已经加入了西周礼乐制度的重要组成部分"乐悬"之中。

镈最重要的早期标本，见于 1989 年 9 月发掘的江西新干大洋洲商墓[1]（图 4-50）。由此，镈这种形式的青铜乐钟，早起于商代晚期已无疑问。曾侯犰墓出土的镈，则是迄今所见唯一经科学考古发掘并出土于墓葬的西周标本，为镈这种乐器的最重要的西周早期标准器。这一考古发现，进一步解决了有关这种青铜乐器聚讼多年的起源、族属性质及断代问题，具有重大的学术意义。曾侯犰墓出土的镈，与江西新干大洋洲所出在造型纹饰等方面已有一定的改变，其两侧扉棱以倒悬四虎两两相对为主题，与大洋洲商镈有着明显的区别。但曾侯犰墓镈在四虎主题应用到扉棱的同时，却将大洋洲商镈的立鸟勾戟状多叠羽尾这一古老主题仍加保留，移用于镈体新加的中脊上，相比立鸟勾尾这一主题，四虎的内容应为后出。

曾侯犰墓出土的这种四虎镈，还见于北京故宫博物院的传世品 1 件（图 6-19）、日本京都泉屋博古馆（图 5-162）、湖南省博物馆藏的采集品 2 件（图 5-163～图 5-165）、《宣和博古图录》的著录 1 件、上海博物馆收购

---

[1] 参见江西省博物馆、江西省文物考古研究所、新干县博物馆：《新干商代大墓》，北京，文物出版社，1997 年，第 80 页。

品 1 件（图 5-166），还有美国华盛顿赛克勒博物馆各 1 件，因都不是科学发掘所得，有关其断代历来聚讼纷纭。今幸有曾侯乙墓所出，且保存完好，音高明晰。其与甬钟构成 E 宫徵调式四声音阶，使音域达一个八度又一个纯四度，为镈与甬钟的组合研究开创了一个可靠的先例，极为难得。

　　随着西周礼乐制度的不断发展，镈在乐悬的演化之中，或同消共长，或独自嬗变。至西周中晚期，其由最初单件使用的特镈，于中原地区发展成为多件成编的形式，如著名的克镈、速镈，均已是成编的"编镈"了。不过，目前所见这些西周的重要文物多为窖藏所出，虽有长篇铭文提供了珍贵的历史信息，但相较于科学发掘于墓葬的曾侯乙墓镈，价值上终究略逊一筹。叶家山镈入乐悬的先例，至春秋战国时期，已发展成为大型组合编钟的重要组成钟组。河南新郑郑国祭祀遗址陆续出土的 11 套编钟、河南辉县琉璃阁战国墓编钟及叶县许灵公墓大型组合编钟，重要例证接踵而至，屡见不鲜。

图 5-161　曾侯乙墓镈

图 5-162　日本泉屋博古馆藏四虎镈

图 5-163　湖南邵东民安镈

图 5-164　湖南邵东民安镈中脊

图 5-165　湖南省博物馆藏虎饰镈　　　图 5-166　上海博物馆藏四虎镈

4. "周乐戒商"的最早实例

曾侯犺墓钟镈的测音结果表明，五钟的正、侧鼓音皆可发小三度或大三度音程的双音，构成为 E 宫的"徵—羽—宫—角—徵—羽—宫"音列，完全与周初乐钟"戒商"的规矩相吻合。[1]这是目前所见周初乐钟戒除商声制度的最早实例。

所谓的"周乐戒商"，最早见于《周礼·大司乐》。这段文字记载了周代祭祀天、地和人鬼的用乐制度。[2]它用"某律为某声"的排比句法，不厌其烦地依次叙述了周乐在三大祭中所用音乐的律声关系："为宫""为角""为徵""为羽"，唯独不见"为商"之说。汉儒郑玄注《大司乐》，首先提出了"此乐无商"的发现，由此开始了中国历史上长达 2000 余年的一桩公案。将"周乐戒商"简单理解为"周代音乐中不用商音"，是这一历史疑案的纷争之源。音乐之中，宫、商、角、徵、羽五音（声）为基础，为核心。戒商结果至商声缺失，势必造成"五音不全"。周代雅乐为后世典范，其音乐若五音不全，不可想象！由之造成的困惑直至今日始得破解。

郑玄之后，唐贾公彦疏郑注，虽疏未破注，却与西汉京房的"六十律"等生律法理论无端比攀，把问题弄得愈加复杂。贾疏对郑玄的文人陋习，做了变本加厉的推演。

贾疏还不是"周乐戒商"问题上混乱的最大策源地。自唐以往，后世

---

① 参见王子初：《周乐戒商考》，《中国历史文物》2008 年第 4 期，第 4～24 页。

② 参见《周礼注疏·大司乐》，载（清）阮元校刻：《十三经注疏》，北京，中华书局，1980 年，第 789～790 页。

多数文人却是一反郑注、贾疏"商声"的解释，把周乐戒用的商声解释为"商调"。这个论点的始作俑者是唐代瀛州司法参军赵慎言。《唐会要》载，开元八年（720 年）九月，赵慎言上表论郊庙用乐，其奏章用"商音""商调"，唯独不见了"商声"。他有意偷换概念，将历史上的"商声"，改成了"商调"。赵慎言首开"商调"之先河，后儒奇论迭出。首先是宋代大儒朱熹，坐实了"商调"的悖论。[①]其后的清儒，如惠士奇、方苞[②]、江永[③]、李光地[④]、陈澧[⑤]，乃至近日的中国音乐史学家杨荫浏等，均接受了"商调"解释：周代的音乐不是不用商音，只是不用商调而已。于是，历代儒家竭力推崇的西周"雅乐"，终于从"五音不全"的尴尬境地中脱身出来。

然而，"商调"之说毕竟不是历史的事实。

先看文献。《乐记》载当年孔子与宾牟贾在观看周初流传下来的经典乐舞《大武》时，因《大武》乐中出现了"商声"而引发的一段对话："宾牟贾侍坐于孔子，孔子与之言，及乐。曰……'声淫及商，何也？'对曰：'非武音也。'子曰：'若非武音，则何音也？'对曰：'有司失其传。若非有司失其传，则武王之志荒矣。'子曰：'唯，丘之闻诸苌弘，亦若吾子之言是也。'"[⑥]

文中的"声淫及商"语，明确指出所谓的"商"，是指"商声"。所谓"淫"，意为"滥用"，不该用而用之。先秦"声""音""乐"三个概念有着严格的界定，"声"一般是指单个的乐音（或说音阶中的单个音级），即《乐记》郑注中所谓"宫商角徵羽，杂比曰音，单出曰声"[⑦]。后世"声""音"不分，概念已有较大的变化。常见如"五声"可以说成"五音"，"商声"同"商音"无别。文中孔子的发问，其前提为"《大武》之声不可及商"。宾牟贾在回答孔子这一问题时，也完全接受了孔子的《大武》"声不及商"

---

① （宋）黎靖德编：《朱子语类卷八十六·礼三·周礼·论近世诸儒说·春官》，电子版《文渊阁四库全书》，上海，上海人民出版社、迪志文化出版有限公司，1999 年。

② （清）方苞：《周官集注卷五·春官·宗伯第三》，电子版《文渊阁四库全书》，上海，上海人民出版社、迪志文化出版有限公司，1999 年。

③ （清）江永：《周礼疑义举要卷四·春官》，电子版《文渊阁四库全书》，上海，上海人民出版社、迪志文化出版有限公司，1999 年。

④ （清）李光地：《榕村集卷五·周官笔记·春官》，电子版《文渊阁四库全书》，上海，上海人民出版社、迪志文化出版有限公司，1999 年。

⑤ （清）陈澧：《声律通考》，清咸丰八年（1858 年）钟山别业丛书本。

⑥ 《礼记正义·乐记》，载（清）阮元校刻：《十三经注疏》，北京，中华书局，1980 年，第 1541～1542 页。

⑦ 《礼记正义·乐记》，载（清）阮元校刻：《十三经注疏》，北京，中华书局，1980 年，第 1527 页。

的潜台词，径直回答："非武音也。"从文中的"武音""武王之志"看，"周乐戒商"这一政策的颁布和实施，应是西周武王所为。文中提到"有司失其传"语，可见不用商声这一政策的管理和实施，政府设有"有司"。显然，至晚在孔子（前551～前479年）所处的时代，周初《大武》乐不用商声的规矩久已废弛。孔子一生致力于"克己复礼"，恢复西周的礼乐制度。不用商声正是周礼的重要内容。而《大武》是西周宗庙的经典祭祀大乐"六乐"之一，是开国之君武王之乐。其音乐出现"声淫及商"的现象，自然让孔子耿耿于怀。这段文字所述，符合孔子的思想和身份，有其真实性。

　　再看实证。今《中国音乐文物大系》①各卷本中，收录了大量西周编钟的测音资料。其中许多钟的侧鼓部，都铭有一凤鸟纹，是地地道道的双音钟的侧鼓音敲击点标志。而这些编钟正、侧鼓音的音列中均不用商声，充分证明了周乐戒商，确是西周历史上曾经存在过的事实。曾侯乙墓所出编钟，其音阶不用商声，但用宫、角、徵、羽四声，与西周其他编钟正相一致。事实上，在1977年3～5月的音乐考古调查中，黄翔鹏在发现中国先秦青铜乐钟的"双音"奥秘的同时，有关西周编钟的音列中不用商声的现象，也已为其所关注并撰文阐发，只是他当时所做的关于编钟"骨干音"的解释，仍未脱唐赵慎言及入宋以往朱熹、清儒的"商调"悖论的束缚。但也正如黄翔鹏所说，西周编钟的不用商声，不能说明西周音乐没有商声，也不能说明西周宫廷音乐不用商声。

　　当前的研究已可表明，"戒商"的"周乐"，并非如人们传统的那种简单化理解为"周朝音乐"。西周初期实行戒用商声的政策，出于牧野灭商未久时的政治考虑，有其特定的范围和指向性，并不适用于当时所有的音乐形式和场合。从《周礼·大司乐》等文献中，可以窥见戒用商声的政策，仅用于国家重大祭典所用的一些特定的大型乐舞，即周朝宫廷中"三大祭"所用的"六乐"，有黄帝的《云门》、唐尧的《咸池》、虞舜的《大韶》、夏禹的《大夏》、商汤的《大濩》和周武王的《大武》，都是歌颂各代贤明圣君的仪式乐舞，具有史诗的性质。至于西周时存在过的其他各种音乐，如六小舞，包括帗（音若"符"）舞、羽舞、皇舞、旄舞、干舞和人舞，虽也用于各种祭祀活动，但还没有资料表明这小舞的用乐是否戒用商声。一些巫术或宗教性的乐舞，如求雨时用的雩、驱疫时用的傩等，还有流行于广大民间的"散乐"、周边民族的"四夷之乐"等，就更没必要戒用商声了。

　　研究也可表明，当时戒用商声的规矩，也并不适用于宫廷所有的乐器，

---

① 参见黄翔鹏、王子初总主编：《中国音乐文物大系》之各卷本。

而仅限于青铜编钟一种。即便是西周中期以后加入"乐悬"的编磬，也未受到戒商的约束：山西晋侯墓地的 93 号墓出土的编磬、陕西韩城梁带村芮国墓地 28 号墓出土的编磬，其七声音阶的齐全赫然在目（图 5-49～图 5-58、表 5-20）。在西周编磬中，这两套编磬的保存如此完好，全套编磬还能正常发音，音色清脆，音律整齐，高低有序，音域跨越十三度，这是极其罕见的。而且，由于墓葬未经盗扰，故考古发掘获得的资料丰富而又可靠。测音研究的结果表明，晋侯墓地 93 号墓编磬及芮国墓地 28 号墓编磬均可构成较为清晰的七声音阶。由于全套编磬的编列完整，没有缺失，可为西周编磬音列的重要物证，弥足珍贵。

曾侯犺墓编钟出现于西周早期，其时编磬远未成为"乐悬"重器，但其音列已现五声缺商，正证明了戒商政策推行于此时，而且仅用于编钟。曾侯犺墓 5 钟的正、侧鼓音皆可发小三度或大三度音程的双音。据测音为 E 宫，按自低向高音序排列见表 5-56。

表 5-56　曾侯犺墓编钟音列

序号	编号	正鼓音		侧鼓音		音程关系	备注
		音高/音分	阶名	音高/音分	阶名		
1	镈	b	徵	d¹	商曾	小三度	右鼓无标记
2	甬钟 M111：8	♯c¹	羽	f¹	羽角	大三度	右鼓无标记
3	甬钟 M111：13	e¹	宫	♯g¹	角	大三度	右鼓无标记
4	甬钟 M111：7	♯g¹	角	b¹	徵	小三度	右鼓有纹饰标记
5	甬钟 M111：11	♯c²	羽	e²	宫	小三度	右鼓有纹饰标记

资料来源：方勤：《叶家山 M111 号墓编钟初步研究》，《黄钟》2014 年第 1 期，第 92～97 页

表 5-56 中，序号第 4、第 5 二钟，侧鼓部已有明确的敲击点标志，说明当时编钟的铸制者已经有目的地设计并使用了编钟上的侧鼓音。叶家山曾侯犺墓的时代，当不晚于西周昭王之世（前 995～前 977 年）。即是说，中国古代在音乐科技上的重大发明——双音钟的铸调技术，至晚在此时已经毫无疑问地确立了。西周中期前后，编（甬）钟逐渐发展为 8 件成套的规范。已有众多证据表明，在 8 件套编钟中，首两钟一般不见侧鼓部有敲击点的标志，其侧鼓音的音高也不固定；凡侧鼓部设鸟纹或云纹标志者，均从第三钟起始，其音高也已纳入宫、角、徵、羽四声规范。可证西周编钟的首两钟侧鼓音是不用的。如单从甬钟的角度分析，曾侯犺墓编钟中 2 号、3 号不著侧鼓音标志，已初具上述规范。其 2 号钟侧鼓音"羽角"，应也在不用之

列。若加上四虎镈为首钟，由于镈这种乐器本身的结构特征，其侧鼓音的发音较为含混，一般也不在设计音高之列。故曾侯乙编钟中 1 号、2 号钟的侧鼓音"商曾"和"羽角"，均非设计音高，其后世编钟的首两钟不著侧鼓音标记，以及侧鼓音不在设计音列之内的规范，于曾侯乙墓钟上已初露端倪。

5. 西周礼乐制度的发展观

自刘汉以往，历代开国之君无不"功成作乐"，铸钟定律，建立各自的"雅乐"体系，却又无不宣称其乐效法于周。致使西周礼乐制度的研究，2000 余年来学者文人趋之若鹜。然而，经汉儒之手留存至今的文献，特别是"三礼"——《周礼》《礼记》《仪礼》，其所描述的西周礼乐制度，西周各级贵族在使用的配享、列鼎、乐悬、乐曲、用乐场合、乐舞队列等方面的烦琐规定，果真是当年的真实面貌？周公制礼作乐伊始，果真实行了如"三礼"所述那样严密、周全的制度吗？今日大量西周墓葬的考古发掘所显示的历史信息，与汉儒的描述大相径庭。曾侯乙墓编钟作为周礼重要内容的"乐悬"，在西周早期礼制面貌的认识链上，补铸了重要的一环，今人尤可深切地感受其学术魅力所在。

近年中国音乐考古学上的诸多发现多与此论题相关。

1992 年 8 月被盗发于山西曲沃的晋侯苏墓编钟，其特殊意义值得关注。晋侯苏墓编钟全套应为两组共 16 件。其中 14 件，由上海博物馆从香港购回入藏。[1]同年，北京大学考古系及山西省考古研究所联合对山西曲沃的天马-曲村遗址进行了抢救性发掘，确认这里是西周早中期之际晋侯的墓地，其中的 8 号墓经清理出土 2 件编钟，形制与上海博物馆所藏编钟 73631～73640 一致，铭文相接，当为这套编钟的最后二钟。[2]这套编钟的铸造年代可能要大大早于其刻文所示的厉王三十三年（约前 846 年）。

单从形制上分析，16 钟可分三式，各式钟自有其鲜明的特征：

晋侯苏 I 式钟 2 件，时代最早。其关键特征在于有旋而无斡，与产自中国南方扬越人的一种有枚大铙完全一致。这类大铙于江西、湖南一带并不罕见，如江西萍乡安源镇十里埠出土的钟枚式大铙（图 5-167、图 5-168）。[3]晋侯苏 I 式钟当直接取自扬越，为周初创制甬钟之蓝本。钟不设斡，说明其

① 马承源：《晋侯苏墓编钟》，《上海博物馆集刊》1996 年第 7 期，第 1～17 页。
② 北京大学考古学系、山西省考古研究所：《天马-曲村遗址北赵晋侯墓地第二次发掘》，《文物》1994 年第 1 期，第 1、4～28、97～98 页。
③ 彭适凡、王子初主编：《中国音乐文物大系·江西卷 续河南卷》，郑州，大象出版社，2009 年，第 33 页。

并未按吊挂演奏的方式设计。

图 5-167　江西萍乡十里埠钟枚式大铙

图 5-168　江西萍乡十里埠大铙甬旋部

　　晋侯苏Ⅱ式钟2件，与Ⅰ式钟的钟体结构、纹饰几乎完全一致，唯一重要的区别在于晋侯苏Ⅱ式钟增加了斡（吊纽）的设施，从而表明钟已被悬挂起来演奏——这应是西周甬钟出现的标志，其时间与**强**国编钟相当，可定康王之世前后。统观已知与Ⅲ式钟12件形制相同或相近的西周编钟，大都已为西周中期器，如年代较早的应侯见工钟[1]即被认为是西周恭王时期的作品，Ⅲ式钟也当在此时前后。16件晋侯苏墓编钟与音乐演奏方式有关的形制结构、调音锉磨手法和其留存至今的音响所体现出来的音列音阶，均清楚地表明其并非同一个时期的产品，应该是在自西周初期至恭王世前后的百余年间逐步发展增扩形成的。其编列由二而四，由四而十

---

① 韧松、樊维岳：《记陕西蓝田县新出土的应侯钟》，《文物》1975年第10期，第68～69页；韧松：《〈记陕西蓝田县新出土的应侯钟〉一文补正》，《文物》1977年第8期，第27～28页。

六，其形制特征与演奏方式，又从空甬套插、植奏，进而实甬加斡、悬奏，生动地展示了西周甬钟演变成形的历史轨迹。[①]

西周早期编钟的重要标本还有强国的伯各和伯姞墓出土的 3 件套编钟，时代已分别在康、昭与昭、穆之世。河南平顶山魏庄编钟，时代亦在西周的早中期。这些标本的形制，已显现出西周甬钟的成熟特征，其时代也当晚于晋侯苏墓编钟的 I、II 式钟。叶家山曾侯犺墓编钟的出现，时间上应该在强国钟、魏庄钟与晋侯苏墓编钟的 I、II 式钟之间，正好补上了中间缺失的一环。

首先，在甬钟诞生之先，周初统治者以敌视的态度摈弃了商人的 3 件套编铙，拿来南方赣-鄱流域扬越人的钟枚式大铙，以 2 件成组直接应用于宫廷礼仪，晋侯苏 I 式钟是证；其后加以改良，增加了"斡"——吊纽，由原来钟口朝上插植击奏，改为钟口朝下悬挂击奏，标志着西周甬钟由此诞生，晋侯苏 II 式钟是证；曾侯犺墓编钟是西周乐悬发展中的又一次重要尝试：增扩编列，以 4 件甬钟外加 1 件南方扬越人的四虎镈构成 5 件套编钟，并已确立编钟的"戒商"政策，在编钟上应用了四声音阶；其后的乐悬一度撤去镈钟，以编甬钟回归殷商时的 3 件套编列传统，强国钟、长由钟、魏庄钟是证；再后才是西周中期前后 8 件套规范的确立。这类证据已较丰富，陕西扶风齐家村窖藏出土的柞钟、中义钟，北京保利艺术博物馆藏戒生钟、河南三门峡虢国墓地出土的虢季钟、虢仲钟等，8 件套编钟比比皆是。

大量的考古资料，已可勾勒出中国青铜乐钟从最原始的陶铃、铜铃，历经殷商 3 件套的编铙、西周的编甬钟，其后编镈、编纽钟的先后加入；经过如春秋时期的郑公大墓、新郑郑国祭祀遗址、辉县琉璃阁墓等早期编钟的组合形态；最后经由二层五组、37 件套的河南叶县许灵公墓编钟，跃上曾侯乙墓的大型组合编钟的顶峰的清晰图景。曾侯乙编钟三层八组、65 件成套，气势恢宏，无愧于人类青铜时代最伟大的作品。但它绝非"忽一日"落自九天。追根溯源，均指向了周初最早的"组合编钟"之源——曾侯犺墓编钟。它是中国青铜乐钟史上的一座里程碑，拔地而起，熠熠生辉！曾侯犺墓钟镈之后，镈在西周的中晚期以成组编镈的面貌重入乐悬，进入了多钟型、多钟组的大型组合编钟行列。西周晚期的克镈、克钟，逨镈、逨钟，虽是窖藏所出资料不全，但其已为不同钟型混合编列的组合编钟，则明白无误。

大型组合编钟的发展历程，反映了西周乐悬制度由简趋繁的发展史，也正是西周礼乐制度从周公的草创，逐步发展而来的真实写照。孔子言：

---

① 王子初：《晋侯苏钟的音乐学研究》，《文物》1998 年第 5 期，第 23～30 页。

"殷因于夏礼，所损益可知也；周因于殷礼，所损益可知也！"①所谓"殷礼"，可解作"殷商礼乐制度"。周（礼）因于殷礼，是在殷礼的基础上"损益"而来。周初统治者以南方扬越人的钟枚式大铙取代了商人的 3 件套编铙，这仅是表面形式。南方大铙只是一种单音使用的响器，并非多件编列使用的旋律乐器，商人的 3 件套编铙已经是中国出现最早的，而且是当时唯一的青铜钟类旋律乐器。而西周甬钟一出，已经是明白无误的旋律乐器。其重要的音乐性能，正是来自殷商的编铙！看来周人抛弃的是殷商编铙之外形，却明显地继承了编铙 3 件套成编的旋律性能——这一高层次的内涵。无论是晋侯苏钟，还是强国的伯各和伯姞钟、河南平顶山魏庄钟及陕西长安的长由钟，迄今所见的西周较早的甬钟标本，无一例外都是被赋予了一定旋律性能的编钟。这应该就是孔子所谓"周因于殷礼，所损益可知也"的实质。曾侯犺墓 5 件编钟的测音数据及耳测的直观效果，清楚地构成了西周四声音阶。尽管其被人为地戒除了商声导致"五音不全"，其作为乐器的旋律性能的存在，毫无疑问，以往文史界提出的关于西周甬钟的来源，是南方赣-鄱流域的大铙之器的说法②，从形制的角度说应该没错；但要全面、合理地评判这一乐器的科学发展历程，抛开了其作为乐器的主要内涵——音乐上的旋律性能来说，当非确论。

　　曾侯犺墓编钟的出土，为西周礼乐制度基本功能的研究，提供了又一个重要的物证。中国音乐考古学的研究表明，自远古至西周的各个历史时期，应该都有过类似的上尊下卑的礼仪规范及相应用乐制度。上述孔子所言，描述的正是这样的一种现象。只是，历代之礼乐在传承之间，后代并非照单全收，而是有所取舍，周代礼乐制度的核心组件"乐悬"，正是在殷礼的基础上"损益"而成。

　　西周乐悬，既有着以祭祀礼仪为主的政治功能，又有着作为音乐艺术的娱乐功能。但周初编钟上体现出的"戒商"制度，客观上证明了西周的统治者继承了殷礼所注重的政治功能，并在周初得到了强化。编钟乐悬作

---

①　《论语注疏·为政》，载（清）阮元校刻：《十三经注疏》，北京，中华书局，1980 年，第 2463 页。

②　"甬钟南来说"最早由高至喜在 20 世纪 80 年代提出："从目前出土资料看，陕西出土的西周早期末段的甬钟在本地区找不到它的渊源。殷人的小型铜铙，似乎没有被周人继承下来而基本上绝迹了……北方所出早期甬钟却与南方的同期的甬钟的形制、花纹完全一致，说明了它们之间必有的密切关系。而南方的甬钟是从南方的大铙直接发展演变而来，序列清楚，没有缺环。"参见高至喜：《中国南方出土商周铜铙概论》，《商周青铜器与楚文化研究》，长沙，岳麓书社，1999 年，第 23 页。

为音乐的娱乐功能，则居次要的地位。西周时期的考古发掘资料，也体现了周代乐悬制度的发展与衰落的嬗变过程，并在一定程度上体现了这种嬗变与当时的政治、经济的密切关系。至战国时期，编钟乐悬的娱人功能在一定程度上被大大提升，甚至成为主导，这不仅体现了高超的制作技术，更体现了曾侯乙编钟的艺术造诣。

西汉以来的文献记载，造成了人们 2000 余年来关于西周礼乐制度的陋识。西周礼乐制度的形成，并非如先秦典籍中所记载的情形：周公制礼作乐，于是一切都如《周礼》中记述的那样井然有序了。真正的事实是：**这一制度的形成，从它的萌芽孕育到初步形成，从其发展、成熟乃至逐步衰落，经历了一个漫长的动态过程。**诸如曾侯犺墓这座西周早期墓葬的考古发掘出土的礼仪乐器，始终在顽强地发出这样的信息。其于晋侯苏、弭国墓等编钟之后，提供了又一个极为难得的实证，为人们对西周乐悬初起之时的认识，提供了宝贵的参照。曾侯犺墓编钟的音乐考古学研究，以其独特的视角和研究方法，突破了汉儒陋识的藩篱，而它所提供的这些重要的历史信息，是在周公千年之后的汉儒们无论如何都难以想象的。

西周礼乐制度，仍是众多学者关注的课题。其相关论著成果，多出汉儒旧议。近年一些知名高校不约而同设立了"国学院"，还有"礼乐馆""国乐馆"等名目。所谓"国学"者，几是"经学"的代名词，所研究的方法、论点，也无出乾嘉之右。在今日丰富的考古学成果面前，不乏不经推敲之论。曾侯犺墓编钟的专题研究，有意无意地透露了西周礼乐制度异于汉儒之论的信息，呈示了一段较为真实的历史，也为当今的国学研究，提供了一点新的思路，可多加关注。